新时代营销学系列新形态教材
中国高等院校市场学研究会推荐教材

体育市场营销学

肖淑红◎主　编
谌　莉　李　海　王　进　吴　特◎副主编

清华大学出版社
北京

本书封面贴有清华大学出版社防伪标签,无标签者不得销售。
版权所有,侵权必究。举报: 010-62782989, beiqinquan@tup.tsinghua.edu.cn。

图书在版编目(CIP)数据

体育市场营销学 / 肖淑红主编. -- 北京 : 清华大学出版社, 2025.2.
(新时代营销学系列新形态教材). -- ISBN 978-7-302-68163-2

Ⅰ. G80-052

中国国家版本馆 CIP 数据核字第 2025TD5960 号

责任编辑:吴　雷
封面设计:汉风唐韵
责任校对:王荣静
责任印制:宋　林
出版发行:清华大学出版社
　　　　　网　　　址:https://www.tup.com.cn, https://www.wqxuetang.com
　　　　　地　　　址:北京清华大学学研大厦A座　　　邮　　编:100084
　　　　　社　总　机:010-83470000　　　　　　　　　邮　　购:010-62786544
　　　　　投稿与读者服务:010-62776969, c-service@tup.tsinghua.edu.cn
　　　　　质　量　反　馈:010-62772015, zhiliang@tup.tsinghua.edu.cn
　　　　　课　件　下　载:https://www.tup.com.cn, 010-83470332
印 装 者:大厂回族自治县彩虹印刷有限公司
经　　销:全国新华书店
开　　本:185mm×260mm　　　　　印　张:19.5　　　　字　数:426千字
版　　次:2025年2月第1版　　　　　　　　　　　　　　印　次:2025年2月第1次印刷
定　　价:59.00元

产品编号:103393-01

丛书编委会

主　　任：符国群（北京大学）
副主任：景奉杰（华东理工大学）
　　　　龚艳萍（中南大学）
　　　　刘志彬（清华大学出版社）
委　　员（按姓氏笔画排序）：

马宝龙（北京理工大学）	王　毅（中央财经大学）
王永贵（浙江工商大学）	王建明（浙江财经大学）
王海忠（中山大学）	牛全保（河南财经政法大学）
孔　锐［中国地质大学（北京）］	白长虹（南开大学）
吕　亮（北京邮电大学）	朱翊敏（中山大学）
孙国辉（中央财经大学）	李　季（中央财经大学）
李东进（南开大学）	李先国（中国人民大学）
连　漪（桂林理工大学）	肖　艳（宿迁学院）
肖淑红（北京体育大学）	何佳讯（华东师范大学）
汪　涛（武汉大学）	沈俏蔚（北京大学）
张　闯（大连理工大学）	金晓彤（吉林大学）
官翠玲（湖北中医药大学）	胡左浩（清华大学）
柯　丹（武汉大学）	侯丽敏（华东理工大学）
费显政（中南财经政法大学）	费鸿萍（华东理工大学）
姚　凯（中央财经大学）	贺和平（深圳大学）
袁胜军（桂林电子科技大学）	聂元昆（云南财经大学）
郭　锐［中国地质大学（武汉）］	黄　静（武汉大学）
彭泗清（北京大学）	蒋青云（复旦大学）
舒成利（西安交通大学）	曾伏娥（武汉大学）
滕乐法（江南大学）	戴　鑫（华中科技大学）

丛书编辑部

主　　任：景奉杰（中国高等院校市场学研究会）
副主任：刘志彬（清华大学出版社）
成　　员（按姓氏笔画排序）：
　　　　张希贤（中国高等院校市场学研究会）
　　　　吴　雷（清华大学出版社）
　　　　郑　敏（中国高等院校市场学研究会）

丛 书 序

早在20世纪30年代，市场营销作为一门课程被引进我国，但受制于当时商品经济不发达，以及后来我国长期处于"短缺经济"状态，作为市场经济产物的市场营销并没有在中国"开枝散叶"。改革开放以后，伴随着我国社会主义市场经济的发展，经济学和管理学逐渐成为"显学"，作为管理学科重要组成部分的市场营销，不仅作为一门课程，还作为一个专业被众多大学开设。据不完全统计，目前我国有700余所高校开设了市场营销本科专业，每年招收的本科学生数以万计。不仅如此，作为商科知识的重要部分，几乎所有经济与管理类专业的学生都需要了解和学习市场营销知识，因此，社会对市场营销相关的教材和书籍有着巨大的需求。

有需求，就会有供给。早期的市场营销教材几乎是原封不动地对美国同类教材的翻译和"引进"，以至菲利普·科特勒的教材长时期成为我国学生接触、了解市场营销的启蒙读物。时至今日，我国绝大部分营销专业相关教材，都是以西方尤其是美国教材为基础加以改编或删减，真正立足于本土营销实践和具有中国理论特色的教材可谓凤毛麟角。这固然与中国营销学术总体上仍处于追赶阶段有关，也与我国一段时间营销学术界过于追求发表学术论文，对编写教材不甚重视有莫大关系。可喜的是，最近几年伴随国家对高校考核政策的调整，教材编写工作日益受到重视，一些优秀学者开始把更多的精力投入到教材建设中。

鉴于目前营销专业教材良莠不齐，众多高校教师在选用教材时面临难以抉择的窘境，中国高等院校市场学研究会（以下简称"学会"）决定组织全国营销领域知名学者编写一套具有本土特色、适应市场营销本科专业教学的高水平教材，以此推动营销学科建设和营销人才培养。本套教材力图博采众长，汇聚营销领域的最新研究成果及中国企业最新营销实践，以体现当前我国营销学术界在教材编写上的最高水准。为此，学会成立了专门的领导机构和编委会，负责每本教材主编、副主编遴选，同时要求主要撰稿者具有重要的学术影响和长期的一线教学经验。为确保教材内容的深度、广度和系统性，编委会还组织专家对教材编写大纲做了深入、细致的讨论与审核，并给出建设性修改意见。可以说，本套教材的编撰、出版，凝聚了我国市场营销学术界的集体智慧。

目前规划出版的教材共计33本，不仅涵盖营销专业核心课程教材，而且包括很多特色教材如《网络营销》《大数据营销》《营销工程》等，行业性教材如《旅游市场营销》《农产品市场营销》《医药市场营销学》《体育市场营销学》《珠宝营销管理》等。由于各高校在专业选修课甚至一些专业核心课程的开设上存在差异，本套教材为不同类型高校的教材选用提供了广泛的选择。随着社会、科技和教育的发展，学会还会对丛书书目进行动态更新和调整。

我们鼓励主编们在教材编写中博采众长，突出中国特色。本套教材在撰写之初，就提出尽量采用中国案例，尽可能多地选用本土材料和中国学者的研究成果。然而，我们也深知，市场营销这门学科毕竟发端于美国，总体上我国尚处于追赶者的地位。市场营销是一门实践性和情境性很强的学科，也是一门仍在不断发展、成长的学科，远未达到"成熟"的地步。更何况，发展中国本土营销学，既需要中国学者长期的研究积淀，也需要以开放的心态，吸收国外一切有益的优秀成果。当然，在选用外来成果和材料时，需要有所甄别，有所批判和借鉴，而不是囫囵吞枣式地对所谓"权威材料"全盘接受。

本套教材的编写，在学会的发展史上也是一个里程碑式的事件。为了保证教材的编写质量，除了邀请在各领域的资深学者担任编委会成员和各教材的主编，还要求尽量吸收各领域的知名学者参与撰稿。此外，为方便教材的使用，每本教材配备了丰富的教辅材料，包括课程讲义、案例、题库和延伸阅读材料等。本套教材出版方清华大学出版社具有多年新形态教材建设经验，协助编者们制作了大量内容丰富的线上融媒体资源，包括文本、音视频、动漫、在线习题、实训平台等，使丛书更好地适应新时代线上线下结合的教学模式。

教材编写组织和出版过程中，众多学者做出了努力，由于篇幅所限，在此不一一致谢。特别要感谢学会副会长、华东理工大学景奉杰教授，从本套教材的策划、组织出版到后期推广规划，他尽心尽力，做出了非凡的贡献。清华大学出版社经管与人文社科分社社长刘志彬也是本套教材的主要策划者和推动者。从2019年9月清华大学出版社和学会达成初步合作意向，到2020年12月学会教学年会期间双方正式签署战略合作协议，再到2021年4月在北京召开第一次编委会，整个沟通过程愉快而顺畅，双方展现出充分的专业性和诚意，这是我们长期合作的坚实保障。在此，我代表学会，向所有参与本系列教材撰写、评审和出版的专家学者及编辑表示感谢！

教材建设是一项长期的工作，是一项需要付出智慧和汗水的工作，教材质量高低最终需要接受读者和市场的检验。虽然本套教材的撰写团队中名师云集，各位主编、副主编和编者在接受编写任务后，精心组织、竭忠尽智，但是由于营销专业各领域在研究积累上并不平衡，要使每本教材达到某种公认的"高水准"并非易事。好在教材编写是一个不断改进、不断完善的过程，相信在各位作者的共同努力下，经过精心打磨，本套教材一定会在众多同类教材中脱颖而出，成为公认的精品教材！

北京大学光华管理学院教授、博士生导师
中国高等院校市场学研究会前会长

前　言

越来越多的企业开始认识到体育的力量，认识到体育营销的优势，通过体育营销来为品牌发展赋能。例如，在2023年女足世界杯期间大量媒体报道意大利奢侈品服装品牌PRADA成为中国国家女足征战世界杯合作伙伴的消息。可以预见的是，在未来，会有越来越多的国际企业成为中国体育市场的合作伙伴，同时，在国际体育大赛中也会看到越来越多熟悉的中国企业的面孔。移动互联网时代，在数字技术的加持下，媒体平台朝着多元化发展，彻底颠覆传统的传播模式，体育营销模式日趋新颖，不断创新，体育营销的经典案例将就此产生，将会在全球体育营销学发展进程中写下重要一笔。

随之而来的是面对新时代，培养新商科体育营销人才迫在眉睫。由中国高等院校市场学研究会策划的"新时代营销学系列新形态教材"丛书之《体育市场营销学》应运而生。编写《体育市场营销学》是体育产业发展带来的市场和时代需要，面对新的发展环境、新场景、新技术，呼唤体育营销学新理论和新实践，解决新问题及利用新技术解决老问题，特别是在中国式现代化进程中，培养新时代体育营销专业人才，为体育强国战略作出贡献，不仅有理论价值，也有重要的现实意义。

处在不同的行业发展阶段，体育市场营销展现了不同的特点，体育市场营销学也随之呈现出新的特征，让我们一起回顾一下我国体育市场营销的发展进程，深入体会本教材的重要现实意义和理论价值。

中国体育营销的发展历程最早可以追溯到20世纪70年代末，1979年3月9日，上海电视台转播一场国际女子篮球比赛，在比赛休息期间播出一则由著名篮球运动员张大维和他的伙伴们代言的"幸福可乐"广告，这一举动甚至让正看着比赛起劲的观众们怀疑是不是播错了节目，自此，开启了中国体育营销的发展历程，许多企业纷纷效仿，尝试在体育比赛的休息时间进行广告宣传。1984年洛杉矶奥运会，健力宝被原国家体育运动委员会指定为"洛杉矶奥运会中国体育代表团首选专用饮料"，健力宝一战成名，被称为"中国魔水"。健力宝成为第一家真正借助世界体育大赛走向国际的中国企业。

20世纪90年代，无论是北京亚运会的举办还是体育职业化改革都为中国企业尝试体育营销提供了契机，中国体育营销在不断尝试探索中前行。这一时期，借助体育营销实现品牌飞跃的成功案例较少，大多数的中国企业处于观望的状态；已经涉足的企业对体育营销的认识仍旧停留在较浅的层面，缺乏长期的战略规划和全方位的营销策划，只是通过简单的"赞助+广告"进行品牌推广，无法真正实现全方位的权益激活。因此，许多企业的体育营销变成了"交学费"，无法达到理想的营销效果。这时的营销战略、营销策略及营销理念都处在初级阶段。

进入21世纪，中国体育营销开启新的发展机遇期。2001年，北京申奥成功，中国男足首次闯入世界杯决赛圈，中国体育营销迎来多重发展机遇，处于观望状态的中国企业开始行动起来，纷纷制定体育营销战略，借助利好机遇实施体育营销计划。2001年，在广州举办的中华人民共和国全国第九届运动会（简称"全运会"）首次引入赞助商制度，初步形成了政府引导下的市场化运营模式，成为全运会市场开发的典范。在国内外众多企业的激烈竞争中，海尔集团脱颖而出，成为主赞助商，与同为主赞助商的可口可乐、上海通用汽车等国际知名品牌并驾齐驱。2004年，联想与国际奥林匹克委员会（简称"国际奥委会"）签署协议，成为国际奥委会全球合作伙伴，"TOP计划"中首次出现中国企业的身影。2010年，广州亚运会赞助商达到52家，其中包括TCL集团、王老吉、网易等众多中国企业。该届亚运会的赞助金额超过30亿元，赞助商数量和赞助金额都刷新了过往亚运会的纪录，企业对体育营销的认知得到进一步提升。2008年，北京奥运会的举办，使中国体育营销迎来全面爆发期。联想、伊利、李宁等品牌借助赞助奥运会的契机实现了飞跃发展，中国体育营销迎来高光时刻。

北京奥运会全面激发了中国企业参与体育营销的热情，越来越多的企业意识到体育营销带来的曝光效果远远大于常规的营销手段。北京奥运会营销战略也为中国企业做出了示范效应，中国企业通过观摩家门口的世界顶级赛事的运营，加深了对体育营销的理解。

中国企业变得"敢花钱"，开始实施自身品牌的体育营销计划，以此赋能品牌发展，海信就是其中的典型代表。2008年，海信开始冠名墨尔本公园的第二大球场——澳网"海信球场"（Hisense Arena），这是中国企业首次在发达国家以企业的名称冠名赞助体育场馆，同时也结束了澳洲市场中只有日韩企业大手笔投入体育营销的历史。自此，海信正式进军体育营销领域，开始全球范围内的体育营销战略布局。

2014年《国务院关于加快发展体育产业促进体育消费的若干意见》（简称"46号文件"）发布，中国体育产业踏进黄金发展期。全民健身上升为国家战略，体育产业迎来黄金发展期，为体育营销奠定坚实的基础，中国体育营销驶入发展快车道。专业赛事IP的竞技观赏性和关注度不断攀升，为品牌方的体育营销带来了海量曝光。例如，自2014年起，海信相继赞助沙尔克04足球俱乐部、F1莲花车队和红牛车队、中国国家体操队和澳洲国家橄榄球联赛等。此外，从2016年欧洲杯到2018年世界杯，再到2020年欧洲杯，海信成为国际顶级绿茵场上的常客；中国企业的体育营销从战略到认知全方位地走向专业化营销行列。在2022年北京冬奥会和2022年卡塔尔世界杯中，中国企业的身影无处不在。

2022年2月4日，奥运火炬时隔14年再次在"鸟巢"点燃，北京成为世界上首个既举办夏季奥运会又举办冬季奥运会的"双奥之城"。伊利、安踏等众多民族企业品牌进入冬奥会赞助企业的阵营，借此契机加快品牌建设、增强竞争优势。中国银行、伊利集团、国家电网、中国国航、中国石化、中国石油、青岛啤酒、燕京啤酒、金龙鱼、中国联通等10家企业成为"双奥"赞助企业。

作为四年一届的足球盛宴，2022年卡塔尔世界杯不仅是足球迷的狂欢时刻，更是世界各大品牌寻求出圈的难得机遇。在2022年卡塔尔世界杯的16家官方赞助商中，中国企业足足占据6席：万达集团、海信集团、蒙牛乳业、vivo、雅迪和boss直聘。全球分析咨询公司环球数据（global data）调查显示，中国赞助商对卡塔尔世界杯的赞助金额达到13.95亿美元，而美国企业的赞助金额约为11亿美元。体育营销不只是砸钱投广告，中国赞助商不仅是"敢花钱",更变得"会花钱"。中国赞助商在世界杯营销过程中开始重视赞助权益激活,通过产品、品牌、渠道等全方位聚焦,助力品牌形象与市场份额的全面提升。

至此,中国体育营销已走过 40 余年的风雨征程。40 余年来,中国体育营销市场稳步发展,越来越多的企业把体育营销作为支持品牌成长的方式。蒙牛、安踏、海信、李宁、伊利等众多优秀的中国企业借助体育营销扩大品牌影响力,走向国际市场,实现自身跨越式发展。

经过 40 余年的不断摸索,从"敢花钱"到"会花钱",中国企业在体育营销领域进步巨大;越来越多的企业打破了对体育营销的固有认知,意识到体育营销不是为了短期获取流量,开始把体育营销当作长期坚持的发展战略。

随着体育产业的蓬勃发展、体育市场的特殊性和重要性日益凸显,因此,新时代新形态《体育市场营销学》教材的推出意义重大。本教材共 15 章,包括体育营销导论、体育市场营销战略规划、体育市场营销环境分析、体育市场调研、体育消费者购买行为分析、体育市场细分与目标市场战略、体育产品与服务策略、体育产品定价策略、体育产品分销策略、体育营销促销策略、体育品牌与授权管理、体育赞助与激活、体育场馆服务体验管理、体育营销管理与评价、数字时代体育营销的新发展,并附有最新体育营销案例。与以往体育营销教材相比,本书有以下特色:

(1) 编写团队专业优势互补。体育行业业态丰富,细分领域多,需重点研究内容广泛。本书组建的编写团队,阵容强大,兼顾老中青教师,同时覆盖多所院校,各位参编者均有自己主攻的研究方向,优势互补。本书由来自全国 11 所高校的 18 位编者共同完成,主编为北京体育大学管理学院肖淑红教授,副主编为北京体育大学管理学院谌莉老师、上海体育大学经济管理学院李海老师、南京体育学院王进老师、北京体育大学管理学院吴特老师。四川旅游学院的罗锐老师、彭菲老师(第 1 章),北京体育大学的吴特老师(第 2 章),首都体育学院的邢晓燕老师(第 3 章),成都体育学院的陈青老师(第 4 章),中央财经大学的李永红老师(第 5 章),山西财经大学的李洁老师(第 6 章),西安体育学院的王芳老师(第 7 章),上海体育学院的丁一老师(第 8 章)、广州体育学院的梁海燕老师(第 9 章),北京体育大学的韩华老师(第 10 章),哈尔滨体育学院的张莹老师(第 11 章),北京体育大学的谌莉老师(第 12 章),南京体育学院的王进老师(第 13 章),上海体育学院的姚芹老师(第 14 章),中欧国际工商学院的张驰老师(第 15 章),附录案例由主编肖淑红完成,北京体育大学研究生孔心怡、苗芳原、董贺参与了本书的编写工作。

(2) 突出行业特色及中国体育营销最新实践。本书是基于学界及业界双方面发展现实的需求推出的,即突出行业特色、突出创新、突出中国体育企业的体育营销实践,不仅强调采用中国企业的案例,还重点阐述体育细分业态,如赞助、场馆、赛事、体育用品业等体育产业特色的内容,确保教材的行业特色性;同时保持教材的创新性,结合数字时代宏观环境、技术和消费者的新特征,多讲新理论、多用新案例,紧跟时代主流。

(3) 本书可读性强。从内容和体例方面,希望达到学生喜欢学、教师喜欢用、市场主体喜欢读的目标。本书在每章开头均阐述学习目标,并编入引导案例、扩展案例、本章小结、核心概念、本章案例、即测即练和复习思考题，实现学生方便学、教师方便教、读者方便读的目标。作为新形态教材，本书将创新采用线上资源与纸书结合的方式。编委会多次通过线上线下的方式进行研讨，多次反复修改，得以完成本书。

此外，本书得到了中国高等院校市场学研究会副会长景奉杰教授、王永贵教授等专家的指导，同时得到了编委会符国群教授、刘志彬社长等主任委员们的大力支持，在此一并致谢。

鉴于时间和作者水平有限，书中不当之处在所难免，恳请读者指正，编写组将会不断修正和完善。

肖淑红
2023 年 7 月 21 日

目 录

第1章 体育营销导论 ... 1
1.1 体育营销概述 ... 2
1.2 体育营销观念的形成与发展 ... 4
1.3 体育营销的特点 ... 5
1.4 体育营销在现代商业环境中的作用 ... 8
1.5 体育营销的未来发展趋势 ... 9

第2章 体育市场营销战略规划 ... 13
2.1 体育市场营销战略的概念与内容 ... 14
2.2 体育市场营销战略规划过程 ... 18

第3章 体育市场营销环境分析 ... 26
3.1 体育市场营销宏观环境 ... 27
3.2 体育市场营销微观环境 ... 38

第4章 体育市场调研 ... 49
4.1 体育市场调研概述 ... 50
4.2 体育市场调研的过程 ... 54

第5章 体育消费者购买行为分析 ... 68
5.1 体育消费者市场 ... 69
5.2 影响体育消费者购买行为的因素 ... 71
5.3 体育消费者的购买行为与决策过程 ... 80
5.4 理解体育迷心理及行为 ... 84

第6章 体育市场细分与目标市场战略 ... 94
6.1 体育市场细分 ... 95
6.2 体育目标市场的选择 ... 101
6.3 体育目标市场的定位 ... 107

第 7 章　体育产品与服务策略 114
7.1　体育产品 115
7.2　体育产品组合 119
7.3　体育产品生命周期 122
7.4　体育新产品开发 129
7.5　体育服务质量策略 132

第 8 章　体育产品定价策略 142
8.1　认识体育产品的价格 143
8.2　体育产品价格的主要影响因素分析 146
8.3　体育产品的主要定价方法与策略 149
8.4　体育产品的价格调整及变动策略 155

第 9 章　体育产品分销策略 165
9.1　体育产品分销渠道概述 166
9.2　体育产品分销渠道设计 168
9.3　体育产品分销渠道管理 172

第 10 章　体育营销促销策略 179
10.1　体育营销促销组合 180
10.2　体育营销广告策略 183
10.3　人员销售和销售促进策略 189
10.4　体育公共关系策略 192

第 11 章　体育品牌与授权管理 198
11.1　体育品牌概述 199
11.2　体育品牌开发策略 207
11.3　体育品牌授权 210

第 12 章　体育赞助与激活 219
12.1　体育赞助的概念与实践 220
12.2　体育赞助平台 224
12.3　体育赞助的过程 227
12.4　体育赞助激活 232

第 13 章 体育场馆服务体验管理 ·········· 239
13.1 体育场馆服务体验管理的内涵 ·········· 240
13.2 体育场馆服务体验管理的机理 ·········· 243
13.3 体育场馆服务体验管理的营销策略 ·········· 246

第 14 章 体育营销管理与评价 ·········· 253
14.1 体育营销管理 ·········· 254
14.2 体育营销评价 ·········· 261

第 15 章 数字时代体育营销的新发展 ·········· 271
15.1 数字体育营销理念 ·········· 272
15.2 数字时代技术革新及在体育营销中的应用 ·········· 277
15.3 数字时代体育营销的新载体 ·········· 281

附录 ·········· 293

第1章

体育营销导论

本章学习目标

1. 了解什么是体育营销；
2. 了解体育营销观念及其演变；
3. 了解体育营销的特点；
4. 了解体育营销的发展趋势。

引导案例

欧洲杯广告进入虚拟时代

在2024年欧洲杯期间，体育营销领域见证了虚拟广告技术的革命性应用。AIM Sport公司为中国赞助商在欧洲杯中定制化设计了广告内容，通过虚拟广告技术，完成了不同地区、不同市场需求、不同语言展示的广告内容定制服务，这种技术的应用使得赞助商能够大大提升广告的相关性和效果。

例如，在西班牙对阵克罗地亚的比赛直播中，支付宝通过虚拟技术给中国消费者展示的四个品牌分别是支付宝、蚂蚁森林、蚂蚁财富和数字藏品平台（鲸探），而比赛现场广告牌实际展示的品牌则是支付宝在国际上主推的 Alipay+、WorldFirst 和 Antom。

另外，阿里巴巴在欧洲杯中给中国消费者展示的品牌包括淘宝和阿里国际站，现场实际展示的是面向海外的 AliExpress（速卖通）。这个商业逻辑非常好理解，中国老百姓关心的"淘宝百亿补贴"，外国人既看不懂也领不到；而面向国际市场的速卖通，又不是给中国消费者准备的。如今有了虚拟广告技术的帮助，实现了不同国别、不同语言、不同目标市场的营销需求，两全其美。

虚拟广告技术在2024年欧洲杯中的应用标志着体育营销进入了一个新时代。这种体育营销策略不仅提升了广告的吸引力，也因观众看到的广告与他们的文化和语言更为契合，提高了用户的参与度，为国际赞助商在全球体育赛事中实现定制化市场策略提供了新的可能性。

虚拟广告技术展示了体育营销飞速的发展，也代表着体育营销理念与手段的不断更迭。体育营销已经进入了新的时代，如何准确把握目标市场的消费者画像，以技术创新和内容创新实现营销效果的精准触达，建立更有深度和温度的品牌联系，是体育经营管理从业者必须掌握的知识与技能。

（资料来源：体育产业生态圈，王帅，2024）

体育已经融入我们生活的方方面面，并成为全社会共同关注的话题。"健康中国"和"体育强国"是新时期国家做出的重大战略部署，《体育强国建设纲要》提出"到2035年，体育产业要成为国民经济的支柱性产业"。体育产业，这一幸福产业正步入发展快车道。

体育营销作为营销的热门趋势，已经形成了相对成熟的学科体系，为助力体育产业快速发展增添了活力。在现代体育产业中，任何一个组织都需要体育营销，体育赞助、体育赛事冠名、体育广告、明星及运动员代言、展销会等体育营销手段，对提升企业及品牌知名度、促进产品销售发挥了重要作用。不仅仅是体育企业，很多非体育领域的企业也利用消费者对体育的热情，开展赛事赞助、运动员代言等体育营销活动。例如，奇瑞汽车赞助中国女排、伊利赞助北京奥运会等案例，极大地提升了这些企业的影响力。

1.1　体育营销概述

体育营销与市场营销有着密切的联系，是市场营销理论在体育领域的实践应用。根据体育市场的自身特点、分类方法、研究内容，体育营销成文市场营销一个新的分支。

1.1.1　市场营销

一些学者和组织对"市场营销"提出了各自的见解。例如，现代管理之父彼得·德鲁克（Peter F. Drucker）认为："市场营销不是一个单独的功能，从顾客的观点来看，市场营销是整个企业活动。"美国市场营销协会（American Marketing Association，AMA）则认为"市场营销是一种组织职能，也是为了组织自身及利益相关者利益，而创造、传播和传递客户价值，管理客户关系的一系列过程"。

市场营销的核心是管理可获利的顾客关系。其目标是通过承诺提供卓越的价值来吸引新顾客，并通过提升顾客满意度来留住和发展现有的顾客。现代营销学之父菲利普·科特勒（Philip Kotler）将市场营销定义为："个人和组织通过创造价值并与他人交换价值来获得所需所欲的一种社会及管理过程。"在狭义的商业背景下，营销涉及与顾客建立可获利的、追求价值的交换关系。

一些学者提出"以顾客为中心"的观点，如"营销是吸引顾客并管理有利可图的客户关系，用超值产品或服务吸引新客户，并且用递送价值和满意来强化现有客户的过程"。

因此，市场营销是企业为顾客创造价值并建立牢固顾客关系，进而从顾客那里获得价值作为回报的过程。营销的基本逻辑是充分了解消费者的需求和欲望，然后通过营销手段建立顾客关系，最终从顾客那里获取价值。

1.1.2 体育营销

体育营销作为市场营销的一个特殊分支，在理论和实践上都具备独特性。体育营销不仅要关注产品和服务的价值创造，还要考虑体育赛事、体育明星和运动团队的品牌价值及其影响力。通过有效的体育营销策略，企业可以提升品牌知名度，增加市场份额，并建立长期的顾客忠诚度。

美国学者尚克（Shank）和莱伯格（Lyberger）认为："体育营销是把营销原理和营销过程应用到体育产品和服务的销售，以及借助体育进行非体育产品的营销。"国内学者陈林祥将体育市场营销界定为"满足消费者的需求，实现体育组织的目标，对产品、价格、分销和促销所进行的一系列活动的计划、实施和控制"。

我们可以将体育营销定义为围绕体育消费者的需求，创造、沟通、传递和交换对顾客、客户、合作伙伴和整个社会有价值的体育产品或服务的活动和过程。

体育营销主要包括两个方向：

（1）体育产品或服务的营销。这类体育营销是直接向体育消费者进行体育产品或服务的营销，例如体育赛事的推广、健身课程的售卖、体育场馆提供的各类服务等。这类营销活动通常围绕体育迷和运动爱好者展开，通过精准定位、个性化服务和品牌塑造来吸引和保持顾客。

（2）通过体育进行营销。这类体育营销是企业以体育赛事（活动）、体育人物或体育组织等作为媒介或平台，与目标受众之间创建关联，进行沟通、传播和互动，最终实现企业营销目标的活动，例如体育赞助、明星运动员代言等。

随着我国体育产业的发展，越来越多的企业采用体育营销作为提升品牌价值及市场竞争力的重要手段。企业通过与体育相关的营销活动，可以吸引消费者的关注，与消费者建立情感联系，提升品牌知名度或市场份额，增加品牌资产，从而在激烈的市场竞争中获得优势，最终帮助企业实现其营销目标。

1.1.3 体育营销的基本要素

（1）体育组织。体育组织是由若干个人或群体组成的、具有共同体育活动目标和一定边界的社会实体。体育组织的类型多样，既包括公益性的社会团体，如体育协会、体育俱乐部、体育基金会等，也包括生产体育服务产品的营利性公司，如大型综合体育场馆、各类健身中心、网球中心、游泳馆、乒羽馆、跆拳道馆、武术馆、高尔夫球场、户外拓展公司、赛事策划推广公司等，还包括生产体育实物类产品的营利性企业，如运动服装、运动器械、运动保健品生产企业。

（2）体育消费者。体育消费者是指体育服务类产品与实物类产品的买方，包括参与型消费者和观赏型消费者。参与型消费者是指那些实际参与体育活动的人，如健身中心的会员或体育赛事的参与者，以及购买和使用体育装备、运动器械和保健品的人；观赏型消费者是指那些观看体育赛事或活动的人，如体育赛事的观众。

（3）体育产品价值。体育产品的价值不仅包含其使用功能，还包括产品给予的心理与情感价值，以及售后服务等附加价值。因此，一个体育产品的价值主张是其承诺给顾客的一组利益，这些利益旨在满足顾客的需求。例如，运动鞋不仅需要舒适、耐用，还需要赋予顾客品牌认同和时尚感。

（4）价值回报过程。价值回报过程一般包括以下四个环节。

需求分析：了解目标消费者的需求和欲望，这是制定有效营销战略的基础。

营销战略制定：根据需求分析结果，制定切实可行的营销战略，包括产品定位、定价策略、分销渠道选择和促销手段等。

整合营销方案：将各种营销工具和手段整合起来，形成一个协调一致的营销方案，确保各个环节相互配合，实现最佳效果。

顾客关系建立：通过不断提升顾客满意度，建立和维护长期的顾客关系，确保顾客忠诚度，进而实现价值回报。

1.2 体育营销观念的形成与发展

随着社会生产力的不断发展，体育市场不断发生着深刻的变革，从单一体育产品供给走向多元供给，人们从物质需求转向更高层次的需求，体育营销观念也在随着体育市场的变化而变化，形成了传统营销观念和现代营销观念。传统营销观念以企业内部要素为中心，包括生产观念、产品观念、推销观念；现代营销观念以企业外部要素为中心，包括整合式营销观念和社会营销观念。

1.2.1 体育传统营销观念

（1）生产观念。生产观念是建立在卖方市场的基础之上的一种体育营销观念，具有悠久的历史背景。在这种观念下，体育产品和服务通常短缺，仅提供基本的体育产品或服务，消费者因而没有选择余地。主要关注能否获得体育产品，而不是体育产品的种类及其细节特征。尽管生产观念主要通过技术和产品革新来追求成本最低化和效益最大化，但它通常没有顾及顾客的具体体育需求（细分市场）或体育产品研发。如在计划经济时代，体育活动推广常常是通过自上而下的行政体系组织的，广播体操的全民推广就是一个很好的例子。

（2）产品观念。随着经济的发展和制造业水平的提升，体育产品变得更加丰富，消费者开始追求高质量、多功能和具有特色的产品。在这种背景下，企业开始更加注重提升体育产品或服务的质量和特色打造，认为产品只要质量足够好，自然会有市场。然而，产品观念主要关注产品的生产和销售，忽视了针对体育目标群体的关键特征和消费者需求的变化，这导致了企业的"营销近视"，即过于关注产品本身而忽略市场需求。

（3）推销观念。随着体育产品和服务供给的极大丰富，体育市场从卖方市场转变为买方市场。在这种供大于求的市场环境中，激烈的市场竞争使企业意识到需要主动推销体育产品和服务，通过各种促销手段来吸引顾客。然而，推销观念依然强调体育产品和服务本身，而不是消费者的实际需求，这种同质化的市场环境使得推销效果逐渐降低，甚至可能陷入低价竞争的恶性循环。尽管相比生产观念和产品观念有所进步，企业开始重视广告和推销技术，但实质上仍是以生产为中心，往往忽视了顾客的满意度，如健身房的电话催单就是典型例子。

这三个传统营销观念共同展示了体育营销从侧重生产到强调产品质量，再到必要的推销活动的演变过程。每一阶段都反映了市场条件和企业策略的特定需求，但都未能充分把握消费者需求的本质，从而为现代营销观念的出现提供了条件和背景。

1.2.2 体育现代营销观念

（1）整合式营销观念。随着供给侧结构性改革的持续深化，体育市场开始认真考虑产能过剩的问题，体育营销也因此从过去的重点关注产品生产和推销，转变为更多关注买方市场，即重视满足消费者的具体需求和提升顾客满意度。这种转变不仅仅是策略上的调整，更是体育营销价值取向的根本变化。通过这种方式，企业目标不仅是提升市场占有率，而且还包括培养体育消费者的忠诚度和终身价值。

体育整合式营销观念的核心特征是深入了解消费者的体育喜好、需求和期望。这一观念强调企业应通过创造性地满足这些体育需求来获得利润，这意味着企业需要进行细致的市场研究。通过数据分析、消费者行为研究市场趋势，精确把握目标消费者的体育需求动态。基于这些研究，企业可以设计和提供符合消费者期望的体育产品和服务。例如，如果数据显示健身爱好者越来越关注便携性和个性化服务，体育公司可能会开发更轻便的运动设备或提供定制的健身计划。此外，体育公司通过各种客户关系管理（CRM）工具，定期与顾客互动，了解他们的反馈，进而优化体育营销策略，提高顾客满意度和忠诚度。

（2）社会营销观念。社会营销观念是在能源危机、环境污染等社会问题基础上提出的，它是市场营销观念的补充和完善。这一观念认识到，体育营销不应仅仅聚焦于满足消费者的需求和追求企业利益，还要扩展视野，考虑到社会整体的利益和长期的可持续发展。

社会营销观念强调企业在追求经济利益的同时，应负起社会责任，促进环保和社会福利。例如，北京冬奥会的口号"一起向未来"，不仅表达了对体育精神的庆祝，还强调了全球合作和可持续发展的重要性。同样，户外旅游和体育活动中推广的"低碳户外"和"山野无痕"理念，突出了对环境保护的承诺和推动可持续旅游的实践。

在体育行业，社会营销的应用可以包括支持社区体育项目、提供经济适用的体育设施或服务，以及确保体育活动的包容性和可达性。通过这些措施，体育企业不仅在经济上获益，还能在社会影响力和品牌信誉上实现显著提升。

1.3 体育营销的特点

体育营销虽然是市场营销的一部分，具有市场营销的一般特点，如目标市场的识别、需求满足、价值创造与交换等。然而，由于体育市场的独特性，体育营销活动也展现出了其特有的特点，这主要是因为体育产品同时具有有形和无形的形态，以及实物和服务的属性。

1.3.1 体育营销对社会与经济环境依赖性强

体育作为一种社会文化现象，深刻反映了社会存在和发展的状态。体育营销的效果和策略受到社会文化背景和经济条件的强烈影响，因此在不同地区和不同社会文化环境下，体育营销活动和策略需要有明显的区别性。

（1）社会文化差异。在不同的文化背景下，人们对体育的认知和消费需求差异显著。例如，一些国家可能对足球有极高的热情和广泛的参与度，而另一些国家可能更偏爱篮球或板球。这些文化差异决定了体育营销策略需要高度定制化，以适应各地的体育偏好和消费习惯。

（2）经济环境的影响。体育消费通常被视为高层次的需求，它在很大程度上依赖于经济条件。恩格尔系数，即家庭食品支出占总支出比例的指标，常用来衡量一个家庭的生活水平。当恩格尔系数低于40%时，表明家庭的基本生活需求已基本满足，人们更有可能增加对体育活动的投入。因此，在经济发达地区，人们的可支配收入较高，更容易参与体育活动和购买相关产品，使得体育营销活动更为频繁和多样。

（3）地区发展不均。即使是同一个国家内，不同地区的经济发展水平也会影响体育营销的策略。经济发达地区可能有更多的资源来支持广泛的体育活动和高端体育产品的营销，而经济较弱的地区可能更集中于基本的体育用品和服务，或者侧重于促进群众体育活动，以提高人民的健康水平。

1.3.2 体育营销具有专业性和创新性

体育营销的专业性和创新性是应对体育市场环境快速变化的关键。随着体育市场的多元化和跨行业融合，体育营销的策略和实践必须更加专业，更加注重创新。

（1）专业性。随着体育产业与经纪业、保险业、旅游业、饮食业等其它行业的融合，体育产品和服务的类型及其复杂性显著增加。这种多样性要求体育营销专业人员不仅要深入理解体育本身，还需了解相关行业的特点和消费者需求。例如，推广运动伤害保险需要了解体育活动的风险以及保险产品的具体优势，设计体育旅游包装产品则需要综合考虑旅游和体育赛事的特点。因此，体育营销人才需要具备跨领域的知识和技能，才能设计出满足多方利益的产品和策略。

（2）创新性。在信息爆炸和消费者注意力分散的当今时代，体育营销需要通过内容和方式的创新来吸引目标客群。这包括采用新技术（如虚拟现实、增强现实、社交媒体平台）和创新营销策略（如故事化营销、体验营销、社交媒体互动）来提升体育产品的吸引力。例如，使用虚拟现实技术让粉丝在家中就能体验赛场的氛围，或者通过社交媒体平台的直播互动来增加赛事的观看率和参与度。

考虑跨界消费者及社会整体利益需求，体育营销的创新不仅局限于传统的体育消费者，还需要关注跨界消费者——那些可能对体育产品感兴趣的非传统体育观众。此外，随着全球对可持续发展和社会责任的关注增加，体育营销策略也应包括对环境保护和社会福利的贡献。例如，推广低碳的体育活动或支持公益体育项目可以帮助企业建立积极的社会形象，同时吸引那些注重企业社会责任的消费者。

体育营销的专业性和创新性是应对当前市场挑战的关键，这要求体育营销专业人员不断学习新的知识和技能，同时勇于尝试新的营销策略和工具，以适应不断变化的市场需求和消费者行为。

1.3.3 体育无形产品的生产与消费同时性

体育无形产品的一个核心特性是其生产和消费同时性。这意味着体育服务或体验在被生产的同时也被消费，与传统的物理商品不同，体育无形产品无法存储或延后使用。

（1）生产与消费的同步性。在体育无形产品的领域，消费者的参与直接影响了产品的生成和体验的质量。例如，观看一场足球比赛，消费者所购买的不仅仅是球场的一个座位，而是观赏比赛的权利和体验。比赛本身就是被生产的服务，消费者的观看是消费这一服务的过程。当比赛结束时，消费者无法带走任何物质产品，但他们所获得的是比赛过程中的体验和记忆。

（2）体验的独特性。体育无形产品如赛事观看或健身服务，提供的是独一无二的体验。例如，购买健身服务，消费者实际上购买的是在特定时间内接受教练指导和使用健身器械的权利。健身过程中的体验感、疲劳感、成就感是即时消费产生的，结束后无法再次"使用"或回放，除了体验带来的长期身体健康效益。

（3）服务的不可分割性。体育无形产品通常不能被分割出售或消费。消费者在购买此类产品时，通常是参与整个事件或完整服务。这一特性要求体育营销人员在产品设计时必须考虑到整体体验的连续性和完整性，确保每一次消费都能满足消费者的期待。

这种同时性对体育营销策略的制定提出了独特的挑战，尤其是在如何管理消费者期望、如何确保服务质量，以及如何通过增强体验来增加消费者满意度和忠诚度方面，需要特别关注。

1.3.4 体育营销效果具有不可控性

体育活动的核心吸引力在于其不确定性和即时性，这些特性也给体育营销带来了显著的挑战。与有形商品相比，体育比赛和事件的营销效果受多种不可预测因素的影响，从而导致其结果的易变性和不确定性。

（1）比赛结果的不可预测性。体育比赛的结果到最后一刻都无法确定，这种不可预知性是体育赛事的一大魅力。例如，即使是备受期待的赛事，也可能因为实力悬殊或突发情况而导致意外的结果，这对于营销活动的效果有时是正面的刺激，有时可能导致预期效果的落空。

（2）外部因素的影响。体育营销的结果受到众多外部因素的影响，如球星的状态、球队的胜负、球员的表现，甚至天气条件、现场灯光、球迷气氛和媒体直播的质量等。这些因素都可能极大地影响观众的体验和消费者的满意度。

（3）消费者情绪的波动。由于体育赛事的结果不可预测，消费者的情绪和反应也相应变得不稳定，一个意外的比赛结果可能迅速改变粉丝的情绪，从极度兴奋到深度失望。这种情绪的波动对于体育营销人员来说是一个挑战，同时是创造独特体验和建立深厚情感联系的机会。

为应对这种易变和不可预测性，体育营销策略需要具备高度的灵活性和应变能力，使营销活动能够迅速适应赛事发展的变化，如调整广告内容、推广策略和社交媒体互动，以确保最大化利用每一个营销机会。

1.4　体育营销在现代商业环境中的作用

体育营销在现代商业环境中起着至关重要的作用，特别是在提升品牌知名度、建立品牌形象和加深消费者忠诚度方面。通过与体育赛事、运动员或运动队的合作，企业不仅能够提升自身的社会声誉，还能积极影响其品牌资产。

1.4.1　提升品牌知名度

企业通过长期赞助体育赛事和运动员、运动队，实现体育粉丝向消费者的转化，并赢得社会声誉，积累品牌资产，提升品牌的正面形象和影响力。例如，光明牛奶赞助中国女排、安踏签约乒乓球运动员樊振东等，这样的合作不仅能够增强消费者对企业的认可度，还能够吸引潜在消费者的关注，提高品牌知名度。

1.4.2　吸引并维持客户

体育营销不仅能够吸引新客户，也能有效维护现有客户基础，建立长期的品牌忠诚关系。这种深入的客户关系管理对于在竞争激烈的市场中保持品牌的领先地位至关重要。

通过组织各类互动活动，如赛事观看、现场互动、抽奖活动等，品牌可以显著增强消费者的参与感。也可以通过在线竞赛、预测比赛结果等虚拟活动来帮助建立消费者对品牌的积极感知，增加品牌与消费者之间的互动频率，从而提高品牌黏性。通过定期与消费者互动，并提供定制化的内容和服务，品牌可以有效提升消费者的忠诚度。例如，为长期忠实粉丝提供特别的优惠、专属商品或独家体验，可以加深他们对品牌的喜爱和依赖。此外，通过社交媒体平台与粉丝保持积极互动，及时回应他们的需求和反馈，也是增强忠诚度的重要手段。

1.4.3　增加产品销量

体育营销通过激发消费者的购买热情和利用赛事的高曝光度，可以有效地增加产品销量并扩大市场份额。如在大型体育赛事如世界杯、奥运会期间，品牌可以推出与赛事相关的特别促销活动，推出限量版或赛事纪念版产品，通过与热门电影系列合作，推出以体育为主题的电影特别版运动产品，可以吸引电影迷和体育迷的共同关注，从而增加产品销量。通过目标广告、影响者合作、社交媒体赛事直播等方式，品牌可以更精准地达到目标消费者群体，提升购买转化率。

1.4.4 形成差异化定位

在激烈的市场竞争中，体育营销通过精准的定位和有针对性的营销方式，帮助品牌形成独特的市场地位和竞争优势。例如，赞助高尔夫球赛事可能吸引高端消费群体，而赞助街头篮球赛则更能吸引年轻、时尚的消费者群体；安踏长期赞助中国大学生篮球联赛，专注于年轻的大学生群体，成功地在这一细分市场中建立了独特的品牌影响力。这种策略不仅增强了目标群体的品牌认知度，还培育了忠实的消费者群体。

1.4.5 促进国际化进程

体育营销在推动品牌国际化进程中发挥了重要作用。通过赞助全球性的体育赛事，品牌不仅能在国际舞台上获得广泛曝光，还能增强品牌的全球市场认同，提升国际知名度，为品牌进入和拓展海外市场奠定基础。如赞助奥运会、世界杯等国际顶级赛事，品牌可以在全球范围内获得极高的曝光率，吸引了全球数亿观众，通过电视、互联网和社交媒体等渠道广泛传播。通过与这些赛事的合作，品牌可以将其文化、理念和价值观传递给全球观众。例如，中国的电动汽车品牌蔚来（NIO）通过赞助国际赛车赛事 Formula E，成功进入欧洲市场，并提升了在全球范围内的品牌认知度。

1.5 体育营销的未来发展趋势

体育营销正逐渐展现出数字化、数据驱动、体验营销、社交媒体、赞助和合作以及可持续发展的趋势。企业需要不断适应这些趋势，制定创新的营销策略，以提高品牌知名度和影响力，促进业务增长。

1.5.1 数字化

随着数字技术的不断进步，体育营销也越来越数字化，数字平台为体育营销提供了更多的机会和渠道。例如，企业可以通过社交媒体、在线广告和移动应用程序等进行推广。通过数字化平台，品牌能够更有效地接触到目标受众，并进行实时互动。例如，实时更新比赛动态、发布运动员的训练视频、利用移动应用提供个性化服务等，都能够提升消费者的参与度和品牌忠诚度。

1.5.2 数据驱动

数据在体育营销中的作用越来越重要。通过收集和分析消费者的数据，企业可以更好地了解消费者的需求和行为，从而制订更精准的营销策略。例如，通过分析消费者的观看习惯、购买记录和社交媒体互动数据，品牌可以识别出最受欢迎的内容和产品，从而优化营销策略，提升营销效果。此外，数据驱动的洞察还可以帮助品牌进行市场细分和个性化推荐，提高消费者满意度。

1.5.3　沉浸式体验

消费者越来越注重体验，体育营销也越来越注重为消费者提供独特的体验。通过营造沉浸式的品牌体验，帮助品牌在激烈的市场竞争中脱颖而出。例如，品牌可以通过举办体育赛事、博览会、嘉年华、VR体验等活动，让消费者获得产品和服务的超值感受。这种体验不仅能够增强消费者的参与感，提升用户黏性，还能有效地建立品牌的认可度和忠诚度。

1.5.4　多元化互动

社交媒体已经成为体育营销的重要渠道之一，通过社交媒体，企业可以与消费者分享体育内容和故事，提高品牌知名度和影响力。利用社交媒体平台，品牌可以开展各种线上活动，如直播赛事、运动员互动、粉丝抽奖等，增强消费者与品牌的双向互动。同时，社交媒体还可以帮助品牌监测市场动态，及时调整营销策略，提升营销效果。

1.5.5　可持续发展

可持续发展已经成为企业和社会的重要议题，体育营销也越来越注重可持续发展，品牌可以通过推广环保、健康和社会责任等理念，来提高企业的社会形象和声誉。例如，举办低碳体育赛事、推广绿色产品、支持社区体育活动等，都能够彰显品牌的社会责任，赢得消费者的信任和支持。可持续发展的体育营销策略不仅能够提升品牌形象，还能促进品牌的长期发展。

本章小结

体育营销在现代市场营销中具有重要作用，能够树立积极的企业形象，提升品牌知名度和影响力，促进体育产品销售，带来实际的经济效益。同时，体育营销能够满足消费者多元化的体育需求，加强与消费者之间的情感连接，实现双赢的局面。随着科技进步和市场环境的变化，体育营销将不断发展，展现出更大的潜力和价值。

展望未来，随着数字化技术的发展和消费者需求的不断变化，体育营销将迎来更多创新机会。企业需要不断适应新趋势，制定灵活且前瞻性的体育营销策略，以在不断变化的体育市场环境中保持竞争优势，实现长期发展目标。

案例讨论

安踏——谷爱凌"一跳成龙"营销记

（一）营销事件介绍

谷爱凌在2022年北京冬奥会横空出世，让全世界认识到一个阳光、聪慧、个性、时尚的新时代中国奥运冠军，"谷爱凌龙纹战袍"也一夜火爆热搜。而这件龙纹运动服，是安踏和谷爱凌共同设计的专属产品，设计灵感来自于她对滑雪运动的敬畏之心："I admit it; I am in love with fear"。

这款专属产品是典型的"情绪商品"，因其与谷爱凌夺冠带来的强烈的自豪感紧密结合，得以将消费者对冬奥金牌的自豪和对谷爱凌个人的喜爱，均同步到了这款产品上，带来直接的传播和销售数据飙升。冬奥会期间，安踏微信指数在开幕式当天环比增长213%。在谷爱凌夺冠前，安踏品牌官方店铺中，售价399元的谷爱凌同款卫衣，月销在50多件；标价1 999元的同款羽绒服，月销只是个位数；一款8 999元同款滑雪服套装，几乎无人问津。但随着赛事推进，运动员个人话题度提高，产品的销量开始翻倍。

（二）营销策略分析

安踏在谷爱凌"一跳成龙"营销活动中，展现了多层次、精细化的营销策略，通过抓住奥运热点和明星效应，有效提升了品牌知名度，并推动了品牌的年轻化和国际化战略。

1. 抓住奥运热点

安踏成功利用北京冬奥会的全球影响力，将品牌与这一国际盛事紧密结合。通过赞助奥运会和与奥运冠军谷爱凌的合作，安踏不仅提升了品牌的知名度，还赋予了品牌更多的国际化元素，增强了品牌的全球影响力。

2. 专业运动产品线的打造

安踏不仅在时尚运动和户外运动领域取得成功，还通过与谷爱凌的合作，打造了专业运动的产品线。一些运动员同款装备，如滑雪服和瑜伽服，成为"安踏冠军系列"，占据更高的价格区间。这不仅丰富了安踏的产品线，还提升了品牌的专业形象和市场竞争力。

3. 签约谷爱凌的双重战略

安踏在两年前谷爱凌宣布代表中国队参赛时，迅速签下她作为品牌代言人。这一举措不仅看重滑雪这项新兴运动的市场潜力，还旨在通过谷爱凌打开女性运动鞋服市场。安踏将运动场景划分为冰雪运动和热汗运动，并推出定位中高档的滑雪服和瑜伽服系列，精准定位不同消费群体，拓展市场份额。

4. 年轻化和国际化战略

通过绑定奥运IP和邀请奥运冠军、新生代运动员代言，安踏极大地推动了品牌的年轻化和国际化战略。特别是押中谷爱凌这一新星，她在冬奥会上的出色表现，使安踏品牌曝光量和传播效果远超预期。谷爱凌个人成为Z世代中国青少年的全民偶像的同时，安踏也成为了最受Z世代喜爱的运动品牌之一。

（三）整体营销效果

谷爱凌"一跳成龙"营销活动不仅提升了安踏的品牌知名度和市场影响力，还通过明星效应和精准市场定位，实现了产品销量的显著增长。安踏微信指数和产品销量的大幅上升，证明了这一营销策略的成功。

（资料来源：BBI品牌智库微信公众号，盛云飞，2022）

案例思考题：

（1）安踏"一跳成龙"的营销策略是什么？

（2）安踏"一跳成龙"的营销亮点在哪里？

（3）安踏为什么选择这样的营销方式？

教学指南

即测即练题

参考文献

[1] 石晓萍. 国外知名体育品牌在华实施本土化策略现状分析[J].首都体育学院学报，2009，（21）1：39-42.

[2] 袁泉. "李宁"品牌的文化营销策略研究析[D]. 吉林：吉林大学体育学院，2012.

[3] 陈丛刊等. 中国共产党体育观的百年演进及经验启示[J]. 南京体育学院学报，2021，20（7）：32-39.

[4] 刘征，张麟寰，郑锡坤. 文化自信背景下女排精神对中国体育文化建设的影响[J]. 成都体育学院学报，2020，46（2）：8-10.

[5] 杨桦. 体育的概念、特征及功能——新时代体育学基本理论元问题新探[J]. 体育科学，2021，41（12）：3-9.

[6] 蔡朋龙，王家宏，方汪凡. 基于复杂网络视角下中国体育产业结构特征研究[J]. 中国体育科技，2021，57（3）：67-79.

[7] 刘建武，钟丽萍，张凤彪. 健身服务业线上线下融合发展的机遇、机理与路径[J]. 体育文化导刊，2021，9（9）：86-104.

[8] 加里·阿姆斯特朗. 市场营销学[M]. 北京：中国人民大学出版社，2017.

[9] 吴瑾，湛慧，杜振中. 运动处方干预青少年网络成瘾效果的 Meta 分析[J]. 体育与科学，2018，39（3）：46-54.

[10] 万楠，万璐. 基于体验经济的我国商业性体育赛事开发策略研究[J]. 体育文化导刊，2018,6(6)：109-113.

第 2 章

体育市场营销战略规划

本章学习目标

1. 了解体育市场营销战略的概念；
2. 把握体育市场营销战略的内涵；
3. 了解体育市场营销战略规划过程；
4. 初步掌握如何进行体育市场营销战略规划。

引导案例

本土饮料品牌体育市场营销战略创新

2021年第32届夏奥会落幕，中国代表团以38金32银18铜总计88枚奖牌的优异成绩圆满收官。赛场之外，民族品牌的喝彩声也成为一道靓丽风景。

中国国家体操队官方合作伙伴加多宝"赢战2021喝彩中国"的营销主题活动战报发布。赛事期间，品牌实现超过290亿次线上总曝光。这场集合体育大事件、短视频内容生态、线下渠道活动的创新营销，向外界呈现出数字化时代体育市场营销的新形态。

拥抱短视频线上引燃Z世代激情

2021年7月，加多宝与拥有奥运转播版权的快手短视频平台正式达成战略合作。7月24日，伴随着中国体育健儿走上赛场，"加多宝奖牌榜""中国夺金时刻""喝彩中国我的宝"超级挑战赛也在快手短视频平台上线。

比赛期间，中国国家体操队以3金3银2铜的优异成绩打了一场漂亮的翻身仗，成为赛场上耀眼的焦点，助推赛事与品牌活动形成同频共振。

截至8月8日，"加多宝奖牌榜"的总曝光量85.65亿次，"中国夺金时刻"品牌权益总曝光83.24亿次，在快手数字化生态力量助力下，更是实现了内容营销与赛事转播的无缝连接。

"喝彩中国我的宝"快手超级挑战赛更是借助3D魔法贴纸巧妙植入加多宝凉茶消费场景，极大地激发了年轻消费者创作热情，累计发布132.9万个原创作品，突破100亿次页面曝光量。

喝彩中国线下引爆全国商圈关注

2021年4月，加多宝正式签约成为中国国家体操队的官方合作伙伴。随后，加多宝"赢战2021喝彩中国"主题活动迅速在全国各大城市展开。举罐舞表演、网红探店、全民健身大挑战等上万场活动在全国次第开展。

体育赛事期间，加多宝更是联合浙江、湖北、四川等各地地方台、美团外卖、曹操出行等合作伙伴，在全国各大商圈集中开展了近百场精彩的线下活动。小龙虾争霸赛有趣更有味、谁是辣味王线下挑战赛紧张刺激，预防上火潮店时尚新颖，举罐舞快闪更是活力十足。火热的线下活动带来了数以万计的消费者参与。

自2018年二次创业以来，加多宝加速推进品牌年轻化战略和新营销模式改革落地，积极拥抱数字化实现线上线下营销渠道的创新融合，不断推动中国凉茶产业强势攀升。

有营销专家评价，这一重磅体育市场营销活动对于加多宝乃至整个凉茶品类而言，都有着提振势能、重回焦点的重要意义。"加多宝借由此次现象级营销案例尽显发展势能，成功实现大品牌、大事件、大平台的深度融合，不仅直接助推旺季市场的优势表现，也有望带动整个行业进入数字营销的新纪元。"

体育市场营销战略规划是市场营销部门在企业总体营销战略指导下，针对体育市场营销这一特定主题，在综合考虑外部市场机会及内部资源状况等因素的基础上，确定目标市场，选择相应的营销策略组合，并予以有效实施和控制的过程。从营销4P理论角度看，体育市场营销战略一般包含产品策略、价格策略、渠道策略、促销策略等内容。

体育市场营销战略规划既有营销战略规划的普遍性，同时又有其自身的特点。在学习和运用体育市场营销战略过程中，要把握好这一普遍性与特殊性的关系。

资料来源：加多宝发布最新体育市场营销战报 百亿曝光驱动现象级营销. 人民政协网. http://www.rmzxb.com.cn/c/2021-08-12/2929363.shtml.

2.1 体育市场营销战略的概念与内容

2.1.1 体育市场营销战略的概念

从企业从事体育市场营销活动的角度来说，体育市场营销战略是企业营销战略的一部分，也是职能战略中的一种类型。体育市场营销战略一方面服从于企业的总体战略，以实现企业的战略目标和长期目标为出发点。同时，它又是企业开展具体体育市场营销工作的主线，指导着企业体育营销部门的各项工作。因此，企业的体育市场营销战略是指在确定的总体战略指引下，企业根据市场等环境及自身营销条件的动态变化趋势，对自身体育市场营销工作做出的全局性谋划。

相比于一般性的市场营销战略，体育市场营销战略有其特殊性，主要表现在以下5个方面。

第一，体育市场营销战略的受众和目标人群主要是体育爱好者。相对于一般的营销战略，体育市场营销战略更多是针对体育爱好者进行思考和布局的，其目标人群高度聚焦，具有鲜明的特点。相比于普通受众，体育受众具有忠诚度高、同质化程度高等特点。一方面，体育IP生命周期长，相应的用户黏性也高，几十年球龄的球迷在体育圈是司空见惯的事情；另一方面，体育用户相对集中，而不同的体育项目可能拥有不同的关注人群。因此，体育市场营销战略必须充分考虑体育爱好者人群的特点。一般来说，可以从年龄、性别、区域、收入、介入体育活动的程度等角度来对体育爱好者进行区分，以制定出具有针对性的体育市场营销战略。

第二，体育市场营销战略的全球化特征突出。体育活动与体育市场的全球化特征相较于一般行业而言更加突出，许多体育市场营销活动的载体和资源都是在全球市场流动的，具有较强的全球性市场特性，由此决定了体育市场营销战略更多地要从全球化角度进行思考。体育市场营销活动的主体、平台等参与者必须具备全球视野，才能有效开展战略行动。

第三，赞助是体育市场营销战略的重要方式。推进体育市场营销战略的手段多种多样，而赞助是其中一种非常重要的方式，也是许多体育市场营销战略思考主要面对和不能回避的手段。因此，在体育市场营销战略中，必须充分考虑体育赞助活动在其中的分量，及赞助活动在整个营销战略中的使用问题。将赞助的价值和作用最大限度发挥出来，往往成为体育市场营销战略的思考重点。

第四，赛事是体育市场营销战略的重要领域。与赞助活动的重要地位息息相关的体育赛事也是推进体育市场营销战略时主要的载体和平台。市场上多数体育市场营销战略与活动都与体育赛事相关，体育赛事也是体育市场营销最为活跃和市场化的领域。如何掌握体育赛事传播特征、嫁接体育赛事活动对于开展体育市场营销战略具有重要意义。

第五，体育市场营销战略是企业整体营销战略的有机组成部分。虽然体育市场营销具有其独特性，且其在一众市场化营销活动中的地位和价值正在上升，但从企业整体经营活动来看，其仍属于企业市场营销战略的一部分。一方面，体育市场营销战略是在企业整体市场营销战略的指导之下进行的，并且服务于这一整体；另一方面，体育市场营销战略能为企业整体市场营销战略提供新的创造性手段和价值，发挥其他战略所不能达到的效果。对于体育市场营销战略思考者而言，如何把握好这种关系，是指导企业具体体育市场营销活动成败的关键。

2.1.2 体育市场营销战略的内容

体育市场营销战略涉及企业体育市场营销工作整体性、全局性的谋划、规划、计划等内容。与一般的市场营销战略类似，体育市场营销战略主要包括市场细分与客群、企业市场定位、营销战略目标、营销策略选择及营销资源配置及预算安排等。在此基础上，体育市场营销战略还需要考虑其营销对象独特的产品特征、体育市场营销的特殊渠道、策略、活动等。总体上看，体育市场营销战略需要关注以下几方面的问题。

（1）企业的体育市场营销工作主要针对哪些客群？满足哪些市场需求？

体育市场营销是一项特殊的营销行为，有其独特的客群和目标市场。企业在确定其营销策略面对的客群和市场时，一方面需要在企业整体营销战略指导下进行；另一方面还需在这一范围内考虑体育市场营销目标受众和市场的特殊性，从而更加精准地定义体育市场营销工作的市场范围。一般来说，企业都试图通过体育市场营销活动巩固或占领新的市场领域和客群范围。此外，企业还需要考虑体育市场营销与整体营销战略的协同性，以实现其战略目标。

（2）企业通过体育市场营销工作希望获取何种市场地位、实现什么营销目标？

这一方面需要结合企业自身的核心竞争力、产品特点和优势进行考虑；另一方面还需要考虑体育本身能为企业产品、品牌带来哪些特殊的市场地位和目标，并在此基础上，提升企业的市场形象。比如，一般来说，企业通过体育市场营销意图获取某些特定体育爱好者的关注，并在这些市场上巩固或确立新的市场地位、品牌形象等。

（3）企业体育市场营销推广针对的主要产品服务及增长方向是什么？

企业在市场上进行体育市场营销推广，首先，必须要考虑自身产品与服务与体育市场营销的契合度，选择合适的产品进行体育市场营销。其次，在进行体育市场营销战略规划时，需要考虑本企业通过体育市场营销活动拓展的市场主要在哪些方面或哪些区域？企业希望通过体育市场营销在哪些方面实现增长，以及这些增长的具体目标是什么？企业是否希望通过体育市场营销推出新的业务或树立新的品牌形象，以及其主要针对的市场和客群是什么？为了推出这些产品和服务项目，企业体育市场营销工作将要采取哪些重要的战略决策和推进策略？竞争对手将会对企业采取的这些体育市场营销战略措施做出何种反应？是否会针对性地采取体育市场营销战略行动？本企业对此又将如何反应？

（4）体育市场营销工作如何进行资源优化配置，制定合理的营销预算和高效的营销计划？

企业在具体安排体育市场营销活动和资源分配时，首先要考虑的是在整体营销战略之下进行整合与协调，确保体育市场营销活动服务于企业整体营销目标，保障体育市场营销活动获得合理的资源支持。其次，在制定具体体育市场营销规划时，同样需要考虑各种体育市场营销活动的优先级次序及其资源配置，实现体育市场营销活动本身的合理性与高效率。

2.1.3 数字时代的体育市场营销战略

在过去，体育市场营销是一件相对简单的事情。比如，它可能是球衣上或球场旁的一个标志，也可能出现在门票或奖杯上。这种模式主要依附于稀缺的体育IP及媒体传播。在十年前，体育的媒体资产还处于相对有限的情况。如果观众想看世界杯、欧洲杯或者英超联赛，就会很自然地想到诸如BBC、天空体育和BT体育等。品牌方也会很自信地认为，观众可以很容易察觉到品牌与赛事的联系。

体育市场营销前沿观察和研究者指出，移动化和数字化彻底改变了体育经济的运行方式，体育的消费方式和场景不再单一化，即便是那些大型体育媒体，更多的观众也来自移动端。多屏交互的消费文化在很大程度上改变了体育产业，产品和服务都发生了巨大变化，这造成受众注意力的碎片化，同时也让很多传统体育经营模式之外的部分显现出价值。其发展到极致就是每一个体育时刻都能最大程度地被商业化。数字化时代的体育市场营销战略由此提上日程[①]。

而随着互联网的发展，新时代用户的数字化正在驱动体育市场营销的数字化，体育

---

① 《品牌要打造跨媒体、互联化的体育市场营销策略》，https://mp.weixin.qq.com/s/Of27mDvixHSOLb41z0VGjw.

市场营销战略必须具备数字化理念，站在数字化前沿进行思考。2018年普华永道全球体育产业调研显示，足球五大联赛电视观众年龄构成中，61%为50岁以上人群，而在互联网观赛年龄构成中，20~34岁为主要人群，占比为38%。这样一来，数字媒体平台就成为了线上权益激活的重点，而借助大数据分析用户行为的营销方式，也使得广告投放能够精准触达[①]。

相比于传统的体育市场营销，数字体育市场营销具有以下三大优势：

（1）依靠精准的算法和大数据，更方便精准地找到目标人群；

（2）多样化的数字平台，无形中扩容了体育商业资产；

（3）创新互动产品与玩法，拉近了品牌与用户之间的距离。

在全球的大环境下，数字体育为我们构建了一个灵活、多样的虚拟世界，给大众生活带来更多前所未有的深度和广度。对于体育市场营销战略而言，需要在进行战略规划时，充分发挥数字体育市场营销的优势，在市场定位、产品交付、品牌塑造、营销策略等领域融入数字化发展理念。

从未来发展看，数字营销领域呈现为五大重点领域，尤其值得在进行体育市场营销战略规划时予以重点关注。

第一，营销自动化。随着营销红利的消失，如何降本增效，实现持续增长已经成为企业必须认真面对和思考的问题。而通过大数据、AI技术等实现营销自动化已成为大多数企业的重要选择，从而减少人工对营销流程的干预，助力企业降本增效，驱动公司业绩增长。相信未来将有更多的企业在营销自动化方面增加预算。

第二，构建私域流量。私域流量无疑是当下公认的一大热词。面对公域流量价格大幅上涨、增量红利已尽的现状，越来越多的企业将构建私域流量提上日程，并将其视为未来一段时间内布局的重点。从资本布局来看，私域服务商也正是资本投资的重要领域。据Fmarketing不完全统计，截至2021年9月，已经有15起融资，其中探马SCRM、企迈科技均获得两轮融资。

私域流量的兴起也驱使企业必须将过去的流量运营思维转变为用户运营思维，精心经营、维护用户，沉淀自己的私域流量池，与用户更好地进行互动，培养感情，实现多次购买。

第三，短视频、社交新媒体营销。短视频、社交营销服务商正在成为新的热门赛道。例如，作为一家社交媒体服务商，面朝科技于2021年5月10日获得由小米领投，雷石投资跟投B轮融资，金额更是高达数千万美元。据悉，面朝科技近3年复合增长达到了100%。这也都印证着短视频赛道未来市场前景十分广阔。

第四，数据营销。业内人士表示，以新流量、新渠道、新品牌为代表的新时代未来还将持续5~10年，企业想要突破增长瓶颈，就需要借助新流量的力量，数字营销就是重要策略。数字营销技术自诞生之初，便承担着在不确定中寻找确定的使命。数据营销领域也备受资本青睐，该领域正逐渐走向成熟，门槛也在不断走高。

第五，电商营销。随着营销预算的不断上涨，越来越多的广告主更青睐将预算投向

---

① 《数字化赋能，洞察体育市场营销新趋势》，https://mp.weixin.qq.com/s/j2Beiroeetyd3VpfXF7uYg.

能够直接带来转化的电商营销上。在这种趋势下，电商代运营、电商直播等电商服务提供商自然也就受到了资本的青睐。2021年8月，网营科技官博发文称，其已完成数亿元D轮融资，该轮融资由鸿商资本领投，融资资金将主要用于其核心业务的升级服务及内容电商、直播电商赛道的战略布局。

扩展阅读 2.1 北京冬奥会推动体育数字营销走向新起点

如今，体育领域的数字化营销已经成为一门涵盖广泛的学科，社交媒体是其中的一个选项，但绝不是全部。虚拟技术、人工智能、增强现实等技术在营销层面的应用越来越普及，并且得到了很多头部品牌的青睐。随着品牌营销更加强调触达性、真实性、社区性，体育行业的整体营销理念也需要升级，体育市场营销战略思维也需要紧跟时代。基于数字创新的商业模式不仅简化了用户体验，而且为其他品牌及体育资源方提供了与粉丝进行持续直接沟通的机会。这必然能为更多行业利益相关者带来更多过去无法想象和触及的价值增量。

2.2 体育市场营销战略规划过程

2.2.1 市场营销战略规划过程

企业市场营销战略规划过程主要包括制定营销战略和实施营销战略两大部分，并在这两大部分之间建立反馈，以使企业的市场营销战略规划更趋合理与高效。

制定营销战略工作主要包括4个方面的内容。

1. 外部营销环境分析

外部营销环境主要包括影响企业营销工作的外部政治、经济、法律、社会文化、人口、技术、自然环境、产业发展、消费者需求与偏好等因素。通过外部营销环境分析，企业总结和识别出所面临的外部营销机会与威胁。

2. 内部营销条件分析

内部营销条件主要包括企业自身的发展战略、定位、市场占有现状、竞争力，以及企业在营销方面已有的资源、渠道等基础，同时还包括企业自身在营销方面所投入的人力、物力、财力等。通过这些分析，确定企业在营销方面所具有的优势或劣势。

3. 确立营销战略定位和目标

基于外部营销环境分析和内部营销条件分析，企业得以确定自身的营销战略定位和目标，并以此指导后续的营销规划工作。

4. 制定营销战略方案

在内外部分析和目标定位基础上，企业制定具体的营销战略方案和实施路线图。一般来说，企业在进行营销工作时，可能面临多种方案选择，此时，企业需要在不同方案中进行择优选择。这一选择面临一定的不确定性，需要企业进行战略决策。企业往往通过案例分析、对比分析、历史分析、博弈分析等方式，确定其营销战略方案。

营销战略制定后，就是营销战略的实施。但二者的关系是互动的，而非简单地承接。营销战略实施主要包括以下 6 个方面的内容：

（1）确定营销工作年度目标；
（2）营销策略与活动安排；
（3）营销资源配置；
（4）组织实施营销活动；
（5）营销战略实施效果监测评估；
（6）营销战略实施反馈与调整。

扩展阅读 2.2 《2021全球体育营销趋势报告》——五大趋势塑造未来体育市场营销战略

2.2.2 体育市场营销战略规划的总体框架

除了考虑营销战略规划的普遍性外，体育市场营销战略规划还有其自身的特点和规律，形成体育市场营销战略规划自身独特的总体框架，如图 2-1 所示。

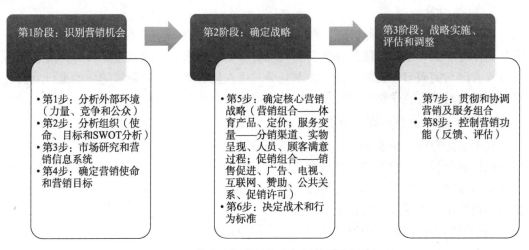

图 2-1 体育市场营销战略规划的总体框架

2.2.3 体育市场营销战略规划过程

体育市场营销战略规划的总体框架总结起来就是"三大阶段、八大步骤"。三大阶段是基于"战略机会—战略制定—战略实施"的体育市场营销战略规划实施思路形成的，每个阶段又包含若干具体步骤。

扩展阅读 2.3 海信集团体育营销战略案例

第一阶段：识别营销机会

1. 分析外部环境（力量、竞争和公众）

通过对体育市场营销外部环境的分析，发现行业现在和未来可能存在的营销机会。

对于体育市场营销战略的制定来说，机会的发掘十分重要。

体育市场营销的外部环境分析和一般的市场营销相比有相同的地方，如对于客群、市场需求分析和业内竞争者分析等。这类分析是企业制定体育市场营销战略的基本依据。但对体育市场营销而言，还需要针对体育行业相关领域进行分析，如各类赛事的分布、球队球星市场价值、体育项目的市场特点与独特受众、体育无形资产资源状况等，以利于确定对企业更为合适的体育市场营销机会。

2. 分析组织（使命、目标和SWOT分析）

深入分析体育市场营销组织主体，以确定其使命、目标、目的，并进行优势、劣势、机会、威胁（SWOT）分析评估。

这一环节需要基于体育市场营销实施主体（包括体育和非体育组织）经营发展目标需要及内在特征，并结合营销机会的识别，开展SWOT分析。在SWOT分析中尤其要注意聚焦于体育市场营销这一视角进行分析，着重考察企业在体育相关市场与客群中的实际地位和影响，而非泛泛地针对一般市场进行讨论和考察。

3. 市场研究

调研分析与现有产品类别相关的市场信息资料。通过对现有产品类别相关的市场——尤其是体育相关市场——信息分析，明确现有市场竞争格局，以及企业自身优劣势和市场主攻方向与突破口。此外，还需要对竞争对手在体育市场营销领域的活动进行分析，进一步加深对现有竞争格局的认识，帮助确定体育市场营销战略的主要方向。

4. 确定营销使命和营销目标

基于上述分析，确定企业开展体育市场营销的主要方向、思路、主题，明确体育市场营销使命和目标。这些营销使命和营销目标应与企业的总体市场营销战略相一致，但在具体的方向、主题等方面往往需要与体育领域特殊的受众和渠道相融合，针对具体营销活动投放市场和受众进行相应设计。

与一般的市场营销相一致，体育市场营销的目标主要分为以下几种。

（1）品牌的知名度和美誉度；

（2）市场覆盖率和市场占有率；

（3）营业规模、营业额。

第二阶段：确定战略

5. 确定核心营销战略

这一步要求运用市场营销组合变量确定核心营销战略，基于明确的可持续竞争优势，识别、选择合适的战略定位。

通过内外部环境分析，确定体育市场营销总体定位、市场定位、产品定位、形象定位等。对于体育市场营销而言，主要核心内容包括：营销组合——体育产品、定价；服务变量——分销渠道、实物呈现、人员、顾客满意过程；促销组合——销售促进、广告、电视、互联网、赞助、公共关系、促销许可等。

6. 决定战术和行为标准

确立实现目标的战略，制定战略计划并制定衡量标准和方法。主要包括：制定实现体育市场营销目标、支撑营销定位的方法和路径，编制体育市场营销工作预算，编排相关营销活动各阶段及相应工作计划，并制定每阶段工作的评估标准与要点。

第三阶段：战略实施、评估和调整

7. 贯彻和协调营销及服务组合

基于体育市场营销战略目标、定位、计划，协调企业内外部各部门，具体组织实施相关体育市场营销工作。尤其当企业初步引入体育市场营销时，更需要加强这些方面的协调工作。

8. 控制营销功能（反馈、评估）

衡量核心战略的成果，在必要时调整战略。在贯彻实施既定战略过程中及阶段性工作后，及时回顾和审视阶段性成果并收集市场反馈信息，根据内外部环境变化及时调整体育市场营销战略。在进入数字化、智能化时代的今天，及时动态调整体育市场营销战略本身就具备重要的战略意义。

2.2.4 体育市场营销战略规划方案基本架构

基于体育市场营销战略规划"三大阶段、八大步骤"的总体框架，制定体育市场营销战略规划方案，其基本架构主要包括以下五大方面的内容。

1. 项目背景分析

这一部分主要介绍项目背景资料，进行行业趋势、竞争业态、品类结构、优劣势分析、机会挑战分析，说清楚项目的前因后果，来龙去脉。

1）项目背景

对体育市场营销战略项目的基本情况和前提条件进行介绍。

2）环境分析

环境分析可以分为外部环境和内部环境两大类。企业外部环境是影响企业生存和发展各种外部因素的总和；企业内部环境又称企业内部条件，是企业内部物质和文化因素的总和。

3）市场角色分析

主要是对体育市场营销战略规划对象的市场角色定位分析，主要有以下几种：市场领导者、市场挑战者、市场追随者。

4）SWOT分析

将与研究对象密切相关的各种主要内部优势、劣势和外部的机会和威胁等，通过调查列举出来，并依照矩阵形式排列，然后用系统分析的思想，把各种因素相互匹配起来加以分析，从中得出一系列相应的结论。

2. 体育市场营销战略

这一部分主要确定项目的战略发展目标和发展方向，制定品牌定位策略，精准锁定目标用户，消费习惯，产品定位，产品策略等。

1）战略目标

战略目标是对企业战略经营活动预期取得的主要成果的期望值。表现为战略期内的总任务，决定着战略重点的选择、战略阶段的划分和战略对策的制定。战略目标的确定是制定战略的核心。

2）品牌定位

品牌定位品牌（市场）定位是指为某个特定品牌确定一个适当的市场位置，使商品在消费者的心中占领一个特殊的位置。品牌定位维度包括市场定位、价格定位、形象定位、地理定位、人群定位、渠道定位等。

3）客群划分

客群划分亦即市场细分，是指企业按照某种标准将市场上的顾客划分成若干个顾客群，每一个顾客群构成一个子市场，不同子市场之间，需求存在着明显的差别。

4）产品定位

产品定位是对目标市场的选择与企业产品结合的过程，也是将市场定位企业化、产品化的工作。市场定位是指企业对目标消费者或目标消费者市场的选择；产品定位是指企业对应什么样的产品来满足目标消费者或目标消费市场的需求。先进行市场定位，后进行产品定位。

3. 体育市场营销策略

这一部分主要制定产品结构、产品规划、针对性的价格政策、渠道开拓计划、渠道覆盖规划、推广计划等。

1）产品规划

主要包括产品各类别结构规划、产品系列化规划、各产品定位规划、产品长度和宽度规划、产品生命周期规划等。

2）价格策略

在制定价格时，企业要考虑以下因素：①定价目标；②确定需求；③估计成本；④选择定价方法。在此基础上确定最终价格。

3）渠道策略

制定渠道策略时要考虑渠道的拓展方向、分销网络建设和管理、区域市场的管理、营销渠道自控力和辐射力的要求等因素。

4）促销策略

制定促销策略的目的主要是提供信息情况，及时引导采购；激发购买欲望，扩大产品需求；突出产品特点，建立产品形象；维持市场份额，巩固市场地位等。

4. 体育市场营销计划

这一部分主要制定项目销售目标、毛利率、客户开拓数量等营销目标，制定渠道合作方案、渠道赋能方案、品牌传播策略、市场布局计划等。

1）营销目标

根据营销战略与策略，制定具体、合适的营销目标。

2）渠道方案

根据渠道策略，制订渠道布局与铺设的具体计划。

3）传播策略

根据营销策略，确定所采用的传播方式与手段，并制订相关计划。

4）市场计划

根据上述方案，制定具体的市场开发方案、目标和计划。

5. 项目进度与安排

这一部分主要制订项目具体工作安排计划、匹配的团队组织架构、项目预算规划及目前项目具体进度说明等。

1）工作安排

依据总体体育市场营销战略规划，统筹制订详细的工作计划，确保责任到人、到事、到时。

2）组织架构

为推进体育市场营销工作，设计相应的组织结构、部门设置、岗位职责，并配备相关人力资源。

3）编制预算

基于体育市场营销战略与策略以及工作安排，制定相关预算，并动态跟踪调整。

4）项目进度

采用甘特图等工具，制定项目具体时间表，明确时间节点等。

本章小结

本章主要内容包括体育市场营销战略的概念与内容，以及体育市场营销战略规划过程两大部分。关于体育市场营销战略的概念，着重介绍了相比于一般性的市场营销战略，体育市场营销战略在5个方面的特殊性。而具体到体育市场营销战略的内容，则主要包括客群、定位、业务、策略等4个方面。同时，基于数字时代迅速发展，本章还专门探讨了数字时代的体育市场营销战略，指出：相比传统的体育市场营销，数字体育市场营销具有三大优势。在进行体育市场营销战略规划时，要充分发挥数字体育市场营销的优势，融入数字化发展理念。

关于体育市场营销战略规划过程，除了要了解和回顾市场营销战略规划的一般过程以外，还需要掌握体育市场营销战略规划的总体框架。具体来看，就是"三大阶段、八大步骤"。从"战略机会—战略制定—战略实施"的路径，介绍了体育市场营销战略规划的过程。

本章的学习，重点是要了解体育市场营销战略的一般性与特殊性：一般性意味着市场营销的理论对体育市场营销战略规划与行动仍具有指导作用，特殊性则意味着从事体育市场营销战略时需要考虑体育产业和体育市场营销的自身规律和特点，从而发挥体育市场营销本身的价值与优势。同时，身处数字化时代，体育市场营销战略还需具有前沿意识，站在数字营销的角度思考和指导体育市场营销具体工作。

案例讨论

案例与思考：青岛啤酒北京冬奥会营销战略

着眼北京2022年冬奥会本土举办的契机，青岛啤酒制定了专门的体育市场营销战略。

2021年12月18日，"来我们主场，干杯，世界——青岛啤酒北京2022年冬奥会营销战略发布"活动在北京冬奥会张家口赛区云顶滑雪场举行。青岛啤酒启动了"北京2022年冬奥会营销战略"，首发青岛啤酒冬奥主题宣传片，并推出冰雪罐和啤酒新鲜直送业务，全面助力北京2022年冬奥会。

作为发布活动的重头戏，青岛啤酒携手品牌代言人升级推出冬奥冰雪元素新产品——青岛啤酒北京2022年冬奥会冰雪罐。青岛啤酒北京2022年冬奥会冰雪罐系列产品共15罐，将冬奥会15个官方竞技项目巧妙呈现于罐身，花样滑冰、短道速滑、跳台滑雪、钢架雪车……冰雪燃激情，健儿展英姿，希望能够以此带动更多的消费者参与冰雪运动，关注和支持北京冬奥会。

"青岛啤酒北京2022年冬奥会营销战略"启动后，"来我们主场，干杯，世界"青啤冬奥主题宣传片也在现场首发。青岛啤酒用啤酒的欢乐、冰雪的化身、运动的姿态，以东道主的角色，向全世界的朋友们发出来到北京冬奥会主场欢聚的邀约。

短道速滑世界冠军、青岛啤酒冬奥推广大使韩天宇也在现场发布了青岛啤酒新鲜直送业务，青岛啤酒以争分夺秒的"鲜啤速度"确保啤酒品质和口感，为消费者带来"宇"众不同的鲜活体验。

青岛啤酒营销总裁蔡志伟表示，在北京2022年冬奥会这全球顶级赛事的主场——中国，青岛啤酒将秉承奥运精神，始终当好金牌品质的创造者、冰雪运动的推广者、奥运精神的弘扬者，把世界一流的高品质产品和服务奉献给各国运动员和全世界消费者。

北京冬奥组委副秘书长何江海表示，现在距离北京冬奥会开幕还剩413天，冬奥会的筹办已经进入全力冲刺、全面就绪、决战决胜的关键时期。期待青岛啤酒能以这次冬奥战略发布会为新契机、新起点，继续发挥自身优势，继续与我们携手并肩，共同为举办一届精彩、非凡、卓越的冬奥会作出新的努力和贡献！

资料来源：青岛啤酒北京 2022 年冬奥会营销战略发布活动在张家口举行. 北京冬奥组委官网. https://www.beijing2022.cn/a/20201219/010086.htm.

案例思考题：

（1）请收集相关信息，参考体育市场营销战略规划的总体框架，描绘青岛啤酒的冬奥营销战略？

（2）请从市场特点、客群特点、渠道、活动、代言人、营销主题等方面，分析青岛啤酒的冬奥营销战略与一般的市场营销有何不同？

（3）随着内外部环境的变动，你认为青岛啤酒在制定新一轮的体育市场营销战略规划时应着重考虑和加强哪些环节的工作？

教学指南

即测即练题

自学自测 扫描此码

参考文献

[1] 加多宝发布最新体育市场营销战报 百亿曝光驱动现象级营销. 人民政协网. http://www.rmzxb.com.cn/c/2021-08-12/2929363.shtml.

[2] The Changing Value of Sponsorship: 2021 Sports Marketing Trends. https://www.nielsen.com/us/en/insights/report/2021/the-changing-value-of-sponsorship-2021-sports-marketing-trends/.

[3] 尼尔森《2021全球体育市场营销趋势》：中国品牌未来10年占据1/3全球市场. https://mp.weixin.qq.com/s/BHzhTkdM1LDobHF1HfIlpQ.

[4] 戴维·希伯里. 体育市场营销学[M]. 2版. 北京：清华大学出版社，2004: 19.

[5] 青岛啤酒北京2022年冬奥会营销战略发布活动在张家口举行. 北京冬奥组委官网. https://www.beijing2022.cn/a/20201219/010086.htm.

[6] 陈林祥. 体育市场营销[M]. 2版. 北京：人民体育出版社，2010.

[7] 数字化赋能，洞察体育市场营销新趋势. https://mp.weixin.qq.com/s/j2Beiroeetyd3VpfXF7uYg.

[8] 北京冬奥会推动体育数字营销走向新起点，看2022数字营销五大趋势. https://mp.weixin.qq.com/s/Pul82avZmYgr_u_sWjcIQ.

[9] 品牌要打造跨媒体、互联化的体育市场营销策略. https://mp.weixin.qq.com/s/Of27mDvixHSOLb41z0VGjw.

第3章

体育市场营销环境分析

本章学习目标

1. 了解体育市场营销的实施受组织所在内外部环境的影响；
2. 了解外部环境分为宏观环境和微观环境，是体育市场营销组织无法控制但需要时刻监控的因素，进而抓住机遇，规避风险；
3. 应用 PEST 对体育组织所处的政治、经济、社会、技术、自然等宏观环境进行分析；
4. 理解消费者、员工、供应商、媒体、股东、竞争者等直接影响体育市场营销组织的利益相关方构成体育市场营销的微观环境。

引导案例

2022 年北京冬奥会

冬奥会作为四年一度的全球最高级别的冬季体育赛事，有着超高的知名度与强大的曝光度，是各大品牌梦寐以求的营销合作对象。冬奥会自身的组织也是一个赛事品牌努力营销的过程，这一过程受到社会、环境、科技、政治等多重外部因素的影响。

中国作为冰雪运动不发达的国家第一次承办冬奥会，无论是观念上的普及，还是基础设施建设，都需要进一步加强。为此中国建雪场、推动冰雪运动进校园、推动冰雪产业发展。尤其是仿真冰、旱雪、模拟器等科技创新产品的出现，切切实实地为冰雪进校园提供了可能性。一项项举措不断地推动人们参与冰雪运动，三亿人参与冰雪运动的目标在冬奥会举办前如期实现。

在疫情的影响下冬奥会能够顺利举办，科技应用功不可没。英特尔和合作伙伴联手打造的 VSS 数字孪生场馆模拟仿真服务，让 12 个竞赛场馆、3 个奥运村、主媒体中心实现了数字化、动态化、三维化。全世界的奥运媒体工作者不用提前来到北京，在 1∶1 复刻现实的虚拟数字世界就能完成与运营和转播相关的全部工作。该技术的应用既避免疫情造成不确定性事件，又切实降低了奥运运营成本，减少碳排放。

尽管面临疫情、地缘政治、局部冲突的挑战，但 2022 年 2 月 4 日晚八点北京冬奥会仍顺利开幕，这与科技的发展、国家经济文化的腾飞、中国人民的同心努力等多重因素密切相关，这是外部环境给冬奥会带来的机遇。然而，冬奥会后俄罗斯在乌克兰发起的特别军事行动给2022年冬残奥会的组织带来了影响。由于多国残奥委的抗议,俄罗斯和白俄罗斯运动员不得不在冬残奥开幕之际黯然离开北京。可见,外部环境变化也会无时无刻地影响体育赛事营销。

资料来源:雷科技. 为啥黑科技刷屏北京冬奥?看完这篇文章你就知道[EB/OL]. (2022-03-02) [2022-03-03]. https://new.qq.com/omn/20220302/20220302A09TJA00.html.

3.1 体育市场营销宏观环境

3.1.1 政治法律环境

政治环境指企业市场营销的外部政治形势[①],政府机构通过制定政策来指导商业活动。一个国家的内政外交直接影响着体育市场营销者的决策。改革开放后,我国外交能力和国际地位逐渐提升。回溯历史,1984年洛杉矶奥运会,中国代表团重返奥林匹克大家庭,也为体育市场营销带来契机。在这届奥运会上,健力宝公司为中国代表团提供了饮料和现金赞助,成为中国体育赞助的开端。这一赞助也使得健力宝一夜成名,被外国媒体称为"东方魔水"。

从体育体制来看,我国采用的"举国体制",是典型的政府主导的体育发展体系,并且自20世纪90年代以来逐步形成群体、竞体和体育产业三位一体的体育发展政策。全民健身与体育产业的发展日趋紧密。2009年《全民健身条例》的颁布引发了全民健身热潮,通过增加体育场地设施,举办全民健身周(月)等活动,大大提升了我国体育人口,为大众健身培训市场和体育场馆服务业的发展提供契机。近年来,《体育发展"十三五"规划》《全民健身计划(2016—2025年)》《关于推进体育旅游融合发展的合作协议》《群众冬季运动推广普及计划(2016—2020年)》《青少年体育活动促进计划》《国务院办公厅关于加快发展体育竞赛表演产业的指导意见》《体育强国建设纲要》等系列政策出台,明确提出了"五万亿目标""体育小镇""15分钟健身圈""智慧场馆""北冰南展"等体育新概念,这些新概念是体育企业在制定营销战略时应重点关注的。

尤其值得关注的是2014年出台的《关于加快发展体育产业促进体育消费若干意见》该政策将全民健身上升为国家战略,使得我国体育产业发展进入快车道。资本将此视为发展机遇,纷纷布局国内外体育资源。中资大量购买国外体育资产、各大国内联赛转播权卖出天价,中超球员身价远超同等级的国际球员,以乐视为首的概念公司呈现过山车式崩塌。2014年,中国平安以4年6亿元人民币的价格冠名中超联赛,不到一年后,体奥动力以80亿元的天价拿下2016年至2020年的中超版权,而中超公司在2008年给每队的分红只有200万元现金加750箱金威啤酒和一台数码相机[②]。上述事例足见政策环境对体育产业和营销影响巨大。

[①] 王永贵. 市场营销[M]. 北京:中国人民大学出版社,2019:33.
[②] 虎嗅APP.46号文三周年,中国体育产业,停下来,等一等智商[EB/OL]. (2017-10-17) [2021-09-15]. https://baijiahao.baidu.com/s?id=1581489987149383912&wfr=spider&for=pc.

法律环境指政府的法律法规及其他相关规定，尤其是与体育市场营销活动相关的立法。1995年《中华人民共和国体育法》的颁布是我国体育法制建设的标志性事件。然而，体育的职业化和商业化引发了大量法律法务新问题，如体育商标特许权的使用、联盟的名字、运动队的名称、运动员和商标、体育赞助、体育捐赠等。通过增设执法部门、完善法律法规来保护赛事组织、用品企业、运动员、消费者的利益的重要性日益凸显，在维护一个公平的市场竞争环境的同时也对体育市场营销者设定了底线。

2001年北京奥运会申办成功，根据国际奥委会要求，国家颁布《奥林匹克标志保护条例》（以下简称《条例》），对奥林匹克标志、会歌、徽记、吉祥物等知识产权进行法律保护①。然而，《条例》虽然能够保护奥林匹克知识产权，却无法杜绝伏击营销。伏击营销指非官方赞助商在未支付权益使用费用的情况下开展的利用体育赛事进行宣传和推广的营销行为②。例如，网易公司联合国际奥委会 TOP 赞助商联想共同举办"体育梦想中国行"。"体育梦想乐园"内无处不在的联想（奥运五环）标志，使得这个活动"合法地"搭上了奥运的"便车"③。

此外，法规的改变会对运动员的职业生涯和品牌价值造成直接影响。例如，国际泳联 2021年1月1日起开始执行反兴奋剂新规定，使得孙杨原来的8年禁赛期缩短至4年3个月④，使其有可能参加2024年的巴黎奥运会。2019年，美国大学运动协会（NCAA）迫于压力，宣布允许大学生运动员通过自己的姓名、形象和肖像权实现盈利的规定，并于2023年生效⑤。2021年6月，美国最高法院作出最终裁决，认为NCAA限制大学向学生运动员提供与教育相关的补助行为违反了垄断法。在裁决宣布之后，田纳西州大学篮球运动员赫西·米勒随即与科技公司 Web Apps America 签订了4年200万美元的代言合同，赛事门票平台、餐饮公司、数字媒体等行业的公司也纷纷开始与大学生运动员签订相关商务合同⑥。

3.1.2 经济环境

经济环境是体育经营者必须要考虑的环境因素，它直接决定了消费者的购买能力。通常，经济环境包括收入与支出状况、经济发展阶段和形式。

1. 收入与支出

1）收入

与体育市场营销相关的主要因素就是消费者收入水平。消费者收入水平具体可划分

---

① 张玉超. 我国奥林匹克知识产权保护制度的修改与完善[J]. 上海体育学院学报, 2013, 37(1): 28-33.
② 沈佳. 体育赞助[M]. 上海：复旦大学出版社, 2012: 23-24.
③ 刘丽虹. 2008 北京奥运会隐性营销经典案例评析[EB/OL]. (2010-03-06)[2021-09-15]. http://bschool.sohu.com/20100306/n270621429.shtml.
④ 人民日报. 新规缩短孙杨禁赛期 4 年 3 个月已是最短禁赛期(2021-06-23)[2021-09-15]. https://www.sohu.com/a/473535078_114977.
⑤ 懒熊体育. 影响美国大学体育走向的 8 年官司终落槌，你需要知道的 7 个核心[EB/OL]. (2021-06-23)[2021-09-15]. http://www.lanxiongsports.com/posts/view/id/21218.html.
⑥ 懒熊体育. NCAA 开放代言迎来首个大单，嘻哈二代与科技公司签下 4 年 200 万美元合同[EB/OL]. (2021-07-14)[2021-09-15]. http://www.lanxiongsports.com/posts/view/id/21339.html.

为：个人总收入（PI）、个人可支配收入（DPI）和个人可任意支配收入。

个人总收入是指从国民收入中减去公司所得税、公司盈余和各种社会保险的余额。个人总收入以工资、红利、租金等形式构成，它决定了消费者个人或家庭购买力的总量。

个人可支配收入是指扣除消费者个人直接缴纳的各种税收和其他商业开支后，用于个人消费和储蓄的那部分个人收入，这种收入是影响消费者购买力和消费者支出的决定性因素。

个人可任意支配收入是指从个人可支配收入中减去维持生活的必需费用和固定费用后的收入[1]。一般而言，体育相关的消费与个人可任意支配收入有关。我国经济发达省份居民个人可任意支配收入较高，全民健身运动开展明显优于欠发达省份。针对此，我国《体育发展"十三五"规划》明确提出"十三五"时期体育发展要协调发展、共享发展[2]，以期通过加强公共体育服务均等化发展来改善因为居民个人可任意支配收入过少而无法参与体育活动的问题。

2）支出

支出主要体现在消费者的支出模式和消费结构上，它在很大程度上受收入的影响。2021年我国已经实现全面建成小康社会的第一个百年奋斗目标，人民经济收入水平明显提升。与此相一致，以珠三角、长三角城市为代表的居民体育消费支出水平不断提升，2020年深圳市居民人均体育消费3 175.35元，占人均消费支出比重的7.8%[3]，浙江三地宁波、绍兴、金华居民人均体育消费分别为2 684元、2 575元和2 802元，分别占人均消费支出比重的7.8%、8.15%和9.1%，数据表明三地的体育消费水平正在向欧美发达国家体育消费水平靠近[4]。另外，体育消费内容结构呈现由实物型消费向参与服务观赏型消费转变的趋势。2018年江苏省体育消费报告显示，该省居民服务型和参与型的体育消费占体育消费总支出的70.6%[5]，同年江苏省人均可支配收入位居全国省份排名第二[6]。

3）人均国内生产总值

国内生产总值简称GDP，是一个最重要的经济指标。通常，一个地区的GDP水平越高，代表该地区的收入水平越高，市场越有消费潜力，人均GDP与消费结构和消费水平联系更加紧密。改革开放以来，我国居民家庭收入有了明显改善，家庭用于消费的资金逐步增加。2019年，全国居民人均消费支出21 558.9元，比2018年名义增长8.6%，扣除价格因素，实际增长5.5%。值得注意的是，我国综合性统计体系中没有体育消费支出的单独统计指标，而是将居民体育相关支出纳入教育文化娱乐消费支出。2019年，我

---

[1] 高鸿业. 西方经济学（宏观部分）[M]. 北京：中国人民大学出版社，2010：372.
[2] 国家体育总局政法司. 体育发展"十三五"规划[EB/OL]. (2016-05-05)[2021-09-18]. http://www.sport.gov.cn/n10503/c722960/content.html.
[3] 国家体育总局. 2020年深圳市居民体育消费报告出炉[EB/OL]. (2021-09-02)[2021-09-18]. http://www.sport.gov.cn/n319/n4832/c1003284/content.html.
[4] 浙江省体育局. 浙江三地体育消费账单出炉[EB/OL]. (2021-08-04)[2021-09-18]. http://www.sport.gov.cn/n14471/n14482/n14519/c1000264/content.html.
[5] 江苏省体育局. 2018年江苏省城乡居民消费统计公报[EB/OL]. (2019-11-25)[2021-09-18]. http://jsstyj.jiangsu.gov.cn/art/2019/11/25/art_79626_9391891.html.
[6] 国家统计局. 中国统计年鉴 2019[EB/OL]. (2019-09-24)[2021-09-18] http://www.stats.gov.cn/tjsj/ndsj/2019/indexch.htm.

国人均教育文化娱乐消费支出 2 513.1 元，增长 12.9%，占人均消费支出的比重为 11.7%；人均医疗保健消费支出 1 902.3 元，增长 12.9%，占人均消费支出的比重为 8.8%[①]。

总体来看，我国居民在教育、休闲、娱乐、健康等方面的需求和消费能力呈现提升态势，具有中产阶级消费特征的群体逐渐壮大[②]，为体育消费升级提供动力。表 2-1 显示了 2019 年全国部分省市居民的消费支出数据。2019 年我国人均教育文化娱乐消费支出最高的省市为上海，最低的为四川，支出高的省份消费能力更强，体育需求更旺盛，能够为赛事营销带来更多机遇，这也解释了为什么经济发达城市的马拉松更被市场所看好。例如，2018 年至 2021 年杭马赛事 4 年运营权被阿里以 1 个亿中标[③]，而 2019 年到 2022 年南昌马拉松 4 年赛事运营招标采购金额仅为 40 万元[④]，除了客观原因，背后折射的是两个城市经济水平和消费能力的差异。

表 2-1 2019 年全国部分省市居民消费支出情况

地区	居民人均消费支出/元	比上年增长/%	人均教育文化娱乐消费支出/元	比上年增长/%
北京	43 038	8.0	4 311	7.8
天津	31 854	6.5	3 584	14.4
河北	17 987	7.6	1 984	14.4
江苏	26 697	6.8	2 946	14.1
浙江	32 026	5.6	3 624	19.6
上海	45 605	4.9	5 495	8.1
安徽	19 137	10.9	2 133	17.8
山东	20 428	8.8	2 410	10.9
广东	28 995	11.3	3 244	17.9
四川	19 338	9.5	1 814	13.4

2. 经济发展阶段和形势

经济周期通常包括如下 4 个时期。

繁荣：在这一时期，经济接近完全就业，消费者消费和企业的出口都很高。

衰退：向下的阶段，此时消费者消费、企业出口和就业都在减少。

萧条：商业循环的低点，此时失业率最高，消费者消费很低，企业出口大量减少。

恢复：就业、消费、出口都处于上升阶段[⑤]。

经济周期导致经济变化，进而影响消费者购买意愿和体育市场营销决策。一般情况下，如果一个国家处于经济衰退或萧条期，消费者会减少购买体育商品与服务，但在体育高度发达的市场，人们有可能仍然对体育消费保持热情。2009 年全球经济危机爆发，

---

① 国家统计局. 中国统计年鉴 2020 [EB/OL]. (2021-09-23)[2021-09-25]. http://www.stats.gov.cn/tjsj/ndsj/2020/indexch.htm.

② 张和平. 长三角体育旅游一体化与大型体育赛事互动[J]. 科学发展，2021(9)：74-81.

③ 跑步之声. 阿里体育以超过 1 亿元价格获得杭州马拉松第一中标候选人资格. [EB/OL]. (2018-04-20)[2021-09-25]. https://www.sohu.com/a/228926570_100048098.

④ 江湖马拉松. 南昌马拉松招标：市场化，就出10万，谁来玩呢？ [EB/OL]. (2019-06-08)[2021-09-25]. https://baijiahao.baidu.com/s?id=1635751218570937927&wfr=spider&for=pc.

⑤ 约翰·梅纳德·凯恩斯. 就业、利息和货币通论（重译本）[M]. 北京：商务印书馆，1999:325-343.

大多数行业都在苦苦挣扎，而纽约洋基队却和3名自由球员签署了4.3亿美元的高额合同，究其原因，是为了保持上座率吸引球迷现场观赛，以便度过经济危机，而美国职棒球迷对观赛保持热情的原因之一是想通过观赛短暂忘记生活的烦恼[1]。不过，如果有一天体育产品和服务成为生活的必需品，即使经济形势不好，忠诚的体育迷可能也不会减少体育消费[2]。

经济形势对体育市场营销可谓影响深远。从职业体育角度来看，过去十余年我国职业足球俱乐部进入金元时代，俱乐部经营入不敷出，主要依赖于房地产等行业投资人的高额注资。近年来，国家进行房地产调控，恒大、华夏幸福等企业经营困难，2021年恒大资助的广州队遭遇解散危机[3]，相比之下，华夏幸福尽管依然维持着河北足球俱乐部的基本运营[4]，却已经停止了冠名北京马拉松等赞助营销投入。从赛事体育赞助来看，新冠疫情影响下大量企业经营状况不佳，首先砍掉的是体育市场营销的预算，很多优质马拉松赛事面临招商困难，如2021年成都马拉松失去了汽车类的冠名赞助，北京马拉松冠名赞助从新城运营类变更为房地产中介类。体育企业的营销策略只有根据宏观环境变化不断调整，才能顺应市场。

3.1.3 社会文化环境

社会文化环境指社会的特征及影响消费者价值和利益的社会文化等因素。社会文化环境影响消费者价值观念、行为准则、生活方式、行为偏好[5]，进而对体育市场营销产生全方位的影响，涉及体育产品/服务设计、表现形式、定价、促销、广告宣传等。概括来讲，社会文化环境对体育市场营销的影响主要体现在价值观、规范、语言3个方面。

1. 价值观

价值观由社会文化环境塑造，是人们对社会生活中各种事物的态度和看法[6]。在不同的社会文化背景下，人们的价值观念相差很大，消费者对体育产品的需求和购买行为深受价值观念的影响。例如，年轻一代运动观赏价值取向的变化给奥林匹克的可持续发展带来了挑战。国际奥委会主席巴赫曾讲："现在的年轻人有很多选择的机会，不能指望他们找上门来，我们必须主动作为。"[7]为提升奥运赛事活力，契合年轻人的价值取向，刻有"年轻""时尚"烙印的滑板、冲浪、攀岩、棒垒球和空手道五大项目正式进入了2020年东京奥运会[8]。体育赞助营销同样需要注意迎合新一代年轻人的价值观。伦敦奥运会前

---

[1] MATT JAFFE. Is the Sports Business Recession-Proof. [EB/OL]. (2009-05-05)[2021-09-25]. https://abcnews.go.com/Business/Economy/story?id=7010282&page=1.
[2] 吴盼. 体育市场营销[M]. 北京：清华大学出版社，2018:34.
[3] 恒大效仿天津托管失败，广东体育局无力接手，解散已成定局？[EB/OL]. (2021-09-24)[2021-09-25]. https://baijiahao.baidu.com/s?id=1711770905234000715&wfr=spider&for=pc.
[4] 华夏幸福连足球队都没放弃，更不会放弃企业新城了！[EB/OL]. (2021-02-24)[2021-09-25]. https://www.163.com/dy/article/G3J92BIP0545ACCK.html.
[5] 王永贵. 市场营销[M]. 北京：中国人民大学出版社，2019: 35.
[6] 马宏霞，汤丽萍，李琪. 体育市场营销学[M]. 北京：航空工业出版社，2010: 37.
[7] 懒熊体育. 百年奥运的变与不变，是什么让我们为之干杯？[EB/OL]. (2021-08-03)[2021-09-25]. https://mp.weixin.qq.com/s/247XDnWvUdvKAWqZdkxIFg.
[8] 央视财经. 东京奥运会新增四大项目！中国会参与吗？我最期待哪一个？[EB/OL]. (2021-07-18)[2021-09-25]. https://mp.weixin.qq.com/s/tygV_jTsCjcAfYuYZcry2A.

夕，海尔空调作为中国女排的官方赞助商出品了概念短片《中国骄傲的新一代》——新一代的好空调联合新一代的中国女排，为新一代中国年轻人送上祝福与寄语，并通过青年用户的发声，致敬自由、多元的价值观选择，这种营销方式引发了"95后""00后"等年轻群体的强烈共鸣[①]。

消费者价值观念的变化给体育组织营销带来挑战的同时，也带来了新的机遇。随着人民生活水平的提高和健康意识的增强，体育逐渐成为生活方式的重要组成部分，人们对体育需求的增加使得体育消费在整个消费市场的比重也越来越大。2010年起始的跑步热很大程度上受到中产阶级自我健身追求幸福意识崛起的驱动，跑者更喜欢用"Lifestyle"定义跑步，建立起身体与情感结构的关联[②]。相应地，马拉松赛事营销蓬勃发展，据中国田协统计，2017年中国田径协会认证马拉松赛事品牌赞助商和合作伙伴超过800家[③]。2020年新冠疫情深刻改变了人们的健身方式，线上赛、家庭健身、室内健身需求激增，为Keep等健身App、健身镜等健身器材带来发展机遇。此外，"80后""90后"家长育儿观念的变化引发了青少年体育培训市场的兴起。越来越多的家长从孩子健康快乐成长的角度出发，选择让孩子参与体育美育等项目，利用假期让孩子多运动、多出汗，或者掌握一项技能[④]。

综上所述，体育市场营销人员在开展营销活动时，必须充分了解目标市场消费者价值观念的变化与差异，抓住机遇，实现可持续发展。

2. 规范

规范是由价值观衍生出来的，是社会价值表达整合过程的结果[⑤]。消费者社会规范既受所处文化流传下来的风俗习俗约束，也受现实社会关系中相关群体和个人示范的影响[⑥]。例如，在冬季寒冷的北方地区，尤其是东北地区，一直以来就有"猫冬"的习俗，这一习俗为冬季运动的推广带来了挑战。为推动冰雪运动普及，助力北京冬奥会"三亿人参与冰雪运动"目标实现，国家实施了"南展西扩东进"的政策，冰雪项目从北方走向各地、从冬季走向四季，很多市民实现了从"猫冬"到"嬉冬"的转变。一方水土孕育一方文化，针对地域文化差异，制定"接地气"的地域特色化营销策略，有利于吸引更多圈层消费者的关注。例如，2019年，耐克特别打造了"够来噻，才腔调"的营销活动，将老上海的地域文化气质与耐克"腔调"的营销主题结合，生动解读了上海人心中的"腔调"，它是老上海的一种时尚态度、一种生活格调、一种国际化气质。[⑦]综上，体育市场营销组织要识别目标市场行为准则等社会规范带来的机遇和挑战，借助多元营销推广活

---

① 广告营销界.从奥运精神上升到民族自豪，品牌如何玩转体育市场营销？[EB/OL]. (2021-07-25)[2021-09-25]. https://mp.weixin.qq.com/s/JNhcYK9FBNCmJd_6V_RyLw.
② 潮流先锋.跑步文化，如何影响着你我的日常穿搭?| KIDULTY 造型[EB/OL]. (2020-05-27)[2021-09-25]. https://mp.weixin.qq.com/s/lYz5W3plY7qDoilM3xtQrg.
③ 体育大生意. 2017年中国马拉松大数据:办赛1102场498万人次参与 2020年产业规模将达1200亿[EB/OL]. (2019-01-02)[2021-09-25]. https://www.zhihu.com/tardis/sogou/art/97225344.
④ 运城新闻网. 家教观念新转变！记者调查我市青少年暑期体育培训[EB/OL]. (2021-08-18)[2021-09-25]. https://mp.weixin.qq.com/s/1bF-ywfd4QP9Q6MMd6fdbQ.
⑤ 王永贵. 市场营销[M]. 北京：中国人民大学出版社，2019: 36.
⑥ 陈林祥. 体育市场营销[M]. 北京：人民体育出版社，2013: 57.
⑦ NewMediaLab. 用特色引爆话题，品牌如何玩转地域特色化营销 | 案例精选[EB/OL]. (2021-04-29) [2021-09-25]. https://www.sohu.com/a/463828640_120057219.

动实现营销目标。

3．语言

企业在开展市场营销时离不开沟通，语言作为沟通的有力工具，是社会文化的载体和重要表现形式，在营销活动中发挥着至关重要的作用[①]。不同国家、不同民族、不同时代往往都有自己独特的语言文化，要保证市场营销活动顺利进行，体育市场营销人员不仅要了解各个国家和民族发展中形成的文字语言、肢体语言差异，还要注意在新时代互联网数字营销背景下，用体育消费者更能够了解和接受的表达方式与语言体系打造跨语言营销广告。例如，在2020年"双十一"，阿里体育根据年轻群体的特性与表达特点还原和创造了各种线上场景，借助微博、抖音等新媒体平台向消费者和潮流运动圈的KOL发起了"潮流黑话""挺潮盛典""潮流 buff 一秒上身""运动女子力"等创意活动，产出了众多符合"Z 世代"态度和风格的内容，让消费者产生充分的代入感，继而引发他们的共鸣并进行自发的传播[②]。

3.1.4 技术环境

技术环境是影响营销过程及其效率的外部因素之一[③]。科学技术是第一生产力，创新是引领发展的第一动力，科技创新对经济和社会发展产生巨大影响。新技术的面世会颠覆传统商业模式、引起企业市场营销策略和企业经营管理的变化，甚至还会改变人们的消费习惯[④]。在体育行业中，时刻关注新技术的发展动向，可以为体育组织及体育市场营销人员提供更前瞻的视角，从而在激烈的市场竞争中站稳脚跟。技术环境对体育市场营销的影响主要体现在对产品、对顾客和对交易方式和营销管理3个方面。

1．对产品的影响

新技术带动了体育产品的创新，带动了体育市场营销形式的发展，创造了更多的体育市场营销机会。首先，市场竞争加剧促使企业利用新技术进行产品革新。北京2022年冬季奥运会申奥成功后，伴随"三亿人参与冰雪运动"目标的提出，越来越多的冰雪新技术走进中国。以冰场为例，中国传统的商业冰场多以成本较高的固定冰场及自然冰场为主。2015年，荷兰移动冰场设备商 Ice World 和北京五棵松合作开设冰世界首次应用了移动冰场技术，该技术可以有效降低冰场筹备时间及建设成本，解决了冰场运营者的部分困难。随后，移动冰场走进了诸多商业综合体。截至2020年年底，成立仅3年主营移动冰场的乐华之梦已经在全国开设5片场地，并预计在2021年年底扩张到15片[⑤]。

其次，新技术也创造了许多新的行业及新的市场机会。例如，区块链技术的发展推动了体育球星卡的数字化发展。以 NBA Top Shot 为例，这是一款由 NBA 授权、Dapper Labs 公司开发的去中心化应用，通过打造一种全新的体育社区，利用区块链重塑球迷们的交

[①] 王永贵. 市场营销[M]. 北京：中国人民大学出版社，2019:36.
[②] 4A 广告门. 借助双11超级 IP 场，天猫运动户外如何聚势玩转体育市场营销？[EB/OL]. (2020-11-24)[2021-09-25]. https://mp.weixin.qq.com/s/kYZKcRHKX6Ks_LLj30HnnQ.
[③] 陆雄文. 管理学大辞典[M]. 上海辞书出版社，2013.
[④] 王永贵. 市场营销[M]. 北京：中国人民大学出版社，2019: 36.
[⑤] 懒熊体育. 可移动冰场，这个冷区里的"冷项目"会趁着冬奥热起来吗？[EB/OL]. (2021-09-24)[2021-09-28]. http://www.lanxiongsports.com/posts/view/id/21804.html.

流方式。NBA Top Shot 最独特的设计是精彩片段（moment），将 NBA 比赛中的高光时刻通过区块链带给球迷——形成一个独一无二的故事。在疫情期间，NBA Top Shot 让球迷和 NBA 之间产生了更深层次的情感关联，为球迷提供了一个数字化可持续的持有方式，同时将高光时刻转化成了一个稀缺资源，从而体现出它的收藏价值①。

2. 对顾客的影响

新技术的出现改变了消费者的消费习惯，重构消费者的消费链路。互联网的飞速发展给体育市场营销带来了巨大转变，最重要的是它改变了顾客的消费方式。以赛事观看为例，顾客从用电视收看比赛到通过互联网及移动终端观赛，互联网的发展改变了消费者接受信息的途径，同时品牌方的重心也从电视转移到互联网平台。2018 年，央视第一次将世界杯直播、点播权分销给咪咕和优酷，这是移动互联网平台首次获得大赛版权，开启了体育赛事的移动互联网时代。互联网平台开始推出体育专属会员，同时带动了中国体育版权之战。

此外，互联网与移动互联网改变了体育市场营销环境。移动终端快速发展助推短视频成为视频传播的重要形态。在用户注意力愈发碎片化的背景下，营销内容需要与不同的场景空间相互契合，短视频成为助推视频传播升级的重要形态，这也为体育赛事带来营销新方向。快手成为 2020 年东京奥运会短视频赞助商后，推出视频"二创"权益，用户可以对奥运视频内容加工创作，参与进奥运赛事内容的制作与营销当中。通过激励用户主动进行生产并多向传播，提升了东京奥运会在我国的传播效果②。

3. 对交易方式和营销管理的影响

新技术赋能体育，以数字化为核心的技术创新为体育市场营销带来新工具，体育市场营销的新渠道、新玩法持续涌现。首先，移动互联网技术的应用打破了营销渠道的壁垒③。在赛事管理运营中，区块链技术的应用优化了传统的购票、验票及支付方式。2018年，俄罗斯世界杯的门票购买增加了加密货币支付方式。其次，组委会还发售了部分区块链门票，购买该门票的观众可以使用数字门票入场。区块链门票在未来的应用场景还包括，体育组织可以在智能合约中定义流通规则，如规定转手次数（VIP 门票不能被转卖）、限制转卖价格和参与转卖利润分成等，从而有效规范二级市场的票价；最后，体育组织还可以通过区块链门票来获得更精准的消费者画像④。

此外，"新技术 + 体育"浪潮正席卷全球，体育产业数字化转型成为体育行业的"共识"。以 5G 为代表的技术在体育行业的应用场景更加深入，不仅提供网络信号服务，也在智慧场馆等多方面布局。2020 年 4 月，咪咕与 CBA 达成 5G 战略合作，以 5G 为基础铸建"内容 + 场景 + 技术"新生态。除赛事转播之外，咪咕还与亚足联共同制定和发布 2023 年亚洲杯 5G 智慧场馆标准。推动 5G 网络、物联网、大数据、云计算、人工智能

---

① 懒熊体育. 数字门票、球星卡和粉丝代币：职业体育正加速拥抱加密货币[EB/OL]. (2021-03-24)[2021-09-28]. http://www.lanxiongsports.com/posts/view/id/20746.html.
② 懒熊体育. 快手入局奥运：小屏观赛助力提升奥运商业价值[EB/OL]. (2021-05-23)[2021-09-28]. http://www.lanxiongsports.com/?c=posts&a=view&id=21035.
③ 王永贵. 市场营销[M]. 北京：中国人民大学出版社，2019: 36.
④ 懒熊体育. 数字门票、球星卡和粉丝代币：职业体育正加速拥抱加密货币[EB/OL]. (2021-03-24)[2021-09-28]. http://www.lanxiongsports.com/posts/view/id/20746.html.

等数字科技赋能体育场馆的智能化转型,加速 5G 智慧场馆的落地。[①]技术创新推动了体育赛事的绿色发展。2020 年年底,北京冬奥会所有场馆实现 100%绿电供应,即电力均来自风力发电或光伏发电,将成为百年奥运历史上第一次全部使用绿色清洁电力的奥运会[②]。

3.1.5 自然环境

一个地区的自然资源、地理、气候特征对体育活动有重要影响。最直接的是不同运动项目的开展都与所处地区的自然环境直接相关,尤其是无法在运动馆内进行的户外运动,如滑雪,冲浪,高尔夫等。如果在某项运动所需资源不充足的地区通过其他方式得以进行,那么会获得大量用户的参与体验。例如,2019 年在中国广州开业的融创室内雪世界就生意火爆,人满为患,出现了史无前例的雪票在二级市场溢价情况[③]。又如经营者在缺乏水资源的北京建设了 SURFPARK 冲浪体验店,占地不到 100 平方米的模拟冲浪器吸引着追求新奇的年轻群体,2021 年开业后在点评网站持续占据北京体育场馆热门榜第一名。

在部分体育赛事进行过程中,气候变化会迅速改变场上局面。足球比赛中的降雨降雪情况会使场地变得湿滑,增加传球的难度,擅长地面传导的球队会难以执行战术配合,而擅长防守反击的球队会抓住这样的机会。体育经营者们也会试图控制自然环境,降低气候所带来的影响,2011 年,中国国家网球中心的钻石球场建设中加入了弓形顶棚,顶棚启动仅需 4 分钟,开完一次大概 12 分钟,保障了赛事的如期和顺利进行。此外,中网还推出了换票政策,如果当日下雨,持有莲花球场(无顶棚)球票的观众可以加 50 元换成钻石球场门票,在 2014 年中国网球公开赛上,单日换票总人数达 3 000 人左右[④]。

户外运动受自然环境影响更为明显,且难以进行人工干预。变幻莫测的天气会大大增加户外赛事与活动的不确定性和危险性。在山体进行的越野跑赛事中,如果出现恶劣天气将会非常危险。2018TNF100 成都国际越野跑挑战赛在临近比赛时龙泉山出现连续强降雨,部分赛道受到损坏,为保障参赛选手的比赛安全,该项赛事选择了延期进行[⑤]。但是 2021 年在甘肃白银举办的越野马拉松赛,赛前没有因大风蓝色预警及阵雨预警叫停赛事,赛中也没有持续跟进天气监测,面对突发的降温、降水、大风天气选手无处躲避,加上救援不及时,导致 21 名参赛选手不幸逝世的悲剧。白银事件引发社会广泛关注,多地对户外赛事活动举办按下暂定键,甚至有业内人士将此事件称为行业的至暗之日,足见自然环境对体育赛事和营销的影响之大。

---

① 麻雀体育. 从 CBA 总决赛看"移动咪咕 5G+体育传播"的体验变革|新营销[EB/OL]. (2021-05-07) [2021-09-28]. https://www.163.com/dy/article/G9E0PIC105520NQS.html.
② 央广网. 采用环保技术 北京冬奥会场馆建设大揭秘[EB/OL]. (2021-08-02)[2021-09-28]. https://baijiahao.baidu.com/s?id=1706945444918472047&wfr=spider&for=pc.
③ 广州融创乐园. 广州融创雪世界:占地面积达 7.5 万㎡,常年温度保持在–6 至–4 摄氏度,可同时接待 3000 名游客,是目前华南地区的面积最大,同时也是娱雪项目和雪道数量最丰富室内冰雪场馆. [EB/OL]. (2019-04-28)[2021-09-28]. http://guangzhoupark.sunacctg.com/show_list.php?id=24.
④ 北京青年报. 钻石球场首次关闭顶棚遮雨 微信服务细致入微[EB/OL]. (2014-10-02)[2021-09-28]. https://sports.qq.com/a/20141002/011835.htm.
⑤ 蜀道马拉松研究院.赛讯|关于取消 2018TNF100 成都国际越野跑挑战赛的重要通知[EB/OL]. (2018-09-15)[2021-09-28]. https://www.sohu.com/a/254116458_99941518.

自然环境的可持续发展是体育市场营销的重要议题。体育市场营销者为了增加用户参与运动的体验感，会人为地改变自然环境。例如，滑雪场所在的位置原本是一片山林，有着厚厚的积雪，然而在这样的条件下滑雪，危险性较高，难度较大，雪场经营者会砍伐大部分树木，进行人造雪补雪，再用压雪机压雪，形成光滑、平整、宽阔的雪道。高尔夫运动场地也需要改造大面积土地，砍伐树木，削丘填沟，对原有生态环境进行人工改造。与跳伞、冲浪、定向越野等纯自然运动相比，滑雪和高尔夫在尽可能保留自然视觉与触觉的基础上通过人为场地改造降低了运动难度，获取了更多用户参与，同时也永久地改变了自然地貌，如何减轻体育运动开展对环境的负面影响是体育市场营销者需要持续考虑的方向。

另外，可持续发展和绿色营销已经深入体育市场营销的方方面面。首先是体育场馆建造的环保考虑，如符合碳排放量的相关指标、使用绿色能源等。2022年，北京冬奥会的新建场馆均使用了100%的绿色能源，赛事新建滑雪场地的赛道设计在最大程度上保持了生态平衡。此外，越来越多的运动品牌将环境可持续发展作为品牌的核心内涵，通过"绿色营销"与年轻用户群体产生共鸣。早在2000年悉尼奥运会上，耐克就为运动员设计了第一款用可回收材料制成的一片式背心，这件背心使用了再生聚酯，原材料来自回收塑料瓶[①]。2020年6月5日世界环境日当天，特步推出全球首款聚乳酸风衣，聚乳酸主要从玉米、秸秆等含有淀粉的农作物中发酵提取，聚乳酸纤维制成的衣服在特定环境下土埋，1年内能被自然降解。用聚乳酸代替塑料化纤，能从源头上降低对环境的危害[②]。2021年，阿迪达斯和UCCA尤伦斯当代艺术中心联合发起"重塑蔚蓝"展览，通过艺术的形式，希望观众重新审视人与海洋、人与自然的关系；向全社会尤其是年轻一代传递环保、艺术与运动的三者关系[③]。由此可见，各个体育品牌均将碳中和提上议程，最为直接的实现方式是环保材料的研发和使用，此外还会通过公开生产材料和流程、旧物回收、环保主题月活动等方式传递品牌的环保理念。

3.1.6 人口统计特征信息

人口统计是根据人口规模、密度、地理位置、年龄、性别、种族、职业和其他一些统计量进行的人口研究[④]。人口的变化对体育市场营销产生深刻影响。2019年年末，我国人口达到14亿人，是世界上人口最多的国家：0~14岁人口占总人口的百分比为16.8%，15~29岁人口占总人口的百分比为18.2%，30~49岁人口占总人口的百分比为31.6%，50~64岁人口占总人口的百分比为20.9%，65岁人口占总人口的百分比为12.6%；城镇人口占60.60%，乡村人口占39.40%[⑤]。人口的基数、年龄结构、快速的城镇化进程均为

---

① 体坛杂货铺聊体育. 环境保护, 耐克是认真的[EB/OL]. (2020-10-12)[2021-09-28]. https://xw.qq.com/cmsid/20201012A015AV00.
② 东方财富网. 特步打造绿色品牌力环保布局领跑中国体育用品行业[EB/OL]. (2021-06-03)[2021-09-28]. https://baijiahao.baidu.com/s?id=1701549471510116771&wfr=spider&for=pc.
③ 懒熊体育. 用废弃塑料瓶做艺术品，阿迪达斯通过环保重塑运动自由[EB/OL]. (2021-06-16)[2021-09-28]. http://www.lanxiongsports.com/posts/view/id/21180.html.
④ 科特勒, 阿姆斯特朗. 市场营销：原理与实践[M]. 北京：中国人民大学出版社, 2020: 72.
⑤ 国家统计局. 中国统计年鉴 2020[EB/OL]. (2020-09-23)[2021-09-29]. http://www.stats.gov.cn/tjsj/ndsj/2020/indexch.htm.

体育市场营销带来机遇和挑战。

1. 世代划分与体育市场营销

人口数量直接决定体育消费市场潜在规模大小，人口心理行为特征决定体育消费需求和产品服务供给。不同年龄段的消费者消费偏好不同。偏好的形成受他们成长所处年代的社会经济文化环境影响，因而具有一定的共性特征。研究者通过世代来界定特定年代出生的消费人群。例如，美国人口学家根据美国社会历史文化的变迁把美国的消费者分为五代：大萧条前一代、大萧条一代、婴儿潮一代、迷惘的一代、今日青少年\新人类[①]。与此类似，我国学者把中国消费者文化价值观的形成与近几十年影响中国政治、经济变革的重大社会事件对应起来，对中国消费者进行了世代细分：1945 年前出生的分为"社会主义信仰"的一代；1945—1960 年出生的分为"失落"的一代；1961—1970 年出生的分为"幸运激情"的一代；1971—1980 年出生的分为"转型"的一代；1980 年以后出生的分为"自我"或"数字化"的一代[②]。

各个世代的消费行为各有不同。以 20 世纪 80 年代的体育消费者为例，在他们出生的年代，各地开始普遍实施独生子女政策，城镇家庭多生育一子；改革开放后家庭收入和生活条件得到明显的改善。在"4＋2＋1"的家庭结构中，20 世纪 80 年代成长环境优越，他们的消费呈现困惑敏感、冲动慕名、务实谨慎并存的趋势[③]。据瑞信研究院发布的《全球财富报告 2015》，2015 年中国中产人数满 1 亿人，其中"80 后"年轻新中产，是正在崛起的消费一代。他们的消费观念更超前，敢于尝试新事物，如海钓、骑行、户外越野，对运动产品品质有一定要求，更容易将运动习惯转化为相关产品和服务消费[④]。

2. 老龄化与体育市场营销

从年龄结构来看，我国人口的老龄化趋势明显。截至 2019 年年末，我国 65 岁以上人口占总人口的 12.6%。联合国将 65 岁以上人口占总人口 7%的地区视为进入老龄化社会。根据预测，到 21 世纪中叶我国老龄系数将升至 26%。届时我国老年人口规模将达到 3.6 亿人，超过 0～14 岁少儿人口和 15～24 岁青年人口总和[⑤]。随着我国人口老龄化趋势的出现，健身、康养、保健等老年体育服务类产品的需求在不断上升。2020 年疫情期间，全国老年人体育健身展示活动中，仅"九九重阳"一项，就吸引 19 814 人参加，投报视频 2 067 个，参赛区域覆盖 31 个省区市，总投票数 7 799 271，累计总访问量 11 396 360[⑥]。老年人体育参与观念和行为的改变为体育市场营销战略制定带来挑战的同时，也带来了诸多发展机遇。

---

① 卢宏泰，周懿瑾. 消费者行为学：洞察中国消费者[M]. 北京：中国人民大学出版社，2018: 208.
② 刘世雄，周志民. 从世代标准谈中国消费者市场细分[J]. 商业经济文荟，2002(5): 19-21.
③ 王茜，何立柱，张路，等. "80 后"体育消费者购物决策风格及影响因素研究[J]. 南京体育学院学报（社会科学版）. 2008(6): 68-71.
④ 京东体育. 2016 年度中国体育消费生态报告[EB/OL]. (2017-07-15)[2021-09-29]. https://www.baidu.com/link?url=fFmK5gRaZfe5xM-kmhzHDq31NRTrA90sDwjFPM2PXM_kZ1jVKBhfdtxMRUNB_1X0ITTa2y4ZHVYJHdZ8cAKwJ_&wd=&eqid=b6b2598e002d256800000002615e9fd4.
⑤ 穆光宗，林进龙. 中国老龄问题治理的战略思考[J]. 河南教育学报(哲学社会科学版)，2021, 40(3): 50-60.
⑥ 中国体育报. 积极应对老龄化 老年体育大有可为[EB/OL]. (2021-04-14)[2021-09-29]. https://mp.weixin.qq.com/s/m-VviffFuJ7OMUZlDGgoLZg.

3. 少子化与体育市场营销

与人口老龄化趋势相对应，我国人口同样存在少子化趋势。尽管从 2016 年开始实施"全面二孩"政策[①]，但近年来全国人口出生率不升反降。2016 年，我国人口出生率为 12.95%，达到近十年峰值，随后逐年下降，2017 年为 12.43%；2018 年为 10.94%；2019 年仅为 10.48%[②]。在少子化趋势下，中国家庭愈发关注孩子身心的均衡发展，将更多资源投入孩子的成长，形成了极其强大的为孩子消费买单的支付意愿。例如，斯巴达勇士赛起源于美国，是一项跑步和障碍挑战相结合的大众参与性赛事。于 2016 年登陆中国后，斯巴达勇士儿童赛在中产家长群体中迅速引爆，虽然赛事报名费价格不菲，现场还需要购买相关参赛装备，但赛事名额仍然供不应求[③]。据运营方介绍，中国赛区儿童赛的业绩全球领先，"赛巴达勇士儿童赛怎么办，基本就是中国人说了算"，体现了人口特征带来的体育市场营销机遇。

此外，我国体育培训的低龄化趋势明显，幼儿体育市场迅速发展。相应地，我国与幼儿相关的社会类组织和研究机构快速增加。2016 年 7 月至 2018 年 7 月，我国新成立幼儿体育商业机构 739 个；2017 年 7 月至 2019 年 6 月，我国新建区县级以上幼儿体育协会和研究机构 15 个，举办幼儿体育论坛、教师培训 26 场，遍布全国 15 个省，举办市级以上幼儿体育赛事 199 场[④]。青少年和儿童体育的蓬勃发展给体育市场营销带来了新的切入点。

3.2 体育市场营销微观环境

相较于宏观环境，体育市场营销微观环境是体育组织可以通过努力而改变的环境，由与体育市场营销活动紧密联系的各利益相关者组成，包括消费者、员工、供应商、媒体、股东、竞争者等[⑤]。

3.2.1 消费者

消费者是体育市场营销微观环境中最重要的影响因素，是体育组织提供产品或服务及开展市场营销活动的对象[⑥]。根据顾客的类型、市场性质及其购买目的的差异，可以将顾客市场划分为以下五种类型[⑦]。

[①] 国务院公报. 中共中央—国务院关于实施全面两孩政策改革完善计划生育服务管理的决定[EB/OL]. (2015-12-31)[2021-09-29]. http://www.gov.cn/gongbao/content/2016/content_5033853.htm.
[②] 国家统计局. 中国统计年鉴 2020 [EB/OL]. (2020-09-23)[2021-09-29]. http://www.stats.gov.cn/tjsj/ndsj/2020/indexch.htm.
[③] 体育大生意. 斯巴达小勇士刷屏、体育培训火爆，千亿少儿体育市场正在苏醒[EB/OL]. (2021-06-02)[2021-09-29]. https://baijiahao.baidu.com/s?id=1701406464225425081&wfr=spider&for=pc.
[④] 王凯珍，王晓云，齐晨晖. 当前我国幼儿体育的热点现象、问题与建议[J]. 北京体育大学学报. 2020(5): 30-38.
[⑤] 王永贵. 市场营销[M]. 北京：中国人民大学出版社，2019: 43.
[⑥] 黄延春，周进国. 体育市场营销学[M]. 重庆：重庆大学出版社，2017: 69.
[⑦] 科特勒. 市场营销原理与实践[M]. 北京：中国人民大学出版社，2020: 72.

1. 消费者市场

消费者市场是指为满足个人和家庭需要而购买体育产品或服务所形成的市场[①]。体育消费者市场是涉及顾客最多、购买力最大的市场，是体育产品或服务的最终市场。涉及的顾客类型有体育参与者、体育观众及两者的交叉群体等[②]，如在经营性场所参与体育锻炼的个体健身爱好者、付费观看体育比赛的观众或球迷、体育旅游者等。

2. 产业市场

产业市场是指为进一步加工或在生产过程中使用而购买体育产品或服务所形成的市场[③]。无论是生产体育实物还是服务，生产者都要购买必要的原材料来保证产品投入生产。例如，体育装备和用品制造企业生产运动服装鞋帽而购买原材料、生产运动器械而购买器材零配件；因此该市场面临的消费者绝大多数都是体育企业、单位等组织，一般具有批量大、金额大的特点。此外，为确保赛事成功举办，赛事举办方会从第三方采购安保、通信、媒体等赛事服务。例如，荷兰英福斯特拉达体育信息公司是全球最大的顶级专业体育信息供应商之一，向包括国际奥委会、国际足联等多个国际体育联合会或单项运动委员会提供专业体育数据，主要服务内容包括提供运动员个人信息及赛事信息和专业统计数据等。该公司曾经为北京奥运会、多哈亚运会、伦敦奥运会等赛事提供体育信息数据服务[④]。在强关系、高同质的体育市场结构中，部分供应商开始从战略层面重视品牌建设问题并采取相应行动以摆脱处在产业链上游的束缚，如博世音响用高品质声音助力全运[⑤]，企业通过塑造强有力的品牌来提高其在产业市场中的地位，进而吸引下游采购商购买。

3. 零售商市场

零售商市场是指为了再出售以获取利润而购买体育产品或服务所形成的市场[⑥]。该市场的购买者主要包括批发商和零售商。例如，国内滑雪板的龙头品牌力达克丝（Lidakis）在成立18年来建立了线上线下两个体系的B2B销售平台，线上与傲天极限、自由地带、SIX等多家电商团队在京东、天猫、淘宝达成战略合作，线下和近200家雪具销售商、零售店合作，通过建立稳定的经销商网络，每年雪具销售量突破千万。然而，体育企业依靠开设大量零售店完成自身规模扩张并非总是明智之举。例如，2008年奥运会后，李宁等国货服饰品牌加快了以经销为主的门店扩张式跑马圈地。数据显示，仅2010年，李宁旗下分散着29个经销商及超过2 000个分销商。庞大的经销商与分销商网络导致李宁2012年因无法直接触及终端的消费风向，而爆发严重的库存危机[⑦]。

---

① 王永贵. 市场营销[M]. 北京：中国人民大学出版社，2019: 43.
② 陈林祥. 体育市场营销[M]. 北京：人民体育出版社，2013: 65.
③ 王永贵. 市场营销[M]. 北京：中国人民大学出版社，2019:43.
④ 环球网. 全球顶级体育信息供应商预测中国奖牌榜居首[EB/OL]. (2012-07-27)[2021-10-01]. https://sports.huanqiu.com/article/9CaKrnJwoGl.
⑤ EV专业音响. 助力全运｜博世为第十四届全运会群众赛事场馆提供综合音频解决方案[EB/OL]. (2021-09-23)[2021-10-01]. https://mp.weixin.qq.com/s/ivpXAwK1UHu2c3QXaR7lLg.
⑥ 王永贵. 市场营销[M]. 北京：中国人民大学出版社，2019: 43.
⑦ 山核桃. 李宁会玩[EB/OL]. (2021-08-24)[2021-10-01]. https://mp.weixin.qq.com/s/9zu4wybfZvMjEuYgPUxiHg.

4. 政府市场

政府市场购买体育产品或服务的目的是提供公共服务和履行政府职责[①]，该市场的消费者由政府和非营利性机构组成。政府通过税收、财政预算掌握了相当部分的国民收入。为了开展日常政务，政府机构要经常采购物资和服务，因而形成了一个潜力极大的政府采购市场。体育作为一种公益事业，政府有责任为民众提供必要的公共体育场馆、设施设备和相关服务。随着我国公共事业的发展，政府用于满足大众参与体育锻炼和健身的需求的采购量在不断增加。2014年财政部公布的数据显示，政府向社会力量购买服务项目大幅增加，服务类采购增长迅速，其中文化体育服务为17.24亿元，比上年增长25.1%[②]。为推动"三亿人上冰雪"，2020年河北省共发放1 500万元体育消费券吸引群众参与冰雪运动[③]。此外，北京市自2015年起，每年都会利用政府购买服务的方式"请"市民上冰雪，通过政府购买服务的形式购买体验券，市民可以免费领取体验门票，参与冰雪活动[④]。

5. 国际市场

国际市场是指由国外购买者所构成的市场[⑤]，包括国外的消费者、生产者、零售商及政府部门等。体育作为国际通行的营销语言，可以突破文化差异，与全球受众进行沟通。从历届奥运会、世界杯等国际大型体育比赛的电视转播商、赞助商信息可以发现，体育市场营销已逐渐成为各行各业品牌全球化的战略选择。2016年国内外足球产业发展报告调查显示，2016—2019年英超签订赛事转播合同51.36亿英镑，其中在海外市场方面，英超与180个国家或地区签订80份转播协议，海外转播总金额将近30亿英镑。除此之外，世界级影响力的职业联赛和俱乐部的支持者也是遍布全球。例如，2015年曼联每场比赛平均观众人次达4 900万，在全球拥有的约6.6亿支持者中，近一半球迷在亚洲，曼联也成为最受欢迎的职业足球俱乐部。

然而，以服务为中心的体育市场营销实际上也是一个顾客价值创造和传递的过程。以职业联赛为例，现场观众作为体育赛事的重要组成部分，他们不仅影响体育赛事的媒体版权收入，也是体育赛事氛围营造的核心力量。例如，在疫情防控期间，球迷无法进入现场观赛，为活跃空场情况下的主场气氛，德甲联赛在看台上放置了1.3万个纸板人营造球迷氛围[⑥]。另外，在健身、培训等体育服务行业，教练的教学效果往往取决于学员的能力和努力，只有顾客的体验价值得到了满足，他们才会成为俱乐部的忠实顾客。健身俱乐部的持续发展与顾客价值息息相关，追求满意的体验是顾客价值索求的趋向。因此，体育组织在市场营销活动中应该注重让顾客参与价值创造。

[①] 马宏霞，汤丽萍，李琪. 体育市场营销学[M]. 北京：航空工业出版社，2010: 40.
[②] 人民网. 2014年全国政府采购文化体育服务达17.24亿元[EB/OL]. (2015-07-30) [2021-10-01]. http://culture.people.com.cn/n/2015/0730/c172318-27387586.html.
[③] 搜狐网. 河北冰雪产业总规模达到588.7亿元 支持先进技术的创新应用[EB/OL]. (2021-03-23)[2021-10-01]. https://www.sohu.com/a/456847390_135357.
[④] 人民网. 北京市政府购买服务 推动800万人上冰雪[EB/OL]. (2016-02-02)[2021-10-02]. http://sports.people.com.cn/n1/2016/0202/c35862-28105081.html.
[⑤] 张贵敏. 体育市场营销学[M]. 上海：复旦大学出版社，2015: 40.
[⑥] 腾讯网. 德甲复赛后出新招1.3万个"纸板人"观众到场观看[EB/OL]. (2020-05-24)[2021-10-02]. https://new.qq.com/omn/20200524/20200524A06IUO00.html.

3.2.2 员工

无论是竞赛表演、培训服务还是组织运营，体育市场营销中各类产品服务都依赖于人实现。然而，体育市场营销组织的特点给人力资源管理带来挑战。首先是人员的流动性。在体育培训中，以体育专业大学生为代表的临时教练普遍存在，不仅流动性大而且增加了培训服务质量管理的难度。在赛事组织中，一次性大型赛事组委会（如奥运会、亚运会、大运会）自身就是一个临时机构，因为赛事举办而成立，伴随赛事终结而结束。在组委会工作虽然能够近距离感受到赛事强大的象征意义，却面临巨大的工作压力，甚至是赛后"失业"的危险。组委会应针对性做好人力资源管理与服务，稳定队伍，才能够办好赛事。

针对此，一次性大型赛事组委会通常采用社会招聘、借调、实习生等组合的方式来满足用人需求。例如，除了少部分长期借调人员，2008年北京奥组委在赛前2～6年主要采用社会招聘；赛前一年组委会逐步进入场馆化运营模式，用人需求激增，主要通过临时借调和实习生方式来解决。2007年1月，北京奥组委共有1 133名社招员工和223名借调员工，到了2008年1月，借调员工的人数快速增加至4 349人；至2008年7月，组委会共有5 367名借调员工、1 947名社招员工、1 191名实习生[①]，这对组委会为千余名社招员工和实习生做好赛后就业安排、免去这部分员工赛时工作的后顾之忧提出了很高的要求。那么，如何避免社招员工赛后就业的难题呢？2022杭州亚组委的创新之举是与相关单位合作，将社招员工列入合作招聘单位的事业编制，聘用人员与招聘单位签订聘用合同，再由招聘单位选派到亚组委工作，亚运会结束后回招聘单位工作[②]。

其次，"赛事吉普赛人"是大型赛事组织中极具特色的用人现象。全球的"赛事吉普赛人"往往是赛事组织中某个领域的特殊人才，他们所拥有的专业知识技能是赛事组织所必需的，但是举办地本地却又没有这样的人才储备。"赛事吉普赛人"得到国家奥委会、国际单项协会等赛事所有方的高度信任，推荐其为赛事组委会提供短期咨询或者长期服务。例如，经国际雪联推荐，2014年索契冬奥会高山滑雪竞赛主任不仅担任了2018年平昌冬奥会高山滑雪专家，负责高山滑雪赛道设计、安全防护设施安装、造雪、压雪和塑形，还在平昌奥运会结束后担任2022年北京冬奥会高山滑雪山地运行专家，除了负责赛道、山地运行、造雪、压雪、塑形和安全设施，还负责招募外籍技术官员招聘、赛段划线、推雪等技术工作。北京冬奥会结束后，他很有可能还会参与2024年平昌冬青奥会的竞赛筹备工作。又如，北京冬奥组委目前的单板和自由式滑雪专家是意大利人，擅长单板自由式所有小项的雪道设计、造雪系统安装、压雪和塑形、防护设施安装、缆车系统设计等。北京冬奥会后他将回到意大利担任2026年冬奥会的单板和自由式滑雪竞赛主任[③]。

最后，志愿者虽然不受薪，却是体育组织管理与营销中一类不计报酬、甘愿奉献、

[①] Xiaoyan Xing, Laurence Chalip. Marching in the Glory: Experiences and Meanings When Working for a Sport Mega-Event[J]. Journal of Sport Management, 2009, 23(2).

[②] 杭州市人力资源和社会保障局. 2022年第19届亚运会组委会公开招聘工作人员公告[EB/OL]. (2020-09-11) [2021-10-02]. https://www.hangzhou2022.cn/gffb/202105/t20210514_29144.shtml.

[③] 2022年北京冬奥组委内部信息.

机动灵活的特殊人力资源[①]。西方大量草根体育组织的运营管理、募捐筹款等活动均由志愿者来承担。志愿者的专业素养、执着投入和热情敬业在体育组织运行、赛事服务质量感知中起到决定性作用。前国际奥委会主席罗格在 2008 年北京奥运会开幕式上致辞时特别谈到"要特别感谢成千上万、无私奉献的志愿者们，没有他们，这一切都不可能实现"[②]。赛事组织中，赛时存在大量的志愿者工作岗，一个三万跑者参加的城市马拉松，核心运营团队也就几十人，然而赛事比赛日的志愿者却有成千甚至上万人。例如，2019 年北京马拉松招募志愿者规模约 7 200 人[③]；2018 年杭州马拉松组委会共招募了来自九所高校和社会组织的 4 500 余人[④]。因此，志愿者的管理成为体育赛事营销的重要内容，组织者需要做好志愿者的招募、培训、激励和认可[⑤]。

3.2.3 供应商

供应商存在于产品从生产到交付给顾客过程中的每一个环节，供应商的选取影响产品的质量与定价，供应短缺或延迟会影响产品销售计划，也可能影响顾客满意度。改革开放以来，耐克、阿迪达斯等全球性品牌为了降低成本纷纷选择将制造加工业务设立在中国，但随着中国人力成本的提升，这些企业开始将业务向东南亚迁移，越南成为美国服装和鞋类的第二大供应国[⑥]。2021 年，新冠疫情导致越南大部分工厂关闭难以恢复生产，大量国际品牌的生产链受到严重打击。可见，供应商的选取不应该只考虑价格因素，其稳定性也直接关系到企业发展。

供应商有时可以直接表现在用户体验上，供应商的类别不局限于原材料和设备的供应，还涉及资金、技术、人力资源等。在体育赛事中，管理团队会将大部分服务外包，因此供应商的选择直接影响赛事举办效果，以马拉松赛事为例，报名系统的选择决定了用户第一感受，也涉及用户个人隐私安全；赛事官网的服务器需要有足够的承载量来面对报名时的巨大流量；赛事物流、芯片与计时系统、号码簿、印刷品、完赛奖牌与衍生品开发、起终点搭建、赛事保险、移动厕所等供应商的选择会影响到办赛效率、赛事安全、选手体验[⑦]；赛事拍摄、医疗救援、安保、志愿者等人力资源供应商的选取更难控制，挑选供应商只是第一步，应当把供应商当作组织的延伸，一同参与到产品设计与开发上，充分了解他们的需求和疑虑，才能呈现出专业、安全的体育赛事。

同时，体育市场营销组织应充分利用现代科学技术手段，构建供应商数据库和联络

---

① 张娜. 大型体育赛事志愿服务项目管理研究[D]. 中国矿业大学，2020.
② 新浪奥运. 国际奥委会新增闭幕式程序 感谢北京奥运会志愿者[EB/OL]. (2008-08-25)[2021-10-02]. http://2008.sina.com.cn/hx/other/2008-08-25/0233258701.shtml.
③ 志愿在北马. 2019 华夏幸福北京马拉松志愿+招募公告[EB/OL]. (2019-08-26)[2021-10-02]. http://www.beijing-marathon.com/html/page-17752.html.
④ 杭州马拉松. 志愿者|杭马我们来了[EB/OL]. (2018-10-18)[2021-10-02]. http://www.hzim.org/p/hzim/multimedia/articleview.jsf?article=170653001.
⑤ 陀子晴. 2020 广州马拉松赛志愿者组织管理研究[J]. 当代体育科技，2021, 11(25): 173-176.
⑥ 环球网. 阿迪耐克危险了：越南想继续替代中国，难[EB/OL]. (2021-10-04)[2021-10-04]. https://news.sina.com.cn/c/2021-10-04-doc-iktzscyx7932103.shtml.
⑦ 橙蓝 orangerblue. 2017 杭州马拉松满意度体验报告：最适合跑步的天气，给你一场这样的杭马[EB/OL]. (2017-11-06)[2021-10-04]. https://zhuanlan.zhihu.com/p/30771934.

网，实时监测供应商的工作状态，也更便于绩效评估[①]。例如，天马运动供应链平台通过与100+国际运动品牌公司合作，通过海量数据支撑与信息互通，为26 000+个B端商家销售运动品[②]。供应链平台会对企业挑选供应商提供帮助，但不存在一家平台能满足企业的所有需求，所以还需要企业自身通过与供应商建立良好的合作关系，积极保持沟通，尤其是核心业务或对企业有战略意义的供应商，甚至可以采用收购的方式。2016年，李宁扭亏为盈，供应链管理的变革功不可没。从供应链的整体价值最大化出发，李宁联手供应商共同组建工业园[③]。在优化自身的同时，带动利益伙伴共同发展，有效整合上下游资源，打造以用户需求为导向的供应链管理模式。李宁通过这种方式提高了物流运作效率，完成供应链整体升级。

最后，品牌体育赛事的赞助席位有限，当企业不愿或者无法承担高额赞助费用却仍想与赛事发生联系时可以选择成为赛事供应商，截至2021年6月，北京冬奥组委已经签约10家官方独家供应商和13家官方供应商[④]，能够成为奥运会的供应商，显然是对企业产品与服务质量的有效背书。

3.2.4 媒体

媒体对体育组织完成营销目标具有举足轻重的作用。一场体育赛事的现场观众不过数万人，而通过电视转播及媒体报道的进一步传播，观众人数可以达到上亿人。随着媒体数量和种类的丰富，全球通过媒体观看体育赛事的人数屡创新高。2018年，俄罗斯世界杯决赛共吸引了11.2亿人观看[⑤]。事实上，对于一些顶级赛事IP而言，电视转播收入早已超过门票收入，构成赛事最主要的经济来源。在2011—2012年赛季，英超收入的23.6亿英镑中，赞助收入6.25亿英镑、比赛日收入5.47亿英镑、电视转播收入11.89亿英镑，其超过总体收入的50%。与此类似，自1993—2016年奥运周期以来，奥运转播一直是国际奥委会最大的收入来源（见图3-1）。

体育资源与媒体是共生共荣的关系[⑥]，只有在媒体的帮助下，体育资源才能充分实现自身价值[⑦]。顶级联赛和运动员都建立了自己的媒体矩阵，来触达不同类型用户，并帮助其进行价值传播、内容传播、活动推广、社群运营。在体育赞助中，品牌方、体育资源与媒体是不可分割的合作伙伴，三者之间形成了互利共生的纽带关系，体育资源和赞助品牌为媒体提供内容；而如果没有媒体传播，体育资源和品牌就无法与数量众多的媒体观众发生互动[⑧]。媒体也是体育赞助激活的主要载体。在赛事营销体系中，赛事组委会通

[①] 王永贵. 市场营销[M]. 北京：中国人民大学出版社，2019：41.
[②] 天马运动. 天马运动：打通全球运动商品供应链平台[EB/OL]. (2019-11-01)[2021-10-04]. http://www.tianmasport.com/ms/new/article.do?info_id=105.
[③] 金蝶精斗云. 李宁如何塑造随需而动的快速供应链[EB/OL]. (2010-06-12)[2021-10-04]. https://www.jdy.com/news/1110019194.html.
[④] 证券市场红周刊. 北京冬奥组委签约两家官方供应商[EB/OL]. (2021-06-29)[2021-10-04]. https://baijiahao.baidu.com/s?id=1703899573129781791&wfr=spider&for=pc.
[⑤] 每日经济. 2018年俄罗斯世界杯观众人数达到35.72亿人次[EB/OL]. (2018-12-22)[2021-10-04]. http://cn.dailyeconomic.com/business/2018/12/22/3745.html.
[⑥] 禹唐体育. 赛事IP与体育媒体. 新形势下的共生关系[EB/OL]. (2016-03-25)[2021-10-04]. https://mp.weixin.qq.com/s/x_hSGNokwSgd-2j-hlDztQ.
[⑦] 王永贵. 市场营销[M]. 北京：中国人民大学出版社. 2019：42.
[⑧] 沈佳. 体育赞助[M]. 上海：复旦大学出版社，2012.

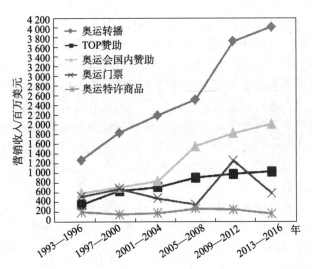

图 3-1 1993 年至 2016 年各奥运周期奥运赛事营销收入的分布
资料来源：根据 Olympic marketing fact file 相关资料编译。

过官网、官微推出诸多赞助商的活动，帮助赞助商与赛事受众之间形成有效互动。媒体关系是体育组织最为重要的工作职能之一，只有与媒体保持良好的关系，才能使体育组织的服务或产品顺利转移到消费者手中。

在如今互联网高度发达和内容生产工具转变的背景下，媒体类型从原有以电视广播为代表的传统媒体拓展出更具数字化、个性化的新媒体。互联网用户开始拥有传播新闻信息和表达自我意见的权利。这也使得体育资源的任何一个优点或缺点都可能被无限放大，增加了热门事件的不确定性。在 2014 年法国网球公开赛上德约科维奇出人意料地邀请球童一同坐下，并给球童撑雨伞、递饮料，这个举动被记录下来并以视频形式在全世界广泛传播。随着短视频的流行，近两年该段视频被再次通过各类社交媒体呈现到用户眼前[1]。而在 2018 年苏州马拉松比赛上，中国马拉松选手何引丽在最后冲刺阶段有志愿者分别两次进入赛道递国旗，何引丽在第二次接受国旗跑一段后旗帜从手上脱落，最后何引丽以 5 秒之差错失冠军。该事件迅速引起全网讨论，有人先是从爱国主义角度批判何引丽不该"扔掉"国旗[2]，后是质疑志愿者的行为对何引丽比赛造成极大干扰，最后又将矛头指向组委会甚至体育运动。由此可见，无论是媒体机构还是个人媒体都会对事件发酵起到关键作用，在如此复杂的媒体环境下，媒体沟通与管理变得尤为重要。事实上，公共关系与媒体关系也是体育管理的主干课程，体育市场营销者需要学会与媒体打交道。

3.2.5 股东

股东一般而言为股份公司的出资人或投资人，股东可以用货币出资，也可以用实物、

---

[1] 新浪体育. 德约科维奇法网暖心一幕[EB/OL]. (2021-06-11)[2021-10-04]. https://weibo.com/1638781994/KjGegdJ43?type=comment.
[2] 人民日报.「关注」错怪志愿者了！"递国旗"原因其实是……运营方再回应[EB/OL]. (2018-11-20)[2021-10-04]. https://baijiahao.baidu.com/s?id=1617628437168143994&wfr=spider&for=pc.

知识产权、土地使用权等可以用货币估价并可以依法转让的非货币财产作价出资[①]。所有的企业都是法人，要么为私人所有，要么为组织或政府所有。然而无论是个人、组织还是政府股东，都会影响体育组织和体育企业的决策。例如，我国城市马拉松的所有权归地方政府所有，通常通过公开招标交由赛事公司运营，有些城市马拉松甚至是一年一招标，对赛事品牌的持续打造极为不利。

国内外的体育组织大部分属于非营利社会组织。例如，国际奥委会包括国际奥委会全体委员会议、执行委员会、总部和专门委员会。国际奥委会全会（IOC session）是国际奥委会的最高权力机构，一切重大问题的决策权均由全会掌握；国际奥委会执行委员会（IOC executive board）是处理国际奥委会日常事务的机构，由全会授权，行使国际奥委会的职责。国际奥委会委员是国际奥委会从它认为合格的人士中挑选出来的，作为国际奥委会在其国家的代表，而不是其国家在国际奥委会的代表，这就是国际奥委会独特的"逆向代表"制。国际奥委会在1984年洛杉矶奥运会之后逐步形成了稳定的市场开发模式，主要的收入来源包括奥运会电视转播权、赞助、特许经营和门票，除了维持组织的正常运营，其他所有收入均用于奥林匹克运动的可持续发展[②]。

职业足球俱乐部虽然是商业组织，但股权所有各有不同。讲到德国足球，我们就会想起德国足球界的金规铁律——"50+1"政策。何谓"50+1"？即德国足协章程中的一项条款：投资者在股份公司（拥有独立足球部门的体育俱乐部）中不能拥有对俱乐部过半数的表决权，但投资者可以占有公司的多数资产。这无疑是一项保守的发展政策，没有决定权就不会被投资者所青睐，很大程度上约束了德国足球商业扩张的速度，但又确保了大多数俱乐部的稳定发展[③]。相比之下，我国职业足球俱乐部大多股权单一，往往被一家企业百分百控股运营。一旦企业遭遇危机，俱乐部也会受到牵连。

与欧洲职业足球不同，美国职业体育实施"联盟体制"，通过联盟内部健全的制度体系规范职业俱乐部发展。四大职业联盟（MLB、NBA、NFL、NHL）的自治模式成为美国职业体育制度治理典范，以联盟利益最大化为目标引导内部俱乐部运行，协调内部俱乐部之间的关系，使各会员俱乐部在遵守联盟章程的规制下良性运作，避免恶性竞争[④]。以NBA为例，作为一个独立自主的治理实体，主要由董事会、监事会、经理层等组成基本的"公司治理"框架，联盟球队的老板组成董事会，联盟总裁由董事会任命。董事会负责联盟内部重大问题的决策，如任免与评估总裁、受理和审议诉讼、联盟战略制定、比赛规则确定、监督财政预算、立法表决与投票、处理商业活动、出售电视转播权等[⑤]，这种制度体系能够有效确保各家俱乐部的市场开发权益。

---

① 《中华人民共和国公司法》第二十七条.
② 中国奥委会官方网站. 国际奥林匹克委员会（简称：国际奥委会，IOC）[EB/OL]. (2004-03-18)[2021-10-04]. www.olympic.cn/olympic/family/ioc/2004/0318/25745.html.
③ 蜕变青春. 你真的了解德国足球吗？让我们从"50+1"说起[EB/OL]. (2019-03-30)[2021-10-04]. https://www.pinlue.com/article/2019/03/3018/488503124913.html.
④ 彭国强, 高庆勇. 国家治理现代化背景下美国职业体育的制度治理及启示[J]. 武汉体育学院学报, 2021, 55(5): 20-27.
⑤ Bayle E, Robinson L. A framework for understanding the performance of national governing bidies of sport[J]. Euroeran Sport Management Quarterly, 2017(3); 249-268.

3.2.6 竞争者

有市场就会有竞争存在，任何一个体育企业或组织都处在一定的竞争环境之中。迈克尔·波特于 1979 年提出的五力分析模型被广泛应用，之后在此基础上制定了行业竞争结构分析模型①，确定五力（潜在的进入者、供应者、购买者、替代产品、行业内的竞争者）中哪一个是影响企业成败的关键因素。

例如，体育竞赛表演业中创办体育赛事的资金成本并不高，也不需要庞大的核心团队，2019 年仅北京市体育局官方汇总的体育赛事就达到了 474 项②，由此可见，有大量的行业竞争者和潜在的进入者存在，但其中耳熟能详的赛事屈指可数。想要打造成品牌赛事则需要多年的积累来培育赛事文化和粉丝群体，温布尔登网球锦标赛创办于 1877 年，是网球四大满贯中最悠久的赛事，美国四大联盟也有近百年历史。民间赛事同样如此，中国第一街头篮球赛事"日落东单"创立于 2012 年③，通过打造个人 IP 和新颖的夜赛规则，发展至今，赛事每年收获高额的赞助费用，也培育出了第一代中国街头篮球明星。由此可见，在竞争激烈的环境下，只有创造出有差异化的赛事 IP 才有机会脱颖而出。

与创立体育赛事相反，大型体育场馆获得建设资格困难，建造成本、运营成本、维护成本都很高，所以该行业的竞争者和潜在竞争者较少。在中国，大型体育场馆多数为政府进行投资建设，以公私合营（PPP）的模式进行场馆运营，并且要兼顾场馆的公益性。在这样的竞争环境下，行业易失去市场活力，更难以实现盈利。

竞争可以表现为多种形式，一般分为"直接竞争""替代型竞争"和"间接竞争"④。直接竞争存在于生产相似产品或服务的品牌之间，如李宁和安踏同为体育装备制造商。替代型竞争存在于相同或不同行业中的替代产品和服务商之间，如一个北京市居民无法同时现场观看当晚进行的首钢男篮和北京国安的比赛，如果选择线上观赛的话，选择电视观看还是平板电脑观看还是 VR 眼镜观看也是替代型竞争关系。间接竞争存在于体育行业和其他行业之间，如体育赛事和演唱会、电影、综艺、音乐剧等其他娱乐方式之间。激烈的竞争环境要求生产者不断推陈出新，竞争者之间也会形成合作关系。2018 年一档体育综艺《这！就是灌篮》凭借篮球运动员和娱乐明星的组合吸引眼球，第三季结束后，#这就是灌篮#微博主话题量已突破 70 亿⑤，体育与娱乐的组合让两个间接竞争者各取所需，是一次成功的尝试。

此外，竞争性是体育赛事的基本特点，这直接影响了体育转播。如果比赛双方实力悬殊会降低观赏性，进而损失收益。职业联赛通过设置工资帽、选秀⑥、修改

---

① 迈克尔·波特. 竞争战略[M]. 陈小悦, 译. 北京：华夏出版社, 1997.
② 华奥星空. 2019 年北京全年举办体育赛事共 474 项[EB/OL]. (2019-12-25)[2021-10-04]. http://www.sports.cn/cydt/gldt/2019/1225/304861.html.
③ 王希翀. 东单体育中心|草根的乐园, 明星的摇篮[EB/OL]. (2019-09-29)[2021-10-04]. https://www.bjnews.com.cn/sport/2019/09/29/631284.html.
④ 陈林祥. 体育市场营销[M]. 北京：人民体育出版社, 2013: 67.
⑤ 北青网. 刺激年轻篮球用户消费《这就是灌篮》如何以流量赋能营销创新?[EB/OL]. (2020-12-21)[2021-10-04]. https://www.163.com/dy/article/FUCIN4TD0514R9KQ.html.
⑥ 选秀机制：美国四大联盟中常规赛排名越低的队伍越有可能获得高顺位的选秀权。

规则[1]等方式来保持各支球队之间的竞争性，因此联赛中各个球队之间既是竞争关系（谁都想赢球），又是合作关系（两支实力难分伯仲的球队共同呈现一场扣人心弦的比赛）。正是有了体育赛事结果的不可预测性才诞生了体育博彩业，因为体育比赛具有持续的竞争性，所以诞生了用户在比赛期间可以进行实时投注的玩法。体育比赛的竞争性也带来了更多营销机会。美职篮在2017—2018年赛季推出了1.99美元看第四节比赛的套餐，不仅能让球迷根据自己时间选择合适的内容，也能满足博彩行业从业者的需求[2]。由此可见，体育的竞争环境给营销者的产品服务创新带来机遇。

案例讨论

加密货币到底是体育的机会还是风险[3]

2020年新年伊始，加密货币公司在体育赞助领域延续了往年以来的高调和活跃。欧足联与加密货币公司Socios达成合作，Socios将成为欧足联的全球授权合作伙伴，发行欧足联旗下联赛品牌的球迷代币（即非同质化代币，NFT，全称non-fungible token）。欧足联将通过多种方式回馈那些购买了Socios授权发行的球迷代币的球迷，包括每个赛季的VIP观赛旅行名额，以及参观欧足联总部的机会等。然而，很多球迷并不喜欢加密货币平台与自己俱乐部之间的合作方式。据《利物浦回声报》报道，利物浦球迷组织就明确反对俱乐部与加密货币公司合作。加密货币公司推出"粉丝代币"这一概念，已经引起了球迷团体和部分媒体的强烈批评，他们认为粉丝代币是进一步将球迷"货币化"的一种过于随意的尝试，如果代币的价值下降，可能会导致购买代币的价值下降，还可能会导致购买代币的支持者蒙受损失。而对于很多欧洲足球的支持者表示他们对此感到"震惊"，并指责欧洲足球管理机构将支持者暴露在"加密货币骗子"面前。

而同在体育世界的NBA在拥抱加密货币后，将传统球星卡从实体版转化为了数字版代币，大受球迷欢迎。尤其是一些明星球员球星卡的GIF或短视频等三维动态的呈现方式总是让人们再次想起曾经NBA赛场上的巅峰时刻，那些辉煌的回忆也让NBA在社交平台上的热度仿佛回到了当年那一刻[4]。

案例讨论问题：

（1）在信息化的时代，科技不断变革、社会不断发展、法治不断健全，宏观环境和微观因素在固定的时段对我们体育市场营销都起着重要作用。那么，案例中新兴的加密货币和体育的融合究竟是哪些环境因素占着主导地位呢？

（2）世界是复杂多样的，除了考虑因素的主次地位，我们还要考虑环境影响的正反面。那么，在案例中职业体育组织与加密货币联合推出的球迷产品中，哪些环境因素起

---

[1] 修改规则：作为美职篮历史上最具统治力的中锋之一，奥尼尔在篮下的统治力过于强大。为此NBA特意修改了联防规则、设立防守3秒，增加比赛竞争性。

[2] 界面新闻. 两小时太长只想看绝杀NBA球迷可以花1.99美元只看比赛第四节[EB/OL]. (2018-09-28) [2021-10-04]. https://baijiahao.baidu.com/s?id=1612824272713002442&wfr=spider&for=pc.

[3] 邱志伟. 20220222 加密货币到底是体育的机会还是风险？[EB/OL]. (2022-02-22)[2022-02-25]. https://appysqvewu34081.pc.xiaoe-tech.com/detail/p_6195b166e4b0c5aef3a18235/5.

[4] 今日商讯. NBA数字球星卡卖出10万美元天价，含詹姆斯致敬科比片段[EB/OL]. (2021-01-26)[2022-02-25]. https://baijiahao.baidu.com/s?id=1689936427850225503&wfr=spider&for=pc.

到了正面影响，哪些环境因素起着负面影响呢？

（3）试分析造成欧洲职业足球俱乐部球迷和美国 NBA 球迷对数字加密货币产品的反应截然不同的内外部环境原因。

即测即练题

第 4 章

体育市场调研

本章学习目标

1. 理解体育市场调研的概念和内容；
2. 理解体育市场调研的类型和过程；
3. 掌握如何确定调研问题；
4. 掌握调研计划的结构；
5. 了解资料收集的方法、资料分析的方法；掌握问卷调查方法。

引导案例

国内青年群体参与冰雪运动情况调查与研究

北京冬奥会的举办为国内冰雪运动产业发展带来了前所未有的历史机遇，"冷"项目产生了巨大的"热"效应。《2018 中国冰雪产业白皮书》显示，在我国参与冰雪运动的人群中，18～24 岁年龄段人群以 27.27%的占比处于前列，另外其 TGI 指数（target group index，可以反映目标群体在特定区域的强势或弱势）达到 114，高于大部分其他年龄段人群，展现出国内青年群体已成为参与冰雪运动的主力军。未来如何营造更好的环境与氛围，促进青年群体更多参与这一运动，将成为国内冰雪产业长期持续平稳健康发展的关键。

当前国内青年群体参与冰上、雪上运动的现状如何？观赏冰雪运动的平台与路径都有哪些？消费行为是什么样？带着这一系列问题，清华大学体育产业发展研究中心联手中国青年网，共同开展了"关于冰雪运动在国内青年群体中普及状况"的调查与研究，不仅为全面观察和了解当前国内青年群体参与冰雪运动情况提供了翔实的数据与多视角的解读，也为推动国内冰雪产业长期持续平稳健康发展提供了有益的借鉴与启发。调查结果发现：

（1）三成的受访青年群体参与过冰雪运动，相对于冰上运动来说，雪上运动对自然条件的要求很高，适配地域有限，而冰上运动可以通过室内冰场的方式解决。

（2）北京冬奥会的申办和筹办，促使近 3/4 的受访青年群体关注或更加关注冰雪资讯，超过 3/4 的受访青年因此越来越了解冰雪运动或产生了参与冰雪运动的想法，并期待用各种方式参与北京冬奥会。

（3）近七成的受访青年通过短视频了解冰雪知识，近七成受访青年通过社交媒体平台获取冰雪相关资讯。互联网的发展使得我国青年群体获取信息的方式发生了显著改变。

（4）超过 1/3 的受访青年群体关注了冰雪运动类博主、偶像，因此，应如何发挥好冰雪运动 KOL 的特长，促进冰雪运动与冰雪消费的发展，值得关注。

（5）青年消费者在线上电商平台和线下实体店两个渠道的冰雪装备消费有不同的消费动机。虽然冰雪类消费刚刚起步，但超 1/4 的受访青年有扩大消费的预期。

资料来源：https://mp.weixin.qq.com/s/ucwcYMPCmg4I4OowwqqHHg。

4.1 体育市场调研概述

4.1.1 体育市场调研的概念

市场调研（marketing research），又称市场调查，市场营销调研等，有狭义与广义之分。狭义的市场调研指针对顾客行为所进行的市场调研；涉及流通领域和消费领域，收集顾客对商品的购买情况的信息，包括对商品的购买和购买动机。广义的市场调研包括市场营销过程的每一阶段，涉及生产、流通和消费领域，包括产前调研、产中调研、产后调研和售后调研。

根据美国市场营销协会（AMA）的定义，市场调研是通过信息的运用，把消费者、公众和营销者联系在一起的一种职能，即市场调研是系统地、客观地识别、收集、分析、传播、使用信息，旨在发现营销调研问题和机遇，并提出有效的解决方案。体育市场调研则是识别、收集、分析、传播、使用体育市场相关信息，以发现营销调研问题和机遇，并提出有效的解决方案的过程。

由此可见，体育市场调研涉及信息的识别、收集、分析及传播，这一过程中的每一个阶段都很重要。市场调研始于调研问题或机遇的识别，在开篇案例中，不难发现，北京冬奥会的筹办为国内冰雪运动产业发展带来了前所未有的历史机遇，一系列国家政策的颁布将推动中国冰雪运动的发展，开启我国全民冰雪运动参与的新时代，并为国内青年群体参加冰雪运动提供了良好的机会。

数据收集的方法分为一手数据收集和二手数据收集，具体范围和来源会随着营销调研问题的复杂程度而变化，取决于调研项目的具体要求，包括预算和时间限制。然后，调研人员进行分析数据，形成调研报告，用于营销决策。

4.1.2 市场调研的特点

市场调研具有系统性、科学性、客观性等特点。

（1）系统性：市场调研的研究程序是经过周密细致的规划和安排的。研究人员一般要遵循既定的研究程序和日程安排去进行。

（2）科学性：市场调研采用的是科学的研究方法。比如，在开篇案例中，首先从二手数据《2018中国冰雪产业白皮书》得知国内青年群体已成为参与冰雪运动的主力军；然后使用问卷调查法，大样本抽样调查国内青年群体中冰雪运动推广普及情况。

（3）客观性：市场调研的价值源自其客观性，市场调研的研究人员要保持"中立"的态度，不应受到个人或者其他权威人士的价值取向、政治偏见、信仰的影响。

4.1.3 市场调研的作用

市场调研的作用主要是评估信息需求，并为管理者提供相关、准确、可靠、有效而又及时的信息，以便为营销决策提供帮助。这种重要作用怎么强调都不算过分，这是市场调研存在的理由，公司采用营销调研的方式来保持竞争力。正确的决策不是基于本能的感觉、直觉甚至纯粹的判断，而是建立在正确的信息之上。没有正确的调研信息，管理者很难制定完善的营销决策，即使制定了也有可能会失败，付出高昂的代价。

具体而言，市场调研具有三种功能：描述、诊断和预测。描述功能是指搜集并陈述事实。例如，调研受访青年群体购买冰雪装备的平台和在电商平台购买装备的品类。第二种功能是诊断功能，指解释信息或活动。例如，青年群体选择在线上平台和线下实体店购买冰雪装备的主要原因是什么。最后一种功能是预测功能。例如，可预测受访青年群体未来更多的冰雪运动消费投入意愿。正是由于具有这三种功能，市场调研被视为企业的"雷达"或"眼睛"。

4.1.4 市场调研的类型

按照市场调研的功能，可将市场调研分为三种类型：探索性调研、描述性调研和因果性调研。最适合的调研设计取决于调研目的，探索性调研的重点是指出"问题在哪"，描述性调研指出"是什么"，因果性调研回答"为什么"，如表4-1所示。

表4-1 调研类型

	探索性调研	描述性调研	因果性调研
目标	发现新的思想、观念、问题等	描述市场特征、功能、性质	确定因果关系
特征	灵活性、多样性，小样本代表性小，通常是整个调研设计的开始，研究过程有伸缩性且无结构	提出假设，说明问题；大样本有代表性；预先计划好的、结构化的设计；定量分析	大样本有代表性，所需信息清楚地定义，研究自变量和因变量的关系，研究过程正规有结构，结果说明决策原因
调研方法	专家研究 试点调查 案例分析 二手数据：定性分析 定性调研	二手数据：定量分析 询问调查法 固定样本组 观察法	实验法 定量研究

1. 探索性调研

探索性调研是为了准确地定义问题及更好地理解问题的环境而进行的小规模的调研活动。探索性调研特别有助于把一个大而模糊的问题表述为小而精确的子问题以使问题更明确,并识别出需要进一步调研的信息。例如,安踏可以通过探索性调研,了解2022年安踏营业收入突破500亿,同比增长8.8%,但是毛利率却同比减少1.4%的原因[①]。探索性调研有助于实现以下目标。

(1)更为准确地阐述或定义调研问题。内部二手数据表明,安踏整体毛利率减少主要归因于斐乐的毛利率下降4.1%,在过去5~6年的时间里,斐乐一直是安踏重要营收来源和增长支点。

(2)确定备选行动方案。提升斐乐毛利率的备选方案有:引领艺术与运动结合、引领顶级渠道、代言人引领、鞋品创新引领推动品牌高质量增长,强化斐乐高端运动时尚品牌定位。

(3)提出假设。调研人员针对斐乐所面临的问题可提出两种假设:一种是重度消费者比轻度消费者更具有品牌意识;另一种是重度消费者对斐乐的品牌意识要弱于轻度消费者。

(4)分离主要变量及其相互关系,以便进一步验证。名人代言广告对斐乐品牌形象具有积极作用。

(5)提供解决问题的思路。品牌形象受多种因素的影响,如产品质量、价格定位、销售渠道、广告宣传及促销活动的效果与频率。

(6)进一步确定调研的重点。斐乐可能还需要进一步验证重度消费者的购买行为及其消费习惯。

当调研开始时,我们缺乏足够的知识,探索性调研在增加见识和建立假设方面具有灵活性的特点。调研经验表明,二手资料调研、经验调研、小组座谈、专家访谈和选择性案例分析在探索性调研中特别有用。

2. 描述性调研

描述性调研的主要目的是描述某些事物,通常是描述市场特征或者功能。描述性调研寻求对"谁""什么""什么时候""什么地点"和"怎样"这些问题的回答。与探索性调研不同的是,描述性调研基于对调研问题性质的一些预先理解。尽管调研人员对问题已经有了一定理解,但仍需要收集能够对决定行动方案必需的事实性问题做出回答的结论性证据。描述性调研可以满足一系列的调研目标,包括描述目标市场的特点,决定不同消费者群体之间在需要、态度、行为、意见等方面的差异,识别行业的市场份额和市场潜力等。按描述的时空角度分类,描述性调研设计可分为纵向设计和横断面设计。纵向设计是指通过对一组固定样本的连续调研,分析和描述市场因素的变化趋势。横断面设计是指对市场样本的时点调研或横断面调研,概观地描述市场的特征。

描述性调研通常可被用于大规模收集数据,收集数据的方法主要有:二手数据的定量调研法、观察法等。

3. 因果性调研

因果性调研是为了研究某种市场现象与各种影响因素之间客观存在的关系。在探索性调研和描述性调研的基础上进一步研究产生某种结果的原因,回答"为什么"的问题。因果性调研的主要方法是实验法和定量研究。实验法是指在控制其他外生变量所造成的

---

① 数据来源:安踏集团2022年财报。

影响的同时，操纵某一自变量，观察这个自变量对因变量的影响。

某个特定的调研项目可能需要用到多种类型的调研设计，而问题的性质和调研方法又往往决定了如何选用多种调研设计。当对问题背景知之甚少时，应该先采用探索性调研，因为探索性调研适用于确定备选行动方案、提出调研问题或假设；随之应开展描述性调研或因果性调研。描述性调研和因果性调研都属于结论性调研，调查结果可以为管理决策提供依据。例如，在一项针对上海市青少年体育消费的调查研究中，描述性调研发现，2017年上海市青少年人均体育消费为3 483元，以实物型消费为主，但同时以体育旅游为代表的新兴消费业态的潜力正在不断释放；因果性调研发现青少年体育参与、运动技能培养、代际文化传递均对体育消费产生显著的促进作用，服务型消费对于体育参与程度的要求更高；人口结构变量中，性别、所处教育阶段、家庭收入水平等因素对青少年参与服务型消费的意愿有显著影响（徐开娟 等，2019）。

4.1.5 体育市场调研内容

体育市场按照市场形成的功能可以划分为健身俱乐部、体育赛事等主体市场，体育培训和体育用品等保障市场，以及体育经纪人、体育旅游、体育传媒等延伸市场（张贵敏，2015）。体育市场调研的内容十分广泛，涵盖各体育市场中营销管理活动涉及的所有领域，企业可根据确定的市场调研目标进行取舍。

1. 体育市场营销环境调研

市场营销环境是企业生存和发展的基础。市场营销环境调研的主要目的是发现体育市场机会和可能产生的威胁，以便把握环境变化带来的机会，避免或减轻环境变化造成的不利影响。体育市场营销环境调研的具体内容包括经济环境、人口环境、技术和自然环境、政治和法律环境、社会和文化环境调研及各种微观环境因素。一般来说，当制定长期战略发展计划时、经营方向发生重大变化或者战略性转移时、对业务进行整合和重组时、发展与开拓新的区域性市场及国际市场时，都必须对市场营销环境进行调研，通过对环境的分析，把握环境的变化趋势，增强企业对环境的适应能力。

2. 体育市场需求调研

对市场需求进行调研能够最大限度地满足消费者需求，从而获得最丰厚的利润。主要调研内容包括市场潜力、市场总需求规模、市场特征、市场发展趋势、目标市场、消费结构、消费者购买行为及消费者满意度等，如对我国自行车运动参与人口的消费水平和群体特征调研，发现我国自行车运动参与人口消费水平较高，并且以实物消费为主；消费需求呈多元化发展；消费群体呈现中青年化、高学历、社交性特征（陈元欣，2019）。

3. 体育市场竞争者调研

市场竞争者调研的目的主要是支持企业营销的总体发展战略，做到知己知彼，发挥竞争优势，侧重于本企业与竞争对手的比较研究。其内容主要包括：了解行业的竞争结构和变化趋势，了解竞争者的战略目标、核心能力、市场份额、产品策略、价格策略、销售渠道策略、促销策略等，以识别出企业自身的优势和劣势，判断出本企业所具备的与竞争对手相抗衡的条件或可能性，制定企业的竞争策略，以达到以己之长克他之短的功效。例如，刘彩凤和卞光明（2015）对北京市海淀、朝阳、昌平3区共50个商业健身俱乐部进行问卷调查，了解北京商业健身行业属于竞争型市场，市场中俱乐部数量众多，市场竞争激烈；健身产品同质化现象严重，产品差异化程度低；市场进入壁垒小，但是存在一定的退出壁垒。

4. 体育市场产品调研

产品调研的目的主要是支持企业的产品发展战略决策。产品决策是企业最重要的决策之一，正确的产品决策是企业占领市场的"武器"。现代产品概念是多层次的，所以产品调研也是多方面和全方位的。产品调研的内容主要包括：产品生命周期调研、新产品开发调研、产品实体调研、品牌价值和品牌忠诚度调研、产品包装调研等。

5. 体育市场价格调研

价格调研的主要目的是支持企业的价格决策和价格策略。价格调研的内容主要包括：需求弹性调研与分析、竞争产品的定价水平、对各种替代品和互补品价格的调研、消费者对产品价值的认知调研、消费者对价格变化的理解或反应调研等。

6. 体育市场分销渠道调研

分销渠道调研的目的主要是支持企业的分销战略决策，使分销渠道达到最佳组合。渠道调研的内容主要包括：渠道结构调研、批发商和零售商调研、分销渠道关系研究、分销绩效调研及运输和仓储调研等。

7. 体育市场促销调研

促销调研的目的主要是支持企业的促销战略与战术决策，使促销组合达到最佳，以最少的促销费用达到最大的促销效果，并及时就出现的问题对促销方式进行调整和改进。这方面的调研内容也比较丰富，主要包括广告、人员推销、销售促进、公共关系等方面的调研，具体的内容有：广告媒介、广告效果评价、广告策划等方面的内容；优惠、赠品、有奖销售等促销方式对销售额的增加幅度和市场占有率变化的影响等。

例如，张钊瑞，侯昀昀，肖淑红等（2020）对美国精品健身房的典范Soul Cycle进行调查研究发现：Soul Cycle是针对高端用户的动感单车健身俱乐部。一间门店的配备大约是40~60辆单车，门店面积一般是150~550平方米不等，内部包括前台、储物间和更衣室等。从课程体验的设置上，Soul Cycle打破了以往健身课程枯燥、单调的印象，将健身娱乐化、舞蹈化、音乐化和夜店化。定价策略上，摒弃会员制，采用"按课时计费"模式，一堂课45分钟34美元，明星教练课程一节课高达70美元。在促销方面，与大多数健身房以各种优惠促销来吸引会员的方式不同，Soul Cycle不打广告，也不采取试用课程或提供会员打折等优惠方式。主要是借明星效应打出品牌后，通过不断提升健身课程的体验，大力度投入明星教练的培养，吸引了一批忠诚粉丝，强化品牌价值。

4.2　体育市场调研的过程

市场调研与其他科学探索形式一样，包括一系列高度相关的活动。调研过程的各个阶段不断地重叠，而且并非每一个调研项目都会经过完全相同的阶段。当调研人员意识到必须收集某些类型的数据时，这些特定的阶段是相关的。在这些情况下，营销调研通常遵循一定的程序，一般包括 5 个步骤：①确定调研问题；②制订调研计划；③收集资料；④分析资料；⑤提交调研报告。

4.2.1 确定调研问题

彼得德鲁克曾说，真正严重的错误并不是源自错误的答案，而是源自问了错误的问题。在市场营销调研过程中的所有步骤中，对于最终满足客户的需要来说，没有比正确而全面地定义调研问题更重要的了。如果营销调研问题没有被正确地定义，则此后花费的所有努力、时间和金钱都将白费。

为了保证市场调研的成功和有效性，首先要明确所要调研的问题，然后在此基础上提出特定的调研目标。这是确定市场调研内容的主要依据，也是设计市场调研方案和问卷的前提。

调研人员一般需要借助二手资料的收集和分析及小范围的定性研究来进行背景分析。二手资料主要包括企业内部有关生产、销售的记录与预测数据，外部有关政治、法律、人文方面的信息，有关产品的目标消费者信息及来自竞争者的消息尤为重要。小范围的定性研究经常通过与业内的专家及其他有见识的人的深度访谈或小组座谈来进行。为了正确地定义调研问题，调研人员需要对研究问题产生的背景和环境进行深入的了解。比如，客户要做市场调研的原因；行业发展的基本状况与趋势；客户以往的经营情况、销量、利润、市场占有率；可利用的资源能力和面临的限制条件；客户对市场前景的主观预测；客户要作的决策及要实现的目标；现有顾客与潜在顾客的人数及地域分布、人口统计及心理统计特征、产品消费习惯等；相关的经济、法律环境等。然后管理决策问题就被转变成营销调研问题，即调研人员必须进行调研的问题。

管理决策问题和营销调研问题既相互区别又相互联系。管理决策问题以行动为导向，回答决策者需要做什么、可能采取什么行动，是决策者面对的问题。营销调研问题则以信息为导向，涉及为解决管理决策问题到底需要什么信息、如何有效获得这些信息，是调研人员面临的问题。管理决策问题是行动导向的，它关心的是决策者可以采取什么样的行动、如何才能夺回失去的市场份额、是否应该推出新产品、是否应该增加促销预算等。相比较而言，营销调研问题是信息导向，调研旨在提供必要的信息以做出正确的决定。管理决策问题通常关注症状，而营销调研问题则主要关注潜在的原因。

通常，决策者对真正的问题是什么仅有模糊的认识。例如，决策者可能知道公司正在失去市场份额，但可能不知道为什么。这是因为大多数决策者关注的往往是问题的表面症状，而不是问题的原因。无法实现预期的销售额、市场份额丢失和利润下降都只是表面症状而已。例如，丢失市场份额的原因可能是对手采取更高明的促销手段，本公司的分销渠道不足，产品质量不高，竞争对手降低价格，或者其他因素。基于症状的问题定义可能具有误导性。只有确定了潜在原因后，才能准确地阐明问题。

为了保障调研内容的合理性，首先必须准确地识别企业的管理决策问题，这是市场调研的出发点。管理决策问题的识别与确认一般包括以下步骤。

（1）确定问题的症状（如销售量、市场份额、利润等）。

（2）列举产生症状的各种可能原因（竞争者、顾客、企业自身及其他环境因素），确认关键原因。

（3）提出营销经理能接受的可能解决方案。

管理决策问题确认之后，调研人员应据此确定营销调研问题。其中，应遵守三个基本原则：

（1）确保调研者获得营销决策所需全部信息。

（2）能指导调研者开展调研活动。

（3）调研问题不能过于宽泛，也不能过于狭窄。

过于宽泛的定义无法为项目的后续步骤提供明确的指导，如为品牌建立营销战略、改善公司的竞争地位，或者提升公司的形象。这些定义不够具体，所以无法据此确定问题的调研方法。狭窄地定义问题也是一个严重的错误。定义过窄会将一些应该适当考虑的行动方案，尤其是那些有创意的方案排除在外，也会妨碍调研人员注意到管理决策问题中的某些重要组成部分。狭窄的问题定义也会限制取样范围，导致调研人员得出错误的结论。

在经典的新可口可乐案例中，可口可乐决策者面临的管理决策问题是，公司正被百事可乐蚕食市场份额，销量下降。这是问题的表面症状，潜在的原因是什么呢？公司调研人员把市场调研问题界定为口味问题，因为百事可乐的口味测试显示八成的消费者更喜欢百事可乐的味道，因此需要改变99年秘不示人的传统可乐配方。显而易见，可口可乐公司将其营销调研问题限定得过于狭窄了。他们的市场调研只考虑新产品的口感成分，并把市场调研的主要精力放在对消费者口味的测试上，而忽略了最不该忽视的品牌情感成分——品牌背后所承载的传统美国精神，放弃老可乐就等于背叛了美国精神。而且被调研者没有被告知，一旦他们选定了一种，就会失去另一种。

为了避免定义问题时过宽或过窄，可以将调研问题用比较宽泛的、一般的术语来陈述，但同时具体地规定其各个组成部分。比较宽泛的陈述可以为解决问题提供较广阔的视角，而具体的组成部分集中了问题的关键方面，可以为如何进一步调研提供清晰的指引路线。我们通过另一个案例来说明如何恰当地定义营销调研问题。

例如，如果《足球周刊》杂志想获得关于读者的信息，这一营销调研问题可以被宽泛地定义为：收集杂志订阅者的信息。问题的具体组成部分如下：

（1）订阅者的人口统计特征。

订购这种杂志的男士和女士都是哪些人？

（2）订阅者的心理特征及生活方式。

订阅者是如何消费的？是怎样度过他们的自由时间的？被调研的生活方式指数有：健康、旅游、汽车租赁、服装、消费者电子产品、信用卡及金融投资。

（3）订阅者的足球活动。

订阅者通常在哪里踢足球？次数频繁吗？他们的技术水平怎样？

（4）订阅者与《足球周刊》杂志的关系。

订阅者在这个问题上花费多少时间？他们保持这种关系有多久了？他们与其他踢足

球的人分享《足球周刊》杂志吗？

这样营销调研问题就得到了清楚的定义，根据调研提供的信息，管理层可以为足球教学、设备、足球运动员、运动地点等服务项目设计各自的风格，满足读者的需要，从而提高公司的广告收入。

4.2.2 制订调研计划

制订调研计划，即编制市场调研策划书，又叫市场调研方案设计，就是根据调研的目的和调研对象的性质，在进行实地调研之前，对调研工作的各个方面和各个环节进行通盘考虑和安排，并提出相应的调研实施方案，制定出合理的工作程序。调研设计是整个调研工作的指导大纲，有了调研方案的设计，调研就有了方向。

市场调研策划书包括以下几个方面的内容。

1. 前言

前言或序言是策划书正式内容前的情况说明部分，内容应简明扼要，主要包括概要和调研背景。概要是整个市场调研策划书中各部分的要点，提供整个市场调研策划项目的概况。调研背景是简明扼要地介绍与整个市场调研课题问题相关的背景和来龙去脉。

2. 研究目的

研究目的的确定是编制市场调研策划书的首要问题，只有明确了为什么（Why）要进行此次调研，才能确定调研的范围、内容和方法。确定调研目的就是明确调研主题和目标，这样在调研中才能知道要解决哪些问题，通过调研要取得什么样的资料，取得这些资料有什么用途等。要衡量一个调研策划书的编制是否科学，主要就是看调研方案的设计是否体现其调研目的和要求，是否符合客观实际。

3. 研究方法

调研方法分为一手资料调研与二手资料调研。一手资料调研包含定性调研与定量调研。定性调研侧重于通过深度访谈、焦点小组等方式，探究被调研者的主观感受、态度与动机，挖掘深层次的原因和见解。定量调研则依赖大规模的问卷调查、结构化观察、实验等手段，收集数据并运用统计分析方法，得出具有普遍性、可量化的结果。二手资料调研主要借助查阅文献、报告，总结过往经验，剖析典型案例等途径，获取已有的相关信息，为调研提供背景依据与参考。

4. 调研设计

应明确说明调研设计的类型——探索性调研、描述性调研、因果性调研或综合调研。调研设计应包含下列内容：①调研对象；②问卷填写方法（例如，邮寄、电话、人员或电子访谈）；③量表技术；④问卷性质（例如，问题的类型、长度、平均访谈时间）；⑤抽样计划和样本量。这一部分通常是计划书的核心。

5. 数据分析

在设计市场调研策划书时应对资料的审核、订正、编码、分类、汇总、展示等做出具体的安排。要计划好打算采用什么方法对所获取的资料进行分析处理及分析结果的表达形式等。

6. 成果提交

资料分析的成果主要表现为资料的输出和管理，具体以提交调研报告的形式体现，包括调研结果的汇报形式，如是否要有阶段性成果的报告、最终报告的形式等。

7. 经费预算

市场调研活动是一项庞大的系统工程，对调研经费的预算是编制调研策划方案的一个非常重要的内容。可以说，预算往往成为市场调研活动的一个前提条件。预算不仅关系到调研工作的顺利开展，同时还关系到调研结果的科学性、准确性。

8. 调研时间及进度

为了保证课题的研究进度，在编制调研策划书时，必须明确调研时间和调研期限及详细的时间进度。

9. 调研的组织实施计划

制订调研的组织实施计划是为了保证调研工作的顺利开展，主要包括：调研的组织领导机构和调研人员的组成及具体分工；调研前的准备工作，如宣传、培训等；制定调研工作程序及其他事项。

10. 附录

调研计划书的最后还应附上与调研主题有关的各种有价值的附录。比如，调研项目负责人及主要参加者名单及团队成员的基本情况介绍，抽样方案细节及技术说明，问卷及有关参数技术说明，数据处理所用软件等。

4.2.3 收集资料

收集资料是市场研究人员根据调研方案采用各种方法通过各种途径获取所需信息的过程。资料收集的数量和质量直接关系到调研结果的准确性和有效性，要特别重视。市场调研所需要的信息资料具有复杂性和多样性，资料来源可以是公司内部，也可以来自消费者、经销商、竞争者及其他外部环境。因此，不仅要按照有关要求具体地收集一手资料，还包括二手资料的收集。

1. 二手资料调研

为了解决某一特定问题而专门收集的数据叫作原始数据，又叫一手数据。在进行原始数据收集之前，询问是否有现成的数据来解决调研问题是很明智的，如果有现成的数据，分析就可以快速、高效地进行。因此，调研项目往往始于二手数据，二手数据是在当前的项目开始之前，由其他人为了其他目的收集和记录的数据。二手数据按照来源可以分为内部二手数据和外部二手数据。内部资料是指来自于我们正为之进行市场研究的企业或公司内部的资料。外部二手数据指的是从公司外部获得的二手资料，

扩展阅读 4.1　如何通过在线调研搜集外部二手数据

如政府、大学、报社、商业协会、专业的营销机构等其他组织等。

2. 一手资料调研

一手资料调研又分为定性调研和定量调研。定性调查是设计问题非格式化，收集程序非标准化，针对小样本进行研究，更多地探索消费者需求心理层次的调查方式。定性调查一般获得产品使用者的态度、感觉和动机。定性研究是探索性研究的一个主要方法。调研者利用定性研究来定义问题或寻找处理问题的途径。在寻找处理问题的途径时，定性研究常常用于制定假设或是确定研究中应包括的变量。有时候定性研究和二手资料分析可以构成调研项目的主要部分。因此，掌握定性研究的基本方法对调研者来说是很必要的。在体育市场调研中常用的定性调研方法有深度访谈法、焦点小组访谈法、观察法。

定量调查是利用结构式问卷，抽取一定数量的样本，依据标准化的程序来收集数据和信息的调查方式。定量调查试图通过样本的数字特征推断总体的数字特征。定量研究是要寻求将数据定量表示的方法，并要采用一些统计分析的形式。一般在考虑进行一项新的调研项目时，定量研究之前常常都要以适当的定性研究为依据。有时候定性研究也用于解释由定量分析所得的结果。常用的定量调研的方法有调查法和实验法等。定性调查与定量调查的比较，如表 4-2 所示。

表 4-2 定性调查与定量调查的比较

	定 性 分 析	定 量 分 析
目的	对潜在的理由和动机求得一个定性的理解	将数据定量表示，将结果从样本推广到所研究的总体
样本	由无代表性的个案组成的小样本	由有代表性的个案组成的大样本
数据收集	无结构的	有结构的
数据分析	非统计的方法	统计的方法
结果	获取一个初步的理解	确定最后的行动路线

3. 设计调查问卷

调查问卷是用来收集调查数据的一种工具，是调查者根据调查目的和要求所设计的，按照一定的理论假设设计出来的，由一系列问题、备选答案、说明及代码表所组成的书面文件。问卷是连接研究目标与被调查者的纽带，在数据搜集过程中起着重要作用，问卷必须将调查目的转化为被调查者能够理解的形式，并从他们那里获取必要的信息。问卷设计是数据收集的关键环节，问卷设计的好坏将直接决定能否获得准确可靠的信息，影响调查的质量。

问卷设计是一个系统工程。在准备阶段，首先应了解调查的目的要求，其次要界定调查项目和内容，再次，根据所要收集的资料决定问卷的形式。接下来进行问卷的初步设计，包括确定问卷结构，拟定并编排问题。在初步设计中，首先要标明每项资料需要采用何种方式提问，并尽量详尽地列出各种问题，然后对问题进行检查、筛选、编排，设计每个项目。对提出的每个问题，都要充分考虑是否有必要，能否得到答案。一份成功的问卷，不设置一个多余的问题，也不遗漏一个必不可少的问题。初步设计出来的问卷需要

视频 4.1 问卷设计及注意事项

扩展阅读 4.2 ××国际马拉松赛事问卷

在小范围内进行试验性调查，使问卷更加完善。问卷修改后即可印制，制成正式问卷。

一份完整的问卷由以下六大组成部分：标题、问卷说明、被调查者基本情况、调查主题内容、编码和作业证明的记载。问卷的标题是调查主题和内容最直接的概括，需要用简洁、鲜明和准确的语言表达，使被调查者对所要回答的问题有一个大致的了解，以便引起其兴趣。问卷说明包括问候语和填写说明；问候语包括称呼、问好、自我介绍、调查内容、责任交代、保密承诺、配合请求、致谢等内容。被调查者基本情况，指被调查者的一些主要特征。调查主题内容是调查者要了解的基本内容，是调查问卷中最重要的部分，最终以问句和答案的形式体现出来。问句可以分为开放式问题和封闭式问题。答案的设计有两项选择题、多项选择题、开放回答题及量表题。编码是将问卷中的调查项目及备选答案给予统一设计的代码，便于计算机结果的统计处理。在问卷的最后，附上调查人员的姓名、访问日期等，以明确调查人员完成任务的情况。在网络问卷中，问卷标题、问候语和调查主题内容是必不可少的。

4.2.4 分析资料

资料收集完成以后，市场调研人员必须按照一定的标准和要求对所获取的一手资料和二手资料进行处理和分析，形成有用的信息，给出一定的结论。

这一阶段的任务主要是对所收集的资料"去粗取精、去伪存真、由此及彼、由表及里"地处理。具体工作包括数据的审查、编码、录入，采用不同的统计技术进行分析，包括描述性统计，如频数分布、假设检验和交叉列联表，以及与差异有关的假设检验、相关分析和回归分析、因子分析和聚类分析等。调研人员随后会对分析结果进行解释，以便找到与市场营销调研问题相关的结论。

4.2.5 提交调研报告

扩展阅读 4.3 ××国际马拉松参赛选手调查

调查报告是市场调查成果的集中表现，是市场调查工作的最终成果。整个项目应该有完整的书面报告，描述调研结论及得出结论的调研活动。书面报告的基本内容包括开展调研的目的、被调研单位的基本情况、所调研问题的事实材料、数据收集及数据分析的过程，以及调研的结论和建议等。结论是对调研问题的回答，是管理者及其他调研使用者所关注的，应重点突出。书面报告要辅以表格和图形以增强其清晰性、有效性，而且还要辅以正式的口头报告。

尽管我们把市场营销调研过程描述为依次进行的五个步骤，但需要注意这些步骤是相互依存且相互影响的。在进行一项既定步骤研究时，调研人员发现了一些问题，从而可能会回到以前的流程，从另一个步骤重新开始调研工作。例如，在收集数据时，发现一个新信息，调研人员可能会因此建立一个不同的调研目标。因此，在进行每一步骤时，调研人员应该回顾上一步骤，同时展望后面的步骤。

本章小结

体育市场调研是系统地、客观地识别、收集、分析、传播、使用体育市场信息的过程，旨在发现营销调研问题和机遇，并提出有效的解决方案。市场调研具有系统性、科学性、客观性等特点。市场调研具有描述、诊断和预测三种功能，因此可分为探索性调研、描述性调研和因果性调研。

体育市场调研内容包括：①市场营销环境调研、②市场需求调研、③产品调研、④价格调研、⑤分销渠道调研、⑥促销调研、⑦竞争者调研。

体育市场调研的过程：①确定调研问题、②制订调研计划、③收集资料、④分析资料、⑤提交调研报告。

管理决策问题以行动为导向，回答决策者需要做什么、可能采取什么行动，是决策者面对的问题。营销调研问题则以信息为导向，涉及为解决管理决策问题到底需要什么信息、如何有效获得这些信息，是调研人员面临的问题。

体育市场调研计划书是整个调研工作的指导大纲，包括：①前言、②研究目的、③调研方法、④调研设计、⑤数据分析、⑥成果提交、⑦经费预算、⑧调研时间及进度安排、⑨调研的组织实施计划、⑩附录。

具体工作包括数据的审查、编码、录入，采用不同的统计技术进行分析，包括描2求职网 s 并采用不同的统计技术进行分析；常用的数据分析方法有描述性统计，如频数分布、交叉列联表、均值等集中趋势度量、方差等离散程度度量等，与差异有关的假设检验，相关分析和回归分析，因子分析和聚类分析等。

调查报告是市场调查成果的集中表现，是市场调查工作的最终成果。包括书面报告和口头报告。

案例讨论

中粮广场体育街区的开发方案[①]

风和日丽的午后，中粮置地北京公司副总经理兼中粮广场总经理孙总仔细阅读着下属提交上来的一份关于长安街写字楼租户画像的报告，这份报告让他颇感意外的是企业和上班族非常期望写字楼可以提供健身、书店、展览等休闲配套服务，至于办公室的硬件设施，大部分受访者表示非常满意，并未提出其他要求。为了此次中粮广场的改造，他特意要求员工出去发放调查问卷以了解租户企业的需求。

---

① 史丹丹，谌莉，胡凯. 中国体育市场营销创新案例[M]. 北京：清华大学出版社，2019：105-119.

看完这份报告后，孙总的脑海中浮现出一个非凡的构想——将中粮广场C座一层及其地下空间打造成为一个入驻企业彼此共享的生态空间，加强不同企业之间的联系，提供更加人性化和智能化的休闲配套服务，满足都市白领日益增长的文娱需求。通过提供软性增值服务，一方面提高大城市上班族的生活质量，促进入驻企业的发展；另一方面也可以增强客户忠诚度，提高租金收入，符合中粮"打造百年老店"的经营理念。于是坐落于繁华的长安街上，始建于1992年的中粮广场开启了商业地产运营模式的创新之旅。

一、改造原因

随着中国城市化进程的不断推进及房地产市场开始进入存量房时代，以"旧楼改造、存量提升"为核心的城市更新模式，成为房地产行业发展的新方向。

在北京"城市更新"的大环境下，商业地产存量市场面临发展方向的探索，"商改写"成为商业寻求转型的一种趋势。北京中粮广场，曾经伴随着改革开放的洪流成为第一代国企地标，但时代飞速发展，出于拒绝平庸和对于品质的持续性坚持的企业精神，北京中粮广场总经理孙总在上任伊始就提出了"重塑经典，打造百年曼哈顿"的价值理念，选择存量项目改造的路子，赋予旧建筑更多的功能性和适用性，更关注生活在项目中的人的健康、舒适性及项目本身的价值，提升客户的办公品质和互动频率，打造行业标杆。

为此，中粮在前期做了充分的准备工作，联合财富500强世邦魏理仕公司对楼内和楼外的人群进行了详细的问卷调查（图4-1～图4-4），结果显示已入驻中粮广场的企业员工认为购物需求没有得到充分满足，最期待精品超市。而在楼外随机被询问的消费者眼里，休闲娱乐需求同样强烈，非常期待中高档次的精品超市和美食广场。

从消费者收入和从事行业来看，长安街汇聚央企、外企总部，金融、咨询工作者较多，人均收入水平较高，消费升级的意愿较强且拥有不俗的消费力（图4-5和图4-6）。

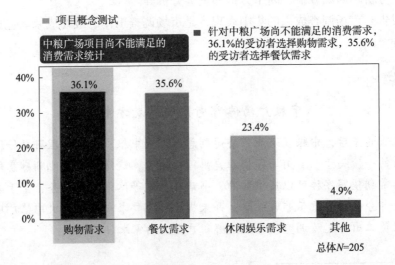

图4-1 楼内消费者统计结果（一）

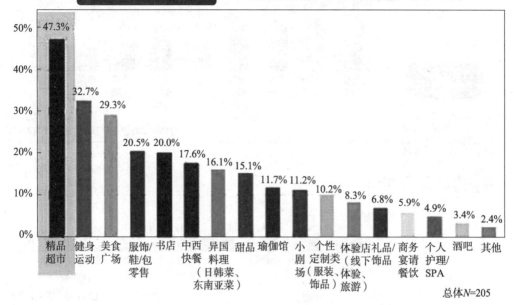

图 4-2　楼内消费者统计结果（二）

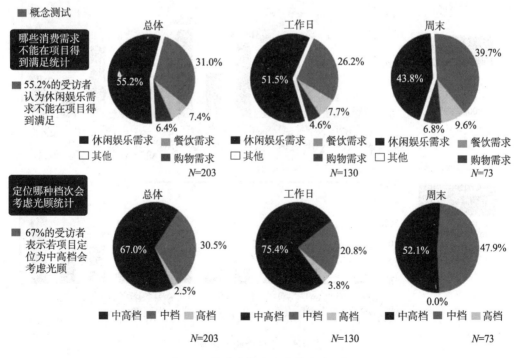

图 4-3　楼外消费者统计结果（一）

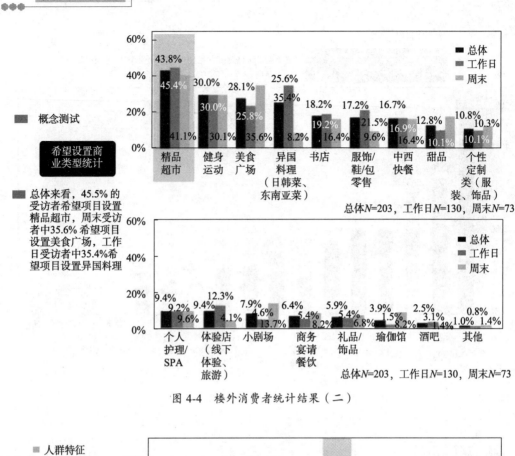

图 4-4 楼外消费者统计结果（二）

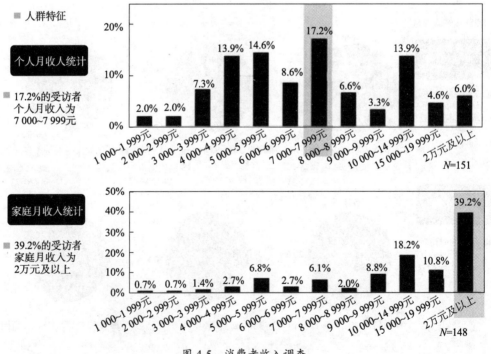

图 4-5 消费者收入调查

经过此次调查，孙总更加坚定了他的想法，即结合中粮集团内部优势产业，打造特色主题，提升商业档次，配套精品超市、美食广场、运动健身等业态，满足中粮广场及周边收入水平中等偏高且具备较强烈消费升级诉求的客户，与周边项目形成差异化。

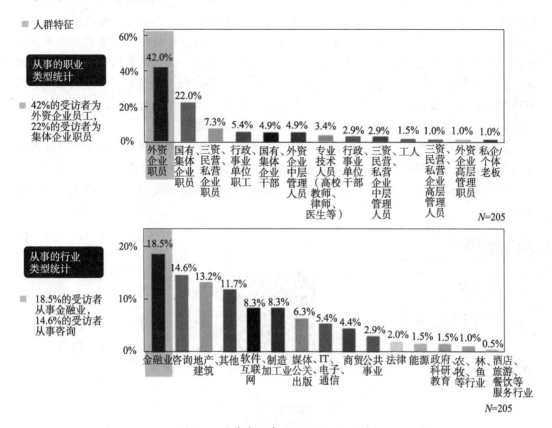

图4-6　消费者从事的职业和行业调查

二、改造之后

旧的购物中心（中粮广场C座）经过227个日夜，于2017年5月26日旧貌换新颜，重新开业。

改造前写字楼体量为6万平方米，商业为4.6万平方米，整体配套仅1.4万平方米。改造后，写字楼体量增加到8.6万平方米，同时增加逾1万平方米的联合办公空间，并配备1.6万平方米餐饮配套及1.8万平方米休闲配套。

改造后中粮广场C座一共分为地上5层，地下3层具有全新的定位：2~5层为COFCO OFFICE（中粮办公），即纯写字楼办公空间；一层定义为COFCO BUSINESS（中粮商务），星巴克、淮扬府、TIAGO、小吾厨房等企业纷纷入驻于此，为客户提供方便优质的商务洽谈、宴请场所；地下一层定义为COFCO LIFE（中粮生活），依托中粮集团"从田间到餐桌"的强大食品产业链，打造集有机餐饮、进口超市、生态农场于一体的生活空间，为消费者供应优质食粮。情景嵌入式餐饮街区、艺术展厅，为客户提供一个就餐、艺术欣赏的好去处；地下二层定义为COFCO FANTASY，中粮集团联合办公、健身房、SPA、书吧、水吧、小剧场，为客户提供一个自由办公、健身、休闲空间。

三、体育街区的构想

地下三层有 1 000 平方米的预留空间，计划结合当下时尚的体育元素改造成为一个满足中粮广场办公室人群休闲需求的体验空间。这个想法跟整个中粮广场改造的思路是一脉相承的，即提供高品质、人性化、智能化且极具中粮特色的增值服务来提高用户忠诚度，增强社群的关联度。虽然某些项目短期内无法盈利，但可提升格调，展示企业文化，彰显中粮打造"百年曼哈顿"、用心为客户提供服务的核心价值观。如果未来这些试验项目得到消费者的认可，中粮还计划向外大量复制，亦可打造成自己的 IP。构想是美好的，但具体执行起来却不简单，孙总陷入深深的思考之中……

孙总面临的一个问题是，在不破坏整体风格的情况下，该选择哪些体育项目放入体育街区？为深入了解个人用户和企业用户的需求，需要开展进一步的调研。

请界定具体的市场调研问题和目的，调研内容应该包括哪些方面？可以选择哪些调研方法？

教学指南

即测即练题

参考文献

[1] 陈元欣，邱茜. 消费升级视域下我国自行车运动参与人口的消费水平和群体特征[J]. 体育学研究，2019, 2(4): 44-50.

[2] 刘彩凤，卞光明. 北京商业健身俱乐部发展现状及走势分析：基于海淀、朝阳、昌平 3 区调研数据的解读[J]. 体育科学，2015, 35(9): 35-43.

[3] 史丹丹，谌莉，胡凯. 中国体育市场营销创新案例[M]. 北京：清华大学出版社，2019：105-119.

[4] 纳雷希·马尔霍特拉. 市场调研基础[M]. 4 版. 北京：清华大学出版社，2015-4.

[5] 小卡尔·麦克丹尼尔. 当代市场调研[M]. 李桂华，译. 10 版. 北京：机械工业出版社，2018-01-01.

[6] 徐开娟，曾鑫峰，黄海燕. 青少年体育消费特征及影响因素的实证分析：基于上海市青少年体育消费的调查研究[J]. 体育学研究，2019, 2(4): 37-43.

[7] 许以洪，陈青姣. 编市场调查与预测[M]. 3 版. 北京：机械工业出版社，2020-08-01.

[8] 杨勇. 市场调查与预测[M]. 2 版. 北京：机械工业出版社，2021-04-01.

[9] 张贵敏. 体育市场营销[M]. 2 版. 上海：复旦大学出版社，2015-08-01.

[10] 张钊瑞,侯昀昀,肖淑红. 健身产业价值创新战略案例分析与主要启示：以精品健身房为例[J]. 北京体育大学学报，2020, 43(2): 96-108.

[11] 庄贵军. 市场调查与预测[M]. 3 版. 北京：北京大学出版社，2020-11-01.

第5章

体育消费者购买行为分析

本章学习目标

1. 定义体育消费者市场；
2. 了解体育消费者购买行为因素；
3. 了解体育消费者购买决策过程；
4. 描述体育迷动机因素；
5. 理解体育迷心理及行为。

引导案例

创新女性营销，安踏与"Z世代"的深度共鸣[1]

在近年来的各项比赛中，安踏通过赛事专业口碑认证和全民多场景颜值穿搭，逐渐加深了中国女性对安踏的认知。趁热打铁，安踏携手小红书，在时代进程中观察更多运动生活的变化，首次从用户真实视角出发记录生活日常，共同呈现"今日份运动女孩"，鼓励女性享受运动，拥抱当下，拓展运动与生活的边界融合，并在其中发现自我，感受快乐、力量，保持积极的人生态度。

洞察女性需求，传递品牌理念。在专业运动领域深耕多年，安踏相信科技让女性的运动生活更美好。作为2022年北京冬奥会与残奥会官方合作伙伴，安踏为国家队提供专业赛事装备，助力运动员的赛场表现。现在，国家队装备科技也将被广泛应用于安踏女子系列产品，打造专业而高颜值的运动装备，让每一位中国女性体验科技、享受自信穿搭。

作为众多年轻人心中的"消费决策"平台，小红书在运动领域有着较高的关注度。从站内数据来看，小红书用户最关注的产品是运动鞋、运动裤、运动内衣。Z世代人群对于生活态度的追求和做自信女生的理念，又使得她们对于产品的颜值与实用性非常注重，这与安踏想要传递的运动态度是不谋而合的。

洞察到这一点，安踏选择与小红书携手，从女子运动领域布局，建立起中国年轻女性对安踏品牌的认知。面对不同的场景需要，安踏研发了具有针对性的产品来帮助运动女性解决问题：对于像谷爱凌这类热爱奔跑的运动员而言，安踏推出全新速干 Tee，采用国家队同款透爽科技解决了谷爱凌的奔跑烦恼，让跑者痛快流汗不粘身；针对 Z 世代街舞女性来说，需要一款不吃动作、休闲宽松的舞蹈装，于是就有了安踏的宽松波浪裤，不仅百搭，还能在训练过程中解放身体，更好地享受舞蹈。

安踏关心女性在运动中的真实感受，更将"懂运动，更懂中国女孩"的诠释实际体现在运动装备的两大需求上：功能性与搭配。更具针对性地减缓女性在运动中的不适，同时突出运动美，以更为轻盈、自在、从容的姿态和状态享受运动。

本次安踏与小红书的合作，将为后者深化运动领域的内容沉淀。而小红书作为当代女性的"生活指南"，凭借真实且直接的用户反馈与分享，令安踏更理解中国女性。

世界各地的体育消费者在年龄、收入、教育程度、偏好等方面有很大不同。他们购买的产品和服务也存在差异。体育消费者与周围环境相互有着紧密的联系，他们在各种体育产品、服务和公司之间做出购买选择。因此，体育消费者市场也处在动态变化之中。正如开篇案例指出，在体育消费者市场中，体育市场营销人员除了要考虑上述种种因素之外，还要注意到女性体育消费者市场的变化和发展。为了更好地研究体育消费者行为，本章主要从体育消费者市场、影响体育消费者行为的因素、体育消费者购买行为及决策过程、体育迷心理及行为方面进行考察。

5.1 体育消费者市场

体育消费是指个体在体育活动方面的个人消费支出，不仅包括购买门票观看比赛，还包括个体为了取得身心健康、陶冶情操、提高生活质量等各种各样和体育活动相关的个人消费。体育消费者购买行为（sport consumer buying behavior）是指最终体育消费者为个人消费而购买产品和服务的个人或家庭的购买行为。所有这些最终体育消费者组成体育消费者市场（sport consumer market）。本章研究的体育消费者市场是指参与体育消费活动的个人或者家庭的总和。体育消费者市场的购买目的，主要是满足自己或者家庭消费。不同体育消费者的购买原因差异较大，如价格、广告宣传、情绪等因素都可能引起购买。

2018 年，全球的体育市场估值 4 710 亿美元，与 2011 年体育市场估值 3 240 亿美元相比，呈显著增长。其中，美国体育市场占领全球体育市场份额的 32.5%。中国体育市场占领全球体育市场份额 12.7%。从数据来看，目前我国体育消费规模约 1.5 万亿元，预计 2025 年将增长至 2.8 万亿元，复合增长率超过 13%。对于城市而言，体育消费也不可或缺，2020 年深圳人均社会消费品零售额为 4.93 万元，而人均体育消费达 3175 元，对城市消费发展具有明显的支撑作用[2]。随着全球体育产业的发展，越来越多的体育消费者被国内外的体育组织看好。据普华永道《2021 年体育行业调查报告》统计，未来管理者非常重视体育迷，重视体育迷参与度。其中，针对提高体育迷的现场体验与线上体验的调查，有 79.4%的人认为应该将其作为管理者的首要任务。此外，他们将体育迷关系作为绩效指标，其重要性占比高达 72.2%[3]。

中国有着巨大的体育迷群体，体育组织要想在中国市场中找到立足之地？必须对中国体育消费者有深刻和丰富的了解，如中国目前主要的体育消费群体是谁，他们喜欢什么？不喜欢什么？他们的行为方式是什么？他们与上一代体育消费者有什么区别？他们与世界其他地方的球迷有何不同？

此外，随着高科技的发展，可访问互联网的设备增多，如移动手机、平板电脑和其他电子产品的渗透率不断提高，以及发展中国家互联网的出现和普及，人们通过智能手机和平板电脑等接触互联网，增加了体育内容的在线收视率。这也将推动体育消费者市场的发展。

爱点击MCN助攻特步杀出双12重围

根据对后疫情时代下社会情绪普遍低落的洞察，国际知名运动时尚品牌特步，自2021年"双十一"开始，就定调"特步＝特别"，秉持"肯定每个人的特别"的品牌态度，呼吁大家重视个体的独特性，并以此为核心布局各个营销节点。2022年"双十一"更是打造了专属于特步元宇宙风的「Xpace 宇宙商店」世界消费场景，推出跑步、篮球、羽绒服、休闲鞋四大品类，为消费者带来全新的购物体验。

此次特步的"元宇宙商店"活动，不仅加深了消费者对特步品牌的深刻体验和强烈认知，也积累了大量粉丝。为了抓住2022年最后一波"双十二"营销盛典，特步选择具有大数据与AI技术基因的企业数字化运营服务商爱点击集团iClick（NASDAQ:ICLK）为营销合作伙伴，合作主要聚焦品牌内容策略服务与传播渠道推广，以B站、小红书、抖音三大主流社交平台为核心传播阵地，通过MCN与达人口碑种草的媒介触达，配合官方线上传播矩阵，为特步六款尖货提升用户口碑并形成销量转化，同时，为品牌在"双十二"期间创造流量基础，把"种草"升级为"种树"，沉淀品牌资产。

为主打产品匹配最合适的传播场景，根据不同的消费者、卖点、场景，以及三大平台的用户属性，爱点击为特步制定专属传播矩阵，有效覆盖"双十二"营销节点前后，高效刺激转化。例如，B站有着高活跃度、高黏性的用户特点，也是Z世代聚集最多的社区，想要吸引Z世代？B站是首要攻下的"阵地"，对于营销者来说，这已然不是秘密了。那么，以什么姿势入局？节奏如何把控？这背后讲究的就是策略。凭借多年大中型企业客户的服务经验，爱点击基于海量数据源与前沿的技术能力，深度挖掘消费者行为偏好和营销路径，刻画多维用户画像，为品牌主提供包括移动营销、视频营销、内容营销在内的一体化整合营销解决方案，覆盖用户全生命周期，全面提升品牌的营销投放效率与精准触达能力。经过对产品RTB的梳理，以及平台的研究，此次的推广策略定为"锚定圈层＋卡准节奏＋二八法则"，成功带领近战篮球鞋与新世代面包鞋两款产品入圈，精准触达目标消费者，实现可见增长。

对于B站来说，男性用户较多，篮球社区气氛热烈，用户讨论参与度更高，测评与精讲基因更浓，且用户爱看硬核内容、干货的特点更突出，所以本次特步近战篮球鞋与新世代面包鞋的投放，主要在B站发力。

"双十二"前夕，第一波营销攻势定义为"首发邀请"，圈定B站头部球鞋博主，内容以产品专业性能测评为主（占比90%），辅之特步年度篮球榜单介绍（占比10%），通过硬核内容打入篮球爱好者圈层，突出了产品本身的综合实战性能和高颜值配色。

"双十二"的第二波营销攻势定义为"铺量开箱"，锁定 B 站垂类球鞋的尾部达人，以邀请博主上脚实战与开箱测评的组合为主要内容形式，从评论区整体反馈的情况来看，大部分用户对产品本身的实战性能予以认可，能够产生积极的互动，为特步在 B 站平台沉淀了真实品牌口碑……此次特步"双十二"年终推广，收获了超预计交付的成绩，总计曝光量 2 530w＋，总计播放/阅读量 707w＋，总计互动量 15w＋，平均 KPI 达成率为 525%，整体表现优于行业水平。

资料来源：爱点击集团 iclick. ROI 超 5 倍 | 3 000 字剖析爱点击 MCN 助攻特步杀出双 12 重围. 知乎[EB/OL]. [2023-02-27]. https://zhuanlan.zhihu.com/p/609860388.

从特步的营销案例来看，消费者的购买行为已经发生变化，购买方式也由原来的实体店购买转为通过参考互联网的各种信息进行购买。而且，他们的购买行为属于线上和线下体验相结合。如果新一代消费者已经习惯了这样的购买行为，那么，体育企业在营销产品时，就要考虑消费者购买行为的变化。对于体育组织者和赛事组织者来说，需要给消费者提供无忧的购买体育产品的体验，如通过智能手机购买比赛门票，通过智能手机验证门票。例如，西班牙巴塞罗那足球俱乐部，推出了一种新系统，球迷通过智能手机购票，观看比赛时，验票人员扫描球迷智能手机上的条形码即可入场。移动票务的实施，减少了与传统纸质票务渠道相关的赛事组织者的生产和分销成本。除此之外，通过数字方式获得门票的交易数据，使体育组织者能够更多地了解体育迷，并产生洞察力以制定营销策略。

针对体育消费者市场及消费者购买行为、购买方式的变化，体育市场营销人员应该注意些什么呢？接下来，我们首先探讨影响体育消费者的购买因素。

5.2　影响体育消费者购买行为的因素

为了在体育消费市场竞争中取得成功，体育组织必须通过体育消费者的消费行为，了解体育消费者为什么购买、如何买、买什么等问题。但是，了解体育消费者为什么购买不是件容易的事情。有时，消费者自己也不能准确地说明什么因素影响了购买行为。

5.2.1　消费者行为模型

体育消费者行为指当消费者搜索、参与、评估体育活动时，发生的满足他们需求的行为。首先，体育市场营销人员必须理解体育消费者参与某个体育项目的原因，参与该体育项目能给体育消费者带来何种利益。例如，参与高尔夫运动项目的消费者，是为了锻炼身体，还是为了社交活动，抑或是为了提高自身形象。其次，对体育参与者行为的研究，还要试图去理解体育消费者何时、何地去参加体育锻炼。只有了解体育消费者需求，体育市场营销人员才有可能有针对性地满足他们的需求。

此外，对于体育市场营销人员而言，还要了解体育消费者对公司采取的市场营销活动有何种反应。因为消费者在做决策的过程中，处于"黑箱"阶段，体育市场营销人员必须探索体育消费者在购买决策过程中的"黑箱"信息。如图 5-1 所示为消费者行为模型。

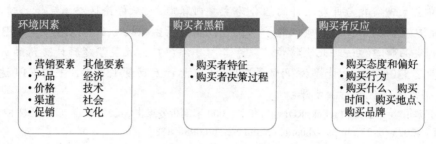

图 5-1　消费者行为模型

5.2.2　影响消费者购买行为的主要因素

消费者购买行为主要受到文化因素、社会因素、心理因素、个人因素影响，如图 5-2 所示。

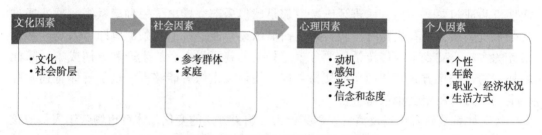

图 5-2　影响消费者购买行为的因素

1. 文化因素

文化因素对消费者购买行为的影响非常深远，体育市场营销人员需要了解购买者的文化背景、社会阶层的重要作用。

1）文化

文化是引起个人愿望和行为的最根本的原因。随着民族的产生和发展，文化也同时具有民族性。每一种社会形态都有与其相适应的文化，每一种文化都随着社会物质生产的发展而发展。社会物质生产发展的连续性，决定了文化的发展也具有连续性和历史继承性。随着文化的变迁，个体需求也逐渐发生变化。体育市场营销人员要注意到文化的变迁，进一步挖掘消费者潜在的需求。例如，当代社会，消费者特别关注健康问题，一个行业提供与健康有关的产品和服务，如健身、运动服装、健康养生食物等，就是为了满足消费者需求而出现的产物。

参与体育和游戏也是文化的体现，随着文化的变迁，人们对体育项目的态度也在发生变化。例如，在中国，夏季奥运会赛事举重项目的观众曾经寥寥无几，但在社会审美和健身理念的新潮流下，举重项目得到前所未有的关注，举重运动员的人生也发生了变化，如 2020 年东京奥运会男子 81 公斤级比赛，中国运动员吕小军的举重过程惊心动魄，吸引了众多体育迷观赏。对于健身爱好者来说，他举重的每个步骤都有非常强的美感和指导作用。由此我们可以看出，随着文化的变迁，社会审美和健身潮流不断发展，人们对举重这项运动的态度也发生了极大变化，举重运动不再被消费者轻视，而是被视为糅合了力量、爆发力、速度和协调性的运动。举重运动员充满力量之美的身体也成为榜样。相对于上一代举重运动员退役后出路困境，年轻一代的举重运动员正在经历着职业化发展之路。

2）社会阶层

西方社会学家将社会成员按照某一个或几个标准进行划分，如按照财富、权力、知识、职业或声望之类，区分为各种等级，其中一个等级，即为一个阶层。社会阶层是具有相同价值观念、生活方式和行为的同质人群。不同的社会阶层在体育服装、体育活动等领域，具有不同的品牌偏好。

社会阶层划分的等级虽然没有定论，但不管这个结构如何，社会阶层状态与参加体育的运动有关联，如马球运动是全球公认的贵族运动，仅社会阶层高的群体参与该项运动，马球俱乐部也一度被称为是世界最难进入的圈层。一项研究表明，在中国，参加高尔夫运动的人，一般属于社会阶层较高的层次。

2. 社会因素

社会因素指个体参与者之外，影响决策制定过程的影响因素。包括参考群体、家庭等。

1）参考群体

人类的行为方式大多是通过学习获得。个体行为受到许多小群体的影响。参考群体是指影响其他群体成员的信息、态度或行为对象。人们经常受到参考群体的影响。体育市场营销人员要在目标市场中寻找参考群体，因为参考群体展示的新的行为和生活方式，对个体态度和行为有直接的影响。人们崇拜某个体育明星，比如一个少年希望自己像科比·布莱恩特（Kobe Bean Bryant）一样，成为瞩目的NBA球星，或者像罗杰·费德勒（Roger Federer）一样，成为传奇的网球明星。体育参与很大程度上受所属群体影响很大。

除体育明星之外，同学、朋友、同事等也是一个主要的参考群体。因为个体平时和这些人接触较多，潜移默化会受到影响。许多人参与体育锻炼是因受到朋友邀请、推荐，才逐渐加入体育锻炼的队伍中。特别是初中、高中、大学阶段的学生，体育锻炼受参考群体影响很大。

2）家庭

家庭作为社会中最重要的消费购买组织，家庭的消费行为已经得到广泛的研究。家庭成员对个体购买者行为的影响特别大。家庭成员之间相互有许多的影响，被视为一个普遍的现象。体育市场营销人员往往把家庭作为目标群体。例如，父亲喜欢滑雪、打高尔夫球、打网球等，经常带着自己的孩子去运动，孩子很容易受到影响，也逐渐喜欢这些体育运动。还有一种情况，孩子对父母体育锻炼行为的影响。比如，学校规定学生体育成绩达标，孩子回到家里需要锻炼，为了监督和陪伴孩子锻炼，父母也很有可能参与其中。

3. 心理因素

个人购买决策受到几种主要的心理要素影响，它们分别是动机、感知、学习、信念及态度。

1)动机

个体在任何时候都有需求,包括生理方面的需求或心理方面的需求。生理方面的需求包括饥饿、干渴等。心理方面的需求包括尊重、归属、认可等。对人类动机方面的研究,有助于更好地理解参与体育运动的需求。研究消费者动机,可以进一步探讨消费者潜意识动机。有时,消费者无法清楚地解释自己的行为,研究人员可以利用一些方式、手段发掘消费者对体育品牌购买时潜在的情感和态度。

常见的动机理论以马斯洛的需求层次论为基础,如图5-3所示。

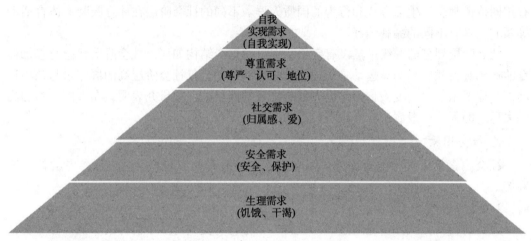

图 5-3 马斯洛的需求层次理论

马斯洛的需求层次图分为5个层次,分别为生理需求、安全需求、社会需求、尊重需求、自我实现需求。该理论试图解释个人在不同时期的需求,如个体只有在最基本的需求得到满足后,才有可能进入到下个层次的需求。当个体需求得到满足后,该需求就不再是一种激励要素。例如,吃饭、喝水是最基本的生理需求,当需求得到满足后,吃饭、喝水就不再是一种激励要素。对于有些人来说,进行体育锻炼或某种强度的身体活动是一种生理需求。

安全需求是指身体安全和保持健康的需求。由于个体对安全有需求,所以,在体育活动中,个体本能会考虑到安全要素。比如,健身房的体育设备器械一定要保障安全,必要时,需要教练陪护。此外,个体还有健康的需求,很多个体参与体育活动,主要原因就是为了保持身体健康水平。但健康需求是在满足个体安全需求的前提下,才能进一步满足个体的健康需求。基于上述个体基本安全需求,体育设备制造商首要考虑的问题就是设备的安全问题,健身俱乐部管理者也要考虑设备的安全使用问题等。

社交需求是指个体有归属感需求。许多人选择参与体育运动,是因为个体需要有归属感,有社交需求。例如,参加球队,成为其中一员,个体会获得归属感。特别是在个体生命的早期,进入学校的某个体育运动队或者俱乐部,学生会获得强烈的归属感,甚至引以为荣。例如,一些学生,进入新的环境,参与体育俱乐部,可以快速获得新的朋友,进入新的朋友圈。由此可见,体育特长可以成为一项利器,有助于学生融入学校生活，也可以满足学生的社交需求。

尊重需求是指个体有被认可、被尊重的需求。按照马斯洛的需求层次理论，低层次需求得到满足后，个体需要得到承认、获得地位的需求开始凸显。例如，通过参与体育活动，经过努力之后，个体获得被队友认可、尊重的体验，满足了个体尊重的需求。

自我实现需求在某种意义上就是成为想要的自己。有些个体通过参与运动，挑战身体和心理极限，如2020年东京奥运会，自行车公路赛冠军——30岁的奥地利选手安娜·吉森霍费尔，其本职工作是在洛桑联邦理工学院数学系任职，主要研究方向为偏微分方程和几何分析，骑自行车是她的业余爱好。她参加奥运会的行为，可以视为是自我实现需求的体现。体育运动在某种意义上来说，是人类挑战自我的体现。还有其他一些运动员，参加奥运会，有时无关金、银牌，是很多参赛者自我实现需求的机会。

马斯洛的需求理论可以帮助体育市场营销人员理解体育消费者的生活、目标、需求，更好地识别体育消费者的潜在需求，并及时给予满足。

2）感知

感知是指个体通过收集、整理、解释信息，形成有意义的世界观影像的过程。由于受到动机的影响，个体可能随时准备行动，而个体的行为受到其所处的情境影响。消费者收集信息的过程，与自己过去的经验解释这些信息有很大关系。过去的经验形成的影像，对个体参与体育活动产生直接影响。例如，在一次篮球课中，某位学生尝试多次都无法投中，在同学面前感到很尴尬。这样的经验，可能导致该同学在今后也不愿意去触碰篮球。基于此原因，体育市场营销人员要注意塑造个体对体育运动和体育品牌的影像。

个体经历的感知过程，一般有选择性关注、选择性曲解、选择性记忆等认知过程。由于这些认知过程的存在，个体对同样的刺激物可能会产生不同的感知。例如，在信息爆炸的时代，无休止的广告展示、即时消息推送对个体影响很大。个体不可能关注到所有的外界刺激。个体存在选择性关注现象。例如，如果你最近想学习网球，你很有可能对网球用具、网球课程、网球教练等信息格外关注。因此，体育市场营销人员要制定高质量的信息内容，吸引消费者的注意力。

有时，即使信息吸引了消费者，但不一定会产生营销人员预计的效果。因为个体总是有自己的一套思维方式和经验处理收到的信息。选择性曲解认知过程，解释了个体倾向于选择符合自己意愿的方式理解信息。例如，一生都在玩滑雪的某个人，可能不会把滑雪作为一项危险而激烈的运动；相反，有些人对滑雪项目的解释为危险项目，轻易不敢去尝试。

研究还发现一个有意思的现象，个体只记住自己想记住的事物。这种现象被称为选择性记忆的认知过程，如消费者很可能只记住自己喜欢品牌的优点，忽视竞争对手产品的优点。登山运动员只记住胜利的快乐，忽视训练、受伤害等情景。

了解感知的过程，有利于体育市场营销人员进一步关注消费者接受信息的心理变化。通过试图影响消费者对体育运动的感知，来吸引更多的潜在消费者。例如，如果想尝试让小学阶段的学生参与乒乓球运动，那么体育市场营销人员必须要了解这个年龄段的学生对乒乓球运动的知觉，以及学生家长对乒乓球运动的知觉。这些消费者有许多体育项目可供选择，只有拥有现在消费者的注意，设计一系列营销组合，有针对性地强化乒乓球运动的知觉，或者改善他们对乒乓球运动存在的既有的影像，才有可能开拓潜在市场。

3）学习

大多数人类行为是通过学习获得的。学习是指由经验引起的个体行为的变化。个体学习是通过驱动、刺激、诱惑、反应和强化等相互作用的结果。随着新产品的不断出现，消费者必须经过多方面的信息收集之后，才能做出购买决定。这个决定过程，也是学习的过程。消费者有许多方法学习参与体育运动的信息。通常，学习途径包括行为学习、认知学习和社会学习。

行为学习（behavioral learning）是通过反馈，促进个体达到特定目标的过程。操作性条件反射是行为学习理论中一个重要的概念。基于这个概念，个体经常采用的一种行为学习方式就是动作训练。动作训练可以使个体把某些行为与这些行为的结果相互联系起来。操作性条件反射的简单模型如图 5-4 所示。

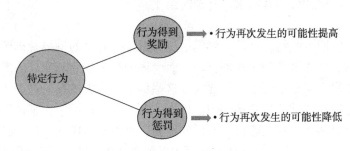

图 5-4　操作性条件反射的简单模型

假设一个儿童在学习新的体育项目滑冰，我们可以将滑冰设定为特定行为。如果该儿童在学习过程中，由于恐惧双腿发抖，根本无法在冰面上站立，鼓足勇气站起来后，又不断地摔倒。正当她处在难堪、羞愧、尴尬情景时，教练没有及时给予正面反馈，同伴也嘲笑等，这些都会让该儿童难以忍受。下一次学习滑冰的积极性有可能降低，或者拒绝学习。即使长大成人之后，她尝试这项体育运动的可能性也会降低，因为以往消极的回忆让她难过。如果在学习滑冰期间，同样是由于害怕双腿发抖，教练适时地给予帮助、保护、激励，同伴也给予鼓励，那么该儿童下一次学习滑冰的积极性可能提高。成年之后，她有可能仍然会继续保持这项体育锻炼的爱好。基于个体这样的心理过程，体育市场营销人员要试图提高与某项体育活动的奖励行为，减少产生消极后果的可能性。

认知学习（cognitive learning）研究个体学习通过感知、注意、记忆、理解等方式使问题得以解决。认知学习主要以解决问题或顿悟的方式而进行。顿悟学习是觉察情境中的关键因素，了解这些要素之间是如何联系的，识别其内在的关系。顿悟学习的核心是把握事物的本质，而不是细枝末节。通过顿悟获得的理解，不容易遗忘，还有助于学习的迁移。认知学习模型如图 5-5 所示。

图 5-5　认知学习模型

当今世界，减体重应该是个全球流行话题。例如，我们假定一个知觉目标是减体重。减体重的方式有很多，如有氧运动、改变饮食习惯、减少碳水化合物的摄入、增加蛋白质的摄入、代餐粉摄入等。个体为了实现知觉目标，开始洞察到为了实现这个知觉目标，有必要采取各种行动。于是，个体开始进行有氧运动、改变饮食习惯等。经过坚持一段时间后，个体最后实现了减体重的目标的。

了解认知学习后，体育市场营销人员的重点工作是要理解消费者需求，而且还需要使消费者明白体育运动或者是体育产品是如何有助于实现他们的目标。

社会学习（social learning）是通过观察他人的行动的同时，调整自己的行为方式。该理论主要探讨个人的认知、行为与环境因素三者之间的关系，及其交互作用对人类行为的影响，重视人的行为和环境之间的相互作用。个体处于儿童期的学习形式，是以模仿他人学习为主。成年人也会通过观察他人的行为学习，实现社会化的过程。儿童时期，心目中的体育明星运动员会影响我们积极参与体育运动。或者是明星运动员精神会激励我们去拼搏，如"女排精神"的顽强战斗，勇敢拼搏，永不言弃激励了几代人。特别是在20世纪80年代，女排精神不仅是中国体育的一面旗帜，也是整个中华民族昂首前进的精神动力。

在社会学习中，我们不仅看到某个人从体育中获益，而且也学会了自己如何参与体育运动。此外，永不言弃、永不气馁的奥运会精神，也是个体社会化过程中不可缺少的一部分。前国际奥委会主席萨马兰奇对中国乒乓球运动员邓亚萍高度评价，赞扬她是奥林匹克精神的诠释者。像郎平、邓亚萍这样的体育明星，在儿童社会学习过程中，起到了榜样示范作用。

4）信念和态度

信念是个体对事物持有的具体看法。信念可能建立在现有的知识、观念或信仰之上，可能带有个体情感因素。个体在实践或学习过程中，形成信念和态度。与此同时，信念和态度对个体的购买选择起到了举足轻重的作用。消费者的购买行为可能带有个体情感因素，如与爱国情怀有关，与内心的民族荣誉感有关。如2018年，李宁公司推出国货高端品牌"中国李宁"。从品牌名称来看，表面上是让中国高端产品进入世界，实际上，是在某种意义上激起消费者的爱国情怀。以前，我们国内的高端体育产品很少，消费者偏向购买耐克等国际体育品牌。现在，国内有了高端体育产品"中国李宁"，购买"中国李宁"的行为与消费者爱国情怀联想到一起。

态度是个体对事物或者观念持有的稳定的心理倾向。蕴含个体的主观评价和由此而产生的行为的倾向性。态度的形成基于个体过去的生活经验，以及所处的生活环境。个体对体育的思考、感觉、和行为相互作用，形成了个体对体育的态度。构成态度的三个成分为认知成分、情感成分、行为成分，如图5-6所示。

态度的认知成分：指个体对于态度对象的所有认知。例如，一些消费者对高尔夫运动的认知：

- 高尔夫运动是一项培养人际关系的运动。
- 高尔夫运动重视礼仪。
- 女士较少打高尔夫球。

- 高尔夫运动费用非常昂贵。
- 高尔夫运动是身份的象征。

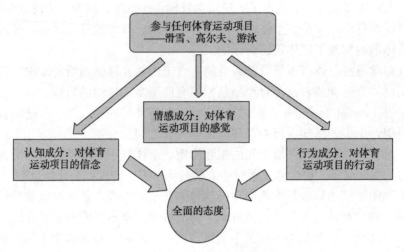

图 5-6 态度的形成模型

态度的情感成分：指个体在评价的基础上，对态度对象产生的情感体验或情感反应。态度的三种成分中，情感成分占据主要作用，决定态度的基本取向和情感取向。例如，一些消费者对高尔夫运动有潜在的情感陈述：

- 我喜欢高尔夫运动。
- 高尔夫是一项非常有意义的运动。
- 高尔夫运动会让我着迷。
- 我享受在高尔夫球场的感觉。

态度的行为成分：个体对态度对象的预备反应或以某种方式行动的倾向性，是建立在个体的行动之上。体育市场营销人员要了解个体是否参与了高尔夫运动？多久参加一次？参与目的是什么？如果现在没有开始参与高尔夫运动，将来参与的可能性有多大？

态度一旦形成，则较难改变。个体的态度形成某种固有模式，只有调整其他相关要素，才有可能改变态度。如果消费者对高尔夫运动的态度是积极的，体育市场营销人员要维持现有的策略，如果消费者对高尔夫运动的态度是消极的，体育市场营销人员或许需要重新设定这项运动的形象，以此来改变消费者对高尔夫运动的感觉。最后，达到让潜在消费者去打高尔夫的目的。

态度从某种意义上来说，决定了消费者的行为模式。消费者对体育产品喜欢或者不喜欢，对体育服务满意还是不满意，直接影响了消费者对该产品的购买行为。因此，研究体育消费者的态度，有利于体育市场营销人员制定营销战略。

4. 个人因素

个人因素包括个性、年龄、职业、经济状况、生活方式因素。

1）个性

美国心理学会（2002）将个性定义为"个人独特的心理品质，在不同的情境下，对各种公开或者隐蔽的行为特征模式有影响"。这些心理品质有三种不同特质。其一，反映个体差异。其二，具有一致性和持久性。其三，在某些情形下会发生变化（Schiffman & Kanuk，2004）。研究发现，个性与消费者行为有相关性。个性使一个人有别于他人。人们思考、感受和行为方式的个体差异与其个性不同有关。与态度类似，个性通常是后天习得的，会受环境影响，但也有遗传因素。因此，个性被认为比态度更稳定，态度有可能随着时间的推移而波动。

从个性特征可以解释体育消费者行为的问题，例如：

- 为什么有些人喜欢独自运动，而有些人喜欢群体运动？
- 为什么有些人喜欢在安静的环境中锻炼，而有些人则喜欢在氛围热烈的环境中锻炼？
- 为什么有些人喜欢舒缓的运动，而有些人喜欢刺激运动？

个性研究的价值在于预测实际消费者行为的能力。在消费者研究中，个性与产品类别选择、媒体使用、产品创新、心理细分和态度变化有关。

对于普通体育消费者来说，个体选择参加特定体育活动的原因与个性有很大关系。体育市场营销人员可以根据参与者个性特征，预测个体会选择参与何种体育活动。对于体育迷来说，个性与体育迷的归属动机和运动队认同有直接的关系。个性理论可以解释体育消费者为什么会成为体育迷，从某种意义来说，体育迷认为运动队的个性特征与自己的个性特征相符，两者之间可以匹配。

基于对个人心理特征测量的消费者个性研究，可以帮助体育市场营销人员从事以下活动。

- 根据个性特征细分体育消费者。
- 基于个性特征和体育消费者行为，开发、传播信息，以吸引体育消费群体。
- 开发、推广和提供体育服务，并且根据每个体育消费群体的特定个性特征对其需求进行调整。
- 塑造体育产品（如运动队、体育组织、体育活动）和服务的个性。
- 通过建立体育产品品牌个性，培养体育消费者对品牌的忠诚度。

目前，个性研究在体育消费者行为的背景下受到的关注相对有限，应该进一步考虑这一领域，有利于进一步理解体育消费者的需求，提供与其需求相匹配的服务。

2）年龄

不同的年龄段群体有着不同的购物习惯。基于年龄阶段的划分，为体育市场营销人员更好地理解体育消费者市场、吸引消费者提供了依据，如我们常说的独生子女一代、千禧一代等，他们的消费习惯与70年代出生的人截然不同。如果体育市场营销人员将年轻人市场作为目标市场，那就需要制定符合这个年龄群体的个性化的体育市场营销方案。

3）职业、经济状况

个体的职业、经济状况会影响其购买的体育产品和服务。针对经济状况不理想的消费群体，营销时要强调体育产品的性价比高，价格便宜的概念。针对经济状况较为理想的消费群体，营销时可以强调与众不同，个性化概念等。

4）生活方式

生活方式是表达自己心理的一种生活模式。生活模式有不同的显示维度，如爱好、运动、社交活动等。消费者购买商品，有些情况下是购买的是一种生活方式、一种品位和个性彰显，如安德玛（Under Armour）表达了与耐克不同的理念，年轻消费者认为，耐克是父母那一代人的运动品牌，安德玛是年轻人的运动品牌，购买安德玛品牌可以彰显自己与老一辈的区别。

除了以上几类主要影响因素之外，对于体育消费者来说，还有一种特定的因素影响体育消费者的行为，我们称之为情境因素。

情境因素是在特定的时间或者地点，影响体育消费者制定决策的暂时性因素。这些因素没有像社会因素和心理因素那样，对个体有持久的影响。情景因素包括自然因素、社会环境因素、时间因素和情绪状态因素。

地域、天气等因素构成了自然环境，天气会影响体育参与者是否参与体育活动，如苗多多和朋友一起到了新西兰皇后镇的卡罗德纳（Cardrona）滑雪场旅游，即使她不会滑雪，也有可能挡不住诱惑，去尝试滑雪。这就是个体受自然环境的影响而发生的特有消费行为。

在体育参与活动中，其他参与体育活动人员对于个体来说，构成了社会环境，如小李原计划去社区游泳馆游泳，但当她进入游泳馆后，拥挤的泳池让她觉得不适，于是，她立刻打消了游泳的念头。此外，假设小李喜欢和好友爬山锻炼，但当好友邀请其他人一起加入爬山队伍时，小李可能不愿意和朋友再去爬山了，因为陌生人会让她觉得不舒服。这些情景说明了社会环境会对个体参与体育活动产生影响。

视频 5.1 影响消费者体育参与的因素

时间是影响个体参与体育活动的一个重要因素。由于时间限制，很多消费者很难保证定期去健身房锻炼。体育经营人员要根据市场需求，开发家庭健身器械，如家用跑步机、椭圆机、脚踏车等适合消费者在家里锻炼的设备。也可以开发塑造形体的健身操等，满足消费者居家锻炼的需求。

体育消费者在参与体育锻炼时，受其当时的情绪状态影响。这些情绪状态可能会影响消费者的决策，如当消费者感觉到非常疲惫，对一些人来说，是其决定锻炼的原因，需要通过锻炼激发肌体活力。对另外一些人来说，可能感到疲惫是其决定不再锻炼的原因。

总的来说，体育消费者的购买决策，不仅受文化、社会、心理、个体等因素影响，还受到情境因素的影响，体育市场营销人员在制定营销策略时，需要综合考虑这些因素。

5.3 体育消费者的购买行为与决策过程

上一节，我们已经学习了哪些因素会影响消费者购买行为，接下来将要了解消费者购买行为及购买决策过程。消费者对体育产品、电子产品等购买行为各不相同。通常，我们根据做决策时消费者的参与程度和品牌差异大小两个维度，来划分消费者购买行为类型。消费者购买行为类型如图 5-7 所示。

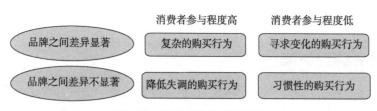

图 5-7 消费者购买行为类型

5.3.1 消费者购买行为

1. 复杂的购买行为

在消费过程中，当消费者需要高度介入，且认为品牌之间存在明显差异时，消费者将会采用复杂的购买行为。如果产品价格较高，消费者对产品不熟悉，消费者需要经历学习过程，只有经过深入学习，才能对产品有一定的了解。针对这种情形，体育市场营销人员要提供相关产品信息，帮助消费者进一步了解体育产品，如家用跑步机，产品的品牌和价格差异较大，消费者对跑步机性能不熟悉。体育市场营销人员应重点帮助消费者了解本产品的性能和重要性，如跑步机的马力、跑带宽度、减震效果、智能连接 App、噪声等方面，并与竞争品牌对比数值，帮助消费者学习了解本公司产品，同时，宣传跑步机自身优势及能给消费者带来的利益。

2. 降低失调的购买行为

消费过程中，当消费者高度介入，且认为品牌之间不存在明显差异时，消费者将会采用降低失调的购买行为。产品价格较高，消费者购买不频繁，且品牌之间差异不大，当价格合适，购买便利时，消费者会做出迅速购买的行为。但购买之后，发现了同类其他产品的优点和本款产品的缺点，心理开始失调，产生不平衡感，如消费者购买高尔夫球杆卡拉威（Callaway）后，又觉得品牌泰勒梅（TaylorMade）和泰利斯特（Titleist）有很多优点，产生心理失衡，针对这种情形，体育市场营销人员要使用各种方式，向消费者提供产品的评价信息，使消费者相信自己的购买决策是正确的。

3. 习惯性的购买行为

在消费过程中，当消费者仅需低度介入，且认为品牌差异不明显时，消费者将会采用习惯性的购买行为。对价格低廉的体育产品，消费者不会花很多时间进行选择，通常是被动地接受各种广告、促销活动。选择某种体育品牌是基于习惯，并不是忠于某种品牌。对于这类产品，采用促销等手段，可以鼓励消费者去购买，如对乒乓球、网球拍吸汗带等产品进行促销，吸引消费者去购买。

4. 寻求变化的购买行为

在消费过程中，当消费者仅需低度介入，且认为品牌差异明显时，消费者将会采用寻求变化的购买行为。消费者转换品牌不是因为不满意，而是为了寻求多样性。由于参与程度低，消费者不愿意花时间去选择，更换产品仅为寻求变化，也不是针对产品性能。针对这样的现象，体育市场营销人员推出新的体育产品时，可以采用赠送样品、优惠促销等方式，吸引寻求变化的消费者去购买，如推出不同的颜色运动手环，不同颜色的电子跳绳等。

5.3.2 消费者购买决策

消费者完整的购买决策过程包括确定需要、搜索信息、评估备选方案、制定购买决策、购后行为五个步骤。(见图5-8)从这五个步骤可以看出,消费者的购买过程在购买行为之前就已经产生了。因此,体育市场营销人员应该关注全部过程,而不仅仅是购买决策阶段。

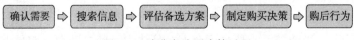

图5-8 消费者购买决策过程

1. 确认需要

确认需要是购买决策阶段的起点。当个体意识到自己的需求与期望存在差异时,就会产生需要。个体的需要基本有两种因素:其一,内部因素,如干渴、饥饿等,个体会产生喝水、吃饭的需求;其二,外部因素,如外界信息植入、广告促销等外界环境因素,会导致个体产生购买需求。让我们以一个真实案例说明。安安,一位19岁的女学生,就读于美国弗吉尼亚大学。在高中时,她经常参加体育锻炼,如击剑、游泳、街舞、形体训练等。刚到美国读书时,因为学习压力等原因,没有时间锻炼,一个学期之后,发现自己体重增加,且经常感到疲惫,晚上难以入睡。她希望参加体育锻炼,增强身体素质,提高睡眠质量,保持形体,同时也可以结识新的朋友。

安安意识到她目前存在一个不能满足的需求,身体出现亚健康状态,需要锻炼身体,塑造形体。拥有健康和塑造形体是安安的需求。为了满足安安的需要,什么样的体育项目适合她呢?安安开始思考这个问题。其实,安安此刻的状态,就是我们理论研究中提及的当个体意识到自己的理想和现实之间存在差异,那么购买决策过程就开始了。

问题识别和实现目标通常与两个因素有关:其一,现实状况与理想状态的差异;其二,目标的重要性。让我们接着上述案例来分析。安安自己开始通过慢跑来锻炼身体。但她想参加一个团体活动,可以结识新朋友,且该运动项目可以起到塑造形体的目的。独自慢跑的现实与参与团体项目锻炼的理想之间出现差异。如果这个差异很大,就会激发决策过程。确定需求的另外一个条件,是该目标对于安安来说,是否重要,如果极为重要,她就会快速迈向购买决策的下一个阶段——搜索信息。

了解"确定需要"阶段,对体育市场营销人员来说,具有重大意义。通常,体育市场营销人员要识别体育运动参与者或者潜在的体育运动参与者的需要,当这些需求被确认之后,体育市场营销人员将会设计一些活动或赛事,满足消费者需求。例如,普拉提俱乐部会制作精美的海报,展示理想的女性身材,告知消费者相关信息,使消费者觉得如果参加该项运动,自己有可能拥有理想的身材,从而达到营销目的。

2. 搜索信息

在确定需求之后,消费者的下一步就是搜索信息。通常,搜索信息途径分为内部资源和外部资源两种。

内部资源信息是从个体记忆中激活的、可以有利于我们作出决定的信息,如安安回忆起在高中阶段,曾经参加普拉提俱乐部、击剑俱乐部、街舞社等。哪些运动可以满足她目前的需求呢?

外部资源一般分为两种:其一,个人资源,如家庭、朋友等可以提供给她可能参与的相关信息。例如,安安的母亲告诉她,可以参加瑜伽俱乐部,瑜伽锻炼可以保持形体,也可以有助于睡眠;其二,营销资源,如广告、网站、销售人员等,特别是健身网站有各种信息。

一般来说,消费者在做出购买决策时需要信息搜索,但也有些消费者则是冲动购买,不需要搜索信息。

3. 评估备选方案

消费者在收集信息之后,开始对各种信息进行比较和判断。在比较和判断时,个体使用的评价方法和评价标准有差异。假设安安在信息搜索的最后阶段,范围缩小到参加普拉提(Pilates)俱乐部、莎莎舞(Salsa)俱乐部、瑜伽(Yoga)俱乐部。这些运动可以减体重、扩展社交圈或者塑造形体。如果安安更重视塑造形体,首先会放弃莎莎舞俱乐部,因为莎莎舞运动对塑造形体没有直接作用。如果安安重视肌肉形态,快速见效,她可能会选择普拉提俱乐部;如果安安更侧重于身体的柔韧性,静态运动,她可能会选择瑜伽俱乐部。体育市场营销人员要了解消费者备选评估方案过程,才能采取相应措施去影响消费者。正如,只有了解安安对这几种运动属性的评价及需求,才能采取相应措施去影响安安的购买选择。

4. 制定购买决策

购买评估阶段,消费者对不同产品排序,形成初步的购买意图。一般情况下,消费者会选择他们最喜欢的产品。但是,还会受到他人态度的影响,或者突发意外事件的影响,如安安原计划参加莎莎舞俱乐部,可以健身、也适合年轻人氛围。但是,她的同学参加了瑜伽俱乐部,对该项目运动整体评价很好,而且减体重效果明显,同学的观点或许会降低安安参加莎莎舞俱乐部的可能性。

第二个因素就是环境因素,意想不到的事情发生,如安安计划参加俱乐部时,新冠疫情大流行,全球提倡社交距离,减少群聚。安安只能放弃参加俱乐部健身、结识新朋友的愿望,改为自己在家独自进行瑜伽训练。从这些因素可以看出,偏好和意图并不代表着购买行动一定会实行。

5. 购后行为

消费者购买决策并没有在购买行为结束后而终止。消费者在做出购买决策之后,心理会出现认知失调,即开始怀疑自己当初的购买决策是否正确。让我们假设上述案例中的安安购买了瑜伽课程,但是,第一次上课时的体验,那种舒缓拉伸与自己想象的大量出汗,快速减体重的设想不相符,而且,会员之间也不太交流,安安开始怀疑自己当初的决定。如果整个运动体验与最初设想有较大差异,安安就会产生不太满意的感觉。而这种感觉会通过各种形式表现出来,如与朋友分享,社交媒体分享等。这种个体分享，对产品的口碑有巨大影响。因此，体育市场营销人员一定要注意购买决策的最后一个阶段——购后行为的营销策略。

总的来说，消费者每次购买决策，一般都会经历 5 个阶段。当个体意识到自己需求时，就会经历图 5-8 的过程。体育市场营销人员要按照 5 个阶段的特性，有针对地提供相应的服务。

5.4 理解体育迷心理及行为

在研究体育消费者购买行为时，有部分特殊的体育消费者，他们对体育项目比普通体育消费者对体育项目具有更多的情感认同，我们称之为狂热的运动爱好者，或者称之为体育迷。由于这部分群体的特殊性，体育市场营销人员需要对这部分人群的心理及行为做一些了解。

体育市场营销人员在制定营销战略时，需要了解一些关键性问题：如为什么体育迷之间要进行社交互动？为什么体育迷要参与和运动队相关的讨论？为什么体育迷要自发招募新成员？为什么要在体育迷社区中留住体育迷？一般来说，市场营销人员如果想了解消费者市场状况，那么了解消费者心理是必修课。因此，理解体育迷心理及行为也是体育市场营销人员的关注重点。在了解体育迷心理和行为之前，我们先需要了解体育迷动机。

体育迷有更高的自尊，对自己的生活更满意（无论球队输赢）[5]

对于许多体育迷来说，新冠疫情大流行造成了相当大的空白。比赛在因疫情取消数月后，终于恢复，尽管条件大不相同。如 2020 年 7 月，NBA 在奥兰多迪斯尼世界度假区的一个精心控制的区域内拉开比赛帷幕。随后，美国职业棒球大联盟也相继拉开战幕。同时，相关部门也出台了新规定，如禁止吐痰、增加额外的局数，保持一定的身体距离等。德国和英格兰的足球联赛也已经恢复，人群的喧嚣声响彻空旷的体育场。

对体育迷来说，体育活动不仅仅是娱乐。它可以提升体育迷自尊，让体育迷更快乐——而且体育迷不必考虑从获胜的团队中获得相应利益。

美国密苏里州立大学研究体育迷心理学项目中心的教授丹尼尔·万恩（Daniel Wann）认为，成为一名体育迷是一项"心理上非常健康的活动"。他说："以体育迷身份，将我们与其他志同道合的人联系起来，这满足了我们人类对归属感的需求。这些关系很重要。与那些对运动不感兴趣的人相比，那些被认定为体育迷的人自尊更高，孤独感更低，并且对生活更满意，体育迷也往往有更多的机会获得社会支持、帮助和更多资源。"

德克萨斯农工大学商学院研究身份和体育迷圈的副教授斯蒂芬·雷森说："除了建立联系之外，体育迷们还可以享受胜利带来的心理好处，即使他们与球员或比赛无关。球迷们也觉得他们自己是运动队的一部分，所以当球队赢球时，即使你不是球员，你也会觉得自己赢了。"

当然，球队有时会输。万恩说："在体育赛事之前，您至少有一半一半的机会会对结果感到失望。但体育运动的非凡之处在于，人们自愿消费一些他们知道很有可能在比赛结束后，结果令人不满意的比赛"。那么，为什么人们会继续把他们的信仰放在容易失败的球队身上呢？雷森说："那些对球队有强烈心理联系的人，在经历一个失败的赛季时，更有可能为球队加油。"

"体育迷与比赛的结果无关"万恩说。例如，如果一家比萨餐厅不断地把您的订单弄错了，您可能会转向一家更可靠的比萨店。但因为体育迷是人们身份的核心，人们愿意接受失败并继续忠于球队。成为体育迷社区的一员，还可以帮助人们应对损失。2019年的一项研究发现，与其他球迷一起观看足球比赛，有助于减轻失败带来的负面心理影响。该研究的合著者、俄亥俄州立大学传播学教授西尔维娅·诺布洛赫—韦斯特威克 (Silvia Knobloch-Westerwick) 在一份新闻稿中说："对于输球球队的球迷来说，分担痛苦可能使他们免于失去自尊。"

万恩说："体育迷圈还带来了其他东西，超越了享受团队成功的能力。"观看体育比赛可以缓解压力，或与家人共度时光。为此，一些调查表明，像"疯狂三月"这样的活动，会降低生产力。任何形式的狂热都会让人分心，但万恩说："在工作中谈论体育运动，并与有共同兴趣的人共度时光，可以让人们更加兴奋地去上班。我们不仅是同事，而且我们还可以在办公室讨论发生的体育赛事，这可以帮助我们在工作之外的事情上建立友情。"

5.4.1 体育迷动机

了解体育迷动机（fan motivation），为什么他们喜欢观看体育赛事，为什么对体育赛事如此着迷，对于体育市场营销人员来说至关重要。只有对体育迷基本的动机因素有所了解，才能有针对性地制定营销组合战略。调查研究显示，消费者观看体育赛事的动机因素主要有以下几种：为提高自尊需求、远离日常生活压力需求、提供娱乐价值需求、提供良性刺激需求、经济价值需求、美学价值需求、归属需求、维持家庭纽带需求。

例如，2013年中网赛事，中国网球选手李娜和塞尔维亚网球选手诺瓦克·德约科维奇（Novak Djokovic）同台进行一场表演赛，吸引了许多观众前去观看。假设上述案例中的安安、家人及朋友也前往观看。在这个案例中，安安的父母观看比赛有许多因素。首先，带着孩子去看比赛，是维持家庭纽带的一种很好方式。其次，邀请朋友前来观赛，也是建立人际关系的适宜平台。最后，国庆期间观看网球也是放松、娱乐的需求。与其他人旅游、吃喝玩乐相比，去欣赏一场球赛又显得与众不同，彰显了不同的品位。从这个案例可以看出，消费者观看体育赛事，受不同心理及因素影响。

1. 提高自尊的需求

在研究体育迷现象时，有一专用术语来形容体育迷的心理，我们称之为 BIRG 和 CORF。BIRG 感指体育迷通过建立和维持与球队关系，来提高或者维持自己自尊的现象。BIRG 是 basking in reflected glory 的缩写。CORF 感指体育迷通过切割和断开与球队的联系，来降低对自己自尊的影响的现象。CORF 是 cutting off reflected failure 的缩写。

例如，一些女排球迷，在谈论2016年里约奥运会中国女排成绩时，某些球迷会说"我们赢了";而在谈论 2020 东京奥运会中国女排成绩时,某些球迷会用这样的表达"中国女排输了"。第一种表达方式,就是典型的 BIRG 感体现,球迷将自己的自尊与中国女排队伍联系在一起,提高自己的荣耀感,表达时用"我们"突出更亲近的关系。而第二种表达方式,就是体育迷 CORF 感体现。同样是中国女排队伍,但表达时用"中国女排"第三人称而不是"我们"第一人称,显示体育迷微妙的心理变化,将中国女排与自己分开,降低由于中国女排奥运会失利对自己自尊的影响。

提高自尊感就是指当体育迷喜欢的运动员或者运动队取得好成绩时,体育迷获得成就感,与运动员或者运动队的关系更加靠近。而当体育迷喜欢的运动员或者运动队失利时,体育迷获得挫败感,与运动员或者运动队的关系有点疏远。

2. 远离日常生活压力需求

观看体育赛事被认为是一种远离日常生活压力的方式,如本小节开篇案例中提到的安安及父母去观看中网赛事,也是远离生活压力,放松娱乐的一种方式。观看体育赛事可以让人心情放松、愉悦。

3. 提供娱乐价值需求

成千上万人去观看体育赛事,某种意义上也是消费者的一种娱乐形式。体育赛事结果的不确定性,因不确定性而带来的戏剧性,成为吸引观众的重要原因。此外,体育的娱乐价值也正在被发掘。特别是职业体育,体育市场营销人员采用各种新颖办法,提高体育的娱乐价值。例如,中场休息时,邀请观众上场参与娱乐节目,尽量使他们参与其中,从而提高体育迷的观赛体验。这里需要再次强调,体育市场营销人员要明白,当今世界,建立品牌忠诚度与策划令人难忘的客户体验之间有直接关系。因此,在赛事前、赛事中、赛事后,赛事组织方要制造消费者参与的机会,提供娱乐价值,提高消费者观赛体验,从而吸引他们再次回到赛场。

4. 提供良性刺激

提供良性刺激指体育可以给体育迷提供积极的激励水平,如美国橄榄球的"超级碗"比赛,在开球的那一瞬间,体育迷瞬间有激动的感觉,这种轻微刺激,给体育迷提供良性刺激。这种良性刺激有利于人体减轻压力,激活肌体的修复。

5. 经济价值需求

在某些国家,体育迷允许参加赛事赌博。体育迷的快乐来自于他们在观赛时,对比赛寄予的期望。这个动机因素虽然只在一小部分体育迷身上体现,但参与的人数也在逐年增加。

6. 美学价值需求

一些人将体育看作艺术形式,如跳水项目、体操项目,花样滑冰项目等。体育迷观看这些比赛,就在这些优美的动作中感受极大的快乐。特别是艺术体操项目,当运动员用绳、圈、球、棒、带配合音乐表演时,即使不懂艺术体操项目规则的观众,也能感受到场上运动员美轮美奂的表演。

7. 归属需求

观看体育赛事，可以满足体育迷的归属需求，如开篇案例中提及的安安去观看中网比赛。观赛期间，安安在微信朋友圈发图。她的朋友、同学看到后，也极有可能去观看后续的比赛。因为参考群体对个体的影响非常之大。当整个赛事结束之后，安安及朋友们或许在谈论观赛体验等话题时，旁边还有一些从未观看中网赛事的同学，她们此刻会感到轻微遗憾或失落，觉得被排斥在圈子之外。那么，在下次中网比赛时，她们可能早早就购买门票前去体验赛事。在这样的情景下，现场观赛只是消费者的一部分需求，而更大的需求是满足她们要和安安及朋友们一样，感受安安及朋友们的体验，以此来满足她们的归属需求。

8. 维持家庭纽带需求

观看体育赛事，也是维持家庭纽带的一种途径，如父亲带着儿子去观看CBA赛事等。一般来说，一个家庭，随着孩子年龄的增长，特别是当孩子到了青春期后，不愿意和父母一起出行参与活动，而观看体育赛事却是全家一起活动的一种很好形式。通过观看体育赛事这样的形式，可以使家庭更加有凝聚力。

了解了体育迷动机之后，我们可以得出，体育迷观看比赛有许多动机因素。体育市场营销人员可以抓住其中某个要素，制定营销策略，来吸引消费者前来购买。

5.4.2 体育迷心理及行为

1. 体育迷认同

体育迷认同（fan identification）指体育迷对体育组织的个人奉献和情感专注。体育迷认同感水平越高，越有利于体育组织。正如体育迷动机因素中提到的BIRG感，一些体育迷对球队有很强的情感联系。他们认为自己是运动队社团的一部分。高水平情结的体育迷对价格变动不敏感、对球队成绩敏感性也较低。这样的体育迷有归属感，即使是球队整个赛季成绩不佳，他们也会和该球队一起，不会轻易放弃球队。此外，心理承诺和态度忠诚也会影响体育迷的参与度，以及他们对运动队的行为。体育市场营销人员可以抓住体育迷认同心理，制定相应营销策略，有利于加强体育迷对运动员或运动队的心理承诺和忠诚态度，以最大限度地提高其行为忠诚度。

2. 运动队认同

运动队认同（team identification）是研究体育迷行为的关键概念。我们把体育消费者与其他观众和体育迷的心理反应和共同经历，称为"运动队认同"。具有高度运动队认同的体育迷，出于情感原因，会更多地参加和观看比赛。运动队认同度，反映了体育消费者对运动队及体育迷群体的归属感和联系感的程度，运动队认同感可以从低到高连续变化。

凯文·杜兰特不小心用球击中球迷时："你最好在你这样做之后赢得比赛"[6]

NBA球迷是世界上最热情的球迷之一。在过去的一年里，我们看到了球迷对于这项运动的影响是多么重要。在由于新冠疫情大流行而没有球迷的情况下，我们看到篮球在沉默中进行。它肯定对球员和运动本身产生了影响。

当球迷们被允许重返NBA赛场时，我们目睹了在球场中咆哮而热情的人群。他们让观看比赛的体验变得更好。球迷们表达了他们对球员的热爱之情。甚至在疫情之前，人们就已经定期表达了对NBA及其各自球队的热爱。

球迷在场上会不惜一切代价支持他们的球队。一位球迷甚至被自己球队的球员弄伤了，却以此来激励他和球队的其他人取得胜利。2018年，在甲骨文球馆的常规赛中，金州勇士队对阵波士顿凯尔特人队。赛前，球员们在进行投篮热身。出人意料的是，杜兰特接过一个球，将其投向空中，然后落了在看台上。当球落地时，击中了坐在人群中的一位年长的球迷。杜兰特去向球迷道歉，甚至邀请他去更衣室。这位球迷告诉杜兰特，他说："看，你最好在今晚做完这件事后赢得比赛。"即杜兰特需要帮助勇士队赢得比赛，才能弥补他的损失。

而这正是杜兰特所做的。当勇士队以109∶105击败凯尔特人队时，他得到20分和9个篮板。比赛结束后，杜兰特将他在比赛中穿的鞋子送给了球迷，并为他签名。这位年长的球迷对勇士队的承诺，即使受伤仍坐在他的座位上观看比赛，这就是为什么NBA拥有世界上最忠诚和最热情的球迷的一个完美例子。

此外，运动队狂热（sport team fandom）是一种普遍现象。体育迷观看运动队比赛所激发的兴趣和热情，很难在其他活动中出现。体育消费者、体育赛事环境和体育管理系统之间，在体育赛事现场中发生的互动，会使体育消费者产生许多身体和心理反应，全球体育场馆的气氛，主要是由支持球队的观众创造。

因此，在体育比赛时，由于主队观众的压倒性支持，运动队在主场比赛时往往具有竞争优势。一般来说，运动队的观众和球迷穿着带有运动队标志的服装，欢呼雀跃地参与比赛日仪式。有些资深体育迷，甚至会购买俱乐部会员资格、在酒吧观看比赛或参加赛事派对，以及使用社交媒体发帖、或接收、转发关于运动队的信息，来表达他们对球队的支持。当体育消费者表现出与特定团队相关的这种可观察到的行为时，这代表了对运动队认同的表达。

扩展阅读5.1 NASCAR与体育迷建立关系

现场体育赛事为消费者创造了大量参与体育赛事体验的机会。参加体育赛事的体育消费者，通常这样做是为了观看比赛及支持运动队。此外，体育消费者可以利用体育赛事作为一种手段，将自己与其他观众和体育迷联系起来，并将自己归入一个与其他人不同的群体。例如，与竞争方的体育迷群体分开。体育消费者还可以通过现场体育赛事的体育队、明星体育员、有影响力的主教练或体育联盟表达他们的身份。体育市场营销研究通常使用运动队识别，来衡量体育消费者与各种体育产品和服务的关系。

3. 体育参与

研究体育参与（sport involvement），是为了进一步理解体育消费者行为。确定体育消费者对体育产品或服务的参与程度，似乎相对简单，如人们可以简单地观察和记录体育消费者在特定运动体验上花费了多少时间、精力和金钱。然而，由于体育消费者和运动环境之间发生的相互作用，使体育参与的特征更加复杂（Beaton、Funk、Ridinger & Jordan，2011）。因此，学术研究通常使用两种类型的体育参与来考察体育消费者。其一，情境参与（situational involvement，SI）；其二，持久参与（enduring involvement，EI）（Funk，Ridinger & Moorman，2004）。

对于 EI 水平较低的体育消费者，体育市场营销人员可以为他们提供某些运动体验，如增加与他们之间的互动，为他们参与体育活动提供更多的娱乐要素。通过增加 SI 水平，从而试图提高 EI 水平。一般来说，消费者积极的 SI 体育活动经验，可以逐渐影响 EI 水平。消极的 SI 体育活动经验，则会降低 EI 水平。

从体育迷的角度来看，体育参与是出席观看比赛或者通过媒体观看比赛时，可以感知到的对体育运动队的兴趣和对个人的重要程度。高水平的体育参与，与观看体育比赛的次数、未来观看体育比赛的次数，或者通过媒体观看体育比赛的次数有直接关系。

4. 体育迷行为

体育迷的一些疯狂行为，常常不被人所理解。对于体育迷来说，观看赛事时，比赛自身并不是体育迷到场观赛的全部原因。到现场观看比赛，可以满足他们很多心理需求，如社会归属、家庭纽带需求等。此外，观赛体验也是体育市场营销人员应该特别关注的一点，在赛场举办活动，增强体育迷的观赛体验。从而使他们再次回到现场观看比赛。

视频 5.2　营销与体育迷参与

随着社交媒体的发展，体育迷在社交媒体的推文，也是研究体育迷行为不可忽视的要素。一般来说，在比赛之前，体育迷会为各自喜欢的运动队、运动员推文，或者转发推文。当比赛结束后，推文的数量也会随着胜负结果而不同。这个状况也完全符合 BIRG 感现象。

Keep 奖牌卖了 5 亿元，背后有何营销逻辑？

最近，Keep 靠奖牌卖了 5 亿元的消息炒得沸沸扬扬，攻占了各大话题热搜榜。虽然 Keep 表示，5 亿元的数据并不准确，但是无风不起浪，Keep 奖牌的确火了。在小红书上，关于 Keep 奖牌的话题比比皆是，如 Keep 奖牌怎么获得、Keep 奖牌合集、Keep 奖牌徽章、Keep 奖牌是智商税吗等话题，均可证明用户对 Keep 奖牌的关注度。而在微博、抖音等平台上，关于 Keep 奖牌的话题数不胜数，仅抖音话题#keep 奖牌 就获得了超 23 亿次的播放量，可见其关注度之高。毋庸置疑，Keep 卖奖牌在用户圈、营销圈均产生了一定的影响力，拥有了现象级的传播，成为了全民关注的对象。

另辟蹊径，Keep 利用奖牌走出了增长之路。作为一个运动 App，除了需要提供好基础服务外，更需要盈利能力作为品牌发展的支撑。Keep 推出奖牌的原本意图，是为了鼓励年轻人动起来，让更多人参与到运动中来。于是，品牌推出了与运动息息相关的奖牌，年轻人想要获得奖牌，首先要付费参与运动 App 策划的活动，需要在完成一公里的基础公里数才能获得一枚实体奖牌，而奖牌也与参与者跑的里程数息息相关，Keep 营收也与运动参与人数、运动里程联系到了一起。与其他运动 App 上推广的虚拟徽章相比，Keep 则另辟蹊径将一众品牌玩的虚拟徽章，变成了可爱的实物奖牌，将荣誉感、成就感变成了可看见、可触摸的实物。而年轻人对实体奖牌的爱慕，掀起了大众运动的热情，帮助运动 App 开辟了一条营收增长渠道。

Keep 奖牌卖"疯"了，背后有何营销逻辑。所有现象级营销的成功，没有偶然，均是人为。Keep 奖牌卖"疯"了背后，离不开底层逻辑的驱使。提供情绪价值，拉近品牌与用户之间的距离。

品牌输出的内容是连接用户的媒介，能够尽可能地调动用户的情绪，使用户对品牌保持着关注度。换言之，品牌在与用户逐步建立关系的过程中，通过真实、可触摸的"情绪价值"回报、撩拨着用户的心，如 Keep 的实物奖牌，就将荣誉感、成就感、参与感等情绪换成了实实在在的奖牌，让消费者愿意为品牌的互动买单。

同时，奖牌本身还融合了治愈性、高颜值等属性，让用户在收到奖牌后，能够调动用户的情绪，让其在被治愈的体验中，得到心灵上的慰藉，让用户在同品牌发生联系的过程中获得情感共振，实现活动价值、品牌价值的叠加并发挥出巨大势能。

品牌结合用户需求与品牌调性输出的"情绪价值"，既在持续不断地向用户传递品牌的核心经营理念，又在潜移默化中培养着用户对品牌的忠诚度与依赖感，在拉近与用户之间距离的同时，沉淀为品牌的资产。

瞄准运动社交崛起的契机，用一块奖牌掀起了大众运动的热情。以 Keep 为代表的运动品牌能够给用户提供价值的前提是，用户有需求。在用户看来，生活需要调味剂。Keep 奖牌除了能够给用户提供情绪价值外，其实也有着品牌更细致的洞察。随着人们健康意识的增强，运动早已经在悄无声息中发生了改变，越来越多的人喜欢记录运动过程，或在运动 App 上进行每日打卡、晒健康日常等，并将其分享到社交平台，同时，年轻人还积极参与运动有关话题的互动并坚持运动打卡，来实现自己与社会的联系，并以此来建立新社交圈。很明显，现在运动从单一的强健体魄需求，变成了年轻人舒缓解压、娱乐的重要方式，加上参与人数的增加，让运动变成了全民性的集体行为，并演变成了时尚的社交方式，赋予了运动社交属性。事实证明，越来越多的人凭借运动"社交"，获得了快乐感、成就感等精神层面的满足。而 Keep 正是抓住了运动社交崛起的契机，以奖牌为联系用户的媒介，吸引用户掏钱买单，为品牌赢得了流量与销量，同时扩大了品牌的影响力与知名度。

资料来源：兵法先生. Keep 奖牌卖了 5 亿，背后有何营销逻辑？营销兵法[EB/OL]. [2023-02-21]. https://mp.weixin.qq.com/s/Mf0c2eFXyKzlK4VH4cU5iw.

从 Keep 奖牌的案例可以看出，洞察消费者需求，有利于品牌对营销方向的精准把握。Keep 抓住了运动社交的契机，抓住了体育消费者情绪价值需求，给体育消费者提供相应的平台和产品，满足消费者需求，从而进一步夯实品牌价值，增加了品牌市场竞争力。

此外，体育市场营销人员还要注意到，全球体育迷的形象定位在转变，观看体育赛事的平台也在逐渐转变，由原来的电视观众转换为第二屏幕观众，如手机、平板电脑、电脑等第二屏幕。Instagram 2018 年调查数据显示，几乎 1/5 的数字消费者使用社交媒体观看或关注体育赛事，在体育迷中，这一数字上升到2/5。这一趋势反映在脸书的应用和服务系统中。在 Instagram 上，近2/5 的人会在平台上观看体育赛事。本次调查在德国、意大利、英国等国家进行，参与调查的消费者年龄在 13~64 岁之间[8]。

总的来说，了解体育迷行为和心理，对体育市场营销人员来说至关重要。体育赛事品牌、体育迷对赛事的看法，可感知的与赛事相关的传统和仪式，会影响体育迷对体育迷社区的认同感。而这种认同感会进一步影响体育迷的行为，如体育迷积极的社区参与，体育迷对赛事等有正面的口碑，体育迷在社区里的责任感增强，同时，也会增加观看赛事的次数。此外，体育迷在与体育赛事相关的传统活动和仪式中，容易形成体育迷社区认同。因此，了解体育迷动机因素、心理活动过程等，是体育市场营销人员关注的重点。体育市场营销人员应该在体育商品中塑造一些价值，以满足体育迷需要的各种价值感。

本章小结

本章研究的主要内容包括：体育消费者市场；体育消费者购买行为的影响因素；体育消费者购买决策过程及购买行为；体育迷的心理及行为。

体育消费者市场已经发生巨大变化，体育消费者购买方式也由实体店购买向网络购买转变。新一代的消费者需要即时满足。体育消费者的决策过程属于"购买者黑箱"。体育市场营销人员要重视体育消费者的动机、态度、偏好及行为。文化、参考群体、家庭等社会因素对体育消费者影响很大。体育迷认同和运动队认同是体育消费者行为中极具影响力的概念。例如，体育消费者可以通过将自己与支持运动队的其他人建立联系，形成归属感。运动队标识也为体育消费者提供了运动队内成员身份。了解体育迷动机因素、心理活动过程等是体育市场营销人员关注的重点。体育市场营销人员应该在体育商品中塑造一些价值，以满足体育迷的需求。

课后思考题

下面提出的讨论问题，旨在帮助学生复习本章中的重要内容。自己回答或小组讨论。

1. 体育市场营销人员为什么要研究体育消费者的态度？
2. 体育市场营销人员如何改变体育消费者的态度？
3. 哪些因素影响体育消费者的购买行为？
4. 体育组织可以使用哪些不同的策略来提高运动队认同？
5. 体育市场营销人员如何开拓体育迷市场？

课后案例与分析

2016 年 7 月，耐克在印度投放了一则女子运动产品广告"达达丁"（Da Da Ding）。该片邀请了印度前国家羽毛球队员迪皮卡·帕杜科（Deepika Padukone）在内的多名印度知名女运动员，通过她们的励志故事，鼓励女性参加运动。该广告酷美热血，旋律激昂,在当年YouTube发布的女性平权广告中排名前十,点击率短时间内迅速超过100万次。

在印度,体育运动场所主要是男性参与,其代表性意义在其共同文化部署中显而易见。因此,媒体构成了体育作为高度男性化的性别类型活动的建构和再生产的主要领域。

为了挑战印度关于体育和性别认同的流行话语,耐克委托了一群最能代表印度体育的家喻户晓的名人,以期将体育运动表现得令人向往,将运动表现得性感。

测量通过病毒式营销或嗡鸣营销产生的感知,一般可以定量计算。通过网络分析(例如浏览次数或阅读次数)或计算品牌或其产品或相关产品的提及次数,来量化简单操作话题。

例如,在"达达丁"活动发起期间,脸书上关于耐克在印度的社交对话有以下结果:有4 401 300人参与此次活动,其中有3 930 600名原创作者。其中,图片转发率达45%,链接转发率达18.9%,文字转发率达17.8%,视频播放率达14.2%。提及耐克及耐克鞋的人数分别为72 300人和71 100人,提及"Just do it"的人数有27 600人,提及迪皮卡·帕杜科的人数达52 700人,提及国家曲棍球运动员拉尼·兰帕尔的人数有8 000人,提及国家足球运动员乔蒂·安·伯雷特的人数有14 500人。

从推动参与的主题来分析,可以看到该活动的病毒式营销传播,很大程度上是由视频中的一些女运动员引起的,如印度电影女演员和前国家羽毛球运动员迪皮卡·帕杜科,国家曲棍球运动员拉尼·兰帕尔和国家足球运动员乔蒂·安·伯雷特。

资料来源:Consumer Behaviour in Sports and Social Media Analytics. LinkedIn. Marketing Strategy [EB/OL]. [2017-1-19]. https://www.linkedin.com/pulse/consumer-behvaiour-sports-social-media-analytics-georgi-ivanov.

案例分析:

(1)结合影响体育消费者行为的因素,分析耐克在印度的"达达丁"营销活动。

(2)从社交媒体的角度,分析耐克在印度的"达达丁"营销活动。

即测即练题

自学自测 扫描此码

参考文献

[1] 最链. 创新女性营销,安踏与"Z世代"的深度共鸣. 搜狐[EB/OL]. [2022-07-07]. https://fashion.sohu.com/a/564872833_100172124.

[2] 体育金融研究中心. 中国城市体育消费报告[EB/OL]. [2023-06-02]. https://cloud.tsinghua.edu.cn/f/dcac7b5dfb8b4604a570/.

[3] 体育行业复苏大考:全线备战. 2021年普华永道体育行业调查报告[EB/OL]. [2021-12-01]. https://www.pwccn.com/zh/industries/government/sports-survey-2021.pdf.

[4] 爱点击集团iclick. ROI超5倍 | 3 000字剖析爱点击MCN助攻特步杀出双12重围. 知乎[EB/OL]. [2023-02-27]. https://zhuanlan.zhihu.com/p/609860388.

[5] Cory Stieg. Sports fans have higher self-esteem and are more satisfied with their lives (whether their teams win or lose). CNBC[EB/OL]. [2020-07-23]. https://www.cnbc.com/2020/07/23/why-being-a-sports-fan-and-rooting-for-a-team-is-good-for-you.html.

[6] Aaditya Krishnamurthy. The Time Kevin Durant Accidentally Hit A Fan With The Ball: "You Better Win The Game Now After You Did That". FADEAWAY WORLD[EB/OL]. [2021-8-26]. https://fadeawayworld.net/nba-media/the-time-kevin-durant-accidentally-hit-a-fan-with-the-ball-you-better-win-the-game-now-after-you-did-that.

[7] 兵法先生. Keep奖牌卖了5亿，背后有何营销逻辑？营销兵法[EB/OL]. [2023-02-21]. https://mp.weixin.qq.com/s/Mf0c2eFXyKzlK4VH4cU5iw.

[8] The Changing Profile of Sports Fans Around The World. Facebook IQ: Digital Research and Insights [EB/OL]. [2019-1-30]. https://www.facebook.com/business/news/insights/the-changing-profile-of-sports-fans-around-the-world.

[9] Consumer Behaviour in Sports and Social Media Analytics. LinkedIn. Marketing Strategy[EB/OL]. [2017-1-19]. https://www.linkedin.com/pulse/consumer-behvaiour-sports-social-media-analytics-georgi-ivanov.

第 6 章

体育市场细分与目标市场战略

本章学习目标

1. 了解体育细分市场的原则和依据；
2. 明确市场定位的重要性和市场营销观念；
3. 掌握目标市场的营销策略和实践方法。

引导案例

Lululemon——体育市场中迅速崛起的品牌

Lululemon 于 1998 年在加拿大温哥华成立。其创始人奇普·威尔逊（Chip Wilson）基于对瑜伽市场发展的看好创立了该品牌。2007 年，Lululemon 在纳斯达克上市。2022 年，Lululemon 因赞助加拿大国家队参加奥运会而大获成功。其为加拿大运动员设计的队服在奥运会上受到广泛关注，独特的设计和高品质的面料展现了品牌的实力和风格，进一步提升了 Lululemon 在全球范围内的知名度和影响力。如今，Lululemon 已成为全球知名的运动服饰品牌，产品涵盖瑜伽、跑步、训练及其他运动领域。

Lululemon 精准地捕捉到了女性对于高品质、时尚且舒适的瑜伽运动服饰的需求。在市场细分方面，Lululemon 下足了功夫。它不仅按照性别进行区分，更深入挖掘了女性在不同运动场景下的细微需求，如日常瑜伽练习、高强度瑜伽课程、户外瑜伽活动等。

在目标市场选择上，Lululemon 明智地将目光聚焦于中高收入、追求健康生活方式、注重品质与时尚的女性群体。这些女性愿意为优质的运动服饰投入，并且乐于在社交媒体上分享自己的运动生活。

而在市场定位上，Lululemon 成功塑造了"高端、时尚、功能性强的运动服饰品牌"形象。它的产品不仅在材质和设计上精益求精，还通过品牌文化的传递，让消费者感受到运动与时尚、品质生活的紧密结合。

那么，Lululemon 是怎样在众多运动品牌中脱颖而出，找准自己的市场细分和定位的？它的成功对于其他体育品牌具有哪些借鉴意义？我们又能从中学到怎样的市场洞察和策略运用方法？

（资料来源：https://www.lululemon.cn/.）

近年来，体育市场消费活力倍增，市场规模快速发展。同时，由于体育消费人群的不同，消费需求也呈现多元化特征，并且具有很多特殊性。例如，不同年龄阶段的人学习游泳的目的是不同的，儿童学习游泳多数是为了获得一项运动技能，而老年人学习游泳则更多是出于强身健体的目的。所以，体育企业首先需要通过市场细分，区分出不同的客户群体；其次通过对不同客户群体进行评价和比较，选择出最具潜力的一个或多个目标客户群；最后，依据目标客户群对此类产品的认识程度，塑造出符合目标消费群需求的产品。这一过程又被称为 STP 战略，即市场细分（segmentation）、目标市场选择（targeting）和市场定位（positioning）。体育经营者通过 STP 战略探究和理解不同的细分市场，确定哪类消费群体能为组织带来更大的销售机会，如图 6-1 所示。

图 6.1　目标市场营销三部曲

6.1　体育市场细分

随着营销观念的迭代发展，尤其是 2010 年以后移动互联技术逐渐成熟和社交媒体的出现，全球市场与消费者的生活环境发生了重大的改变。越来越多的主流消费者不再满足于市场陈列销售的商品，他们相对更渴求适合自身需求的商品。例如，体育市场中购买健身私教课的消费群体成倍增长、传统运动鞋 DIY（Do It Yourself）功能成了营销的亮点。那么在市场营销学理论中，这些消费群体应该如何被定义呢？划分消费群体对企业有哪些利好？具体要如何进行划分？有哪些划分标准？下面我们一起来寻找这些问题的答案。

6.1.1　市场细分的概念

市场细分的概念由美国学者温德尔·史密斯（Wendell. R. Smith）在 1956 年发表的《市场营销战略中的产品差异化与市场细分》一文中首次提出，是市场营销理论与方法论领域的重要基础理论。市场细分是由企业通过市场调研，依据消费者对产品需求的差异性，结合消费者需求特征的相关变量情况，把某一产品的整体市场分割成具有不同需要的若干个子市场的分类过程。一般来说，体育细分市场不是根据体育产品品种、产品系列等来进行的，而是从体育消费者的角度进行划分，一个消费群就是一个细分市场（或称为"子市场"）。它是企业在选择目标市场和实施市场营销组合之前所进行的一个计划活动，目的是识别具有相似需求的体育消费者，从而为下一阶段体育市场营销战略计划的制订指明方向。

扩展阅读 6.1　细分市场撬动消费潜力

6.1.2 市场细分的作用

体育市场涵盖范围广泛，内容庞杂、项目丰富、门类繁多。作为体育市场供需对象的受众，消费者、目标客户等群体在需求差异、个性意愿、消费层级多方面也各不相同，这就要求对体育消费者进行深化和细分，合理科学地应对不同的消费需求。市场细分对体育企业的生产、营销起着极其重要的作用。

1. 有利于选择目标市场和制定市场营销策略

经过市场细分后的子市场比较具体，更容易了解消费者的需求。体育企业可以根据自己经营思想、方针及生产技术和营销力量，来确定自己的服务对象，即目标市场；针对其他较小的目标市场，则需制定特殊的营销策略。同时，在细分后的子市场上，消费者的相关信息数据更容易被了解和反馈，一旦消费者的需求发生变化，体育企业可迅速改变营销策略，制定相应的对策，以适应市场需求的变化，提高体育企业的应变能力和竞争力。

2. 有利于发掘市场机会，开拓新市场

通过市场细分，体育企业可以对每一个细分市场的购买潜力、满足程度、竞争情况等进行分析对比，探索出有利于本企业的市场机会，使企业及时做出投产、异地销售决策或新产品开拓计划，进行必要的产品技术储备，掌握产品更新换代的主动权，开拓新市场，以更好适应市场的需要。

3. 有利于集中人力、物力投入目标市场

通过市场细分，体育企业可以对每一个细分市场的购买潜力、满足程度、竞争情况等进行分析对比，探索出有利于本企业的市场机会，使企业及时做出投产、异地销售决策或新产品开拓计划，进行必要的产品技术储备，掌握产品更新换代的主动权，开拓新市场，以更好适应市场的需要。

4. 有利于企业提高经济效益

除了上述三个方面的效益优势作用，体育企业通过市场细分后，还可以面对自己的目标市场，生产出适销对路的产品或服务，既能满足市场需要，又可增加体育企业的收入。

5. 有利于企业提高竞争力

由于企业资源有限，大多数体育企业的生产能力对于整体市场来说都是微小的。微小企业通过市场细分，把整个体育企业的优势资源集中在企业选定的细分市场上，让整体市场的相对劣势转化为局部市场的绝对优势，从而提高企业核心竞争能力。

6.1.3 市场细分的原则

体育企业进行市场细分的目的是：通过对顾客需求差异予以定位，来取得较大的经济效益。众所周知，产品的差异化必然导致生产成本和推销费用的增长，所以，体育企业必须在市场细分所得收益与市场细分所增成本之间做一权衡。由此，有效的细分市场须具备以下特征。

1. 可衡量性

可衡量性是指用来细分市场的标准和变量，以及被细分后的市场是可以被识别和衡量的，即不仅有明显的区别，而且有合理的范围。如果某些细分变量或购买者的需求和特点很难衡量，细分市场后无法界定、难以描述，那么市场细分就失去了意义。一般来说，一些带有客观性的变量，如年龄、性别、收入、地理位置、民族等，都易于确定，并且有关的信息和统计数据，也比较容易获得；而一些带有主观性的变量，如心理和性格方面的变量，及其他随机因素就比较难以确定。例如，在体育比赛中，为了促进公平竞争，我们常常用年龄来划分不同的参赛选手。耐克、安踏等知名运动品牌的鞋帽产品总是会用运动项目、消费者性别、年龄、收入等市场细分标准划分目标消费群。

2. 可进入性

可进入性是指体育企业能够进入所选定的市场部分，能进行有效的促销和分销，实际上就是考虑营销活动的可行性。一方面，体育企业能够通过一定的广告媒体把产品的信息传递到该市场众多的消费者中去；另一方面，产品能通过一定的销售渠道抵达该市场。

3. 可盈利性（规模性）

由于企业资源有限，大多数体育企业的生产能力对于整体市场来说都是微小的。微小企业通过市场细分，把整个体育企业的优势资源集中在企业选定的细分市场上，让整体市场的相对劣势转化为局部市场的绝对优势，从而提高企业核心竞争能力。

可盈利性是指细分市场的规模要达到能够使体育企业足够获利的程度，体育企业需设计一套营销规划方案，得以顺利地实现其营销目标，同时有可拓展的潜力，保证按计划获得理想的经济效益和社会服务效益。例如，在中国的青少年中，女子足球参与者很少，所以无论是足球运动学校还是足球装备，都鲜少见到相关的产品。

4. 差异性

差异性指细分市场在观念上能被区别并对不同的营销组合因素和方案有不同的反应。具体来说要考虑到体育市场相关消费者需求的特殊性、多样性、消费能力的不平衡性、生活方式和消费观念的多元性等众多因素的影响。

5. 相对稳定性

相对稳定性指细分后的市场在一定时期内要保持相对固定的状态。细分后的市场能否在一定时间内保持相对稳定，直接关系到体育企业生产营销的稳定性。特别是大中型体育企业及投资周期长、转产慢的体育企业，更容易造成经营困难，严重影响体育企业的经营效益。

此外，市场细分的基础是顾客需求的差异性，所以凡是使顾客需求产生差异的因素都可以作为市场细分的标准。由于各类市场的特点不同，市场细分的条件也有所不同。

6.1.4 市场细分的标准

一般而言，体育市场细分有 4 个常用的标准，包括人口细分、地理细分、心理细分和行为细分。

1. 人口细分

消费者是需求的载体，需求可能因消费者人口特征的不同而不同。人口特征变量包括年龄、性别、民族、家庭生命周期、收入、职业、教育、社会阶层等因素。这是市场细分惯用的和最主要的标准，它与消费需求及许多产品的销售有着密切联系，而且这些因素又往往容易被辨认和衡量。

1）年龄

年龄是市场细分中使用最普遍，同时也是最有效的细分标准。这不仅仅是因为年龄的测量数据更容易获得，而且年龄通常与消费者的需求联系紧密。例如，近些年来，随着体育服装用品业的竞争愈演愈烈，各大体育品牌相继开拓了婴幼儿（KIDS）市场。而 KIDS 市场的消费者更看重的是产品是否符合孩子们的生长需要。

年龄也可以与其他变量（如收入、性别、教育、家庭生命周期等）结合起来分析，从而更有效地判断消费者的消费行为。比如，随着中国老龄化时代的到来，我们可以结合年龄、收入、性别等因素划分出中老年人健身市场。并且经过分析，得出这个市场细分是个有着巨大发展潜力的蓝海市场。同时，那些比我们更早进入老龄化社会的国家和地区，已经有一些成功的案例让我们看到了这个市场细分的市场潜力和发展速度。例如，专门为中老年女性打造的日本 Curves 健身房，已拥有超过 1900 家门店，会员平均年龄 61 岁，一年净赚 13 亿元；中国台湾最大的健身房品牌"WorldGym"，目前拥有的 30 万会员中 45 岁以上人群占比 30%，且这个数字呈现上升趋势。所以，用年龄结合其他相关因素分析消费者，可以更好地了解不同消费者的消费行为。

2）性别

男性和女性对体育产品的需求和偏好有不同，所以以性别因素作为细分标准在体育细分市场中运用得较为广泛。例如，观看体育赛事的男性比例会明显高于女性，而女性更喜欢购买体育服装类产品。

3）民族

这里的民族指在文化背景、语言、社会结构、身份认同等方面与其他人群在客观上有所区分的一群人。在体育市场细分中，要充分考虑到不同细分人群的特点、习惯和偏好。比如，乒乓球运动在中国的普及程度就远远高于其他国家，而在美国收视率很高的体育赛事"Super Bowl"，却有很多中国人甚至都不知道它是什么。

4）家庭生命周期

家庭生命周期这一概念是在 20 世纪 60 年代提出来的，用以描述个体生活阶段。传统的生命周期可划分为年轻、单身、结婚、老年无偶等阶段，其划分标准是基于年龄、婚姻和是否拥有孩子。现在，传统的家庭生命周期已不复存在，中国近年来家庭结构规模正在发生变化，多子女家庭比例在增加，离异家庭也在大幅度上升，与此同时，单身族和丁克族在都市中已经形成一个群体。这种现象给营销人员识别家庭带来一定的困难，但也带来了机会。比如，以运动项目为主题的假期儿童独立营地活动，成为多子女家庭的理想选择，它不仅可以提高孩子的运动能力，还能缓解多个孩子放假给父母带来的育儿和陪伴压力。而单亲家庭更重视与孩子共处的时间，所以他们会更重视和孩子一起参加体育活动或一起观看体育比赛。

5）收入、教育、职业和社会阶层

收入、教育、职业和社会阶层这几个因素往往是相关的，通常来说，更高的教育程度意味着能获得更高收入的职业，从而进入相对较高的社会阶层。参与不同的运动项目会带来不同程度的花费，主要体现在购买服装、设备和运动课程上。像高尔夫球、滑雪、帆船、马术等运动之前都是典型的贵族运动，而随着时代的发展，这些运动越来越大众化。但是一些昂贵的体育比赛的门票却不是每个家庭都能承受的。

2. 地理细分

地理细分既简单又复杂。以地理环境为标准细分市场就是按消费者所在的不同地理位置将市场加以划分，这是因为这一因素相对其他因素而言表现得较为稳定，也较容易分析。地理环境主要包括区域、地形、气候、城镇大小、交通条件等。由于不同地理环境、气候条件、社会风俗等因素影响，同一地区内的消费者需求具有一定的相似性，不同地区的消费需求则具有明显的差异。体育组织常常运用地理细分标准，把体育市场分为本地的、地区的、全国的、国际的。

3. 心理细分

在人口细分和地理细分相同的条件下，消费者之间仍然存在着截然不同的消费习惯和特点，这往往是因为消费者的不同消费心理的差异所导致的。尤其是在比较富裕的社会中，顾客消费心理对市场需求的影响更大。这就需要营销人员从心理细分或生活方式细分，对消费者有更深层次的了解。比如，研究表明，在工作中更具有发展潜质的青年人参与极限运动的比例更高，如 BMX 自行车、冲浪、滑雪等，因为这些运动充满个性和富有冒险性。

4. 行为细分

如果说前面三种情况是导致需求差异的内在因素，那么行为细分则是体现需求差异的外在因素。行为细分是根据消费者购买数量、购买频率，以及对商品的使用频率、使用场合、使用时间、忠诚度等因素划分，根据这个维度，可以把消费者分为重度用户、中度用户和轻度用户，也可以分为忠诚用户和摇摆客户等。体育营销人员可以运用行为细分标准来分析体育消费者，从而设计有效的关系营销策略，加强和消费者之间的有效沟通。现在的体育消费的数量和频率可以用大数据来追踪，通过识别体育消费者消费时所追求的利益，营销人员可以通过营销策略来加强这种获得利益后的满足感，从而鼓励他们多消费。比如，Durchholz 和 Woratschek 在 2011 年德国女足世界杯之前就通过调研确定了将价格和促销作为重要的消费行为决定因素。

在实际的市场中，尽管每个市场细分标准都能确认有相似需求的消费群体，但实际应用时通常是将细分变量结合起来，即体育经营者会选择多个市场细分标准来划分体育消费群体。

案例讨论

日本 Curves 如何为高龄女性打造专属健身房

谈起女性专属健身房，全世界最成功的品牌当数日本 Curves。Curves 起源于美国，2005 年引入日本，2006 年的店面数量为 300 家，如今，日本 Curves 旗下已经有 1 900 家分店，会员数量约为 80 万人。日本 Curves 已经探索出一条极具本土化的商业模式。它的主要客户群体是 60 岁以上的高龄女性，占比为 63%，50 岁以上的女性占比高达 87%。目前日本 Curves 用户的平均年龄是 61 岁，其中年龄最大的用户为 101 岁。

日本 Curves 如何在 10 年的时间内将店面数量增长了近 5 倍，会员数量增长了近 10 倍？

经过调研，Curvers 总结出日本中高龄女性不去健身房的主要原因：

（1）不喜欢与男性一起上健身房；
（2）不想让男性看到自己运动的样子；
（3）男性用过的器材都残留汗渍，看了就不想用；
（4）不想看男性卖弄肌肉；
（5）不喜欢看到健身器材只是冰冷地排列整齐，毫无装潢；
（6）每月需付 1 万日元左右，负担过大；
（7）不想在镜子里看到自己运动的样子；
（8）重量训练器材对身体的负荷太大。

根据以上调研结果，Curvers 做出一系列针对日本中高龄女性健身需求的调整。

1. 店内没有男性、没有镜子

为了提高女性用户群体在健身房的舒适度，从员工到客户都没有男人。会员们不需要担心来自男性的带有评判色彩的目光，可以彻底在健身房内放飞自我。这个健身房内没有镜子，因为很多人看到镜中的满是汗水的自己会感到难堪。这里的环境设置就是为了让会员们在无压力的环境中得到心理上的释放和身体上的锻炼。

2. 女性专属课程和健身器械

开发出 30 分钟循环训练课程，目的是减肥、塑身、保持身体技能，训练以有氧、拉伸、轻度力量为主，使用适合女性低体力特点的液压式器材，没有一般健身房常见的大重量力量训练器械。同时，健身器械采用环形的摆放方式，提高了健身房的交友属性。

扩展阅读 6.2 体育与阶层

3. 以健康养生宣传为主

在美国 Curves 的宣传中更多地强调减肥和健康饮食。日本 Curves 主要推广了美国的 Curves Circuit 方案，主推内容就是 30 分钟的健身操。而在宣传推广方面，日本 Curves 没有着重强调减肥，更多的是强调健康、养生，健身课程以及对于疾病预防和控制，而这一概念也是中老年用户最重要的需求。

4. 低价、低成本

健身房选址多位于住宅区和购物区，面积仅需 114.5 平方米，没有游泳池、淋浴等设施，因此租金和运营成本可以保持在相当低的水平。每个月会员费用约 5 900 日元，而日本一般健身房多在 1 万日元以上。在一些调查中，1 万日元的价格被许多日本用户认为负担过大，而 5 900 日元则轻松得多。

（资料来源：https://mbd.baidu.com/ma/s/Frbuj6B7。）

6.2 体育目标市场的选择

在体育市场中，不同的体育消费者对体育产品的需求是不同的。所以，当借助于科技方式，以一个或多个市场细分标准将体育消费者分为若干个细分市场后，体育经营者就需要开始选定目标市场。所谓目标市场，就是企业选择在需求上具有相似性的顾客群投其所好，为之服务。需求上具有相似性的顾客群。正确选择体育目标市场，是关系到体育目标营销战略成败的关键环节。

6.2.1 目标市场选择定义

目标市场选择（market targeting）是指在市场细分的基础上，分析评估每个细分市场的吸引力程度，并以此依据帮助：为企业选择进入一个或多个细分市场。体育企业选择的目标市场应是那些符合该企业的营销目标、并能够持续地为企业创造最大价值的细分市场。

6.2.2 目标市场选择标准

1. 市场的大小

市场的大小包括市场目前的大小和未来发展潜力两方面，它是体育细分市场目标选择的首要因素。

目标市场不宜过小，体育企业进入某一子市场是期望能够有利可图的，如果市场规模狭小或者趋于萎缩状态，企业进入后将难以获得发展，此时应审慎考虑，但也不是越大越好。一般而言，体育目标市场不可以太大，太大则意味着细分不够，消费群缺乏足够的相似性，这将为未来产品的开发及推广等营销行为埋下风险的种子。

此外，有些细分市场虽然目前看着规模不大，但有着很大的发展潜力。这样的细分市场对于体育企业而言也是一个不错的选择。例如，从前中国除了东北三省外，其他省市的冰雪项目普及率并不高，但随着 2015 年北京冬奥会申办的成功和 2022 年北京冬奥会举办的成功，中国人实现了"三亿人上冰雪"的伟大目标。今天，在中国的很多城市，滑雪已经和游泳一样，逐渐成为青少年人学习运动技能的必选项。多方因素的推动，促进了冬季运动项目的市场规模的快速发展。这个细分市场由一个具有潜力的小众市场，成长为一个可以带动相关经济发展的龙头市场。

2. 符合企业的目标和能力

一些细分市场可能具有很大的吸引力，但它的市场规模和企业的规模和能力并不匹配，进入之后反而会对企业造成巨大的困扰，分散企业的资源，阻碍企业的发展。此外，小型企业要量力而为，适量地选择子市场的数量，以保证资源分配最优化；大型企业则可以选择多一些子市场，以求利润最大化。

3. 可到达性

可到达性是指体育组织和其目标市场的消费者之间是否能进行信息沟通。在信息爆炸式发展的今天，几乎所有的体育市场都是可以到达的，但是体育企业要比较到达不同细分市场的成本。比如，使用广告宣传还是体育赞助哪一个会更有效地和目标市场沟通。通过信息沟通的预算比较，找出最有利于企业发展的目标市场。

4. 可衡量性

可衡量性是指被细分后的目标市场是能够被识别和衡量的。体育企业要从消费者中得到确切、重要的信息，明确地了解到体育细分市场上消费者对商品需求的差异性，以便进行定量研究。由于人口细分的标准，如年龄、性别、收入和职业等是能够衡量的，故而在评价市场的可衡量性方面更多地采用人口细分标准。

5. 行为变化

细分后的市场已经具有一定的共性，而这些共性的特征并不是一成不变的，消费者的行为、态度和生活方式等会随着时间的推移发生一定的变化。对体育营销人员来说，除了要了解那些不会改变的消费者特征之外，还要收集消费者正在变化的特征数据，一则是为细分市场的稳定性做分析评估，二则是为产品的升级改进提供参考依据。

6. 细分市场结构的吸引力

细分市场可能具备理想的规模和发展特征，然而从盈利的观点来看，它未必有吸引力。如果某个细分市场已经有了众多的、强大的或者竞争意识强烈的竞争者，那么该细分市场就有可能会失去吸引力。如果出现该细分市场处于稳定或者衰退阶段，生产能力不断大幅度扩大，固定成本过高，撤出市场的壁垒过高，竞争者投资很大，那么情况就会更糟。这些情况常常会导致价格战、广告争夺战，在此情形下，企业要参与竞争就必须付出高昂的代价。比如，随着2021年7月教育部《关于进一步减轻义务教育阶段学生作业负担和校外培训负担的意见》公开发布，我国青少年儿童参与体育培训的人数和时长明显增加。但这并不意味着所有的运动项目培训市场都是一个好的选择，如果体育组织贸然选择一个游泳培训、篮球培训等市场接近饱和的传统运动项目培训市场，那该体育组织也会在这片商业红海中面临很大的风险。

另外，如果一个细分市场相比较其他的细分市场更容易吸引新的竞争者，并且新的竞争者可以很轻易地进入到子市场中来，那么这个细分市场未必是一个好的选择。思考和解决此类问题的关键是新的竞争者能否轻易地进入这个细分市场。如果新的竞争者进入这个细分市场时遇到森严的壁垒，并且遭受到细分市场内原有企业的强烈报复，那么他们便很难顺利迈入市场。保护细分市场的壁垒越低,原有占领细分市场的企业的商业报复心理越弱,这个细分市场就越缺乏吸引力。当然,细分市场的吸引力会随其进退难易的程度而有所区别。最有吸引力的细分市场应该是进入壁垒高、退出壁垒低的市场。如果某一细分市场进入和退出的壁垒都高,那么其市场利润潜量就大,但也往往伴随较大的风险,因为经营不善的企业难以撤退,必须坚持到底。如果细分市场进入和退出的壁垒都较低,企业便可以进退自如,然而获得的报酬虽然稳定,但并不高。最坏的情况是进入细分市场的壁垒较低,而退出的壁垒却很高。于是在经济良好时,大家蜂拥而入,但在经济萧条时,却很难退出。其结果是大家都生产能力过剩,收入下降。

6.2.3 目标市场选择模式

企业在对不同细分市场评估后,就必须对进入哪些市场和为多少个细分市场服务作出决策。通常有五种模式供参考,如图 6-2 所示。

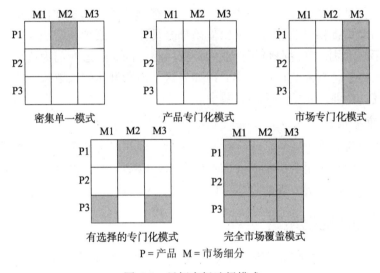

图 6-2 目标市场选择模式

1. 密集单一模式

密集单一模式又称为产品单一模式,是最简单的一种目标市场模式,即企业只选取一个细分市场密集营销。企业通过密集营销,更加了解本细分市场的需要,并树立良好的声誉,因此便可在该细分市场建立巩固的市场地位。另外,企业通过生产、销售和促销的专业化分工,也获得了许多经济效益。如果细分市场补缺得当,企业的投资便可获得高报酬。同时,密集市场营销比一般情况风险更大。个别细分市场可能出现不景气的情况。例如,年轻女士突然不再买运动服装,或者某个竞争者决定进入同一个细分市场。因此许多企业宁愿在若干个细分市场分散营销。

2. 有选择的专门化模式

有选择的专门化,即"多样分散模式"或"选择性专业化",是指企业在对细分市场进行详细的调研之后,认为其中的某几个市场都具有较大潜力,并且符合企业的目标和资源,从而有目的地选择了多个目标市场。虽然在各细分市场之间很少有或者根本没有任何联系,但每个细分市场都有可能盈利。这种多细分市场目标优于单细分市场目标,因为这样可以分散企业的风险,即使某个细分市场失去吸引力,企业仍可继续在其他细分市场获取利润。例如某企业既生产滑雪服,又生产羽毛球拍,同时还兼顾篮球的生产和销售。

3. 产品专门化模式

产品专门化是指企业专门生产一种产品,并向多个目标客户群进行销售。例如,某企业只生产游泳衣,销售给儿童、青年、中年、老年消费者。这种模式更有利于企业规模化生产,产生规模经济,从而在该产品上树立起良好的声誉和口碑。但一旦出现其他品牌的替代品或消费者流行的偏好转移,企业将面临巨大的威胁。

4. 市场专门化模式

市场专门化是指企业专门服务于某一特定顾客群,适应其多样化需求。例如,某健身俱乐部既为会员提供健身服务,又给俱乐部会员提供健康餐和清洗衣服服务。这种模式通过经营不同类别的产品降低了企业的经营风险,同时通过专门为这个顾客群体的服务获得良好的声誉,树立自己的品牌。但如果这个消费群体的人数减少,或者消费者的喜好发生转变,企业的销售额将随之减少。

5. 完全市场覆盖模式

完全市场覆盖又称为"全面市场覆盖",是指企业在尽可能多的细分市场提供尽可能多种类的产品,分别满足各类消费者的不同需求,以期全面覆盖市场。通常采用这种模式的企业多是实力雄厚的,如耐克、可口可乐等。

6.2.4 目标市场营销策略

在确定了目标市场之后,体育企业就要针对目标市场采取相应的发展策略。如图 6-3 所示,目标市场营销策略分为无差异性营销策略、差异性营销策略、集中性营销策略 3 种。

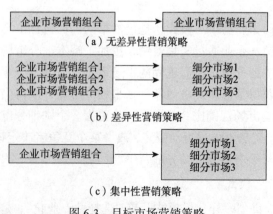

图 6-3 目标市场营销策略

1. 无差异性营销策略

该策略是把整个市场作为一个大目标开展营销，它们强调消费者的共同需要，忽视其差异性。无差异性营销策略是企业在选择"产品专门化"模式时采用的策略。采用这一策略的体育企业，一般都是实力强大，能够进行大规模生产方式，又有广泛而可靠的分销渠道，以及统一的广告宣传方式和内容。例如，20世纪60年代的可乐，就曾经以单一的产品、包装和价格推广可口可乐；我国早期的广播体操也采用了这种营销策略，无论是学生、企业员工，还是社区的退休老人，都采用同一套广播体操，并没有注重不同人群需求的差别性。

无差异性营销策略忽视了不同消费者需求，但优点在于产品成本的经济性。生产单一的产品，可以降低生产、存货和运输成本，同时减少了细分市场的营销调研和计划工作，减少了广告推广成本。这种策略对于需求广泛、市场同质性强，而且能够大量生产、大量销售的产品比较合适。

2. 差异性营销策略

差异性营销策略是实力雄厚的公司采取"完全市场覆盖"模式时采用的策略，是指把整个市场划分为若干细分市场，针对不同目标市场的特点，分别制订出不同的营销计划，按计划生产目标市场所需要的商品，满足不同消费者的需要。它的优势是可以最大程度地满足消费者的需求，而且因为同时经营着多个细分市场，所以应对市场突变的能力更高。但也正是因为拥有较多的细分市场，会导致在市场调研、产品开发、渠道的建设、营销策划和管理等方面成本增加，同时企业的资源比较分散，不利于形成竞争优势，甚至可能会出现互相争抢顾客的情况。

3. 集中性营销策略

集中性营销策略是选择一个或几个细分市场作为营销目标，集中企业的优势资源，对该细分市场采取攻势，以取得市场上的优势地位。也称为"聚焦营销"。一般说来，实力有限的中小企业多采用此策略。这个策略的优势是可以聚集企业的有限资源，用较低的成本，在单一的细分市场中充分发挥竞争优势；缺点是应对市场变化的能力不强。

所以，对于企业来说，选择"孤注一掷"地进入某一细分市场要考虑以下4个条件：
- 目标市场的需求和企业的业务专长及目标是否一致。
- 目标市场是否具有一定的发展潜力。
- 长远来看，目标市场现有的市场结构是否有利于企业盈利。
- 目标市场是否有利于推动新旧产品的更替。

案例学习

华帝如何将体育精神刻入品牌DNA

世界杯不仅是球员施展才华的大舞台，更是品牌体育营销的绝佳契机。例如，华帝2022年世界杯携手夺冠热门葡萄牙，其体育营销动作再次引起广泛关注。

体育+产品：用卓越精品诠释体育精神

作为拥有30年发展历史的华帝，在企业发展的过程中，一直将"品质为先"的产品理念与"追求卓越"的体育精神相结合。

自 2001 年为九运会研制火炬开始,华帝便与大型体育赛事结缘,由此开始了体育营销战略布局之路。凭借着专业的燃气具研发优势,华帝先后为奥运会、亚运会、全运会、青运会、军运会等国内外大型体育赛事研发和制造火炬,成为名副其实的"火炬专业户"。

华帝 X 葡萄牙联合海报

其中,最值得一提的莫过于 2008 年北京奥运会,作为北京奥运会火炬制造商,华帝独家研制的"祥云火炬"堪称中国制造的卓越精品,其在燃烧稳定性和外部环境适应性等方面取得了新的进展与突破,成为行业一座新的技术高峰。一时间,作为国产品牌之光的华帝风光无限。

可见,华帝以火炬为突破口进行体育营销取得了巨大胜利,并不断将体育赛事的影响力转化为品牌自身的号召力,而这背后折射出的正是华帝产品研发与体育精神的深度融合。

体育 + 品牌:以创新理念沉淀持久影响力

随着 Z 世代(新生代人群)的不断崛起,年轻一代逐渐成为消费市场的主力军。在这一背景下,越来越多品牌开始意识到,未来的成功一定是建立在以消费者为中心的基础之上。

因此,品牌不仅要寻求产品的创新升级,更需要适时地调整营销策略,注重与目标消费群体建立深厚的情感连接。毫无疑问,牢牢占据年轻群体话语圈顶级流量高地的世界杯,则为体育营销提供了很重要的更多可能性。

华帝在 2018 俄罗斯世界杯的"法国队夺冠 华帝退全款"的营销活动成为现象级的体育营销案例,最终实现 10 亿销量,同时也极大提升了华帝品牌的影响力,为品牌强势赋能。

与此同时,华帝于当年正式成为中国足协中国之队官方合作伙伴。

世界杯带来的流量和增量都是巨大的,因此,参与的企业和品牌更是数不胜数,而如何能够脱颖而出,关键就在于找到一种能够直接、有效与用户建立情感连接的形式。

2022年卡塔尔世界杯，华帝携手葡萄牙国家队诠释"场场认真、致敬辉煌"。借助自带超高人气的球星与球队，华帝再次迅速拉近与球迷群体、年轻用户的距离，双方"强强联合"的消息一经发出，华帝全力支持葡萄牙队夺冠的活动相关话题，曝光量就达到2.7亿次，总互动量达到了166万次，持续提高品牌声量。

围绕赛事节点和热点，华帝接连推出"全民猜华帝冲冠球队""葡萄牙队夺冠，购华帝夺冠套餐退全款"等系列用户活动，与赛事同频，与用户共情共振。华帝以创新性的体育营销模式，打通品牌声量与销量转化的链路，实现品牌频频出圈。

（资料来源 https://www.bilibili.com/read/cv20371977.）

6.3 体育目标市场的定位

6.3.1 市场定位的概念

市场定位（marketing positioning）也称作"营销定位"，是美国营销学家艾尔·列斯（Al Ries）和杰克·特罗（Jack Trout）在1972年提出的。他们认为，市场定位是企业对未来的潜在顾客的心智所下的功夫，也就是把产品定位在你未来潜在顾客的心中。随着市场营销理论的发展，人们对市场定位理论有了更深的认识。菲利普·科特勒对市场定位的定义是：所谓市场定位就是对公司的产品进行设计，从而使其能在目标顾客心目中占有一个独特的、有价值的位置的行动。

市场定位的实质是使本企业和其他企业严格区分开来，并且通过市场定位使顾客明显地感觉和认知到这种差别，从而在顾客心目中留下特殊的印象。市场定位的目的在于影响顾客的认知心理，增强企业及其产品的竞争力，扩大产品的知名度，增加产品的销售量，从而提高企业的经济效益。例如，"中国李宁，中国新一代的希望""上天猫就够了""唯品会，一个专门做特卖的网站"等近些年来深入人心的广告语，就是用最简短的语言描述了相关产品区别于竞争对手的市场定位。

6.3.2 市场定位的步骤

市场定位的关键是企业要设法在自己的产品上找出比竞争者更具有竞争优势的特性。竞争优势一般有两种基本类型：一是价格竞争优势，就是在同样的条件下比竞争者定出更低的价格，这就要求企业采取一切努力来降低单位成本；二是偏好竞争优势，即能提供确定的特色来满足顾客的特定偏好，这就要求企业在产品特色和产品品牌建立上下功夫。因此，企业可以通过确定竞争优势、选择竞争优势、显示竞争优势三个方面完成市场定位（见图6-4）。

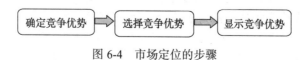

图6-4 市场定位的步骤

1. 确定竞争优势

竞争优势是企业能够胜过竞争对手的能力。这种能力既可以是现有的，也可以是潜在的。可以归纳为以下 3 个问题：

- 竞争对手产品定位是什么？
- 目标消费者对产品的评价标准是什么？
- 企业在目标市场上的竞争优势是什么？

确定竞争对手的产品定位后，即可通过比较，找到自身产品在消费者心目中的"独特"形象，将之与竞争者的产品区分开来。通常的方法是：分析、比较企业与竞争者在经营管理、技术开发、采购、生产、市场营销、财务和产品等方面哪些是强项，哪些是弱项，借此选出最适合企业的优势项目，以初步确定企业在目标市场上所处的位置。例如，发源于加拿大的户外运动品牌始祖鸟（ARCTERYX），被冠以"高端""户外运动"的标签，瞄准的是有一定财富实力和社会地位的中年人。除了价格高得离谱外，始祖鸟甚至还成了中年人的社交货币。而与始祖鸟隶属于同一家公司的运动品牌"安踏"却用其"年轻时尚""价格亲民"等特点占领着体育用品市场。

2. 选择竞争优势

企业在通过与竞争对手的优势比较之后，最终将确定自身的竞争优势。要注意，这个竞争优势应该是较为稀有的，是竞争对手没有的或者比较少的竞争对手拥有的能力；并且目标市场尽可能地不与竞争对手或潜在竞争对手产生交集；同时，这个优势应该是竞争对手很难效仿的，即竞争对手效仿时需要投入很大的成本。

3. 显示竞争优势

这一步骤的主要任务是企业要通过一系列的宣传促销活动，将其独特的竞争优势准确地传播给潜在顾客，并在顾客心目中留下深刻印象。

首先，应使目标顾客了解、认同、喜欢，甚至偏爱此企业的市场定位，在顾客心目中建立与该定位相一致的形象。其次，企业通过各种努力强化目标顾客形象，保持对目标顾客的了解，通过稳定目标顾客的态度和加深目标顾客的感情来巩固与市场相一致的形象。最后，企业应注意目标顾客对其市场定位理解出现的偏差，或由企业市场定位宣传上的失误而造成的目标顾客模糊、混乱和误会，及时纠正与市场定位不一致的形象。

6.3.3 市场定位的方式

从企业和竞争者之间的关系来看，可以把企业的市场定位分成以下 3 种类型。

1. 避强定位

这种定位方式是企业避免与强有力的竞争对手发生直接竞争，而将自己的产品定位于另一市场区域内，使自己的产品在某些特征或属性方面与强势对手有明显的区别。这种定位方式可使自己迅速在市场上站稳脚跟，并在消费者心中树立起一定形象。由于这种做法风险较小，成功率较高，常为多数企业所采用。

2. 迎头定位

这种定位方式是企业根据自身的实力，为占据较佳的市场位置，不惜与市场上占支配地位、实力最强或较强的竞争对手发生正面竞争，从而使自己的产品进入与对手相同的市场位置。由于竞争对手强大，这一竞争过程往往相当引人注目，企业及其产品能较快地被消费者了解，达到树立市场形象的目的。这种定位方式可能引发激烈的市场竞争，具有较大的风险。因此，企业必须知己知彼，了解市场容量，正确判定凭自己的资源和能力是不是能比竞争者做得更好，或者能不能平分秋色。

3. 重新定位

企业对销路少、市场反应差的产品进行二次定位。初次定位后，如果由于顾客的需求偏好发生转移，市场对此企业产品的需求减少，或者由于新的竞争者进入市场，选择与此企业相近的市场位置，这时，企业就需要对其产品进行重新定位。

此外，也可以是企业通过寻找市场上新的、尚未被开发的，但有一定数量的消费者需求的细分市场，填补市场的空缺。这种定位方式的风险较小，但需要企业有极强的市场洞察力和敏锐的市场嗅觉。

一般来说，重新定位是企业摆脱经营困境，寻求新的活力的有效途径。

案例学习

国潮风起｜崛起的"国潮名片"，李宁能否乘势而上？

历经阵痛，多方位重拾荣光

体操王子李宁在其运动生涯，共获得了14个世界冠军，创造了世界体操史上的神话。

1989年，退役后凭借其自带光环的名字和自身在体育界的影响力，李宁加盟广东健力宝集团，并创立了"李宁"体育用品品牌。李宁品牌在创立之初就与中国奥林匹克委员会携手合作，之后通过支持1992年、1996年和2000年三届奥运会，确定了"国民体育品牌"的地位。

但自2008年起，随着北京奥运会热潮退却以及运动服装行业进入低谷期，李宁与很多企业一样遇到了库存压货危机。2012年前后，李宁的库存金额达到历史高峰，其中2014年高达12.9亿元。

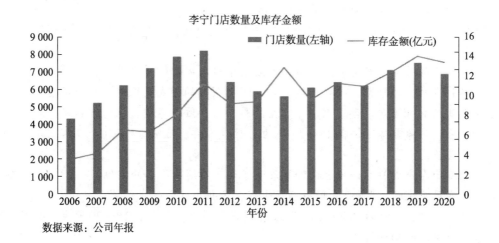

数据来源：公司年报

李宁在库存危机中一度一蹶不振的原因，除了行业低迷外，与其在2012年前大幅扩张零售网点及销售渠道不健全不无关系。从上图可以看到，2008年北京奥运会开始前几年，李宁就展开大跃进，至2011年，门店数量快速增长至8 000余家。

同时，当时李宁的销售渠道采用的是批发渠道，即向批发商销售产品，最后由零售商直接面向消费者。2011年，公司来自经销商产生的收入比重接近8成。这种渠道的劣势在于，李宁一方面无法直接了解零售端供需状况及流行趋势；另一方面在行业产品供过于求的背景下，公司逆势加大门店扩张数量，产生大量的库存积压，引发库存危机。

对于如何处理库存迟迟没有得当的解决措施，加上当时频繁换帅，导致李宁的战略执行没有连续性。2013年，因一次性回购经销商库存，导致公司产生高达13.3亿元的减值计提，当年亏损19.8亿元。

陷入了经营泥潭的李宁，被其竞争对手安踏赶超，安踏当时迅速调整经销商体系，通过电商渠道清理库存，很快扭转了颓势。

数据来源：公司年报

2015年，李宁回归公司一线管理模式，这一年也成为李宁走向复兴的起点。重握掌管大权后，李宁提出"单品牌、多品类、多渠道"的基本策略，并在品牌定位定价、精准营销、渠道运营、供应链优化等方面进行全方位改革，以寻求复兴。

在整个集团上下员工的共同努力下，李宁的库存危机终于结束，并在渠道改革、品牌梳理等方面渐入佳境，重新恢复了门店的扩张。于2015年，李宁结束了3年连亏。

2015年企业扭亏后，李宁在复兴之路上越走越通畅，营收逐步提升，净利润整体保持向上趋势。

李宁"单品牌、多品类、多渠道"的发展策略与安踏"单聚焦、多品牌、全渠道"发展战略存在较大的区别。安踏通过对外"买买买"的模式实现内外品牌聚集，大大提升了品牌实力和知名度。李宁则以李宁主品牌为主，红双喜牌、乐途牌和其他品牌为辅的模式发展，消费群体定位在18~25岁的Z世代人群，而安踏的FILA品牌则是对年龄层实现全覆盖。

体操王子李宁近日的讲话也向外界表明了李宁对消费群体的定位，其在广西-东盟经济技术开发区中表示："不是我们引领新生代，是新生代引领我们。"

在过去几年，李宁的运动时尚类流水增速表现最优，其中2018—2019年，公司运动时尚零售流水涨幅均超过40%。

国潮，李宁复兴突破口

2018年，是李宁品牌向上突破和为品牌开辟更多空间的一年，在业内率先探索"国潮"产品成为李宁对运动时尚战略升级的关键。

同年2月，李宁携"中国李宁"品牌和"悟道"潮鞋亮相纽约时装周，产品新潮加上复古的元素，使中国李宁一炮走红。这场T台走秀，也让李宁成为本土品牌走向国潮趋势的先行者。

中国李宁巧妙地将"中国"与"李宁"绑在一起，给人们一种强烈的自豪感，其潮流风格融合了传统文化、现代潮流和复古潮流，吸引了庞大的年轻时尚消费群体。

同时，中国李宁辅以一系列营销手段，如参加时装秀、流量明星代言、传媒推广等，借此扩大国潮品牌知名度和品牌形象，调动消费群体的爱国情绪和国货潮流的观念。

那场T台走秀之后，李宁不断推出中国李宁系列新款，继续保持李宁在国潮产品领域的热度。

与此同时，李宁公司在专业运动类的篮球和跑步板块重点发力，面向年轻消费者群体打造高功能型优质产品，推动品牌升级和形成良好口碑。

这一系列的动作，使李宁在国潮领域相较安踏、特步等品牌已具备了先发优势，成为李宁复兴的重要突破口。

从存货周转天数来看，李宁重新掌舵公司以来，公司存货周转天数加速下降。2020年，李宁的平均存货周转天数为68天，与2014年的109天相比，累计减少41天。同时，对应的应收账款从14.40亿元降低至6.59亿元，累计降幅近5成。

同店销售增长率方面，李宁连续多年取得双位数增长。而净利率明显回升，2020年达到11.75%，与安踏近16%的净利率进一步收窄。

国潮带动流水飙升

对国潮产品的探索，李宁成功率先在行业内打造出自身的另一增长曲线，同时在品牌的突破层面也露出雏形。

从李宁相继披露的经营数据来看，国潮为李宁在复兴的道路打开了一扇门。

根据公司年报，2017—2019年，公司整个平台零售流水分别取得高单位数增长、10%～20%中段增长及20%～30%高段增长；而2020年以来分季度看，受益于国潮热以及运营效率的优化，李宁的零售流水优于同期的安踏、特步和361度。

特别是2021年一季度，2020年同期的低基数叠加2021年3月下旬H&M抵制新疆棉事件带来的国货热，李宁的零售流水获得80%～90%高段增长。同年4月，新疆棉事件持续发酵，国货代替趋势进一步升级，中国李宁4月在天猫旗舰店的销售同比增长超800%，多种商品出现一货难求现象。

另瑞信统计，4月27日—5月3日，中国李宁在天猫旗舰店销售同比大增419%，远超同期安踏和特步分别为46.3%及29.3%的增长率。这个成绩，中国李宁可以说吊打国内外任何一家体育运动品牌。

除了线上销售推动，中国李宁在线下渠道的布局较其他品牌国潮产品布局更早也更广。在2018年，李宁启动中国李宁时尚店渠道，主要主布局在超大城市至二线城市的高端商圈，吸引年轻时尚的消费群体。

2018年及2019年，李宁在一二线城市分别新设23家及98家中国李宁时尚店，2019年末达到120家，约占总店铺比例的1.6%。目前，中国李宁渠道铺设目前尚处于高速拓展阶段。

根据天风证券研报，2019年中国李宁门店年店效为780万元，远高于同期整体线下139.7万元的店效，这主要是由于中国李宁品牌定位中高端，售价远超原品牌。不过，2019年中国李宁门店带来的营收只占整体营收比重的1.58%，天风证券预计2020年该比重提升至3.14%。

李宁近日发布半年预告显示，预计上半年实现纯利润不少于18亿元，同比飙升逾163%，超出市场预期。这其中离不开中国李宁品牌的功劳，以及公司经营效率的持续改善。

所以，登上运动国潮之巅的李宁，只能说在先发优势和国货潮的双重利好背景下实现了开门红，是公司持续复兴的一道曙光。4月以来李宁股价在持续上涨的基础上暴涨80%，很大原因是市场看中李宁在国潮崛起中扮演的角色。随着中国李宁品牌线上线下齐发力迎合国潮经济，国潮在未来还是能给李宁带来不少的想象空间。

（资料来源：国潮风起｜崛起的"国潮名片"，李宁能否乘势而上？https://www.finet.hk/newscenter/news_content/60f14759bde0b337360b8b58.）

本章小结

体育市场细分（market segmentation）是由体育企业通过市场调研，依据消费者对体育产品需求的差异性，把某一体育产品的整体市场分割成具有不同要求的若干个子市场的分类过程。体育营销者可以运用不同的细分标准划分消费者，其标准主要包括人口细分、地理细分、心理细分、行为细分等。

体育目标市场选择（market targeting）是指评估每个体育细分市场的吸引力程度，并由此选择进入一个或多个细分市场。进入目标市场要考虑此目标市场是否具有一定的市场规模和发展潜力、细分市场结构是否具有吸引力、是否符合体育企业目标和能力。可以采用3种目标市场选择策略：无差异性目标市场策略、差异性目标市场策略、集中性目标市场策略。

体育目标市场定位（marketing positioning），是指企业针对潜在顾客的心理进行营销设计，创立产品、品牌或企业在体育目标顾客心目中的形象或个性特征，保留深刻的印象和独特的位置，从而取得竞争优势。具体的定位方式有避强定位、迎头定位、重新定位。体育企业可以通过三大步骤来完成市场定位，分别是：确定竞争优势、选择竞争优势、显示竞争优势。

即测即练题

参考文献

[1] 陈林祥. 体育市场营销[M]. 北京：人民体育出版社，2013.
[2] 甘碧群. 体育市场学[M]. 武汉：武汉大学出版社，1997.
[3] 耿力中. 体育市场[M]. 北京：人民体育出版社，2002.
[4] 何海明，袁芳. 体育营销：2011 十大经典案例[M]. 北京：企业管理出版社，2012.
[5] 刘勇. 体育市场营销[M]. 2 版. 北京：高等教育出版社，2007.
[6] 吴盼，保罗·布莱基. 体育市场营销[M]. 2 版. 北京：清华大学出版社，2022.
[7] Armstrong G. Kotler P. 2005. Principles of Marketing[M]. London: Prentice Hall.
[8] 迈克尔·W. 阿普尔. 教育能够改变社会吗？[M]. 王占魁，译. 华东师范大学出版社，2014(3).
[9] 菲利普·杰克森. 什么是教育[M]. 吴春雷，马林梅，译. 合肥：安徽人民出版社，2012.

第7章

体育产品与服务策略

本章学习目标

1. 了解体育产品的整体概念、体育服务质量的重要性;
2. 理解体育产品生命周期各阶段的策略、体育服务质量管理的模型及缩小差距的策略;
3. 熟悉和掌握体育产品组合策略的应用、体育新产品开发策略的应用。

引导案例

"露营+看球"或借世界杯再拓圈

2022年卡塔尔世界杯开幕进入倒计时。如同此前数届世界杯一样,中国男足并没有如球迷们所愿登上前往多哈的航班,但在经济全球化的影响下,"中国元素"还是在卡塔尔世界杯中随处可见。

与以往世界杯不同的是,由于卡塔尔国内条件限制,导致世界杯期间住宿十分紧张,这也催生了世界杯期间新的住宿业态——由露营帐篷组成的"帐篷城"。

稀缺的供给遇上井喷的需求,世界杯期间卡塔尔的酒店住宿成本十分昂贵。体育大生意在Agoda平台上随意选了一家世界杯期间在多哈的一周酒店住宿,按照最低价格排序每晚也需要2 123元人民币,这意味着球迷一周的住宿成本已经接近15 000元。

于是在这样的情况下,"相对便宜"的"帐篷城"便成为了球迷们的优先选择。卡塔尔组委会在当地为球迷搭建一个巨大的"帐篷城",以满足球迷们的需求。据报道,每个双人帐篷的收费达350镑(约合人民币2 777元)。

自疫情以来,国内露营产业进入了高速发展的阶段。在世界杯经济的刺激下,国内露营产业或许将迎来新的高峰。一方面,国内拥有完善的露营产品供应链,拥有强大供应链的支持,卡塔尔世界杯组委会建立的"帐篷城"将让国内相关企业受益。另一方面,得益于露营场景的多元化,"露营+看球"或许受到部分球迷们的欢迎。比起一个人在家看球,三五球迷通过露营场景方式结合一同观看世界杯显然更有乐趣。在世界杯的刺激下,"露营热"不排除有进一步"出圈"的可能。

(资料来源:根据体育大生意《义乌小商品"出征"卡塔尔世界杯》整理,作者谭力文,2022-10-29)

一个体育组织要想在激烈的市场竞争中获得自己的优势，需要制定准确的目标市场战略并灵活运用营销组合策略。在营销组合策略中，体育产品策略是最重要、最基础的要素。无论体育产品是实物产品还是服务产品，在发展体育产品策略时，都要考虑目标市场的需要。体育产品的整体概念可以帮助企业通过更深层次的差异化来满足目标市场的需要。体育产品组合策略使体育组织通过优化体育产品线和体育产品项目，保留具有竞争力的体育产品组合。同时，重视体育产品生命周期的变化，是体育组织保持和开拓市场的关键，同时也使体育组织认识到体育新产品开发的重要性。体育组织只有不断地开发的新产品，才能保持组织的可持续发展。体育服务产品与一般的体育实物产品有一定区别，它的产品周期短、创新难度大、评价标准难以统一、市场需求难以准确预测把握，因此需要体育组织加强对体育服务质量的管理。体育产品策略是体育营销组合中最为核心的策略，其他的市场营销策略，如价格策略、渠道策略和促销策略等都是建立在体育产品策略基础之上，是为体育产品策略服务的。

7.1 体 育 产 品

体育产品作为满足体育消费者需要的媒介和工具，是企业可以控制的营销因素中最基本和最重要的一个。通过市场调查和分析，充分了解体育消费者的需求，并将其应用于体育产品中，可以提供体育产品满足消费者需要的程度，从而顺利实现产品的交换。

7.1.1 产品与体育产品

产品是指通过交换满足消费者或用户某一需求和欲望的任何有形物品和无形服务，即产品是能够提供某种用途的生产品。其中有形物品包括产品实体及其品质、款式、特色、品牌和包装；无形服务包括可以使消费者心理产生满足感、信任感的各种售后支持和服务保证等。

体育产品是指通过市场满足消费者体育需要及利益的物质产品和非物质形态体育服务的总和。体育产品分为有形产品和无形产品，前者包括运动服装、体育场地设施、运动器材、运动饮料和各种健身娱乐用具等。后者是以活劳动的非实物形态向社会提供各类体育服务，以满足人们的健身、娱乐和精神需要的产品，包括观赏类、参与类、中介信息类体育产品。

有的体育经营组织只进行物质产品的生产，有的体育经营组织只提供服务产品，而另外一些经营组织则同时提供这两类产品。健身中心既可以为消费者提供形体指导、培训等服务，同时也销售体育服装和运动鞋等实物产品。体育比赛也是如此，既为观众呈现精彩的体育比赛，又为他们提供新颖的周边产品。

7.1.2 体育产品的整体概念

通常人们将产品狭义地理解为具有某种物质形态，能够提供某种用途的物品。体育产品是指通过市场满足消费者体育需要及利益的物质产品和非物质形态体育服务的总和。在这一概念中,体育产品既包括一般的事物产品,如体育营养食品、运动服装、运动场地器材、各种健身娱乐器材等;也包括满足人们的健身、娱乐和精神需要的体育服务产品,如观赏类、参与类、中介信息类产品。从体育产品整体概念的角度出发,在开发一项体育产品时,产品设计者可以从3个层次来考虑:

1. 核心产品

核心产品是指向顾客提供的体育产品的基本效用或利益,即顾客购买的利益诉求。它回答"体育消费者真正购买的利益是什么?"以及"为什么购买?"的问题。体育消费者购买体育产品并不是为了获得产品本身,而是为了满足其某种特定的需求。体育消费者购买体育实物产品,如运动服装、运动鞋,不是为了获得服装这种物品本身,而是为了健身运动的便利;购买跑步机,不是为了获得跑步机本身,而是为了锻炼身体;购买参与型体育产品,如购买健身卡,是为了强身健体、娱乐身心,满足生理、精神需求,或者完善人格、自我实现;参与体育培训,是为了获得某种健身的技术、技能。从根本上说,核心产品实质上是为解决问题而存在的。

2. 形式产品

形式产品指核心产品借以实现的形式或目标市场对某一需求的特定满足形式,即产品的形式。体育产品的核心总是要以某一种具体的形式存在,形式产品是核心产品的外部特征,如跑步机的形式产品由五个特征所构成,质量、式样、颜色、品牌、包装。即使是纯粹的服务产品,如健身培训,也包括健身场所、健身器材、健身指导等一系列外部形式特征,这些都是产品的外在表现形式。企业在开发体育产品时,既要考虑其产品的核心层次,也要考虑如何以独特的形式来满足消费者的需求。对于体育项目、体育比赛、运动队、运动鞋或运动设施等,体育产品的形式部分通常是体育经营者营销的重点。

体育产品的基本效用必须通过特定形式才能实现,而且核心产品的突破变得越来越难,所以体育组织应努力寻求更加完整的、新的外在形式来满足顾客的需要。

3. 延伸产品

延伸产品指消费者购买体育产品时,附带获取的全部附加利益与服务的总和,包括产品说明书、保证、安装、维修、送货、信贷、保险、培训使用、售后服务等。例如,消费者在购买跑步机的同时,还应获得产品所有的附加利益,包括安装、调试、使用教程、安全保障等服务。

体育产品的延伸产品包括提供给消费者的优惠条件、媒体传播和吸引消费者参与的方式等。有时它也可以是一种产品或服务,用于促进其他产品的营销。早在20世纪初期的美国西尔斯公司就为路易斯维尔走私者队比赛门票的销售提供了很好的指导。同样,斯波尔丁教会消费者如何使用他们的棒球拍击球。但是,这些都不是营销的最终目的,真正的目的是球拍和球,是希望通过教学服务来增加球拍和球的销售。如今,美国的一些体育运动中心经常向非会员提供课程,作为吸引新的、潜在会员的手段。在美国,几乎每场大型比赛的组织者都会为球迷们提供一些附加服务,包括纪念品计划、T恤和外套的存放、停车服务、餐饮服务等,为体育经营者提高了利润。

现代新的竞争并非单纯是体育组织生产的物质产品，而是附加在体育产品上的包装、服务、广告、顾客咨询、资金融通、运送、仓储及其他具有价值的形式。能够正确发展体育延伸产品的企业必将在竞争中赢得主动。

由于在体育产品核心层次上的突破与创新变得越来越难，体育新产品的开发主要是在体育产品的形式和延伸层次上。体育市场的竞争往往也是由产品的核心层，向产品的形式，再向产品的延伸进行扩展。正如美国学者西奥多·莱特所指出："新的竞争不是发生在公司生产什么，而是发生在其产品能提供何种附加利益上，如信贷、保险、包装、广告、用户咨询、送货、售后服务等人们所重视的其他价值。"

体育产品的整体概念对于物质产品容易理解，但对体育服务性产品就显得较为复杂。如一场足球比赛产品的开发，其核心产品就是比赛的过程和比赛的结果，即消费者购买门票主要是为了观看比赛的结果或欣赏比赛的过程。对于主场的球迷，他们更关注比赛的结果。而对于中国观众观看欧洲五大足球联赛，更多的是关注比赛的过程，欣赏比赛双方的技战术水平。比赛越激烈，越是充满悬念和不确定性，比赛的核心产品的质量就越高，观众就越可能购买门票。比赛的形式产品在于比赛的形式，如比赛的场地、比赛的时间、比赛双方运动队的历史成绩、现有水平、双方队伍拥有的球星等，这些也都是观众非常关心的。比赛的延伸产品，是比赛给球迷带来的附加利益，如比赛过程中的抽奖、与足球明星或教练见面的机会、签名、比赛门票价格的优惠等。

整体而言，体育产品的整体概念具有以下意义：体育产品的整体概念把体育产品的范围扩展到劳务及其它所有的部门，为体育组织开发适合消费者需要的有形与无形产品，挖掘新的市场机会提供了新的思路；体育产品的整体概念包含三个基本层次，要求将消费需求视为一个整体系统，给体育组织产品开发、设计提供了新的方向；体育产品的整体概念揭示了体育产品的差异可以体现在三个层次的任何一个方面，因而也为体育组织的产品差异化策略提供了新的线索；体育产品的整体概念包含了重视服务的基本思想，要求企业随着体育实实物产品的售出，应加强对不同层次购买者的各种售后服务。

7.1.3 体育产品的分类

我们定义的体育产品包括体育实物产品和体育服务产品，服务被认为是生产过程与消费过程的统一，观看一场足球比赛被认为是生产过程（通过运动员）和消费过程（观众）的统一，在这一过程中，没有正式的分销渠道。然而，当购买纯粹的商品，如买一双滑冰鞋，它一定是由生产企业生产，卖给中间商，再卖给消费者，这种正式的渠道需要精心地设计与管理。

1. 体育实物产品

体育实物产品被认为是能满足消费者需求的、有形的物质产品。如体育用品店销售的有形体育产品如网球、网球拍、冰球设施、健身器材等。

2. 体育服务产品

体育服务产品大体可以归纳为：观赏类（包括体育赛事、体育表演等）、参与类（包括体育医疗、体育康复、体育保健、体育博彩、体育培训、体育旅游等）和中介信息类（包括健身指导与培训、体育信息等）。

其中体育赛事产品是指体育组织通过体育运动项目比赛的形式,向消费者提供满足其观赏需求的服务产品,其核心产品是满足人们对体育文化需求的服务,形式产品是提供可观赏的体育比赛。体育赛事产品是体育服务产品的重要组成部分,是将体育赛事生产与消费相联系的桥梁。体育赛事产品主要是通过运动竞赛和体育表演为人们提供的所有有形和无形的产品,无形产品部分,如赛场内的服务项目、赛场内的气氛、精彩的竞赛表演给人们带来的轻松、愉悦或者刺激的精神体验。体育赛事产品属于服务型产品,体育赛事产品的结构具有特定性,是完全以赛事这一无形产品为主导,以向受众群体(观众)提供观赏服务为主要内容的产品,因此,其质量控制相比一般体育服务产品更困难,在目标和影响方面具有更大不同。

体育服务产品具有如下特征:

1. 无形性

体育服务产品是无形的、非物质的,这不利用消费者的感知。体育服务产品在营销时应强调它的有形性,化无形为有形,增加服务的有形性。如在健身指导过程中,健身俱乐部会提供一些有型展示部分,让顾客能感知到健身这一服务产品,增强其参与健身的信心。

2. 异质性

一般来说,体育用品的品质是均质的,同一品牌的体育用品如羽毛球拍,其功能基本上是一致的。但是体育服务产品是异质的,它依赖于谁来提供服务,在何时何地提供服务。而且其在生产和消费时明显受主客观条件限制,使其呈现出异质性的特点。在体育赛事产品中,某场足球比赛的水平会受运动员的技术水平、情绪、天气、场地、主客场等各种主客观因素影响。同时,不同体育消费者对同样的体育服务也会存在不同的审美标准,提出不同的要求,其消费结果会存在明显差异,使体育服务质量具有较大的弹性空间。

3. 不易存储

不易储存是指体育服务产品的贮存能力较差,服务如果不被消费,就无法保存下来。例如一节篮球训练课安排在上午10点进行,学生未能到场,体育服务产品不能被保存下来。在体育比赛过程中,现场观众上座率的高低,电视转播权转让是否成功都会让举办方承受巨大压力。

4. 生产与消费同时进行

如果你在商店购买一双运动鞋,运动鞋的质量与销售运动鞋所提供的服务是可以分离的,但是,对于体育服务产品,是无法将产品与服务分离出来的。如邀请一家英国超级足球俱乐部到中国进行商业比赛,但计划中的几名球星没有来,观众购买门票没有得到预期的精神体验,不满的观众就产生抱怨。因此,邀请有关球队进行商业比赛时,必须严格规定到场的运动员人数、运动员水平,保证向观众提供与其预期一致的消费体验。

以上分类仅仅是对目前体育市场存在的体育产品的简单分类。体育产品进入市场,需根据利益最大化原则,实现资源的优化组合,提高资源的配置效率。从市场的发展可以预测，随着人们生活水平的改善，文化生活的日益丰富和科技水平的提高，对体育产品的开发也会提出更高的要求，体育产品的形式和内容会有更大的发展。

以上分类仅仅是对目前体育市场存在的体育产品的简单分类。体育产品进入市场，需根据利益最大化原则，实现资源的优化组合，提高资源的配置效率。从市场的发展可以预测，随着人们生活水平的改善，文化生活的日益丰富和科技水平的提高，对体育产品的开发也会提出更高的要求，体育产品的形式和内容会有更大的发展。

7.2 体育产品组合

7.2.1 体育产品组合及其相关概念

体育组织可能拥有多种不同的产品，体育产品线和产品组合两个概念对于体育营销战略的研究是十分重要的。

1. 体育产品组合、体育产品线及体育产品项目

1）体育产品组合

体育产品组合指一个体育组织提供给市场的全部体育产品线和体育产品项目的组合或结构，即体育组织的业务经营范围。体育组织为了实现经营目标，有效满足市场需求，必须设计一个优化的体育产品组合。

2）体育产品线

体育产品线指体育产品组合中的某一体育产品大类，是一组密切相关的体育产品。这些体育产品以类似的方式发挥功能，通过统一的销售渠道，出售给相似的顾客群体，采用统一的价格策略。

3）体育产品项目

体育产品项目指体育产品线中不同品种、规格、质量和价格的特定体育产品。

2. 体育产品组合的宽度、长度、深度和相关性

体育产品组合包括四个衡量指标：宽度、长度、深度和相关性

1）宽度：是指体育产品组合中所拥有的体育产品线的数目。

2）长度：是指体育产品组合中体育产品项目的总数。以产品项目总数除以产品线数目即可得到产品线的平均长度。

3）深度：是指体育产品项目中每一品牌所包含不同花色、规格、品种的产品数目的多少。

4）相关性：是指各条体育产品线在最终用途、生产条件、分销渠道和其他方面相互联系的程度。

威尔逊公司的产品组合有五条产品线，分别是：棒球、篮球、足球、冰球和垒球。每条产品线中的产品项目数量不同，即深度不同。如果这些产品线所提供给消费者的商品或劳务之间的关系密切，这个产品组合具有高度的相关性。威尔逊公司产品线与产品组合之间的关系见表 7-1。

表 7-1　威尔逊公司产品线与产品组合之间的关系

	产品组合的宽度				
	棒球	篮球	足球	冰球	垒球
产品线的长度	附属品	附属品	附属品	冰球手套	附属品
	铝制球棒	篮球	足球	裤子	球袋
	棒球袋	制服	足球手套	护胫板	垒球
	棒球		保护设备	垫肩	铝制垒球棒
	棒球手套		垫肩	冰球设备	手套
	保护设备		制服		保护设备
	制服		护腕		垒球套
	木制棒球			—	制服

耐克公司通过增加体育器材来扩展它的产品线，棒球、手套、滑冰球、高尔夫球、足球等产品在耐克体育分公司进行销售。现在，耐克公司正在集中精力发展优势运动领域，增加冰球、高尔夫球和美式足球等新的产品线。李宁公司也从原来单一的运动服生产向各类运动器材、设备，甚至体育咨询服务和健康管理等方面发展。

从战略高度出发，了解体育产品的深度、宽度和相关性对于体育产品的提供是非常重要的。随着市场需求的不断扩大，企业要考虑增加其产品线或扩展产品组合。例如，威尔逊增加了它的产品组合，将网球产品作为公司新拓展的产品线，耐克公司原来集中于篮球市场的运动鞋，现在向服装、附属用品、比赛用球等领域全面进军。

3. 体育产品组合相关概念对企业营销活动的意义

根据体育产品组合的四种尺度，企业可以采取四种方法发展业务组合：

（1）加大体育产品组合的宽度，扩展企业的经营领域，实行多样化经营，分散企业投资风险；

（2）增加体育产品组合的长度，使产品线更丰盈，成为产品线更全面的公司；

（3）加强体育产品组合的深度，占领产品的更多细分市场，满足更广泛的市场需求，增强企业竞争力；

（4）加强体育产品组合的相关性，使企业在某一特定的市场领域内加强竞争和赢得良好的声誉。

体育组织应根据市场需求、竞争形势、体育组织自身能力及体育产品组合的千种变数来调整营销组合策略，使营销成本降低，获取体育组织最佳效益。

7.2.2　优化体育产品组合

体育产品组合状况直接关系到体育组织销售额和利润水平，体育组织必须对现行体育产品组合做出系统的分析和评价，并决定是否加强或剔除某些体育产品线或体育产品项目。优化体育产品组合的过程，通常是分析、评价和调整现行体育产品组合的过程。优化体育产品组合包括两个重要步骤：

1. 体育产品线销售额和利润分析

体育产品线销售额和利润分析即分析、评价现行体育产品线上不同体育产品项目所提供的销售额和利润水平。某企业拥有一条五个体育产品项目的体育产品线，如图 7-1 所示。第一个体育产品项目的销售额和利润额分别占整个体育产品线销售额和利润的 50%和 30%，第二个体育产品项目的销售额和利润均占整个体育产品线销售额和利润的 30%。如果这两个体育产品项目突然受到竞争者打击，该产品线的销售额和利润就会迅速下降，因此在一条体育产品线中，如果销售额和利润高度集中在少数体育产品项目上，就意味着该产品线比较脆弱，企业要努力开发具有良好前景的新的体育产品项目。

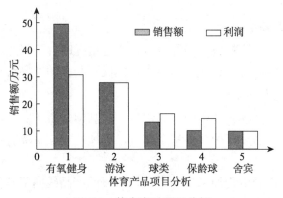

图 7-1　体育产品项目分析

2. 体育产品项目市场地位分析

将体育产品线中各体育产品项目与竞争者的同类产品作对比分析，全面衡量各体育产品项目的市场地位。某 A 公司的一条产品线是越野自行车，顾客对越野自行车重视的属性包括价格和轻便性。该公司有 B、C 两个竞争对手，B 公司生产高、中档的轻便自行车；C 公司生产低档的普通自行车。A 公司根据市场竞争情况，权衡利弊，决定生产高档的普通自行车，因为这个市场位置没有竞争对手，如图 7-2 所示。从图 7-2 中可以看出，目前仍有两个市场空白点各公司没有涉足，可能是目前生产这种自行车的成本太高或市场需求不足等原因。

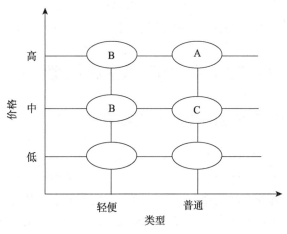

图 7-2　体育产品项目市场地位分析

7.2.3 体育产品组合策略

1. 扩大体育产品组合

在市场前景较好时,可以通过以下两种方式扩大体育产品组合:①开拓体育产品线宽度,增加产品线、扩大经营范围。例如,耐克公司通过增加体育器材来扩展其产品线,开始生产销售棒球、高尔夫球、足球等产品;②加强体育产品组合深度,在原产品线内增加体育产品项目。

2. 缩减体育产品组合

当面临市场不景气、原材料、能源供应紧张等情况时,可以缩减产品线,剔除获利小或亏损的产品项目。此时,企业可集中力量发展获利多的产品线和产品项目。

3. 体育产品线延伸策略

每个企业的体育产品都有特定的市场定位,如品牌定位于高、中、低档,或定位于某个消费群体。体育产品线延伸策略指全部或部分地改变原有体育产品的市场定位,具体有 3 种实现方式。

(1)向下延伸:即企业把原来定位于高档市场的产品线向下延伸,在高档产品线中增加低档产品项目。适用于以下情况:①利用高档名牌产品的声誉,吸引购买力水平较低的顾客慕名购买此产品线中的低端产品;②高档产品销售增长缓慢,企业的市场范围有限,资源设备没有得到充分利用,为赢得更多的顾客,企业将产品线向下伸展;③企业最初进入高档产品市场的目的是建立品牌声誉,然后再进入中、低档市场,以扩大市场占有率和销售增长率;④用于补充企业的产品线空白。

扩展阅读 7.1 Keep 走出舒适区

(2)向上延伸:即原来定位于低档产品市场的企业,在原有的产品线内增加高档产品项目。适用于以下情况:①高档产品市场具有较大的潜在增长率和较高利润率的吸引;②企业的技术设备和营销能力已具备进入高档产品市场的条件;③企业要重新进行产品线定位。

(3)双向延伸。即原定位于中档产品市场的企业占据了市场优势以后,向产品线的上下两个方向延伸。

7.3 体育产品生命周期

7.3.1 体育产品生命周期的概念及阶段划分

1. 体育产品生命周期的概念

体育产品生命周期是指体育产品从投放市场到最终被市场淘汰的全过程。

体育产品生命周期与产品的使用周期是两个不同的概念,体育产品生命周期是相对于体育产品的物质寿命或使用寿命而言的。前者是指体育产品的市场寿命,即体育产品在市场上生存的时间,主要取决于市场因素,如消费者需求和偏好、技术进步和产品开发、市场竞争等。前者反映商品的经济价值在市场上的变化过程。而体育产品的使用周期是从投入使用开始，到损坏到不能再使用为止所经历的时间，与产品的自然属性和使用强度、时间以及维修保养水平有关，反映商品物质形态消耗的变化过程。

有些体育产品的使用周期很有限，但它的市场生命周期却很长，如各种类型的体育比赛等。而有的产品使用周期很长，但它的市场生命周期却很短，如某种流行款式的运动服装、一些更新换代很快的健身器材等。如果企业过分地注重自身现有的产品形式，忽视产品生命周期趋势的变化，将导致营销近视症，最终会把企业的优势损失殆尽。

2. 体育产品生命周期的阶段划分

体育产品生命周期阶段的划分，是以体育产品的销售量和净利润的增长速度为依据的，分为导入期、成长期、成熟期和衰退期4个阶段（见图7-3）。在导入期，体育产品的销售量和利润的增长较慢，利润为负数。当销售额迅速增长，利润由负开始快速上升时，则进入成长期。当销售额增长放慢，利润增长处于停滞不前时，则体育产品进入成熟期。在成熟期的最后阶段，体育产品销售量逐渐下降，利润总额开始减少，就意味着体育产品已进入衰退期。

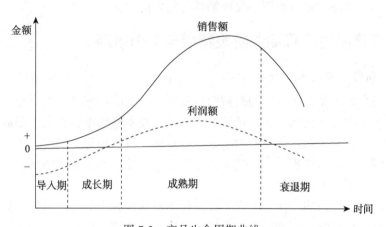

图7-3 产品生命周期曲线

西方国家兴起的水上运动自行车的发展就经历了这4个阶段，这种自行车在1990年销量快速增长，进入到成长期；到了1995年，水上运动自行车的销售量达到20万辆，进入到产品的成熟期；由于安全和环保问题，水上运动自行车的销售量开始逐年下降，进入衰退期。

值得注意的是，体育产品生命周期与产品定义的范围有着直接的关系。体育产品分为种类、形式和品牌3个层次，体育产品种类的生命周期是最长的，体育产品形式的生命周期次之，体育产品品牌的生命周期最短。如体育服装的生命周期最长，但不同形式的体育服装的产品生命周期次之，而具体到某个品牌上，体育服装生命周期的差别就很大，个别品牌只是昙花一现就从市场上消失了。同样，羽毛球运动具有较长的生命周期，而某羽毛球馆可能具有较短的生命周期。

事实上，体育产品生命周期只是一种理论上的假设，在实践中很难准确地描述某一种体育产品的生命周期。典型的体育产品生命周期可以描绘成一条类似抛物线的曲线，但并不是所有体育产品的生命周期都符合这种典型形态。有些体育产品刚刚进入导入期就走向衰退期，如20世纪90年代初风靡一时的"呼啦圈"，登上中央电视台春节联欢晚会后，迅速风靡全国，但几个月后就销声匿迹了。而有些产品却能长盛不衰，如足球、篮球、网球等运动项目。

3. 体育产品生产周期对企业的意义

（1）体育产品生命周期理论告诉我们，任何产品都存在一定的生命周期，最终都可能被市场所淘汰。不存在一劳永逸的产品，企业只有根据市场需求的变化，不断开发新的体育产品才能保持其竞争优势。

（2）企业应根据体育产品生命周期不同阶段的特点采取不同的营销策略。在体育产品生命周期的不同阶段，企业广告的主题就存在着较大的区别，在具体计划、组织、控制的安排上也会存在较大的不同。

（3）研究体育产品的生命周期可以更好地预测和控制体育组织发展的趋势。通过体育产品生命周期可以判断出体育组织当前的经营状态。确定体育组织产品所处的生命周期阶段，对预测和控制体育组织的发展都具有重要的意义。

7.3.2 体育产品生命周期的阶段特点与营销策略

1. 导入期特点及营销策略

导入期是指新产品首次上市的最初销售时期。这个阶段的主要特点是：①消费者对产品不太了解，购买不活跃，销售量较小；②产品技术性能不够稳定，制造成本、广告宣传和其他促销成本较高；③分销网络还没有全面、有效地建立起来，销售渠道不畅，销售增长缓慢；④由于销售量小、成本高，产品通常处于亏损或微利状态；⑤同类产品的生产者较小，竞争不太激烈。

在体育产品的导入期，体育组织一方面要不断地完善产品技术性能；另一方面要采取有效的营销组合策略，促使体育产品迅速地进入成长期。根据导入期的特点，体育组织可以采取以下几种营销策略（见表7-2）。

表7-2 导入期可选择的营销策略

		促销水平	
		高	低
价格水平	高	快速—掠取策略	缓慢—掠取策略
	低	快速—渗透策略	缓慢—渗透策略

（1）快速掠取策略，即采用高价和高促销方式推出新产品。实行高价政策就是利用率先进入市场的大好时机，快速收回投资；投入巨额促销费用，则是为了尽快扩大产品的市场占有率。实施这一策略，须具备一定的条件，如市场对体育产品有较大的需求潜力，目标市场顾客的求新心理强，急于购买新产品；企业面临着潜在竞争者的威胁，需

尽快使顾客对该产品形成偏好。一些国际知名的体育用品生产厂商，在推出新产品时大多采用这种策略。新型电子健身器材、新款运动服等产品的推广，同样可采用快速掠取策略。

（2）缓慢掠取策略，即以高价格和低促销方式推出新产品。高价政策和低促销方式的结合，可使企业获得更多的利润。采用这一策略的市场条件是，体育产品具有独特性，消费者对产品已有一定的了解，并且市场容量有限，潜在竞争威胁不大。某些高档健身场所、高尔夫球俱乐部、大型综合类体育比赛的营销就是采用这样的策略。

（3）快速渗透策略，即以低价格、高促销方式推出新产品，以期迅速打入市场，获得最高的市场占有率。实施这一策略的条件是：产品市场容量大；潜在消费者对产品不了解，且对价格十分敏感；潜在竞争比较激烈；产品单位成本可随生产规模和销售量的上升而迅速下降。在我国，一些小型商业性比赛就适用此策略，运动鞋厂商、运动饮料生产商通常也采取这一策略。

（4）缓慢渗透策略，即以低价和低促销方式推出新产品。采用这一策略的市场条件是：市场容量很大，消费者对产品有所了解且对价格比较敏感，潜在竞争威胁不大。档次较低的群众体育健身场馆就是采取这种策略。

2. 成长期特点与营销策略

成长期的市场特点是：①体育产品基本定型，性能趋于稳定；②大部分消费者对产品已经熟悉，产品分销渠道也已建立，产品销售量增长迅速；③随着销售量的上升，单位产品的生产成本和促销费用下降，利润增长较快；④竞争者相继加入，市场竞争加剧。针对这些情况，企业可采取以下营销策略：

（1）不断地完善产品。根据市场需求和其他市场信息，不断提高质量，努力发展产品的新型号、新款式、新功能和新用途；

（2）寻找新的细分市场。通过市场细分，找到新的尚未满足的细分市场，并迅速占领这一市场；

（3）加强广告宣传，树立强有力的产品信心。在导入期，广告宣传的重点是提高产品的市场知名度，进入成长期，广告重心则应转移到以树立产品形象，目的是建立消费者品牌偏好，在保持老顾客的基础上，吸引和发展新的顾客；

（4）适时降价。在适当时机，可以采取降价策略，以争取那些对价格比较敏感的消费者来购买；

（5）重新评价渠道，增加新销渠道，开拓新市场。

企业采用上述部分或全部市场扩张策略，能够加强自身体育产品的竞争能力，但也会相应地加大营销成本。因此，在成长阶段，体育组织将面临高市场占有率还是高利润的选择。一般来说，实施市场扩张策略会减少眼前利润，但提高了体育组织的市场占有率，从长期利润看，更有利于体育组织发展。

3. 成熟期特点及营销策略

成熟期的特点是，体育产品销售量逐步达到高峰，然后缓慢下降，利润也从最高点开始下滑；体育产品成本逐步降到最低点，但销售费用不断增加；生产同类产品的企业很多，竞争十分激烈。对很多体育产品来说，成熟期持续时间最长。这一时期又可进一步分为三个阶段：第一阶段称为成长成熟期，销售呈饱和状，增长率缓慢，少数后续者进入。虽然有新的顾客进入市场，但绝大多数属于原有顾客的重复购买。第二阶段称为稳定成熟期，此时，市场已经饱和，销售平稳，无新购者，增长率下降，大多数潜在消费者已经试用过这种产品，未来的购买只受重复需求和人口增长的影响。第三阶段称为衰退成熟期，这一阶段销售水平显著下降，全行业产品出现过剩，竞争加剧，劣势企业被淘汰，新加入竞争者较少，突破原有市场份额困难，原有用户的兴趣已开始转向其他产品或替代品。

对处于成熟期的产品，企业宜采取主动出击的策略，尽量延长成熟期。为此，有以下4种策略可供选择：

（1）市场改良。通过为体育产品找到新用途或寻求新的用户，扩大产品销售。市场改良的主要方式有：一是挖掘产品的新用途和将产品打入新的细分市场；二是刺激现有消费者增加使用率；三是重新为产品定位，寻求新的顾客。运动服装厂商在保持对运动服市场占领的情况下，向运动休闲市场方面发展。男性体育用品厂商可以扩大到为女性提供体育用品，成人体育用品厂商可以向儿童市场拓展，专业体育用品厂商也可以向一般消费者推广。

（2）产品改良。以体育产品自身的改变来满足顾客的不同需要，以扩大产品销售量。产品改良可以从以下方面着手：改进品质和增加产品功能；增加产品特点，扩大产品的安全性、方便性等；改进产品的式样、外观、包装；改进产品品质，吸引新的使用者或提高原使用者的购买频率和使用频率。例如，综合性的家用健身器材，过度重视产品的功能，求大求全，当市场竞争激烈时，一些厂家将注意力投向了健身器材的安全性、健身性、经济性上，功能不一定要全，重要的是经济、有效而且安全。一些商业性的体育比赛或职业联赛，增加其服务项目和服务内容。

（3）市场营销组合改良。指通过改进营销组合的一个或几个因素来刺激销售，延长体育产品的市场成长期和成熟期。常用的办法包括降价、提高促销水平、改进销售渠道、提高服务质量等。

（4）品牌扩张策略。成长期后期，一般会形成自己的品牌，为了增加销售，可以扩大品牌的覆盖面，使更多的产品分享品牌荣誉，如上海乒乓球厂生产的"红双喜"乒乓球成为国际乒联指定的国际比赛用品后，又进一步开发了球网、乒乓球台、乒乓球拍等系列产品。

4. 衰退期特点及销售策略

衰退期的主要特点：产品销售量由缓慢下降变为迅速下降；企业从产品中获得的利润很低甚至为零，不少企业由于无利可图被迫退出市场；留在市场的企业被迫减少促销预算和降低产品服务水平，以维持经营。

面对处于衰退期的产品，企业通常有以下几种策略供选择：

（1）维持策略。继续沿用过去的策略，仍在原来的细分市场经营，直到这种产品完全退出市场为止。

（2）集中策略。缩短战线，将企业资源集中使用在最有利的细分市场和最容易销售的产品上,从而达到盈利的目的。

(3) 收缩策略。通过降低促销水平,减少销售和推销费用,增加当前利润。采用这一策略,企业主要是从忠诚于企业产品的顾客着想,作为完全退出市场的过渡措施。

(4) 放弃策略。决定停止产品的生产和经营,转向新的产品或行业。

体育产品生命周期各阶段特点、营销目标和营销策略见表7-3。

表7-3 体育产品生命周期各阶段特点、营销目标和营销策略

		导入期	成长期	成熟期	衰退期
特点	销售	低销售	快速上升	销售高峰	销售衰退
	成本	高成本	平均成本	低成本	低成本
	利润	亏损	利润上升	高利润	利润衰退
	顾客	创新者	早期使用者	中间多数	保守者
	竞争者	极少	增多	多,开始减少	减少
营销目标		创造产品知名度和试用	最大限度占领市场份额	维持市场份额,获得最大利润	削减支出和挤出收益
营销策略	产品	提供一个基本产品	提供产品的扩展品及服务	品牌和样式的多样性	逐步淘汰疲劳项目
	价格	成本加成	市场渗透	竞争价格	削价
	分销	建立选择性分销	建立密集广泛的分销	建立更密集广泛的分销	逐步淘汰无赢利分销网点
	广告	建立品牌知名度	建立品牌知名度和兴趣	强调品牌的区别和利益	减少到保持坚定忠诚者需要的水平
	促销	加强销售促进、鼓励试用	适当减少促销	增加对品牌转换的鼓励	减少到最低水平

无论是体育产品的生产企业还是体育服务的经营者,了解产品生命周期理论对指导生产和经验决策都有很大帮助。由于体育无形产品无法存储和保留,延长产品生命周期必须依靠良好的服务和信誉,要建立一个长期而稳定的消费群体。因此开发体育无形产品——体育服务产品,在选择经营项目和经营方式上必须经过认真的论证。这种经营活动受文化、风俗、社会心理、消费能力等多个方面不可知因素的影响,其经营活动的生命周期也会因为市场开发和市场培育及经营状况不同而长短不一。

案例讨论

迪卡侬"品牌焕新" 三大策略人群成新增长点

2021年9月16日,全球领先的综合体育用品集团迪卡侬官宣品牌焕新,视觉体系、品牌主张、实体店设施等方面均迎来在华30年来的最大升级,将立足全新品牌宣言"快乐任你选择",聚焦三大策略人群,为国人打造全场景快乐运动产品及服务供给,培养终身运动习惯。

1. 进军四大联盟、五大联赛、奥运会,迪卡侬发表全新VI与品牌宣言

进入2021年,迪卡侬扩张势头强劲,在半年内拿下NBA联名授权及法甲、巴黎奥运会赞助商权益。1月,迪卡侬成为NBA在亚非拉美、欧洲及中东地区的官方授权商,与NBA携手合作推广篮球运动在中国的发展,迪卡侬门店的篮球场持续向公众免费开放。

6月,迪卡侬旗下足球支线 Kipsta 与法国足协达成 5 年合作,将从下赛季开始为法甲、法乙提供官方用球。迪卡侬为法甲设计开发的足球产品预计将在 2022 年 5 月开启全球销售。

7月,迪卡侬与巴黎奥组委签约 3 年,正式成为 2024 年巴黎奥运会和残奥会最高级别合作伙伴。此次合作迪卡侬不仅将为 45 000 名赛事志愿者定制生态服饰,还会利用自身资源优势在法国的 330 家门店举行社区体育活动。

此番迪卡侬在中国的品牌焕新,紧随全球品牌焕新的步伐。迪卡侬发表了在华品牌宣言"快乐任你选择",定位"快乐运动",发展方向将着重于可持续的运动体验,满足大众多元运动需求。

对迪卡侬而言,"80 项运动全能""卖场即体育场"不仅是市场独特的存在,更是品牌的 DNA,这一优势也将同步门店发展而得以强化。

对于体育运动来说,亲身体验不可替代。目前,迪卡侬 15% 的门店空间用于体育场地及运动体验设施,在此基础上,迪卡侬的门店将根据全新视觉形象进行极简风改造,陆续对体验性运动空间进行扩容,加强运动游乐场的消费印象,延长消费者在门店的运动时长。

据了解,各家迪卡侬门店将实行差异化打法。上海花木店店内目前配备了 4 台滑雪模拟机、2 个抱石攀岩墙面、1 个高尔夫模拟屏、1 个小型篮球场、1 个迷你网球场,若干动感单车、游戏模拟骑行等健身设施。店内青少年培训课程已顺利运行 1 个多月,体验式营销得以深化。同时,全室内的设施不受天气影响,为客户全年无间断运动提供了便利。再比如,海口、深圳迪卡侬将力推水上运动发展,相关产品的销量也能够帮助公司洞察市场趋势。重庆、四川将着重于徒步、露营等户外山地运动,北京则主推智慧零售创新体验。此举将能够扎根本地,发掘中国地大物博的体育地缘优势,因地制宜普及运动项目文化。

2. 年轻家庭、体育迷和活力女性将贡献 70% 增长

此次迪卡侬升级焕新的重点,在于聚焦年轻家庭用户、运动爱好者和新时代活力女性三大策略人群。其中,涵盖最广泛消费者的将会是年轻家庭群体。除了采购童装、童鞋外,带着孩子和爱宠户外露营是当下最接近中国家庭亲子消费习惯的切入点。

在精致露营(glamping)风潮的带动下,2021 年迪卡侬露营品类迎来爆发增长,第一季度较去年增长 21%,较 2019 年增长 47%,其主要买家便来自年轻家庭用户。根据年轻家庭用户的需求,迪卡侬提升了户外居家空间的遮阳性、通风性、防晒遮光指数,新品增加大地色贴近亚洲审美。据迪卡侬统计,家具、炊具类露营周边产品增速最快,成为国人露营品质生活化的标志之一。

自行车是迪卡侬成立后的第一款自研产品,经过几十年发展已涵盖从入门级到赛事级产品线,1 200~20 000 元的价格区间可满足从骑行野趣到骨灰级山地车玩家的预算。以往团队用户在迪卡侬最常使用的服务是运动服装印制。现在,迪卡侬在运动装备配套保养、维修上也开始发力。上海花木店此次将山地车工作坊升级为精品店中店,预示了全国门店将在增值服务板块的配套升级。

女性整体运动意识崛起,运动消费逐年递增。《2021 年大众健身行为和消费研究报告》指出,年体育消费在 8 000 元以上的用户,其典型特征为一线及新一线城市女性、年龄

16~30岁之间,家庭月收入超2万元人民币。2020年,普拉提及瑜伽在迪卡侬顾客运动排名中位居前三。针对进阶型运动女性群体,迪卡侬发布了新的瑜伽品牌Kimjaly,鼓励女性感受多元的生活方式,让运动成为长久的生活选择,通过运动实现蜕变和进阶,令女性消费者在选购中对品牌产生更大的认同。

3. 发起"诚会玩"会员嘉年华,鼓励6亿用户建立终身运动习惯

迪卡侬不仅提倡员工广泛参与产品研发设计,还会鼓励员工出征大型赛事。2020东京奥运会期间,全世界有不少迪卡侬员工为自己的祖国征战,此次陕西全运会,迪卡侬中国攀岩市场负责人覃佩莹也将代表上海队参加攀岩女子全能比赛。

为了实现竞技体育到群众体育的普及,1998年,迪卡侬在法国发起"运动汇"系列活动,这种小区运动会一次性呈现30种运动项目,致力于帮助大众发现运动的乐趣。"运动汇"得到法国奥委会的认可,这个IP也在中国市场收获了不俗的口碑。此外,迪卡侬已在中国45座城市举办了178场露营节,包括电音、露天影展篝火会等主题,将把运动带给最广泛的大众。

2021年中秋、国庆双节期间,迪卡侬发起品牌焕新后的首个运动嘉年华"诚会玩",联动全国11大城市、300+KOL在全渠道营造运动氛围。在金九银十运动季打开市场,触及相关的潜在消费者,并且打开声量,将快乐运动理念传播开去。在"诚会玩"的理念下,迪卡侬员工为大众提供专业教学培训及关怀式运动指导,从零基础到入门。

另外,迪卡侬在营造运动氛围层面坚持着一直以来的追求,那就是强调可持续的运动参与,搭建消费者与体育运动的终身关系,鼓励消费者在享受消费便利的同时,感受终身运动带来的快乐及健康益处。

除了"诚会玩"会员嘉年华,迪卡侬在日常的运营中也为会员定制了独特的权益,除了线上下单、门店自提,会员累积的燃值(购物积分)也能兑换运动课程、活动名额等,通过迪卡侬会员俱乐部报名参加球类、尊巴、普拉提、瑜伽等门店免费课程,签到也可赢取相应积分。对会员的重视也大大增加了迪卡侬的集团业绩。

近年来,长春、深圳、沈阳、青岛等城市发放的体育消费券已经可以在迪卡侬使用,这既帮助释放了体育消费市场活力,也为迪卡侬带来更广阔的增长机遇。

(资料来源:根据文章《30年来最大升级!迪卡侬"品牌焕新" 3大策略人群成新增长点》(2021年9月30日)整理,"体育大生意"公众号,作者林苑。)

7.4 体育新产品开发

体育组织要使体育产品持久地占领市场,立于不败之地,只有两条途径:一是研发新产品,二是开拓新市场。因此,着眼于市场,以满足消费者需求为己任,顺应人们求新、求变、求发展的消费心理,不断推陈出新,适应市场变化,才能在竞争中保持优势。

7.4.1 体育新产品的概念及种类

1. 体育新产品的概念

体育产品只要在功能或形态上得到改进,与原有产品有差异,并为顾客带来新的利益,即为体育新产品,并非仅从纯技术角度理解。

2. 新产品类型

(1) 全新体育产品:运用新一代技术创造的整体更新产品。例如,跑步机、乒乓球辅助训练的发球机、蹦床等,并非一定要从是否采用了全新技术的角度进行判断。全新产品的出现往往会推动一项体育活动的展开或明显地提高某项运动的训练效果。当今高科技日新月异的发展为新产品的开发创造了极为有利的条件。全新体育产品包含的科技含量高,投资费用大,耗时长,风险大,一般企业难以承受。但不是所有的全新产品都面临高科技、高投入、高风险,如为儿童设计的踩在脚下的"蹦蹦球"、可坐可卧折叠式的健身垫等,都仅仅是针对消费者需求设计的新产品。

(2) 改进体育新产品,主要指在原有体育产品的基础上,对结构材料、性能做出改进的产品。例如,为了避免把平整的场地砸出坑,发明了橡胶裹着的铅球,为适应不同场地和不同项目,运动鞋一再更新,日趋完美。

(3) 换代体育新产品,在原有产品的基础上,革新了原体育产品的工作原理或性能,部分采用新材料、新技术,使产品性能有显著提高的体育产品。例如,乒乓球拍面的更新换代,最早采用硬板,随后换海绵,并在海绵上贴胶粒,使胶粒朝外,术语称为"正胶";发明弧圈球技术之后,为增加球拍对球的控制力和摩擦力,又换"反胶"。撑竿跳中撑竿材质的变化,一些项目的落地保护措施由沙坑替换为海绵垫,增加了安全系数,对动作的改进和难度提高起了至关重要的作用。

(4) 仿制体育新产品,指模仿市场上已有的产品而生产的产品,也被称为本企业的新产品。从市场竞争和企业经营上来看,在新产品开发中,仿制是不可能排除的。有些技术性较强、具有一定科技含量和巧妙构思的产品,往往申请专利,受法律保护。由于体育展示性的特点,有些产品根本无法保护,如运动服装的款式、健美健身各种培训、体育旅游等。因此,"新"是相对的,只能维持一定时间。仿制新产品是一些资金、技术相对薄弱而无力开发全新产品的企业经常采用的生产经营方式。

(5) 体育产品的再定位,即原有体育产品进入新的目标市场,或改变原有体育产品定位,将原有的地域性体育品牌推广到全国市场进行销售。

体育新产品开发的本质——推出与原有体育产品不同内涵与外延的体育新产品。大多数企业都是改进现有体育产品而非创造全新体育产品。

7.4.2 体育新产品开发的程序

1. 体育新产品的构思

构思是任何体育新产品开发的起点,是对未来新产品基本轮廓、框架的设想。寻求体育新产品构思必须有一套系统的规范,明确体育新产品发展的行业范围、目标市场、产品定位、资源分配、投资收益率等。体育新产品构思有很多来源,既可能来自企业内部,如科技人员和市场营销主管人员,也可能来自企业外部,如消费者、竞争对手及同行的经验。

2. 筛选

构思完成后,企业需要根据自身的资源、技术和管理水平等进行筛选。筛选要符合本企业的长远发展利益。与企业资源相协调的体育产品,有如下筛选标准:①市场成功的条件(潜在市场成长率、竞争程度、前景、收益);②企业内部条件(人、财、物、技术条件、管理水平);③销售条件(企业现有的销售结构是否适合新产品的销售);④利润收益条件:营销目标,利润水平。应该指出的是,没有一套标准能适用于所有类型的体育产品开发,要根据自身的具体情况确定筛选标准。

3. 体育产品概念的形成与测试

经过筛选后的体育新产品构思,还要进一步形成比较完整的体育产品概念。体育产品概念是指已经成型的体育产品构思,即用文字、图像、模型等予以清晰阐述,使之在顾客心中形成一个潜在的产品形象。一个体育产品构思能转化为若干个体育产品概念。体育产品概念包括体育产品概念发展和体育产品概念测试两个步骤。在概念发展阶段,主要将体育产品的构思设想转换成体育产品概念,并从功能和目标意义上界定未来体育产品,然后进入测试阶段。测试目的是了解目标消费者对于体育新产品概念的看法和反应。此外,在发展和测试概念的过程中还要对体育产品概念进行定位,即将该体育产品的特征同竞争对手的产品进行对比,不能它在消费者心目中的形象。

4. 初拟营销计划

企业选择了最佳的体育产品概念后,必须制定把这种体育产品引入市场的初步市场营销计划,并在未来的发展阶段中不断完善。初拟的营销计划包括 3 个部分:①描述目标市场的规模、结构、消费者的购买行为、体育产品的市场定位、短期(如三个月)销量、市场占有率、利润预期等;②概述体育产品预期价格、分配渠道及第一年营销预算;③阐述较长期(如 3~5 年)的销售和投资收益率,以及不同时期的市场营销组合等。

5. 商业分析

即从经济效益分析体育新产品概念是否符合企业目标。包括两个步骤:①预测销售额,参照市场上类似体育产品销售发展历史,并考虑各种竞争因素,分析体育新产品的市场地位及占有率等;②推算成本与利润。

6. 体育新产品研制

主要是将商业分析后的体育新产品概念交送研发部门或技术工艺部门试制成为产品模型或样品,同时进行包装的研制和品牌的设计。这是体育新产品开发的一个重要步骤,只有通过产品试制,投入资金、设备和劳动力,才能使产品概念实体化。发现不足与问题,改进设计,才能证明这种体育产品概念在技术、商业上的可行性。应当强调,体育新产品研制必须使模型或样品具有体育产品概念所规定的所有特征。

7. 市场试销

对于体育有形产品来说,当新产品研制出来后就要投放市场去试销,因为消费者对体育产品概念与实际产品的认知可能会有偏差,有些新产品甚至在试销中就遭到淘汰。但要想试销某些新型的体育服务产品并不容易。例如,一个体育健身俱乐部推出某种健身新业务,可以选择社区内的某些消费者进行试销,如果想在另外的某个社区进行试销,就存在很大困难。事实上,由于体育服务产品的不可感知性,只有实际的市场销售,才是检验体育服务产品的最为可行的办法。

试销时需要就以下问题作出决策:①试销范围:企业目标市场缩影;②试销时间:根据产品的平均重复购买率决定;③试销对象选择:首次购买(试用率)、重复购买(再购率);④试销费用开支;⑤试销营销策略及成功后的营销战略。

8. 正式投放市场

试销成功的体育新产品即可批量投产上市。在正式上市前,产品开发者应考虑体育新产品的推出时机、地点、形式以及体育新产品的目标消费者和营销策略。

7.5 体育服务质量策略

随着我国经济社会的发展和体育生活方式的逐步形成,体育服务消费成为一种时尚,人们从健身、休闲、娱乐消费中获得了美好体验。在此背景下,体育服务占体育产品消费过程中的比重也逐步增加,这对传统的产品质量观提出了挑战。目前,我国体育服务质量参差不齐,服务质量评价标准难以界定和把握,影响了大众的参与热情,阻碍了体育消费水平的提高,不利于体育服务市场的进一步拓展。本节主要分析体育服务质量的含义、构成、特征及体育服务质量管理。

7.5.1 体育服务质量

1. 体育服务质量的含义

服务质量是指服务符合规定程序和要求的程度,或指服务符合以及顾客要求的程度,顾客付出的代价(包括货币和时间)与获得的利益的统一程度。

服务质量是服务的效用及其对顾客需要的满足程度的综合表现。服务质量同顾客的感受关系很大,可以说是一个主观范畴,它取决于顾客对服务的预期质量同其实际感受的服务水平或体验质量的对比。

由于体育服务的生产和消费无法分割,体育服务质量是在服务生产和服务消费的互动过程中形成的,因此,体育服务质量在很大程度上是一种体验式的主观感受,而不是对体育有形产品的客观检验。体育服务质量是体育消费者感知到的,是一种"符合期望"的质量。服务质量水平的高低取决于顾客期望与顾客感知的差异,即

体育服务质量 = 顾客感知的服务质量 − 顾客期望的服务质量

因此,体育服务质量水平与顾客期望有关,如果顾客期望值非常高,那么让顾客感受自己接受了良好服务就会非常困难;同样,如果顾客期望水平不高,但感知水平更低,顾客同样不会认为自己接受了良好的服务。

顾客期望的服务质量,通常要受4个方面因素的影响,即市场营销沟通、顾客口碑、顾客需求和企业形象。由于接受服务的顾客通常能直接接触到企业的资源、组织结构和运作方式等方面,企业形象不可避免地会影响顾客对服务质量的期望。顾客心目中的企

业形象较好，会谅解服务过程中的个别失误；如果原有形象不佳，则任何细微的失误都会造成很坏的影响。因此，企业形象被称为顾客感知服务质量的过滤器。

2. 体育服务质量的构成

服务管理学科创始人格罗鲁斯就曾精辟地指出：服务质量或顾客感知服务质量包括两个部分，服务结果质量和服务过程质量。

在体育消费中，与购买体育有形产品相同，体育消费者在接受体育服务时，必然会得到一个服务结果，如消费者购票看一场球赛，其结果可能心情愉悦。

但是与体育有形产品不同的是，由于体育服务是一种互动过程，消费者要亲自参与体育服务的生产，因此，消费者对体育服务质量的评价，不仅取决于体育服务结果，还取决于服务的过程。例如，消费者购票看球赛，会比较关注球赛过程中的体验和感受，这都属于服务过程质量。

因此，体育消费者在评价体育服务质量时，过程质量与结果质量具有同等重要的意义，我们可以用格罗鲁斯创建的服务质量构成要素图来表达上述思想，体育服务总体质量取决于技术质量和功能质量的总和。技术质量指的是企业向消费者提供什么服务，即服务结果；而功能质量指的是怎样提供服务，即服务过程。二者共同构成了体育消费者对体育服务质量评价的两个重要维度，缺一不可。但我们要注意的是，体育企业形象的好坏，会在顾客服务质量感知过程中起到"过滤器"作用。如果体育企业形象非常好，那么当体育消费者遇到服务质量问题时，可能会倾向于"降低"服务质量问题的严重性；而当体育企业形象非常糟糕时，如果体育消费者遇到服务质量问题，会倾向于"放大"问题，进而形成对企业不利的感知形象。

3. 体育服务质量的特征

对于体育有形产品的质量评价，一般会有比较客观的标准。而体育服务质量却是在开放的、与顾客互动过程中产生的，因此，服务质量的评价有较强的主观性、过程性和整体性。

1）体育服务质量的主观性

体育服务产品的生产有消费者的介入，必须根据消费者的要求来生产，其质量很少有客观的标准。体育服务质量的好与坏是由体育消费者感知的，而不是由设计者和操作者所感知的。体育服务质量更多地要按消费者的主观认识加以衡量和检验。

2）体育服务质量的过程性

与有形的体育产品不同，在绝大多数情况下，体育服务的生产和消费是无法分割的，体育服务质量是在体育服务生产和体育服务消费的互动过程中形成的。因此，过程性是体育服务质量与体育有形产品质量的一个重要区别。

3）体育服务的整体性

所谓体育服务过程的整体性，是指消费者对总体服务质量的感知取决于不同服务活动、阶段和过程的积累。活动是服务过程构成的最小单位，不同的活动构成了一定的服务情节，而不同的服务情节组合在一起，则构成了服务的片段。每一个片段，都是一次完整的服务经历，而不同的服务经历，则决定了消费者与体育企业的关系长度及强度。

需要注意的是，尽管情节、活动、片段所起的作用不同，但都会对整体服务质量产生影响，任何一项活动、一个片段的失败，都有可能导致整体体育服务质量感知水平的下降。例如，一位顾客打算去健身俱乐部健身，他所经历的活动包括：迎接（情节1）、洽谈（情节2）、指定教练（情节3）、教练指导（情节4）、结账（情节5），这5个情节构成了一次完整的体育健身服务，其中任何一个情节失败，很有可能导致整个服务过程的失败。在情节1中，消费者发现未获得较好的接待，感觉受到冷落后可能会离开，那么对该健身俱乐部的整体服务质量的评价会大打折扣。

4. 提高体育服务质量的意义

随着服务经济时代的到来，服务已经开始扮演越来越重要的角色。体育服务是服务的一部分，也是体育产业的主体部分，体育产业中的用品业、设施业等各领域的发展最终要落实到体育服务上，通过体育服务来实现体育产业的本质功能。体育服务质量是体育服务是否成熟的重要标志之一，直接影响和关系到整个体育产业发展的进程。

7.5.2 体育服务质量管理

体育服务质量管理，取决于顾客对体育服务质量的预期（即期望的服务质量）同其实际体验到的体育服务质量水平的对比。如果顾客所体验到的体育服务质量水平高于或等于顾客预期的体育服务质量水平，则顾客会产生较高的满意度，从而认为企业具有较高的服务质量；反之，则会认为企业的服务质量水平较低。基于服务质量理论分析体育服务质量及其特性，通过体育服务质量的评价模型、测评方法，提出体育服务质量的改进策略与控制方法。

1. 体育服务质量的评估与测量

随着服务经济时代的到来，服务开始扮演越来越重要的角色。体育产业中的用品业、设施业等各领域的发展都涉及体育服务质量，体育服务质量直接影响整个体育产业发展的进程。

要对体育服务质量进行管理，首先要对体育服务质量进行评估。

服务质量评估就是从不同的角度对服务质量进行衡量的一种手段。对服务质量进行评估，有助于管理者找出服务质量问题的来源、提高服务质量的方法，逐步完善服务。

在介绍体育服务质量评估的概念模型之前，我们要先了解目前普遍应用的服务质量评估方法——SERVQUAL（服务质量）法，此法是由帕拉索拉曼（Parasuraman）、泽瑟摩尔（Zeithaml）和巴里（Berry）(1985)共同提出的。在服务质量测量量表 SERVQUAL中，认为顾客对服务质量的评价由顾客服务感知与服务期望之间的差距决定，两者之间正差越大，服务质量越高。

SERVQUAL（服务质量）法包括一项衡量消费者对服务质量感知标准的量表，该量表确立的服务质量包括5个维度：指企业和服务人员真正从顾客的角度出发，为顾客提供个性化服务，努力满足顾客的需要。

（1）有形性（tangibles）。又称为感知性，是指服务人员对客户提供服务的环境是有形的，如设施、设备、人员和沟通材料等，这方面的评估可延伸至包括其他正在接受服务的客户的行动。顾客正是借助这些有形的、可见的部分来把握服务的实质。有形部分提供了有关服务质量本身的线索，同时也直接影响到顾客对服务质量的感知。

（2）可靠性（reliability）。指的是可靠、准确地履行承诺的服务的能力，这意味着服务以相同的方式、无差错地准时完成。可靠性要求服务人员应避免服务过程中的失误，顾客认可的可靠性是最重要的质量指标，它同核心服务密切相关。许多以优质服务著称的服务企业，正是通过强化可靠性来建立自己的声誉的。

（3）反应性（responsiveness）。是指对客户的愿望迅速提供服务的能力，如快速解决服务失败问题。对顾客的各项要求能否予以及时满足，表明企业的服务导向，即是否把顾客利益放在第一位。

（4）保证性（assurance）。是指服务人员自身具有的完成服务的能力，包括员工的知识和礼貌及传递信任和信心的能力，对客户的友好态度，与客户有效沟通使得服务质量得到保证的胜任能力。服务人员较高的知识技能和良好的服务态度，能增强顾客对服务质量的可信度和安全感。在服务产品不断推陈出新的今天，顾客同知识渊博而又友好和善的服务人员打交道，无疑会产生信任感。

（5）移情性（empathy）。育组织、运动队和体育明星等领域，而体育场馆在某些情况下，也能够成为体育赞助平台并发挥其独特价值。这便要求服务人员有一种投入的精神，想顾客之所想，急顾客之所急，了解顾客的实际需要，以至特殊需要，千方百计予以满足；给予顾客充分的关心和相应的体贴，使服务过程充满人情味，这便是移情性的体现。

按照上述评价标准，可以通过问卷调查或其他方式对服务质量进行测量。调查应包括顾客的预期质量和体验质量两个方面，以便进行分析。

SERVQUAL（服务质量）法设计了一份评估服务质量的标准问卷来测量以上五大要素（图7-4）。第一部分反映评价消费者对某类服务的期望，第二部分反映消费者对某个服务企业的感知。调查表中的各个陈述分别描述了服务质量的5个方面。服务质量的得分是通过计算问卷中消费者期望与消费者感知之差得到的，该分数直接表明了消费者满意度。

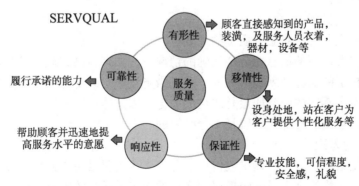

图7-4　量表的基本构成和测量程序

2. 体育服务质量差距模型

SWRVQUAL（服务质量）法把服务质量概念定义为消费者期望与其对服务表现的感

知间的差距,并建立了差距模型。这一差距是指感知或经历的服务与期望的服务不一样,它会导致以下后果:①消极的质量评价;②口碑不佳;③对公司形象的消极影响;④丧失业务。这个差距是由以下几个差距造成的,即体育服务质量评估的概念模型具体包括几个方面:

1)体育服务业管理者理解的差距

即顾客对服务的预期和管理者对服务的预期存在差距。当管理者认为,顾客的表面预期与实际预期不同时,就存在这种差距。这个差距表明,管理者对期望的质量理解不够准确,产生的原因有:

①对市场研究和需求分析的信息不准确;

②对有关期望的信息解释不准确;

③没有分析需求;

④从企业与消费者联系的层次向管理者传递的信息失真或丧失;

⑤臃肿的组织层次阻碍或改变了在消费者联系中产生的信息。

这些问题是由管理引起的,所以解决办法或是改变管理方式,或是改变对体育服务需求特点的认知。一般后者更合适,因为在正常情况下管理者一旦缺乏对体育服务竞争本质和需求的理解,就会导致严重的后果。

2)质量标准差距

即管理者对顾客感知与服务质量规格之间的缺口。当组织没有能力完成消费者预期的服务时,或管理者对提供顾客预期的服务质量漠不关心时,就存在这种差距。例如,一家职业篮球队的营销经理或许意识到季票持有者希望与球员有更多的互动机会,但是并不重视这种期望。或者,尽管营销者想实现季票持有者的期望,但是由于球员的许多其他安排而无法让球迷与他们见面。

这个差距表明,体育服务质量标准与管理者对预期质量理解的程度不一致,其产生原因如下:

①计划错误或不完备的计划步骤;

②计划管理不善;

③组织无明确目标;

④最高层未充分支持对服务质量的规划。

即使在消费者期望的信息充分和正确的情况下,如果最高管理层没有保证服务质量的实现,质量标准的实施计划也会失败。改进措施自然是改变优先权的排列,在体育服务竞争中,消费者感知的服务质量是成功的关键,因此体育服务管理层在议事日程上把对体育服务质量承诺放在优先位置是十分必要的。

3)服务传递差距

这一差距是指体育服务在提供或传递过程中未达到质量说明的标准程度,与服务质量规格存在差距。当管理人员已经根据顾客期望制定了适当的服务标准,而员工却不能或不愿意传递相应的服务时,就产生了这一差距。

这是因为:①标准过于复杂或过于僵硬、死板;②员工对标准有不同意见,如一流服务质量可以有不同的行为;③标准与现有的企业文化不一致;④服务生产管理混乱;

⑤内部营销不充分,或根本不开展内部营销;⑥技术和系统没有按照标准为工作提供便利。

引起这一差距的原因可粗略地分为三类:管理和监督;职员对标准规则的认识和对消费者需要的认识;缺乏生产系统和技术的支持。服务标准一定要有适宜的资源(人员、系统和技术)做支持并不断强化使之深入人心,并根据在这些标准上的表现对员工奖惩。

4) 营销沟通的差距

这一差距是指营销沟通行为所作出的承诺与实际提供的服务不一致,即服务组织实际传递的服务与对外宣传的服务之间存在差距。最典型的例子是,职业体育俱乐部在广告中对其支持者承诺,在下一个主场肯定打败对手,但竞技体育的魅力恰恰在于其结果的不确定性。这种差距产生的原因是:

①营销沟通计划与服务生产没有统一;
②传统的市场营销与体育服务生产之间缺乏协作;
③营销沟通提出一些标准,但组织却不能按照这些标准完成工作;
④有故意夸大其词,承诺太多的倾向。

引起这一差距的原因可分为两类:一是外部营销沟通的计划与执行没有和体育服务生产统一起来;二是在广告等营销沟通过程中往往存在承诺过多的倾向。在第一种情况下,改进措施是建立一种使外部营销沟通活动的计划和执行与体育服务生产统一起来的制度。在第二种情况下,只能通过完善营销沟通的计划加以解决,措施是更加完善的计划及严密的管理监督。

3. 缩小体育服务质量差距的策略

体育服务组织应该根据服务质量差距模型确定产生质量缺口的具体原因,并制定策略来缩短差距。

1) 体育服务业管理者理解的差距——了解顾客的期望

消费者的期望是不断变化的,通常管理者并不能了解消费者对体育服务到底期望什么,不能了解消费者期望发生变化对体育经营管理的影响,从而影响服务质量。例如,健身俱乐部管理者更多注重内容、时间、价格的安排,而常常对消费者在健身过程中所关注的氛围、环境和安全等因素认识不足。如果管理者不能充分认识到消费者期望,提高服务质量的目标就会落空。

解决这一问题可以采用以下方法:
①通过营销调查、投诉分析、邀请消费者参与的小组座谈等途径,更好地了解顾客的期望;
②增加管理人员与消费者之间的直接沟通,以增进对顾客期望的了解;
③改善从顾客接触人员到管理人员的上行沟通,减少两者之间信息传递的中间层次。

2) 质量标准差距——建立正确的服务质量标准

企业可以通过分解其服务过程,使服务传递步骤标准化,从而提高服务质量。通常,由于资源限制、短期行为或管理失当等,使管理者对顾客期望的认知无法充分体现在所制定的具体服务质量标准上。解决这一问题可以采取以下方法:

①建立明确的、具有挑战性和现实性的、详尽的服务质量目标以满足顾客期望；

②对经常性、重复性的工作进行标准化管理，通过可靠的技术代替人工接触和改进工作的方法（比如开发新的软件技术）来保证服务的统一性和可靠性；

③让中层管理者为他们的工作设定沟通和加强以消费者为导向的服务标准，对员工传递优质服务所需要的技能进行培训和引导；

④对绩效进行衡量并定期提供反馈，对实现质量目标的服务人员或管理人员进行奖励。

3）服务传递差距——保证服务的实施达到标准

由于服务的传递更多地依赖于员工，即服务的实际提供者，质量标准并不一定完全体现在服务提供者实际提供的服务上，或者说实际提供的服务与管理者确定的服务水平有差异，二者的差异是在服务过程中形成的，为解决这一问题可以采取以下方法：

①对员工阐明服务中各自的角色，确保所有员工都能理解自己的工作对于增加顾客满意度的重要性；

②加强员工培训，确保他们都具备做好各自工作所需要的技术和能力；

③让员工参与设定服务质量标准的过程以消除员工之间的角色冲突；

④设计有意义、及时、简单、准确和公平的奖励系统，衡量员工的业绩并将报酬和优质服务的传递结合起来；

⑤促进员工之间良好的沟通和合作，使用团队奖励作为激励手段。

4）营销沟通的差距——保证服务传递与承诺相匹配

由于消费者的感知受事先抱有的服务期望的影响，与企业的广告等外部沟通有关，所以消费者感知的服务与实际提供的服务有时并不对等。另一个极端的情况是企业内部协调不畅，难以体现出实际传递的服务水平。解决这一问题可以采取以下方法：

①让销售人员或其他和顾客接触的人员与顾客进行面对面的座谈，通过当面沟通并阐述各自的理由，对顾客的期望进行管理。

②确定和说明在服务传递中出现缺陷的不可控原因。

③保证在多个地点传递服务的标准是一致的，对于以不同的价格提供给消费者不同水平的服务，说明这些水平之间的差异。

④设计企业内部的教育性、激励性和广告性活动以加强营销、生产和人力资源等部门之间的联系。

4. 体育服务质量评价结果与分析管理

从体育消费者角度看，体育服务质量的评价结果有三种情况：第一，企业提供的服务超出了消费者理想的服务期望，消费者感到愉悦；第二，企业提供的服务正好落在消费者的服务容忍区域内，消费者感到满意；第三，为消费者提供的服务未达到消费者最低服务要求，消费者感到不满，会发生退出服务、抱怨等一系列行为。我们可以从几个方面进行服务管理：

1）消费者关系建立与忠诚度培养

对于愉悦的体育消费者，企业所面临的主要任务是如何使消费者保持愉悦状态，维系与消费者的关系，进而提升消费者的忠诚度。

2）容忍区域界定及管理

对于满意的体育消费者，企业要充分考虑服务成本，利用消费者在容忍区域内对质量提升反应不敏感的特点，充分利用消费者的耐心，减少消费者维系投入，同时还要保持消费者满意率不变。

3）消费者抱怨管理与服务补救

对于不满意的体育消费者，企业要面临的是了解消费者抱怨行为的影响因素。格罗鲁斯在其著作《服务管理与营销》中将服务补救定义为一种管理过程，它首先是发现服务失误，分析失误原因，其次对服务失误进行评估，最后对顾客的不满和抱怨采取补救性的措施，以重新建立起顾客满意和顾客忠诚。有效的服务补救要求企业做好以下工作：

①正确认识顾客的抱怨；
②建立畅通的顾客投诉渠道，记录和追踪顾客的反馈信息，及时发现企业内部存在的问题；
③把握好服务补救的时机，快速行动，及时让顾客知晓企业做了哪些努力来解决顾客的投诉；
④授予一线服务人员一定的权力，以便其能在第一时间实施服务补救；
⑤从顾客的抱怨和企业服务补救的过程当中吸取教训，改进企业的服务质量，避免相同问题再次发生。

随着体育服务业的持续快速发展，其在国民经济中的地位和作用也日益增大。而优质的体育服务质量更成为体育服务企业发展的动力和源泉。利用体育服务质量差距模型，企业可以清楚地了解体育服务质量的产生过程，也可以快速地发现服务缺陷产生的根源并进行及时补救，不断提高服务质量水平，积极参与国际竞争。

本章小结

体育产品与服务策略是体育市场营销组合中最重要、最基本的因素。体育组织制定其营销组合策略，必须切实根据目标市场情况决定发展什么样的体育产品和服务。因此，企业要从产品整体概念出发去开发体育产品和服务，熟练运用体育产品组合策略；要认识到任何体育产品和服务都有其市场生命周期，根据体育产品生命周期各阶段的特点采取有针对性的策略，并及时开发体育新产品，以保证体育产品组合的优化；最后，要认识到体育服务产品质量的重要性，识别体育服务质量的差距，对其质量进行管理以缩小体育服务质量的差距。

课后思考题

（1）体育产品整体概念对企业营销管理而言有哪些意义？
（2）体育产品生命周期策略对企业有哪些启示？

案例讨论

室内滑雪市场「钱」景广阔，但服务与人才却跟不上发展的步伐

2021年2月，滑雪运动社交平台GOSKI获得2 000万元的A+轮融资，接下来几个月，SNOW51 完成亿元级 A 系列融资，滑呗获得高瓴创投的 4 000 万元融资，去哪玩滑雪也于一个月前获得 1 500 万元的天使轮投资。

《2020 中国滑雪产业白皮书》显示，我国营业的雪场共有 715 家，2020—2021 年雪季，我国滑雪人次已经达到 2 076 万人次，相比疫情前的 2018—2019 年雪季的 2 060 万人次，增长了 0.78%。

我们发现在滑雪产业重返火热的当下，室内滑雪场也迎来一波高潮，越来越多室内滑雪场馆拔地而起，呈现遍地开花趋势，2020 年，在国内新增的 8 家滑雪场中，就包括 5 家室内滑雪场。

截至 2020 年年底，我国室内滑雪场已经达到 36 家，同时也是全球拥有室内滑雪场最多的国家，而第二名的印度仅有 10 个室内滑雪场。

在北京冬奥红利和「带动三亿人参与冰雪运动」的政策支持下，室内滑雪场也成为了冰雪产业投资的一大热点，文旅集团、商业地产在近些年来都开始进军室内滑雪场。

室内滑雪场也借此开始延伸出更多业态，从只具备单一滑雪功能的室内滑雪场，到成为文旅项目的一部分出现在商业综合体中，作为引流的重要手段，室内滑雪场正在成为城市娱乐中心的一部分，其盈利也会更可观。

虽然中国是目前最受关注的新兴滑雪市场，但我们要意识到滑雪产业在国内仍然处于相对初级的水平，仍有相当大的发展空间，我们在雪场运营管理这条路上还有很长的路要走。

旅游、体验为主的滑雪人群

目前我国的滑雪市场，绝大部分去到雪场的都是以旅游、体验为主，不会滑雪，一年只滑一次的体验者。

在雪场我们往往能看到在初级道上密密麻麻地站满了人，随处可见滑雪"小白"在雪道上横冲直撞。而这部分只有 3%能转化成稳定的滑雪人口（每个雪季滑雪 4~5 次），和发达国家 10%~15%的滑雪转化率相差甚远。

这从我国滑雪场的分布也能窥探一二，国内滑雪场分为三类，旅游体验型、城郊学习型及目的地度假型，在这三种类型的场地中，旅游体验型的中小型雪场是国内最常见的场地，占到了 75%，作为目的地度假型的大型雪场只有 3%。

国内滑雪市场：专业人才缺乏，服务意识缺失

我国滑雪产业近几年快速发展，大量场馆短期内被搭建，很多也存在着安全隐患，更加迫在眉睫的一点是缺乏专业的场馆管理人才，我们现在没有一个专门的机制去培养人才，人才赶不上场馆崛起的速度。

据国家体育总局体育经济司副司长彭维勇透露：据测算，到 2025 年我们各类的人才缺乏要达到 5 万人。

此外，便是运营服务意识的加强，国内雪场在硬件设施和国外相比并没有太大差距，但在服务意识上，如对客户的服务态度和水平上还有很大提升空间。

（资料来源：根据《冬奥会临近，滑雪产业又"爆"了》（2021 年 9 月 21 日）整理，冰雪智库，作者 ECO 氪体.）

教学指南

即测即练题

参考文献

[1] 杨光照. 浅析体育服务业服务质量评估与管理[J]. 考试周刊，2011, 1: 153-154.
[2] 刘勇，代方梅. 体育市场营销[M]. 北京：人民体育出版社，2015: 72-75.
[3] 格罗鲁斯，服务管理与营销[M]. 北京：电子工业出版社，2018: 142.

第 8 章

体育产品定价策略

本章学习目标

1. 了解什么是营销定价,并对其在体育市场营销中的作用有一个全面、清晰的认知;
2. 了解主要定价策略及其在体育市场营销领域的应用;
3. 理解影响体育产品定价策略的主要因素;
4. 掌握新体育产品定价策略;
5. 理解体育产品定价的主要方法。

引导案例

网球赛事门票及其相关产品的定价

在一个秋高气爽的下午,小明和几个朋友相约一起来到美丽的上海旗忠森林体育城网球中心,观看期待已久的上海劳力士大师赛。

他们先在网球中心售票处取到了一个月前通过赛事官方购票网站以学生优惠价购买的一日票(多个不同价位的门票类别中的一种),如表 8-1 所示,进到中央场馆以后,又在赛事指定食品供应商的摊点前以 39.99 元/杯的价格购买了几杯饮料——尽管这个价钱将近平时在其他商场内售价的 2 倍,但他们还是心甘情愿地和很多其他球迷一起耐心地排队购买。

在欣赏精彩激烈比赛的间隙,他们又去逛了赛事广场——在那里,众多的赛事赞助商使出了浑身解数展示、宣传和推广自己的品牌和产品。其中,最吸引小明的是某个网球器材装备企业的展位,因为那里正在对该品牌的最新款商品进行打折促销活动。小明很高兴地以 6.5 折的价格购买了自己心仪已久的一款网球拍,还获得了一件作为赠品的网球 T 恤。

在看完比赛离开之前,小明和朋友们还顺便在赛事官方纪念品商店中购买了几件精美的纪念品。尽管这些印有赛事 LOGO 图案的小商品价格不算便宜,也没有折扣,但因为有独特的纪念意义,所以小明觉得还是值得的。

图 8-1

表 8-1　2019 年上海劳力士大师赛门票售价

<table>
<tr><td colspan="6" align="center">2019 劳力士上海大师赛票价表
2019 Rolex Shanghai Masters Price List</td></tr>
<tr><td rowspan="3">日期 Date</td><td rowspan="3">等级 Level</td><td colspan="4" align="center">票价 Price（元/RMB）</td></tr>
<tr><td>中央馆
Center Court</td><td>中央馆
Center Court</td><td>3 号馆
Court 3</td><td>2 号馆
Court 2</td></tr>
<tr><td>日场 Day</td><td>夜场 Night</td><td>全日票
Day/Night</td><td>全日票
Day/Night</td></tr>
<tr><td>10 月 5 日/Oct 5（周六/Sat）</td><td></td><td colspan="4" align="center">公众开放日 Free Public Open Day</td></tr>
<tr><td>10 月 6 日/Oct 6（周日/Sun）</td><td>A+/A/B</td><td colspan="2" align="center">380</td><td>90</td><td>60</td></tr>
<tr><td>10 月 7 日/Oct 7（周一/Mon）</td><td>A+/A/B</td><td>160</td><td>280</td><td>90</td><td>60</td></tr>
<tr><td>10 月 8 日/Oct 8（周二/Tue）</td><td>A+/A/B</td><td>160</td><td>280</td><td>90</td><td>60</td></tr>
<tr><td>10 月 9 日/Oct 9（周三/Wed）</td><td>A+/A/B</td><td>360/260/160</td><td>480/380/280</td><td>190</td><td>60</td></tr>
<tr><td>10 月 10 日/Oct 10（周四/Thu）</td><td>A+/A/B</td><td>360/260/160</td><td>480/380/280</td><td>290</td><td>60</td></tr>
<tr><td>10 月 11 日/Oct 11（周五/Fri）</td><td>A+/A/B</td><td>460/360/260</td><td>580/480/380</td><td>—</td><td>—</td></tr>
<tr><td>10 月 12 日/Oct 12
（半决赛/Semi-Final）</td><td>A+/A/B</td><td colspan="2" align="center">1 580/1 180/780</td><td></td><td></td></tr>
<tr><td>10 月 13 日/Oct 13（决赛/Final）</td><td>A+/A/B</td><td colspan="2" align="center">1 580/1 180/780</td><td></td><td></td></tr>
</table>

以上是对一个典型的体育赛事消费场景的简单描述。我们注意到，在这类场景中，价格变动（无论是提高价格，还是降低价格）情况对相关企业市场营销活动的效果起到了至关重要的作用。事实上，不仅对于体育赛事活动及其附属产品，而且对于几乎所有产品和服务来说，价格都对企业营销效果和盈利能力具有非常重要的作用。如何合理地为企业的产品或服务定价，以及如何动态调整价格，以应对互联网时代瞬息万变的市场环境，既是企业经营决策中的重点、难点问题，又在很大程度上影响企业市场营销活动的成效乃至整个企业经营的成败。因此，本章将重点关注定价策略在体育市场营销领域的应用。

资料来源：大河票务网，2019-06-09，https://www.dahepiao.com/news1/yanchu/20190927490411.html.

8.1　认识体育产品的价格

8.1.1　概念界定

价格并不像它表面看起来那么简单，它绝不仅仅是一串数字。事实上，价格本身承载了很多重要的功能，也携带了丰富的市场和营销信息，而价格的制定过程更是包含了营销人员乃至整个企业既复杂又重要的劳动。要解开体育市场营销中产品价格的谜题，首先需要准确把握关于价格的基本概念及其相关知识。

什么是价格？从不同的角度出发，对价格的概念有不同的诠释。例如，《汉语大辞典》对价格的解释是："商品所值的钱数；商品之间相互比较和交换的基础"。《马克思主义大辞典》《现代汉语词典》等对价格的解释均为："商品价值的货币表现"。《牛津英文词典》

（*Oxford English Dictionary*）对价格的解释是："The amount of money that you have to pay for something"。

归纳起来，对价格概念的基本共识是：价格的基本特征是商品内在价值的外在表现，价格的基本功能是促进市场交换。

从市场营销的角度出发，市场营销专家菲利普·科特勒在其经典著作《市场营销学（第13版）》中对价格的概念做了如下界定："狭义上说，价格就是为了获得某种产品或服务所支付的金额。广义上说，价格就是消费者为了获得拥有或使用某项产品或服务的收益而支付的价值总和"。

综上，本章对体育产品的价格定义为：体育消费者为了获得或使用某种体育产品或服务而支付的价值总和。需要注意的是，这里所指的体育消费者支付的"价值总和"，不仅包括实际支付的货币价值，还包括其他非货币形式的价值。例如，时间、精力、感情等。

8.1.2　价格的特点及其在体育市场营销中的作用

1. 价格的特点

1）盈利性

企业通过出售商品获取利润，商品的售价直接决定了企业的收益，而收益减去企业为市场销售产品所支出的成本就是企业的利润。假设基于同样的生产成本，给商品制定一个更高的价格，就代表更高的收益和利润；而制定一个更低的价格，则代表相对较低的收益和利润。因此，制定价格实际上就是在确定企业未来的盈利水平和盈利能力。事实上，价格策略是企业的市场营销策略组合中唯一直接考虑为企业带来收益的策略，而其他策略在形式和内容上基本都是在考虑如何更有效的支出。

2）灵活性

与企业市场营销组合策略中的其他方面比起来，定价策略具有鲜明的灵活性特点。面对瞬息万变的市场，特别是在当前数字经济时代，市场价格信息变得越来越透明，企业不得不随时准备调整自己商品的价格，以适应市场变化。目前市场上商品价格的变化已经不是以年、月、日为单位来考量，而是以小时、分，甚至是秒为单位来考量。尽管多变的价格也可能带来一些消费者抱怨，甚至法律方面的担忧，但是时刻关注价格的变化情况并保持定价的灵活性已经成为市场不争的事实。

2. 价格在体育市场营销中的作用

在体育市场营销实践中，价格不仅仅是出现在体育产品价格标签上的一串数字，它还具有多种重要的市场功能和作用。

1）反映价值

价格在一定程度上反映了体育产品所具有的内在价值。特别对于体育服务类产品来说，消费者在购买前难以准确衡量其所具有的价值，通过对不同质量和内容的体育服务产品标定不同的价格，将帮助消费者更加方便直观地做出价值判断及相应的购买决策。例如，体育场馆中座位的位置在很大程度上影响着体育赛事消费者的现场观赛体验，而不同的运动项目对观赛位置的要求是不同的，普通购票者可能缺乏这方面的经验和知识，但是通过不同位置门票价格的差异，消费者就能够对自己想要获得的观赛体验做出更好的判断并做出相应的购票决策（参见图8-2）。

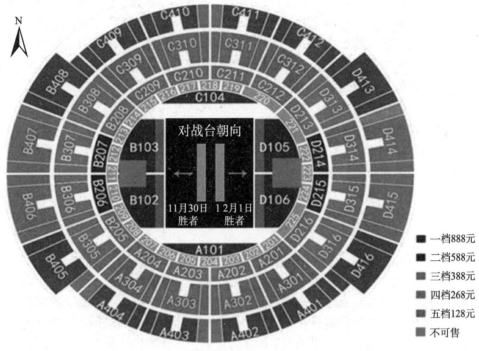

图8-2　2019年国内某电竞赛事门票定价情况示意图

2）反映市场行情

价格的变化反映了市场整体的变化情况。有助于体育企业及时了解市场行情，及时调整市场营销乃至企业经营的策略和方法。从经济学的角度来看，价格是市场这个"看不见的手"调配市场资源的基本手段之一。体育企业所处的市场环境中需求、供给、竞争等的发展变化情况均会通过价格的波动反映出来。因此，重视和关注价格，包括自己产品的价格和竞争对手的价格等，是企业了解市场情况和应对市场变化的重要工作。

3）重要的营销手段

价格是体育企业进行市场营销的重要手段。价格是体育企业实现营销目标、感知消费者的变化和应对激烈的市场竞争的有力工具。企业对自身产品的市场定位和盈利预期，都包含在其对产品的定价过程中。消费者对于产品价值感知、品牌认知或直接的喜好程度的变化，都可以通过价格的适当调整和变化来加以引导和应对。面对激烈的市场竞争，很多企业都渴望通过制定合适的价格策略来应对竞争、获取竞争优势——无论是通过低价促销来快速占领市场份额，还是通过高位定价来巩固品牌的市场领导地位、占领高端市场。

8.1.3　互联网时代体育产品定价面临的困难和挑战

尽管价格的重要性显而易见，但在实际营销工作中对价格的准确把握却一直是一个难点。特别是在互联网时代，新的技术使得价格方面的信息的传播和获取的内容和方式都相较以往更加复杂多变。这一特点在体育市场营销领域同样存在。这种困难和挑战具体体现在以下3个方面。

第一，为体育产品定价是一个复杂的过程，必须综合考虑多种因素。企业自身、消费者、市场竞争和市场环境等（关于价格影响因素的分析将在下一节中进行较全面深入的探讨）均会对定价过程产生影响。总之，要将对多种复杂因素的考量浓缩进一个或一组具体的价格数字之中，这无疑是对企业营销者的巨大挑战。

第二，对价格进行调整和变动并非一项轻松的工作。要做到以适时、适度、适当的方式对价格进行调整，需要综合分析考虑企业内部状况和外部环境等多种因素，这对企业来说往往难以准确及时地把握。

第三，互联网时代的技术变革带来的新的价格生成机制对定价工作带来了新的挑战。个性化定价、共享经济、网络二手市场的讨价还价等，都对定价策略的制定和实施提出了更新更高的要求，如实时网络比价、个性化健身指导服务、共享健身房、二手装备置换或销售等。

8.2　体育产品价格的主要影响因素分析

体育产品的价格受到众多因素的影响。要制定有效的定价策略，就必须首先分析影响价格的主要因素。本节内容旨在对体育产品价格的主要影响因素做一个较全面的概括性阐述和探讨。一般地，按照影响因素的来源或产生主体不同，可以将影响因素划分为内部影响因素和外部影响因素两部分（参见图8-3），本节将对这两个部分分别进行分析和探讨。

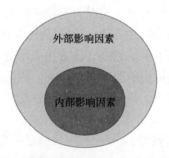

图8-3　体育产品价格的影响因素示意图

8.2.1　体育产品价格的内部影响因素

体育产品价格的内部影响因素，是指来自于体育企业内部的对自身产品价格及其变化产生影响的所有要素。总体而言，体育产品价格的内部影响因素主要包括以下几个方面：生产成本、企业营销战略和目标、企业营销组合策略、组织因素等（参见图8-4）。

图 8-4　体育产品价格的内部影响因素示意图

1. 生产成本

企业的生产成本是对其所生产产品进行定价的最基本影响因素。一般而言，对产品的定价应该不低于其生产成本——否则企业将无利可图。无论采用什么样的定价策略和方法，企业总是希望产品的销售收入能够在抵消其生产成本的基础上还能够带来一定的利润。关于成本与价格的关系，将在本章第三节进行更具体的阐述。

2. 企业营销战略和目标

在对产品进行定价的过程中，成本并非唯一的考虑因素。有时，成本甚至不是最重要的考虑因素。这一点在奢侈品领域表现得尤为明显。企业自身确定的营销战略和目标就对产品定价有着重要的影响。全球知名综合性体育用品连锁店迪卡侬（Decathlon）的经营理念之一就是："把运动带给最广泛的大众"，企业围绕这一理念构建起一整套营销战略，其中，价格策略必然顺应这一理念，因而在对其产品进行定价的过程中自然会体现出追求物美价廉的高性价比特征。同理，企业的目标市场选择和市场定位也会深刻影响其产品价格。

3. 企业营销组合策略

营销组合策略是一个完整的策略体系，其各组成部分必须围绕同一个战略目标来进行设计和实施，以确保整体营销效果的最优化。因此，价格策略必须与产品设计、分销和促销决策相协调，以形成持续有效的营销组合策略。企业通常先确定产品的价格定位，再根据已确定的价格来调整其他营销组合变量。

4. 组织因素

企业内部不同的组织架构体系和不同的决策方式等组织因素，都会对定价工作产生影响。比较常见的情形是，在小企业中，价格通常由最高管理层或者老板直接制定；在大企业中，价格通常由产品部门或者产品经理负责制定。

8.2.2 体育产品价格的外部影响因素

体育产品价格的外部影响因素，是指来自于体育企业外部环境的对企业产品价格及其变化产生影响的所有要素。总体而言，影响体育产品价格的外部因素主要包括以下几个方面：体育消费者、竞争对手、市场和需求、政府和其他等（参见图8-5）。

图8-5　体育产品价格的外部影响因素示意图

1. 体育消费者

体育消费者是体育企业生产产品的原因，也是体育产品销售的对象。因此，显而易见，体育消费者是企业在对产品制定价格的过程中非常重要的考虑因素。一般而言，消费者总是期望购买到符合自己心理预期的商品。顾客感知价值便是用来描述和评估这种心理预期的概念。所谓顾客感知价值，就是顾客对企业所提供的产品或服务的价值的主观认知，包括顾客对感知利得和感知利失之间的比较和权衡。简而言之，消费者会主观地评判产品的价格是否合适。体育消费者这种总是追求"物有所值"，甚至"物超所值"的心理和行为特征，使得企业在定价的过程中必须仔细考虑是否符合消费者的心理预期。关于体育消费者与体育产品价格之间的互动关系，将在本章第三节中"基于顾客价值的定价法"部分进行更为详细的讨论。

2. 竞争对手

竞争对手是企业在制定价格的过程中最重要的影响因素之一。竞争对手产品的价格直接影响企业相似市场定位的产品的价格。通常情况下，在功能和质量相似时，价格越低，越有机会获得消费者的青睐；价格越高，越有可能失去本应占有的市场份额。互联网时代，比价机制和技术的成熟，使得这种情况更加常见。

体育消费者对体育产品价值的感知很大程度上依赖于对竞争各方产品价格的比较。相比竞争对手更高的定价，可能增强消费者对企业产品高品质的品牌形象认知，也可能导致消费者对产品性价比较低的判断；更低的定价，可能增强消费者对企业产品物美价廉的品牌形象认知，也可能导致消费者对产品质不如人的判断。

3. 市场和需求

企业定价自由度在不同类型的市场中存在差异。经济学中一般将市场分为四类，即完全竞争市场、完全垄断市场、垄断竞争市场和寡头垄断市场。在完全竞争市场中，市场营销的作用有限，因为单个企业对于产品价格没有控制力。在垄断竞争市场中，企业相对较少受竞争对手价格策略的影响。在寡头垄断市场中，企业需要对竞争对手的定价策略和营销策略保持警觉并迅速做出反应。在完全垄断市场中，企业在理论上能够完全控制价格。

除了考虑市场对价格的影响，还需关注构成市场的需求对于价格的影响。事实上，需求和价格存在相互影响的关系。一方面，需求的大小在一定程度上决定了价格的高低；另一方面，价格的高低也会在一定程度上影响需求的大小。换言之，每种价格都可能导致不同的需求水平。

4. 政府

体育具有较明显的公益属性。特别在我国全民健身国家战略的宏观指引下，体育的公益特性更加突出。党的二十大报告中指出，要"广泛开展全民健身活动，加强青少年体育工作，促进群众体育和竞技体育全面发展，加快建设体育强国"，凸显了全民健身在整个体育工作中的重要地位，这在体育场地设施、体育赛事活动、体育健身指导等很多领域的定价方面都有所体现。例如，对奥运会、世界杯等重大体育赛事转播权的规定；公共体育场馆免费或低收费向公众开放的有关规定；多种形式的大众体育消费补贴等。

扩展阅读 8.1 贵州省黔西南自治州兴义市体育场馆设施低价向公众开放

5. 其他

除了上述几个主要外部影响因素以外，还有一些因素会对体育产品的价格产生影响。例如，分销商可能会对产品终端销售的价格产生影响；某些突发情况，如社会问题等，也会对价格产生影响。例如，突如其来的新冠疫情对整个社会经济环境造成了巨大的冲击，宏观环境的改变对包括体育产业在内的各个行业带来了显著影响，需求下降、供应链受阻、库存增加、成本上升等，都对于体育企业如何适应市场行情变化采取更加有效的定价策略提出了更高的要求。

8.3 体育产品的主要定价方法与策略

8.3.1 体育产品的主要定价方法

与所有商品一样，体育产品的定价是一个复杂的问题，需要管理者结合企业的经营目标，并综合考虑多种影响因素，做出科学有效的决策。一般来说，体育产品主要有以下 3 种定价方法。

1. 基于成本的定价法

基于成本的定价法，是指基于产品生产、配送和销售环节的成本，考虑回报率和风险的一种定价方法。这种定价方法的核心理念是成本决定价格的下限。

低成本是很多企业所追求的经营战略。低成本带来低价格的市场竞争优势。但是，市场中也有一些企业反其道而行之，以较高的成本增加产品的价值，通过定高价来获取更高的利润。

关键是管理成本和价格之间的差价——它代表企业创造了多大的顾客价值。

成本的类型：固定成本和变动成本。固定成本是指不随产量和销量的变化而变化的成本。变动成本是指直接随生产规模而变化的成本。总成本，是指一定产量水平下固定成本和变动成本的总和。

成本加成定价法——也称加成定价法，是指在产品成本上增加目标毛利来确定售价。

成本加成定价法的优势在于成本更好准确把握、简化了定价程序。劣势在于价格竞争也相应弱化，一般来说，这是不合理的，因为忽视了消费者需求和竞争对手的定价，不太可能产生最优价格。

另一种以成本为基础的定价方法是盈亏平衡定价法，或称为目标利润定价法，即企业尽力制定能够达到盈亏平衡或目标利润的价格。该价格体现了企业在不同销量下的总成本和总收入。

2. 基于顾客价值的定价法

产品价格是否合适的最终评判者是顾客。定价工作必须从顾客价值着手。有效的顾客价值导向定价法需要了解消费者对产品价值的评估，并通过价格来反映这个价值[1]。

基于顾客价值的定价法，是指将消费者的价值感知作为定价的关键考虑因素的定价方法。

基于顾客价值的定价法的核心理念是：消费者是通过顾客感知价值来评价产品价格的。因此，定价时首先需要追求好的顾客感知价值，而非一味追求低价格。

基于顾客价值的定价法的重点和难点，在于准确衡量顾客感知价值。顾客感知价值具有很强的主观性，甚至因人而异。

两种具体的定价方法：超值定价法和增值定价法。

超值定价法——以合理的价格提供恰当的质量和服务。在已有的品牌上推出低价版产品或推出新的低价产品线，如沃尔玛的"Price First"、奔驰汽车的CLA级车等。还有企业以较低价格提供相同质量的产品。例如，国产体育用品企业大多试图通过提供质量不相上下但价格更加便宜的产品来赢得与国际知名体育用品品牌的市场竞争。还有一些企业以极低的价格提供较少的价值而获得成功，如ALDI连锁超市、春秋航空公司等。高低定价法，在平时制定一个比较高的价格，但频繁地进行促销活动以暂时性地降低指定商品的价格。

增值定价法——通过附加增值特征和服务以实现差异化，并以此支持其相对较高的定价。例如，近年来李宁、安踏等国产体育用品品牌纷纷推出以"国潮"概念为核心的产品品类，正是在体育用品的基础核心价值之外，针对中国年轻消费者越来越强烈的文化自信和个性化消费需求，赋予体育用品更多的价值，并以此实现与国际竞争对手的差异化市场定位，进而使制定较高的价格成为可能（图8-6）。运动休闲品牌"Allbirds"通过主打特色鲜明的"绿色环保"概念而为自己的产品赋予更多的价值，进而在定价中高端的运动休闲鞋市场上占据一席之地（参见图8-7）。

图8-6　中国李宁2021秋冬潮流发布走秀款男女同款套头连帽卫衣，零售价899元人民币
资料来源：网络

图8-7　借"绿色环保"赋能的allbirds品牌零售店示意图
资料来源：网络

3. 基于竞争的定价法

面对竞争激烈的市场环境，在确定价格的时候，企业必须要考虑竞争对手的价格及其定价策略。

所谓基于竞争的定价法，是指根据竞争者的战略、成本、价格和市场化供应量确定价格。

采用该定价方法的另一个重要原因是消费者会把对产品价值的判断建立在竞争对手相似产品的价格基础之上。

采用该定价方法的目标不是匹配或击败竞争对手的价格，而是根据竞争对手创造的相对价值来设定价格。也就是说，更高的顾客感知价值对应更高的价格是合理的，而不必一味追求比竞争对手更低的价格（参见图8-8、图8-9）。

采用该定价方法的原则，是要确保在那个价格水平上为顾客提供更多的价值。

图8-8　Nike Air Zoom Alphafly NEXT%，
零售价约为2 199元人民币
资料来源：网络

图8-9　李宁飞电2.0 ELITE竞速跑鞋，
零售价约为2 099元人民币
资料来源：网络

8.3.2　体育产品的主要定价策略

体育产品的定价策略，就是为了实现营销目标，根据市场环境的实际情况而制定的价格计划和方案的集合。

本部分主要探讨新体育产品和体育产品组合的定价策略问题。

1. 新体育产品的定价策略

在体育产品的生命周期中，处于进入阶段的新产品往往是最重要也是最困难的定价阶段。在这个阶段，主要有两种定价策略可供选择，分别是市场撇脂定价法和市场渗透定价法。

所谓市场撇脂定价法（market skimming pricing），是指在新产品上市之初制定相对较高的价格，以获取更多的利润。例如，安德玛的运动服装的定价在其上市的早期阶段，就制定了相比耐克和阿迪达斯同类型产品更高的价格，以此抓住市场中一部分追求更新的产品、更高的品质和更独特的品牌的体育用品消费者的心理和需求，获得了更高的市场利润，从而迅速发展壮大起来。

近年来，新晋世界知名运动品牌露露乐檬也在中国市场采取了市场撇脂定价法，借助其准确的高端瑜伽运动细分市场定位和独特的品牌内涵塑造，露露乐檬将其运动服装产品定价显著高于耐克、阿迪达斯等传统知名体育用品品牌，获得了较为理想的市场效果（参见图8-10、图8-11）。2019年财报显示，露露乐檬全年营收达到40亿美元，同比增长21%，全年净利润为6.46亿美元，增长33%。截至2021年1月15日，露露乐檬市值为431亿美元，耐克为2 218亿美元，阿迪达斯为338亿美元。

所谓市场渗透定价法（market penetration pricing），就是为了迅速打开市场、提高市场占有率，而在进入市场之初为新产品制定一个相对较低的价格的定价方法。迪卡侬体育用品公司推出的各类新产品大多采取了相比竞争对手更低的定价，以确保其产品能够吸引对价格较为敏感的消费者群体，进而快速占领市场，并降低生产和销售成本，获得了较好的市场效果（参见图8-12）。

图 8-10 露露乐檬实体店示意图

资料来源：网络

Nike Epic Luxe
女子中腰跑步紧身裤
1 种颜色

¥599

Nike Yoga Dri-FIT
Metallic Trim 7/8 女子高腰紧身裤
1 种颜色

¥449

Nike Sportswear Essential
Swoosh 女子中腰紧身裤
1 种颜色

¥299

Align
女士高腰运动裤

¥850.00
立即购买

Align
女士运动高腰紧身裤 28"

¥850.00
立即购买

Base Pace
女士运动高腰紧身裤 28"*拉绒款

¥980.00
立即购买

图 8-11 露露乐檬与耐克同类产品价格对比示意图（上排为耐克，下排为露露乐檬）

资料来源：两品牌官方网站

图 8-12　迪卡侬实体门店示意图
资料来源：网络

2. 体育产品组合定价策略

所谓产品组合，是指企业向市场所提供的所有产品线和产品项目的集合。一个企业的产品组合通常可以从 4 个维度进行衡量，即组合宽度、组合长度、组合深度和组合的一致性。组合宽度，是指企业所拥有的产品线的数量。例如，迪卡侬体育用品公司生产和销售涉及 80 多种运动项目的运动服饰、鞋袜和装备等。组合长度，是指企业在每条产品线上的产品项目的数量。例如，迪卡侬的跑步鞋产品线就拥有 KALENJI、KIPRUN 和 EVADICT 3 个子品牌产品。组合深度，是指产品线中每种产品有多少个类型。例如，迪卡侬的 KIPRUN 品牌包含 FAST、KD LIGHT、KD 500 和 ULTRALIGHT 等产品。每种产品还有不同配色、尺寸等区别（参见图 8-13）。产品组合的一致性，是指不同产品线在最终用途、生产条件、分销渠道或其他方面相关联的程度。

扩展阅读 8.2　体育类 NFT 产品的兴起与定价策略问题

图 8-13　迪卡侬 KIPRUN 产品线部分产品示意图
资料来源：网络

根据上述 4 个维度,企业可以构建适合自身情况的产品组合,并根据产品组合的特征为其中的每一个产品进行定价,并形成产品组合价格矩阵。一般而言,产品组合定价策略主要包括以下 5 种,即产品线定价、备选产品定价、附属产品定价、副产品定价和产品捆绑定价。

(1)产品线定价,就是为企业产品组合中的一整条产品线进行定价。

(2)备选产品定价,就是为与主要产品配套的备选产品或附件产品进行定价。

(3)附属产品定价,为需要和主要产品一起使用的产品进行定价。

(4)副产品定价,为相对来说价值较低的副产品进行定价。

(5)产品捆绑定价,为捆绑在一起销售的产品进行定价。

8.4 体育产品的价格调整及变动策略

8.4.1 体育产品的价格调整策略

市场环境复杂多变,因此产品价格必须保持灵活性。体育企业必须根据实际情况对产品的基础价格及时做出相应的调整。一般而言,根据不同的营销目标和价格影响因素,体育企业有 7 种主要的价格调整策略可供选择,分别是:折扣和补贴定价、细分市场定价、心理定价、促销定价、地理定价、动态定价和国际定价。

1. 折扣和补贴定价

折扣和补贴定价,是指为回报消费者的某些行为(如批量采购或提前付款)而调整产品的基础价格。折扣是体育企业在销售产品时经常使用的价格调整策略之一。折扣的常见形式有以下几种。

(1)数量折扣,即给购买产品的数量达到某个设定标准的消费者以一定价格优惠。例如,经销商以批发价购买一批产品。

(2)功能折扣,即生产商向履行了特定职能的渠道成员提供的一种价格优惠。例如,生产商向达到一定销售业绩指标的经销商给予的价格优惠。

(3)季节折扣,即向反季节或淡季的消费者提供的一种价格优惠。例如,体育旅游目的地在淡季制定更低的门票价格(参见表 8-2)。

表 8-2 国内某高山滑雪场分季雪具租赁价目表

雪具租赁价目表				
		平日/元	假期/元	春节/元
滑雪(含租用 1 双滑雪鞋+雪板+雪杖)	2 小时	198	258	328
	3 小时	258	318	408
	4 小时	298	368	468
	全天	328	398	498
嬉雪		50	50	80
雪圈雪车	1 小时	198	258	328
	2 小时	258	318	408

续表

雪具租赁价目表		平日/元	假期/元	春节/元
雪地摩托		100 元/圈	200 元/圈	300 元/圈
自带雪具		7 折收费（谢绝除双板、单板以外的自带雪具进入雪场）		
雪服/元	头盔/元	手套/元	护目镜/元	寄存/元
50	20	10	15	10

资料来源：网络

补贴，通常是对购买者（经销商或终端消费者）的某种行为的价格优惠。例如，生产商对经销商参与开展营销宣传活动所支付的款项或给予的价格优惠。

2. 细分市场定价

所谓细分市场定价，是指根据消费者、产品、地点等的不同而对价格进行相应的调整。按照体育企业对其目标市场的细分方式不同，细分市场定价一般可以分为 4 种形式，即顾客细分市场定价、产品细分市场定价、地点细分市场定价和时间细分市场定价。

顾客细分市场定价，顾名思义，就是针对不同的目标顾客制定不同的价格。例如，经营性体育场馆针对学生和老年人收取更低的场地使用费。体育赛事针对特定群体（如青少年、俱乐部会员等）实行更优惠的门票价格，也是一种按照顾客细分市场进行定价的行为。

产品细分市场定价，是为同一产品的不同版本制定不同的价格。例如，运动鞋生产商为同一款运动鞋的不同配色版本制定不同的价格（参见图 8-14）。

图 8-14 耐克为 AF1 篮球鞋不同版本制定不同价格的示意图

资料来源：耐克官网

地点细分市场定价，是在生产成本差别不大的情况下，生产商在不同的市场区域或地点制定不同的价格。这种定价策略主要考虑区域整体差异和消费者购买偏好的差异。

时间细分市场定价,是生产商根据季节、月份、日期,甚至一天中不同时间段而对产品制定不同的价格[4]。例如,体育场馆在节假日收费更高,而在每天上午和中午时段的定价往往比下午和晚间时段更便宜(参见表 8-3)。

表 8-3　国内某游泳馆价格表

游泳项目　单位:元/1.5 小时

开放时间	一	二	三	四	五	六	日
07:00—08:00	20	20	20	20	20		
08:00—12:00	25	25	25	25	25	30	30
12:00—21:30	30	30	30	30	30	35	35

资料来源:网络

3. 心理定价

所谓心理定价,是指根据消费者的心理特征调整价格。这种定价策略密切关注消费者购买决策过程中的心理特征,试图通过进行适当的价格调整来直接影响消费者的购买决策。利用尾数效应和整数效应影响消费者对产品价值的判断是市场上一个常见的定价策略。用 9 或 .99 等尾数效应定价方法,通常会给消费者带来价格更加便宜的印象。例如,"9.99 元"比"10 元"更便宜。而用整数为商品定价,通常会使消费者认为该商品更加高端或更有价值(参见图 8-15)。

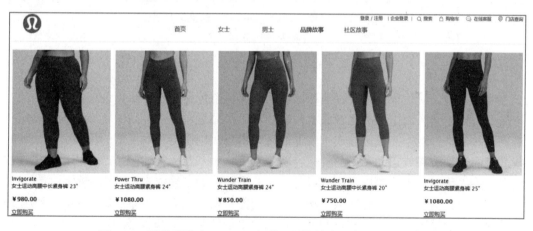

图 8-15　露露乐檬(lululemon)利用整数效应为商品定价示意图

资料来源:网络

另外,一些与价格相关的能够带给消费者心理暗示的提示物或信息也能够促进购买行为的发生。例如,特价标签、最低价格保证、折扣信息等。

4. 促销定价

促销定价,是指暂时降低价格以促进短期内商品销量的提升的定价方法。采用促销定价的目的可以是提升销量,也可以是快速提高市场占有率和打击竞争对手,还可以是为了减少商品库存(参见图 8-16)。尽管促销定价可能对企业的市场表现起到立竿见影的效果，但是这种定价策略也存在一些潜在的问题，如使消费者养成折扣依赖的购买习惯、损害产品或品牌在消费者心目中的形象或地位、引发市场价格竞争降低盈利能力等。因此，企业应认真规划和谨慎使用促销定价策略。

图 8-16　某网上商城运动鞋折扣信息示意图

资料来源：网络

5. 地理定价

地理定价，就是根据消费者地理区域的不同调整价格。这种定价策略主要考虑同一产品发送到不同区域市场的运输成本问题。对于产品运输成本较高的区域市场，制定相对更高的价格；对于产品运输成本较低的区域市场，则制定相对更低的价格。例如，一些进口的运动装备或运动器材的价格与实现本土化生产和销售的同类产品相比价格往往更高，除去税费、汇率等影响因素以外，长距离较高的运输成本也是重要原因。

实践中，为每一个细分区域市场制定不同的价格是具有一定难度的。因此，企业往往采取统一运输定价、区域定价和基点定价等更加便于控制和管理的定价方法。统一运输定价，就是企业向位于不同地理位置的所有消费者收取一样的价格，将运输费用平均分摊到生产成本当中。区域定价，就是把市场划分为若干个区域，同一区域市场制定同一个价格。基点定价，就是选择一个城市或地区作为基点，根据不同区域市场与该基点之间的距离来制定区域市场的价格。

6. 动态定价

动态定价，就是企业根据个体消费者的特征、需求及购买情况调整价格。在互联网环境下，产品价格的灵活性得到显著增强。面对快速变化的市场需求、日益激烈的市场竞争，企业必须认真思考积极的应对之道，而价格策略就是最为重要的手段之一。互联网、大数据及更多更新的数据分析技术也使得更快速、更准确地进行动态价格调整成为可能。例如，体育赛事组织管理者可以根据票房销售情况及时调整比赛门票价格；体育用品企业可以对竞争对手的价格调整策略做出及时响应，确保产品的市场竞争力。

在新的技术条件下，企业甚至可以做到根据潜在消费者不同的购买能力和对特定商品的购买意愿而实行差别化定价。当然，这种定价策略涉及一定的商业伦理甚至法律方面的问题，如市场上出现的"大数据杀熟"现象，目前还存在一定的争议。总之，企业应该谨慎运用动态定价策略。

7. 国际定价

国际定价，就是为国际市场调整价格。国际定价实际上可以看成是地理区域定价的延伸。不过在区域定价的基础上，企业需要考虑更多具体的影响因素，如目标国市场的经济环境、竞争状况、法律法规、销售体系和文化因素等。例如，国际知名运动品牌在进入新兴市场时通常会为自己的产品制定一个相对较高的价格，以凸显自身国际大牌的品牌形象定位，借此拉开与本土竞争对手的差距，锁定消费能力更强的中高收入群体，并获取较高的利润。近年来，随着国际市场竞争激烈程度的提高，一些企业越来越关注和重视欠发达国家和地区中收入水平较低但是规模庞大的消费者群体，通过各种方式为他们提供能够负担得起的商品，以此开拓新的市场空间。

8.4.2 体育产品的价格变动策略

企业在综合运用上述定价策略完成对体育产品的定价之后，还必须经常根据市场状况对价格进行相应的变动。一般而言，对商品价格进行变动主要有两种选择，一是主动发起价格变动，二是应对市场价格变化。

1. 主动发起价格变动

企业主动发起价格变动又可以分为两种情况：一是主动提高产品价格；二是主动降低产品价格。在决定是否需要主动提高或降低产品价格的过程中，企业需要综合考虑多种影响因素，主要包括以下几点。

（1）企业长期或短期营销目标。企业所追求的目标对价格的变动具有决定性作用。如果需要在短时间内提高市场占有率，那么选择降低价格就可能起到立竿见影的效果；而如果想要获取更高的利润，则可以考虑提高价格。例如，一家新开张的健身房为了尽快扩大市场，并培养运动健身消费者新的健身消费习惯，可能会将其单次卡、月卡或者年卡的价格降至一个很有吸引力的低位。

（2）目标市场的变化情况。目标市场的消费者对价格的变动可能会做出不同的反应，企业必须充分考虑这些市场反应所带来的短期和长期影响。通常情况下，降低价格会促使消费者更愿意购买，或者会购买得更多，而提高价格则会降低消费者的购买意愿。在一些特定的市场条件下，降低价格也可能会破坏企业及其产品在目标市场中建立的品牌形象，而提高价格则可能会对品牌形象起到提升的作用。例如，一场体育赛事门票突然大幅度降低，可能会让消费者认为比赛的精彩程度值得怀疑。还有一种情况，即企业的目标市场发生变化，需要重新做出符合新的目标市场消费者实际情况的价格变动。例如，一旦建立起更加高端时尚的运动品牌形象，企业可能会希望通过适当提高价格来凸显其高品质产品的市场定位，以此获得更高收入水平目标市场消费者的认可。

（3）行业竞争情况及其变化趋势。行业竞争环境对企业价格变动具有重要影响。在主动发起价格变动的情况下，企业应充分考虑并密切关注行业中竞争对手对此做出的反应。提前预测主要竞争对手的反应方式，将有助于企业掌握市场主动权，更好地应对市场竞争。

最后，需要注意的是，企业采取任何提高价格的决策都必须要经过认真分析和论证，因为消费者可能会感觉到被企业不公平地对待，如企业是因为滥用其市场垄断地位才进行涨价。因此，与降低价格相比，企业在提高产品价格的同时应该注意向市场做好充分的解释工作。

2. 应对市场价格变动

在激烈的市场竞争中，竞争对手可能会主动改变价格，以期在竞争中掌握主动。这时，企业必须对竞争对手的价格变动做出及时的回应。在综合考虑竞争对手、消费者反应、自身情况和营销目标等因素的基础上，企业一般有3种应对策略，即维持原价不变、跟进降低价格和提高价格。

如果企业认为竞争对手的降价行为对自己产品的销量、市场占有率和利润的影响不大，或者如果跟进降低产品价格的弊大于利，则企业可以选择维持现有价格不变的策略。这时，企业一方面要密切关注市场对此做出的反应，随时准备采取必要措施来应对可能出现的不利情况；另一方面，企业可以借此机会宣传自己的产品与竞争对手产品的差异，强调其更高的价值，以此提升顾客的感知价值，并使顾客理解维持产品价格高于竞争对手的原因。

如果企业认为有必要对竞争对手的降价行为给予回应，则首先可以考虑降低价格，与竞争对手的产品价格相匹配，以此保持自己产品的市场竞争力。尽管降价行为会带来短期利润的下滑，但这有时是维持产品市场竞争力的最直接有效的手段，特别是对于一些面向价格敏感型消费者群体的体育产品来说更是如此。

当竞争对手降价时，企业还可以反其道而行之，采取提高价格的应对策略。但需注意的是，提高价格的前提是努力提升产品的价值，如更好的质量、更优质的服务等。总之，要针对竞争对手的产品建立一个具有更高价值的市场定位，从而有效地形成差异化，以此化解竞争对手通过降价带来的市场竞争力优势。例如，在竞争对手健身俱乐部降低会员价格以期扩大会员规模时，企业可以通过改善俱乐部环境设施品质、增加更多个性化的健身指导服务等手段来增加会员感知价值，并适当提高价格，以更高品质来吸引更高消费能力的消费者群体加入俱乐部。

本章小结

本章在学习市场营销中定价及其相关基本理论知识的基础上，对体育产品定价策略进行了较全面深入的学习和探讨。价格不仅仅是商品价值的反映，其在体育产品营销中还发挥着多重功能，是体育市场营销组合策略中的重要组成部分。市场内外部多种因素都会对体育产品的定价产生影响,需要仔细梳理和分析这些因素。体育产品适用成本定价法、竞争定价法和需求定价法等市场营销中常见的定价策略和方法,但在实际运用中也要注意结合体育产品及其市场的独特特点,并要时刻注意对产品价格及其定价策略进行动态调整,以应对市场竞争环境的变化,进而更有效地达成市场营销整体战略目标。

课后思考题

1. 在为一项马拉松赛事设定报名费价格时,需要考虑哪些方面的因素?

2. 比较三种主要定价策略(基于成本的定价策略、基于顾客价值的定价策略和基于竞争的定价策略)之间的异同,并思考在实践中应如何选择定价策略?

3. 新产品上市通常会考虑采用撇脂定价法,以获取更高的利润,但是这也可能会带来一系列问题,请说明会有哪些潜在的问题?企业应如何避免这些问题的产生?

4. 请结合你最近一次体育产品消费体验,谈谈该产品的价格策略(包括价格促销手段)对你的购买决策产生了什么样的影响?为什么会产生这样的影响?

案例讨论

FITURE"突发"智能健身镜新品,定价4 800元,百镜大战走向沸腾

2021年6月9日,中国智能健身行业的独角兽FITURE于天猫官方旗舰店上线了全新智能健身镜产品"FITURE 魔镜旗舰版"。这也是该公司自去年11月发布"FITURE魔镜Slim"以来,旗下问世的第二款基于"硬件+内容+服务+AI"模式打造的智能健身镜产品。

据悉,作为FITURE面向大众市场推出的一款差异化产品,"FITURE魔镜旗舰版"的正式售价为4800元,保留了AI功能的同时赠送3个月的会员服务费用。FITURE方面还透露,已为这款全新问世的产品备足了现货,内部对销售前景表示乐观。

镜体更轻薄,屏占比更高,智能健身体验不缩水。

资料显示,"FITURE魔镜旗舰版"整机尺寸为173.2厘米×58厘米×4厘米,拥有一块43英寸的1 080P全高清屏幕,最高亮度可达230尼特。高亮度、高屏占比为产品带来了极高的正面视觉冲击,坡度元素设计的侧边框也令其相比同类产品显得更加纤薄。据介绍,本款产品现有灰、蓝两种配色,整体风格偏时尚与年轻化。

细节上,FITURE对这款全新产品下足了功夫,包括运用了真空镀膜、炫彩阳极氧化、一体折弯、电镀镭雕等在高端智能终端上的常见产品工艺。此外,标志化的日内瓦纹也被保留在了产品U形支架的内圈。同时,防滑上下橡胶垫以及可收纳安装装置还为日常使用的安全提供了双保险。

为产品的智能健身体验不缩水,"FITURE 魔镜旗舰版"保留了人体姿态感应器、蓝牙模块、双频段 Wi-Fi、双麦克风、双声道扬声器等配置。在此基础上,该款产品还采用了一款最高算力达 5T 的定制 AI 芯片,搭配 4G+32G 的闪存与内存组合,为系统的流畅运转提供了保障。

值得一提的是,"FITURE 魔镜旗舰版"的双声道扬声器分布于产品左右两侧,并拥有虚拟音效增强技术的加持。现场感十足的听觉效果,再搭配高屏占比 43 英寸高清屏幕带来的视觉冲击,保证了产品能给予用户具备沉浸感的使用体验。

兼备 AI 功能与海量课程,4 800 元定价卡位市场要害。

不难看出,这是一款性价比极高的智能健身镜产品。相比市面上的 10 余款健身镜、智慧屏类产品,售价 4 800 元的"FITURE 魔镜旗舰版",在硬件规格方面已经颇具竞争力。

据介绍,"FITURE 魔镜旗舰版"作为公司正式推出的第二款产品,在既定规划中是一款专门面向 3 000 元至 5 000 元这个价位段市场的差异化产品。凭借不缩水的智能健身体验,FITURE 意在通过一次"降维打击"撕开全新的市场突破口。

相比这个价位段中的多数产品,"FITURE 魔镜旗舰版"具备了它们所没有的 AI 功能,可以为用户提供 AI 纠正指导,是严格意义上的智能健身镜产品。而与同样拥有 AI 功能的同价位产品相比,"FITURE 魔镜旗舰版"也能在大尺寸大屏占比高清屏,音效增强技术加持的双声道扬声器、高算力 AI 芯片、超 1 000 节自制课程等诸多细节上占据明显优势。

对此,有知情人士称,FITURE 能在 3 000 元至 5 000 元的价位段打造一款高性价比产品,说明它们已经拥有了极强的供应链掌控能力,特别是议价能力。然而性价比还并不是"FITURE 魔镜旗舰版"产品竞争优势的全部,拥有 AI 加持的海量自制课程,即"交互式内容",才是 FITURE 领先于行业的根本。

持续迭代的交互式内容,先发优势成为"代差优势"。

"FITURE 魔镜旗舰版"在技术上的核心竞争力是自主研发的 FITURE MOTION Engine™ 智能运动追踪系统。据 FITURE 产品负责人介绍,该系统目前已达到 L4 等级,能实现动作捕捉、实时纠错、数据分析等功能。经过近半年的数据积累和迭代更新,现已具备了手势互动、多人同练等新增功能。

未来,FITURE MOTION Engine™ 将持续推进技术升级,并通过对用户数据的分析不断提供更定制化、个性化的服务解决方案,最终目标是达到具备完全自主动作交互的 L5 等级。有业内专家表示,这将是一个较长期技术迭代过程。如果 FITURE 能在现有优势的基础上再不断加大投入,这对其他厂商来说都会是无法绕开的竞争壁垒。

在自制内容方面,FITURE 现已签约近 20 位健身教练,组建了一个累计授课时长超 20 万小时,教学经验 10 年以上,累计奖项认证 500 多个的"FITURE FORCE 全明星教练"。在对标好莱坞影视制作规格来打造的"健身梦工场",内容团队可通过一个囊括教练、拍摄及后期、音乐、开发和 AI 的数字化"交互内容创作管理系统"实现全年 5 000 节健身课程内容更新的产能。

据透露,FITURE 目前已经上线超过 1 000 节健身课程,累计用户使用超过 15 万次,覆盖力量塑形、格斗训练、拉伸、瑜伽、普拉提、有氧舞、体态纠正、孕产专属、青少年专属等 12 大类课程,能满足全年龄段家庭用户的需求。在合作内容方面,与 PURE、金芭蕾联合打造的课程已经上线。FITURE 内容负责人表示,团队后续将推进与各类顶级 IP 的合作,推出更多、更丰富的健身或者泛运动娱乐的交互式内容。

有知情人士称,FITURE 这个规模的自制健身课程内容库,目前在国内整个健身领域都是比较领先的。如果考虑到他们在仅仅半年时间就达到了这个体量,并且还将实现每周上线 100 节课程的产能,海量、多品类的课程内容将会是 FITURE 相比其他厂商的一个重要竞争优势所在。

FITURE 作为国内健身赛道的领跑者，已在技术研发、自制内容等多方面拥有了明显的"代差优势"。随着数据的积累和打通，FITURE 在技术功能与课程内容的迭代将会更加满足用户需求，并持续提升使用体验。有评论人士称，FITURE 目前已具备较高的竞争壁垒，但诸多优势仍有待通过市场来进一步检验，这或许便是这款新产品的战略意义之所在。

即日起，FITURE 将全力启动"FITURE 魔镜旗舰版"的产品销售，并表示后续还将推出一系列的市场营销活动。智能健身独角兽 FITURE 能否凭借 4800 这个价位率先撕开市场的新突破口，并保持交互式内容的"代差优势"继续坐稳行业第一之位？答案似乎就快要揭晓了。

（资料来源：经理人网站报道，2021-06-09，https://www.sino-manager.com/232136.html.）

案例思考题：

（1）FITURE 新产品定价的主要影响因素有哪些？

（2）FITURE 新产品定价的主要策略和方法是什么？

（3）你认为 FITURE 新产品定价是否合理？对于进一步优化其定价策略有何建议？

即测即练题

参考文献

[1] 菲利普·科特勒. 市场营销学 [M]. 13 版. 北京：机械工业出版社，2019.

[2] 菲利普·科特勒. 营销管理 [M]. 15 版. 上海：上海人民出版社，2019.

[3] 徐琳. 体育市场营销学[M]. 上海：复旦大学出版社，2013.

[4] 蒂姆·史密斯. 定价策略[M]. 北京：中国人民大学出版社，2015.

第 9 章

体育产品分销策略

本章学习目标

1. 掌握体育产品分销渠道的概念，了解体育产品分销渠道的类型；
2. 理解和掌握体育产品分销渠道的设计和管理；
3. 了解体育场馆市场的概念和特点；结合实际情况有效利用体育场馆。

引导案例

体育数字营销的解题方向（节选）

在一个充满不确定性的大市场环境中，最大的确定性就是数字资产的主导地位将继续增长。

体育营销依然以超乎我们想象的速度发展。新的元素、概念和方法都将在未来一段时间内影响体育版权所有者的资产布局、营销品牌的投资策略规划及两者的供需关系。随着数字参与和粉丝与运动员的联系通过社交媒体增加，更多的流媒体机会将被发掘和利用，预计到 2023 年，体育营销中的数字参与和沉浸式体验将更加丰富。

NFL 全球品牌和消费者营销高级副总裁玛丽莎·索利斯（Marissa Solis）表示："到 2023 年，通过新的流媒体和 DTC 选项，观看比赛的方式将比以往任何时候都多。""我们不仅会让球迷们的指尖更接近比赛，而且我们也有能力将围绕比赛的所有激动人心的故事和场内外的体验呈现出来。技术将允许我们讲述更深层次的场外故事，并以更亲密的方式与粉丝建立联系，随时随地将比赛带给他们。"

其实这已经在 2022 年有突出的显现。在 2022 年，数字粉丝参与已经发生了转变，更多地关注直接与粉丝的关系，这已经成为体育营销人士最关心的话题，他们热衷于在竞争激烈、在线互动日益频繁的体育行业中保持与时俱进。

随着我们进入 Web3 技术的新时代，数字粉丝参与不仅为体育实体提供了一条通往粉丝群的直接途径，还为他们迎接未来的巨大技术挑战和机遇做好了准备。目前的趋势表明，数字体育迷遍布网络，社交媒体、流媒体平台、商店和官方网站的使用率都在上升，他们已经准备好接受新兴技术，以更好地连接他们所热爱的目标对象。

在体育营销的下一段旅程中，数字粉丝参与象征着一种质的飞跃。快速的技术变革正在引领一个利用 Web3 技术力量的在线交互的新时代。在一个充满不确定性的大市场环境中，最大的确定性就是数字资产的主导地位将继续增长。数字标牌、流媒体和其他数字赞助为品牌提供了传统媒体无法提供的与粉丝联系的新方式。SponsorUnited 创始人兼首席执行官鲍勃·林奇（Bob Lynch）就表示："随着我们进入新的一年，我们可以期待在新的体育赞助领域看到更大的增长，特别是在数字领域。""各个联盟的体育迷都希望有更多的方式与他们最喜欢的球队和球员互动。我们可以预计，在 2023 年及以后，品牌会更多地探索这些新渠道。"

在体育营销领域，越来越多的投资者开始关注第一方数据的价值，拥有自己的数据及对客户和目标群体的洞察对于未来的营销成功来说已经变得极其重要。当下的数字媒体格局正经历剧烈的变化，那些名副其实的数字巨头也在争夺用户的注意力和数据，这也在一定程度上带动了体育数字营销找到新的方向。

（资料来源：禹唐体育，2022-12-27，https://baijiahao.baidu.com/s?id=1753347320339853364&wfr=spider&for=pc.）

9.1 体育产品分销渠道概述

9.1.1 体育产品分销渠道的概念

体育产品分销渠道是指把体育产品的所有权从体育企业（生产者）向最终顾客（消费者）转移过程中所经过的途径或通道。在这个过程中，生产者是销售渠道的起点，消费者是销售渠道的终点；中间环节包括直接或间接参与体育产品销售活动的代理商、批发商、零售商。此外，还有一些支持分销渠道运转的辅助机构，如仓库、物流公司、保险公司、金融机构等。

9.1.2 体育产品分销渠道的类型

1. 直接渠道与间接渠道

按照有无中间商进行划分，体育产品分销渠道可以分为直接渠道和间接渠道。

如果体育产品生产者直接将商品销售给消费者，不经过任何中间环节，则称为直接渠道或直接分销（简称"直销"），或称为"零级渠道"。跑步机、健身器械等体育产品的制造商常采用上门推销、电话直销等直接渠道；健身房给顾客办理付费的会员卡，NBA 联盟在比赛场馆或其官网销售门票及纪念品，这些都属于直接渠道。直接渠道减少了销售的中间环节，节省了流通成本，全部销售利润归生产者所有，同时使生产者能够及时了解消费者需求和市场变化，有利于改进产品以应对市场变化。但是，这种销售方式要求生产者履行生产与流通两项职能，不仅耗费较多的人、财、物，还需要承担销售的风险。

如果体育产品生产者通过中间环节把商品销售给消费者，则称为间接渠道或间接分销，或称为多层次分销渠道。中间环节包括体育产品的代理商、批发商、零售商。批发商和零售商通常先取得体育产品的所有权，再将产品销售出去，即批发商将产品卖给零售商，零售商再将产品卖给消费者。例如，羽毛球制造商将产品卖给批发商，批发商随后将产品卖给众多零售商，零售商再将产品卖给消费者，这就是很典型的间接渠道。英超联赛通过电视台独家转播比赛实况，电视台购买了比赛的转播权，实质上充当了批发商的角色。

与批发商和零售商不同的是，代理商不拥有体育产品的所有权，其替生产者销售产品，并按销售额或销售量提取一定比例的代销费用，其销售对象主要是批发商和零售商。例如，体育竞赛或表演的门票代理商、体育经纪公司等。

间接渠道通过分工使销售过程更加专业化，提高了体育产品生产和流通的效率，降低了生产者的销售风险。生产者通过中间环节，扩大了体育产品的销售范围，从而有助于提高产品的市场占有率。值得注意的是，中间环节过多会增加体育产品的流通成本，且不利于生产者获取消费者反馈和市场信息。

2. 长渠道与短渠道

渠道长度指产品分销所经中间环节的多少。中间环节越多，渠道越长，反之，渠道越短。按照渠道的长度划分，分销渠道可以分为长渠道和短渠道。

体育产品分销渠道有不同的结构和类型，主要有以下几种结构模式，如图9-1所示。

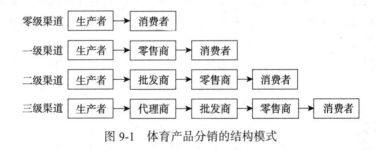

图9-1　体育产品分销的结构模式

轮滑用品制造商通过自己公司的官网或微信公众号向消费者出售轮滑鞋，属于短渠道。同时，该制造商也可以将整批产品卖给省级批发商，省级批发商卖给市级批发商，市级批发商卖给零售商，零售商最后卖给消费者，这属于长渠道。

对制造商而言，渠道越短越容易控制，不容易出现假货或恶性竞价；长渠道由于中间环节多，市场的覆盖面广，而且由于批发商、代理商、零售商各司其职，分工更加专业，分销更有效率，但是长渠道传播速度慢，信息在传递过程中容易失真。一般而言，专业性强、技术复杂的体育产品适合用短渠道；销售面广，客户分散，购买批次多、数量少的体育产品适合用长渠道。

3. 宽渠道与窄渠道

按照分销渠道中每个环节使用中间商的多少进行划分，分销渠道可以分为宽渠道和窄渠道，同一个中间环节使用的中间商数目越多，渠道就越宽；反之，渠道就越窄。

根据分销渠道的宽窄程度，通常可以分为独家分销、选择性分销和密集性分销 3 种分销形式。

1）独家分销

独家分销又称"最窄渠道"，指制造商在某一时期、某一地区只选择一家中间商对其商品进行分销。通常双方会协商签订独家经销合同，一方面规定制造商在某一时期不再在该地区发展其他经销商，另一方面也规定经销商不得经营竞争对手的产品，如英国广播公司（BBC）拥有 2012 年伦敦奥运会的独家转播权；天空票房（Sky Box Office）独家拥有英国大型拳击比赛的电视转播权。2015 年 1 月，NBA 与腾讯共同宣布双方将签署一项为期 5 年的合作伙伴协议。腾讯花了 5 亿美元成为 NBA 未来 5 年在中国唯一的数字媒体合作伙伴，这也是 NBA 联盟历史上最大规模的国际数字媒体合作。

独家分销的优点在于市场竞争度低，制造商与经销商关系较为密切，有利于结成可靠、紧密的伙伴关系；缺点在于可能会因为缺乏竞争使消费者满意度受到影响，此外，由于制造商的分销仅仅依赖于某一家分销商，所以分销商对企业的反控力较强。

2）选择性分销

选择性分销介于密集性分销和独家分销之间，指制造商在目标市场上按照一定的标准，选择一定数量中间商对其商品进行分销。选择一些中间商来经营公司的业务，是指制造商根据自己所设定的交易基准和条件精心选择最合适的中间商销售其产品。选择性分销能使制造商获得一定的市场覆盖面，与密集性分销相比能实施较强的控制并能降低成本。例如，美国全国橄榄球联盟（NFL）为其赛季电视转播业务选择了 4 家媒体，分别是 FOX、CBS、ESPN 和 ABC。选择性分销的优缺点则介于独家分销和密集性分销之间。

3）密集性分销

密集性分销又称为广泛分销，是指在同一中间环节中，尽可能多地使用分销商，以扩大市场覆盖面或快速进入一个新市场。运动鞋、运动服饰等大多采用密集性分销，如安踏运动服，既在安踏专卖店销售，也在一般商场销售。密集性分销可以促进运动产品大量销售。例如，耐克运动鞋既在耐克旗舰店和耐克专卖店销售，还在其官网、电商平台销售；此外，商场、折扣店、购物索引都是其销售渠道。耐克鞋选择多渠道的销售方式，但特别款式的耐克鞋则采用选择性分销或者独家分销。

扩展阅读 9.1　雪场的渠道策略

密集性分销的优点在于市场覆盖率高，这一点和长渠道是一样的。密集性分销最大的缺点在于市场竞争激烈，中间商可能会为了自己的利益而影响制造商的统一营销规划。此外，对于制造商来说，管理数量庞大的中间商，会导致管理成本上升。

9.2　体育产品分销渠道设计

高效的分销渠道可以帮助提高体育产品的市场占有率，帮助体育企业实现销售目标，并且能发挥中间商的作用，减少分销渠道的风险，因此在设计分销渠道时必须考虑以下主要影响因素。

9.2.1 影响体育产品分销渠道的因素

1. 产品

一般而言，单价较高、体积或重量较大、不容易运输储存、技术复杂、款式变化快或私人订制的体育产品，应减少流通环节，尽可能选择短渠道和窄渠道。例如，大型健身器材价格昂贵、体积大、配件复杂，需要上门安装和长期提供售后服务，适合采用直销渠道、独家分销渠道。相反，单价较低、体积较小、重量较轻、易于运输储存、技术简单、款式变化慢的体育产品，适合采用长渠道和宽渠道。例如，运动饮料往往是通过大量的中间商进行销售的，采用的是多环节的间接分销渠道、广泛分销渠道。

2. 市场

市场因素在分销渠道的策略中起着举足轻重的作用。一般来说，产品销路窄、消费者比较集中、季节性明显、采购批量大的体育产品，适合采用短渠道和窄渠道。相反，产品销路广、消费者比较分散、季节性不明显、采购批量小的体育产品，适合采用长渠道和宽渠道。

3. 企业

总体而言，资金雄厚、销售体系较完善的体育企业可以自由选择分销渠道，既可以建立自己的直销网点，采用产供销合一的经营方式，也可以选择间接分销渠道。反之，如果资金薄弱、销售力量不足，则必须依赖中间商进行销售和提供服务，只能选择间接分销渠道。

4. 竞争

体育企业在设计分销渠道时还应考虑到竞争对手对分销渠道的影响。如果采用与竞争对手相同的分销渠道设计，可以凭借自身产品的特色在某些细分市场取得较大的市场份额，如大型商场中，安踏、李宁、361°、匹克的专柜紧挨着，依靠自身产品特色吸引不同收入和偏好的消费者。

5. 环境

体育企业不可避免地要受到政治、经济、社会、技术、法律等环境因素的冲击。这些因素中，有的直接影响分销渠道的结构，有的则通过影响市场、竞争者、消费者从而间接影响分销渠道。比如，计算机的普及、互联网的发展、物流系统的升级完善使得网络销售变得炙手可热，成为许多体育公司青睐的销售方式，这在很大程度上冲击了传统的分销渠道。

9.2.2 体育产品分销渠道的目标

1. 购买便利

体育企业分销渠道的作用就是使消费者能方便快捷地买到所需的产品。分销渠道应尽可能为消费者的购买实现最大化便利。体育企业通常根据店面与消费者的平均距离、消费者在店面的平均等待时间等因素来决定整个市场的铺货率。

2. 获取利润

体育企业销售产品的最终目的是获取利润，利润水平的高低可以通过销售额、销售率、利润额及利润率来衡量。在考虑通过提高销售额或销售量来获得更多利润的同时，还必须要平衡构建分销渠道的成本。

3. 成员支持

渠道成员的支持是体育企业分销渠道顺利运行的基础。体育企业应调动渠道成员的积极性，使渠道成员全力配合本企业的各项营销策略，包括产品推广、促销活动、公关活动等。

4. 售后服务

体育企业需要确定基本的售后服务标准，如退换货、维修、保养等售后服务的难易程度和处理时间，然后再参考售后服务来设计分销渠道。体育企业分销渠道应能保证产品销售活动及售后服务能够正常开展。

9.2.3　体育产品分销渠道设计

1. 体育产品分销渠道的选择标准

体育企业通过体育产品分销渠道将体育产品送达顾客，以完成企业销售目标，这就必须拟定多个可行性分销渠道设计方案并进行评估，从经济性、控制性和适应性3个方面进行综合评判。

1）经济性

经济性指的是分销渠道设计方案的成本与效益之比。每一种渠道设计方案都将产生不同的销售量和成本。例如，某企业开发了一款大型多功能儿童攀爬架准备在某地区推广销售，现有两种分销渠道方案可供选择。

方案一：企业向该地区派出10名销售人员，按月支付销售人员的基本工资，并根据他们的业绩给予奖励。

方案二：通过该地区的销售代理商联系当地的体育器材零售店，可派出25名推销员，推销员的报酬按佣金支付。

这两种不同的方案会导致不同的销售收入和成本。判断一个方案的好坏，不应看其能否带来较高的销售额和较低的成本费用，而应看其能否取得最大的利润，必须对投资收益率进行计算。一般来说，小企业以及在较小地区从事经营活动的大企业，适合通过代理商或经销商推销产品。

2）控制性

对体育企业而言，短渠道比长渠道易于控制，窄渠道比宽渠道易于控制。使用销售代理商或经销商意味着必须对其进行控制。销售代理商或经销商作为独立的公司，更关心哪些品牌和产品能带来更多利润。代理商或经销商同时代理或经销多个品牌的体育产品，会重点推荐那些利润率较高的品牌或产品。此外，代理商或经销商的推销员也可能没有掌握某些产品的技术细节，或者不能有效运用这些技术细节进行促销。因此，体育企业必须对代理商或经销商实施有效控制以保证其产品能顺利销售出去。

3）适应性

适应性指的是分销渠道应对市场变化的应变能力。由于市场环境不断变化，渠道成员的运营情况会发生改变，体育企业也会调整自身的营销组合策略。为了适应这些变化，体育企业应选择具有较大适应能力的渠道结构。体育企业在分销过程中使用代理商或经销商，通常通过签订合同或协议的方式来规定双方的权利和义务。如果市场情况发生急剧的改变，体育企业即使找到了适应这种变化的更有效的分销方式或更合适的代理商或经销商，也不能在合同或协议存续期间单方面解除与代理商或经销商的关系。尽管含有长期义务的渠道在经济性和控制性这两方面具有优势，但是，从适应性的角度出发，含有长期义务的分销渠道对体育企业是不利的。

2. 体育企业分销渠道的设计

体育企业分销渠道设计包括三项决策：确定分销渠道模式、确定每一层次所需中间商的数目和规定渠道成员的权利与责任。

1）确定分销渠道模式

（1）垂直分销渠道模式。垂直分销渠道模式是由生产者、批发商和零售商组成的统一整体，每个渠道成员都是整个分销系统中不可或缺的一部分，各自承担分销任务并分享利润。

垂直分销渠道模式的优点是：渠道控制力强，易于安排生产与销售，降低分销成本，合理管理库存，容易适应需求变化，阻止竞争者加入，产品质量和交货期有保障。垂直分销渠道系统的缺点是：系统的维护费用高，经销商缺乏独立性。

垂直分销渠道模式包括三种形式：管理式、公司式、契约式。

①管理式分销系统，是指由一个或少数几个实力雄厚、信誉好的体育企业依靠自身影响力，通过强有力的管理手段将众多分销商聚集在一起而形成的分销系统。

②公司式分销系统，是指一家公司通过建立自己的销售分公司、办事处或通过实施一体化及横向战略而形成的分销系统。企业可以通过以下两种方式来建立分公司分销系统：制造商设立分销分公司，建立分支机构或兼并商业机构，采用工商一体化战略形成销售网络；大型商业企业拥有或统一控制众多制造型企业和中小商业企业，形成工贸商一体化的销售网络。

③契约式分销系统，是指制造商、分销商与各渠道之间通过法律契约来确定它们之间的分销权利与义务关系，形成一个独立的分销系统。它与公司式分销系统的最大区别是成员之间不形成产权关系，与管理式分销系统的最大区别是用契约来规范各方的行为，而不是用权利和实力。

（2）水平分销渠道模式。水平分销渠道模式，又称为共生型营销渠道关系，它是指由两个或两个以上的渠道成员联合起来，共同开发新的营销机会，其特点是两家或两家以上的企业横向联合共同形成新的机构，发挥各自优势，实现分销系统的快速、有效运行，实际上是一种横向的联合经营，目的是通过联合发挥资源的协同作用或规避风险。

（3）多渠道分销渠道模式。多渠道分销渠道模式是指体育企业建立两条或两条以上的渠道进行分销活动。每一条渠道都可以实现一定的销售额。渠道之间的竞争既可能促进销售额的共同增加，也可能发生冲突。例如，安踏体育用品公司采用的是多渠道分销渠道模式，其产品在百货公司、安踏专卖店、运动鞋零售商店等多条渠道中销售，各渠道相互竞争，但每一条渠道都能带来一定的销售量。

2）确定每一层次所需中间商的数目

确定中间商数目，即确定渠道宽度。体育企业在确定每一层次所需中间商的数目时，有独家分销、选择性分销、密集性分销三种策略可供选择。

独家分销策略通常要求体育企业与经销商签订独家经销合同，经销商按合同规定不允许在指定区域内销售第三方的产品，尤其是竞争对手的产品，以控制经销商的业务重心，调动其积极性，同时控制市场，彼此充分利用对方的商誉和经营能力。

采用选择性分销策略的体育企业会在某一区域选取一定数量的经销商销售产品。这一策略有助于稳定体育企业的市场竞争地位和良好信誉，选择性分销策略的优势在于可以使产品取得足够广泛的市场覆盖面，又可以比密集性分销策略更易于控制和节省成本。

采用密集性分销策略的体育企业会尽可能通过更多的经销商为其销售产品。这种策略的重点在于扩大产品的市场覆盖面或快速进入新市场。对于消费者购买批量大或频率高的产品，适合选择密集性分销策略。

3）规定渠道成员的权利和责任

规定渠道成员的权利和责任，如制造商给经销商提供的供货保证、产品质量保证、退货保证、价格折扣、广告促销协助等；经销商向制造商提供市场信息和各种业务统计数据，实行价格政策的保证，服务水准承诺等。分销渠道管理人员在规定渠道成员的权利和责任时，无论出于何种考虑，一般都要遵循以下原则：高效及时、覆盖适度、稳定可靠、协调合作、沟通顺畅。

扩展阅读9.2 把握数字消费趋势，品牌体育营销要充分利用渠道价值

9.3 体育产品分销渠道管理

9.3.1 体育产品分销渠道的管理

1. 选择渠道成员

体育企业必须根据销售渠道的设计要求选择合适的渠道成员。选择渠道成员最重要的问题是确定选择标准，主要包括以下标准。

1）渠道成员的市场经验

体育企业应选择经商时间较长或对产品销售有专门经验的经销商或代理商作为渠道

成员，有助于加快产品推广速度。另外，体育企业还应了解渠道成员的发展历史、从事经商的年限，以及推销力量、推销人员的素质，并根据产品的特征选择有经验的渠道成员，即所选择的渠道成员应当在经营方向和专业能力方面符合所建立的销售渠道功能的要求。

2）渠道成员的经营范围

体育企业应考察渠道成员的经营范围，包括其经营的其他产品的数量和特征、顾客的类型，是否与本企业的产品相关或相互补充，与本企业的产品的销售地区是否一致，以促进本企业产品的销售，迅速攻占选定的目标市场。

3）渠道成员的实力

渠道成员是否具备良好的企业声誉、盈利记录、偿付能力、管理水平、发展潜力，不仅关系到体育企业产品的销售，还会影响本体育企业的形象，对双方能否实现长期合作都至关重要。

4）渠道成员的合作程度

渠道成员的共同利益和协调合作是销售渠道的有效运行的基本条件，体育企业应分析有关渠道成员合作的意愿及其合作态度，协调渠道成员之间的利益关系，选择最佳的合作者。

2. 激励渠道成员

体育企业必须不断地激励中间商，促使其高效地完成销售工作。使中间商成为渠道成员本身就具有激励性，同时还必须通过体育企业的监督管理和再激励得到强化。体育企业为了激励渠道成员出色地完成销售任务，必须努力了解各个中间商的不同需求，给予中间商充分的支持与协助，具体包括以下几个方面。

1）提供适销的产品

如果体育企业能及时向中间商提供市场上热销的产品，中间商就会感觉受到被重视，工作热情得到激发，会更努力地向消费者推销其产品。

2）给予适当的利润

体育企业对中间商提供必要的业务折扣、促销，以及适当的利润分享，能有效地激励中间商销售本企业产品。与此同时，体育企业应督促中间商针对本企业的产品建立销售记录，收集有关产品开发、定价、包装或者促销计划等大量信息，为下一阶段的促销活动提供参考。

3）共同进行广告宣传

体育企业通过与中间商进行合作，共同开展广告宣传等促销方式，能帮助中间商更积极有效地销售本企业产品。

4）进行业务培训

体育企业通过对中间商进行业务培训，能帮助中间商了解本企业产品的特点、技术指标、使用方法，使中间商能向消费者更好地展示产品的功能及优点，有助于中间商更快地售出产品。

3. 评估渠道成员

体育企业必须定期按一定的标准衡量中间商的表现，如销售额完成的情况、平均存货水平、向顾客交货的时间、退换货的处理、与公司促销和培训计划的合作情况、中间商应向顾客提供的服务等。体育企业应对中间商规定销售配额，并检查中间商完成配额的情况，对那些没有完成配额的中间商进行分析诊断，并采取相应的措施，如增加销售配额、要求中间商整改、淘汰不合格的中间商等。

测量中间商绩效的方法主要有以下两种：

（1）将中间商的当期销售业绩与上期销售业绩进行对比，同时将每一个中间商的当期销售业绩与所有中间商的平均销售业绩进行对比。

（2）对各地区的销售潜量进行分析并设立相应的销售定额，将各中间商的销售业绩与销售定额相比较，然后将各个中间商按销售业绩进行排序。

值得注意的是，中间商的销售业绩低于群体平均水平或未达既定比率而排名偏后，可能是主观原因所致，也可能是客观原因造成的，如天灾人祸、经济衰退、居民迁移、重要推销人员流失等。因此，体育企业应根据具体情况采取有针对性的措施来帮助中间商扭转销售困境。

4. 调整和优化渠道

通常来说，体育企业设计好分销渠道并投入使用后，实施过程中会因种种原因发生一些偏差，因此，整个渠道或部分渠道成员必须按实际情况及时加以调整。另外，外部环境和内部环境的变化会影响分销渠道的功能，如市场扩大或紧缩、消费者购买方式发生变化、新的竞争者入侵、创新性分销模式的出现，都会加剧渠道的冲突，体育企业必须持续调整和改进渠道结构，以适应市场的动态变化。

分销渠道的调整可以从三个层次来考虑：从特定市场规划的层次看，可能涉及增减某些特定的分销渠道；从经营的具体层次看，可能涉及增减某些渠道成员；从企业系统计划的层次看，可能涉及整个分销售系统需重新构建新思路。

1）增减某些销售渠道

随着市场需求、环境条件以及自身生产经营活动的不断变化，体育企业的某些销售渠道可能会丧失原来的功能或失去原有的优势，同时某些新型分销渠道更贴近市场的需要或更快捷有效，如直播带货等，体育企业应时时关注各销售渠道的绩效和潜力，并对销售渠道进行必要的增减调整。

2）增减某些渠道成员

体育企业应注意各渠道成员之间业务上的相互关系与交互影响，评估增减某些渠道成员对本企业的销售量、成本与利润将会造成哪些影响，确保增减渠道成员会给本企业带来积极的影响或实质的销售量提升，特别要避免因增减渠道成员而带来的渠道冲突。

3）重新构建销售渠道

由于体育企业内外部环境的变化，原有销售渠道模式已经阻碍了本企业的长远发展，这时就有必要对销售渠道作根本性、实质性、整体性的变革。重新构建销售渠道对体育企业而言是非常困难的，因为这种决策不仅涉及销售渠道本身，而且涉及本企业市场营销组合策略的调整、企业总体资源的重新分配等一系列举措，因此必须慎重对待。

9.3.2 体育产品分销渠道的未来发展趋势

经济的发展、社会的进步、科技的创新深刻影响体育产品分销渠道的性质和结构，一个最大的趋势就是去中间商化。去中间商化有两种形式，一种是生产商绕过中间商，直接将产品销售给最终消费者；另一种是新型渠道中间商代替传统的渠道经销商。在当今的互联网时代，体育企业的生产和销售方式都发生了很大的变化，传统分销渠道模式正在受到强烈的冲击，新的分销模式不断兴起，如网上零售、网上采购、在线拍卖、E物流公司等纷纷涌现。去中间商化对体育企业来说，既是挑战也是机会。面对日益激烈的市场竞争，体育企业正在努力发展新型高效的分销渠道并为供应链增值，借助电商平台、社交平台、自媒体等渠道营造网红氛围或直接进行直播带货，拓宽了传统意义上的分销渠道。

近年来，户外旅游这一细分市场正经历着天翻地覆的变化，在线户外旅行平台以全新的服务形成了独具特色的运营模式，最有代表性的是形影旅行、陀螺旅行、草履虫户外、驼铃网这四个平台。其中，人气最高的是形影旅行。形影旅行成立于2015年，主要通过微信公众号进行营销和销售，推出了境内特色旅游线路、网红店铺探索、私人订制路线，以及出境游等主打旅游产品，旅游时间多为3～8天，免费提供各类特色旅行攻略，如网红城市攻略、机票购买攻略、摄影技巧攻略等，同时还售卖旅行装备、旅行护肤品等产品，以其旅行服务的专业性迎合了年轻消费者深度游的需求。

总而言之，在信息技术和创新科技的推动下，国内外体育企业分销渠道的变化与发展呈现出以下趋势。

1. 终端市场建设重心化

体育企业发展初期由于销售力量比较薄弱，大多企业会委托区域代理商来完成销售任务，早期体育企业分销渠道大多是围绕区域代理商进行的，对零售终端基本无暇顾及的。现如今而随着体育市场的发展，体育产品日益丰富及多样化，市场竞争加剧，体育企业建设渠道的重点逐渐聚集最终消费者的需求，逐步收缩渠道，把渠道的重心转移到终端市场上来。

2. 渠道支持全面化

体育企业和中间商合作初期，由于信任基础和企业实力不足，合作方式以供货和卖货为主，体育企业很少对中间商提供额外的支持。现在，随着终端市场对品牌、服务、促销等各方面提出更高要求，体育企业营销观念有了很大转变，体育企业纷纷对中间商在广告投放、产品推广、媒体公关等方面提供全面的支持，以加强对终端市场的控制。

3. 渠道模式多元化

早期的体育企业大多采用单一的渠道模式，后来随着体育产品零售业态的丰富和消费者市场细分程度的提高，体育企业开始采取多元、复合渠道模式，多种流通模式并存，既有直营，亦有分销，甚至包括直销等；既有传统的线下分销，也有新型的线上销售。

4. 渠道结构扁平化

随着产品生命周期缩短、利润摊薄、竞争加剧，许多体育企业着手改革最初的分销渠道，渠道的变革趋于扁平化。扁平化的渠道减少了供应链中不增值及增值较少的环节，剔除了部分对渠道无贡献或贡献较少的中间商，减少了销售成本，实际上是对供应链的优化过程。

5. 渠道关系同盟化

体育企业在渠道建设方面逐渐摒弃只注重短期利益的零和竞争观念，更加注重双赢和多赢的渠道成员诉求，努力打造注重长期合作的战略同盟式渠道成员关系。这种战略同盟关系，不仅降低交易成本、减少渠道冲突，还能通过合作共生大力拓展市场，提升品牌价值，提高分销渠道的整体效能。

6. 渠道观念消费者中心化

扩展阅读9.3 行业复苏加快 运动品牌继续发力线下门店

如今的体育市场渗透着"消费者主权"的观念，与以前相比，消费者的参与意识增强了，更注重与体育企业的互动。体育企业将来会更贴近终端消费者，深化与顾客的关系，共同参与价值创造的过程。相应地，体育企业在观念上必须以消费者为中心，渠道建设将由"竞争导向"向"顾客导向"转变、由"交易型导向"向"关系型导向"转变。

本章小结

本章主要讲述体育产品分销渠道的概念及类型，阐述体育产品分销渠道的设计，探讨体育产品分销渠道的管理，并对体育产品分销渠道的未来发展趋势进行展望和总结。

课后思考题

1. 选择一种体育产品，并对其分销渠道进行设计。
2. 结合体育产品分销渠道的未来发展趋势，谈谈如何管理体育产品分销渠道。

案例讨论

行业复苏加快 运动品牌继续发力线下门店

曾在传统渠道风光无限的百丽、达芙妮等品牌去年纷纷传出关店信息。去年中报显示，8家服饰业上市公司共关店近千家，达芙妮成"关店王"。而门店遍地开花的传统女鞋品牌百丽，曾拥有上百亿元的销售额，其市场份额正在被快时尚和电商品牌迅速挤压。

备受业界关注的是，作为起家于传统渠道的体育用品品牌却在去年的财报中逆市增长，集体显现复苏迹象。在体育用品名城泉州，在上周的个别体育品牌年会中，传递了在线下门店开店数增长的积极信号，对于体育品牌来讲，经过一系列效率提升的改革，传统的线下渠道依然是支撑其增长的强劲动力。

体育品牌提速开店

在上周举行的2017年度战略会议上,361°宣布了五大事业体都取得了显著的成绩。361°认为,商品体系、渠道组合和品牌传播三大方面的战略升级是去年增长因素,也是来年继续保持增长的动力。

同城另一运动品牌"总统慢跑鞋"的年度战略会议也对外宣称,该品牌过去一年在传统渠道取得了不俗的成绩。

2016年,对于总统慢跑鞋来说,是一个终端狂飙的年份,截至年底,总统慢跑鞋已经在全国各大省份开设了千家专卖店,无论是开店速度还是单店销售额,都在翻倍增长,在当今市场高唱电商、线下渠道被看轻的时代,总统慢跑鞋无疑成为中国体育用品行业2016年一匹黑马。

总统慢跑鞋相关负责人表示,公司目前已经初步完成全国市场布局,短短几年的时间就完成终端店数量的快速增长,根本秘诀在于旗舰店模式。在服饰领域,旗舰店具有显著的品牌营销功能,不仅集中体现着品牌精神,也是客户直接与品牌相互交流、集中体验品牌的沟通场所,是拉动终端销售的重要场所。

据了解,总统慢跑鞋在全国一、二线城市的特级商圈均设立了超大面积的品牌旗舰店,如武汉光谷步行街、成都春熙路,以经典运动的国际化终端形象成功俘获消费者的芳心。另外,在过去的一年,品牌推广平台覆盖世界女排大奖赛、国际男篮、马拉松等主流赛事,还签约突尼斯奥委会、赞助美国NBA的球队赛场等,进一步助力品牌知名度的提升。

行业复苏正在加快

事实上,即使是电商盛行时代,也并不代表传统营销渠道的没落,相反,线下实体店重视体验与快捷购买依然是线上无法替代的优势。一直在传统渠道保持着绝对优势的体育用品行业,在经历了库存高企的寒冬后,无论是2015年的财报还是2016年的中报,都显示着体育用品行业复苏增长的速度正在加快。

在过去的一年,这些品牌在传统线下渠道都在做同样的事,就是渠道"瘦身"的变革。通过收缩门店、去库存及渠道扁平化等一系列供给侧的"瘦身"改革后,经历了业绩衰退、库存危机和大规模关店的体育品牌终于迎来了新时代。

以特步为例,改进及扁平化分销渠道,严格控制零售存货等一系列的瘦身改革,使特步的盈利模式更具效率,如将分销商数目提升至38家并有意继续逐步增加分销商,将分销渠道的层级由多层减至两层。特步分销商直接拥有的零售店的整体比重已增至占零售店总数的50%以上,而实时分销资源系统所涵盖的特步零售店数量已超过特步零售店数目的85%。整体营运资金周转天数由2014年的77天降至60天,存货水平较2014年减少30%约人民币3.984亿元。

同样地,361°也积极改革提高零售渠道效率,建立以消费者为导向的零售管理体系和可持续的商业盈利模式。为提升单店效益,361°通过加大投入构建产品研发、品类细分,升级终端支付方式等一系列措施,在过去的一年有了显著成效,2015年财报及2016年财报均显示同店销售额实现攀升。361°表示,将持续围绕用户场景优化渠道布局,提升单店单位坪效,增强核心竞争力与快速反应能力,以进一步扩大盈利。

安踏过去两年来的表现也代表着本土运动品牌从新店驱动型扩张模式到提升店效的变革。正是这些精细化管理能力及对供应链的整合，使其能够在多项财务数据上领先其他对手。2016年年初的财报显示，安踏2015年存货周转天数为58天，较上一年同期改善0.17天，应收账款周转天数较上一年同期下降1.84天，达到33天，两项数据显示，安踏自身及经销商存货周转天数及回款压力已经趋于稳定。

在经营管理中，安踏最早取消了销售大区，组织架构实现扁平化，直营店比例逐年提高，品类管理从以鞋、服分类改进为按项目分类，如跑步、篮球、足球等。安踏在全国的大部分店面实现了ERP覆盖，力推单店订货，使产品上架周期缩短。

专家认为，目前鞋企群雄逐鹿的竞争越来越明显，无论是传统的专卖店还是商场、鞋业超市等销售渠道，都承受着巨大压力，线上的B2C模式也面临着大量的危机，美其名曰是一场盛宴的电子商务，其实也是一场没有硝烟的豪赌，从到处"烧物流""烧广告"，每个电商都想先烧出规模，然后挤压对手，实现盈利，但只有把用户体验做到极致的才是真正的大赢家。

资料来源：搜狐体育 2017-01-12 https://www.sohu.com/a/124097882_465780.

案例思考题

在过去的两年中，特步、361°、安踏分别对分销渠道进行怎样的调整和变革？这些调整和变革给这些体育企业带来了哪些好处？

教学指南

即测即练题

参考文献

[1] 张贵敏. 体育市场营销学[M]. 2版. 上海：复旦大学出版社，2015.
[2] 陈林祥. 体育市场营销[M]. 北京：人民体育出版社，2018.
[3] 黄延春，周进国. 体育市场营销学[M]. 重庆：重庆大学出版社，2017.
[4] 吴盼，保罗·布莱基. 体育市场营销[M]. 北京：清华大学出版社，2018.
[5] 王洪彬，唐坤. 体育市场营销[M]. 沈阳：东北大学出版社，2016.
[6] 刘勇，代方梅. 体育市场营销[M]. 3版. 北京：高等教育出版社，2015.

第 10 章

体育营销促销策略

本章学习目标

1. 认识促销作为营销组合的一部分，其具有的复杂性和特殊性；
2. 了解促销的概念及其在体育营销中的重要性；
3. 掌握主要的促销组合工具；
4. 了解价格和非价格促销策略的重要性及其在销售过程中对消费者购买行为产生的影响；
5. 思考由媒体和赞助商关系而导致的体育大环境的变化；
6. 了解公共关系的概念及其在营销组合中的作用。

引导案例

2022足球世界杯中国品牌的体育营销

随着2022卡塔尔世界杯阿根廷队夺冠，喧嚣的卢赛尔体育场归于平静，但场外的营销竞赛还在继续。

足球世界杯作为全球关注度最高的体育赛事之一，其顶级商业价值不言而喻。随着中国企业制造水平与经济实力的不断增强，越来越多中国品牌以各种形式参与到世界杯中，从场馆建设，到赛前赞助，再到赛中营销，最后到赛后传播，中国元素"无处不在"是本届世界杯的一大亮点。

根据Global Data公布的数据，本届世界杯中国企业赞助了13.95亿美元，总赞助额位列全球第一。本届世界杯的16个官方赞助商中，中国品牌占据6席。参与赞助的中国企业涵盖乳业、科技、智能家电等行业，更多元的营销渠道、更丰富的营销场景、更大胆的跨界联动……

美团外卖用轻松、有趣甚至有点魔幻的方式在世界杯营销大战中独树一帜，展示了一把"花小钱办大事"。

相比于世界杯营销通常重金赞助知名球队、球星的常规操作，美团外卖令人意外地选择了排名垫底的加纳国家队，就此"赚"到了世界杯的第一波流量。但这仅是美团外卖"剑走偏锋"的开始，代言人魔性谐音梗广告、赞助18个中国球迷队、加纳国家队集体变身美团外卖小哥……反常规的赞助选择、极具调侃性的品牌广告、接地气的球队训练视频、大规模的品牌联动，在社媒平台取得了良好的曝光与互动效果，甚至吸引了一大批网友主动玩梗。

美团外卖世界杯广告的创意文案特别贴合足球场景：让代言人化身教练，通过执教球队的趣味剧情，将美团外卖的品类之"全"告诉了所有观众，不仅不让人反感，还让人觉得好玩有趣。

从广告内容来看，广告分为3个篇章，台词引人入胜：①"点球就点球，有什么好怕的？我们这里可以点足球、气球、毛线球、麻球、虾球、溜溜球……"②"不就是送个乌龙吗？奶茶啤酒不能送吗？火锅、烧烤、手机、猫粮不能送吗？"③记者问："这场比赛您频繁换人是做何考量？答：因为我人多啊！我们有瓜子仁、核桃仁、清炒大虾仁、不求人、玩具人、扫地机器人，每个人，都不会缺席。"借助世界杯这一超级IP，文案将美团外卖业务细化拆分品类，在这场盛大的体育盛宴中，迅速占领消费者心智。台词谐音梗频出，但并非无厘头。广告将足球行话与美团万物皆可送的概念相融，创意十足。

本届世界杯期间，美团外卖联合18个品牌发起联名营销，涵盖了食品、饮料、男装、护肤品等多个品类，瞄准各品牌的粉丝人群，创建粉丝自己的球队。

美团外卖选择了贴合用户日常消费需求的多品类的有影响力的品牌来联名，选对了合作品牌；紧扣粉丝画像，深刻洞察需求，生产能激发共鸣的创意内容，能更好地联通彼此粉丝；不仅有各大品牌联动，更调动粉丝参与，让营销活动成为众创运动。

美团数据显示，今年世界杯期间，全国啤酒、饮料、零食、水果等外卖整体订单量环比赛前增长18.7%。还有不少球迷选择在美团购买观赛装备，由此带动投影仪、大屏幕、音箱等商品热销。美团平台上投影仪的外卖订单量同比上涨301%，环比上涨15.4%；音箱外卖订单量同比上涨235%，环比上涨10%；路由器外卖订单量同比上涨263%，环比上涨14%。

美团外卖除了通过央视来完成核心创意广告的爆破，更充分利用了抖音、微博等目标人群最为活跃的社交平台来完成扩散和互动，保证热度延续并扩散到外围人群，而在公交站、地铁和楼宇投放的户外广告又符合其外卖平台的O2O特性，充分曝光在目标受众的视野中，同时利用自身App这一流量入口完成"认知—决策—购买"的闭环，达到了"线上线下联动、高效传递核心信息、品效合一"的营销效果。

剑走偏锋，官方玩梗，美团外卖在世界杯期间的营销"组合拳"真正抓住了年轻一代的注意力，从而实现了小预算撬动大传播的超预期效果。

资料来源：体育营销异军突起,中国成2022世界杯"隐形冠军"[OL].新华社客户端,[2023-01-04].https:// baijiahao.baidu.com/s?id=1754069367410826988&wfr=spider&for=pc.

2022 卡塔尔世界杯品牌营销案例[OL].腾讯网，[2022-12-16]. https://new.qq.com/rain/a/20221216A053WE00.

10.1 体育营销促销组合

企业需要开发好的产品，给产品制定有吸引力的价格，使目标顾客买得到它；企业还需要创造顾客价值，向顾客清晰地传播该产品价值并建立顾客关系。促销组合是企业用来与顾客和其他利益相关者传播价值和沟通的工具组合。所有这些工具都应该在整合营销的概念下，传播关于企业及其品牌的清晰的、一致的、有力的信息。

10.1.1 促销的含义

促销（sales promotion）是营销活动中的关键组成部分，由各种激励工具构成，主要是短期激励工具，用来刺激消费者或经销商更快或更好地购买特定产品或服务。

促销的实质是一种沟通活动，即营销人员（信息提供者或发送者）发出刺激消费的各种信息，把信息传递给一个或多个目标对象（信息接受者，如顾客、利益相关者等），以影响其态度和行为。促销虽然是一种沟通活动，但两者并不相同。沟通（communication）的意思是传递和理解，其含义与应用范围比促销更广泛。

体育营销中的促销，旨在刺激消费者兴趣、提高认知并促进购买行为，是一个包罗万象的组合要素。促销是营销人员用以传达产品、地点和价格信息的工具。更重要的是，促销是在消费者心中进行产品及其形象定位的关键要素。促销的重点在于销售产品，没有销售，企业将无法长期运营。尽管销售不等于营销，但销售是营销的重要组成部分。

10.1.2 促销组合

企业的促销组合（promotion mix），也称为营销传播组合（marketing communications mix），由广告、公共关系、人员销售、促销和直接营销工具的特定组合构成。企业运用这些工具来吸引顾客，清晰、令人信服地传播其顾客价值并建立顾客关系。

主要的促销组合活动或工具包括以下几种。

- 广告（advertising）：由特定的赞助商、广告主以付费方式进行的创意、产品和服务的非人员展示和促销活动。
- 促销（sales promotion）：各种鼓励消费者购买产品或服务的短期刺激。
- 人员销售（personal selling）：企业的销售队伍或销售人员为了销售产品或建立顾客关系而进行的商品介绍和展示。
- 公共关系（public relations）：通过引起消费者的正面注意，树立良好的企业形象，处理或应对不利的传言、事件、事故等，与企业各方公众建立良好的关系。
- 直接营销（direct marketing）和数字营销（digital marketing）：为获得及时反馈并培养长期顾客关系而精心选择的目标顾客或顾客社群进行的直接联系。

每一种促销活动都有具体的促销工具。例如，广告包括电视、广播、互联网、移动、户外等形式。促销包括折扣、优惠券、陈列和示范等。公共关系包括企业网站、新闻发布会、赞助、特殊事件等。

同时，营销促销并不局限于这些具体的促销工具。产品的设计、价格、形状和包装，以及出售它的商店、渠道，服务的内容和方式等，都会向顾客传递产品和服务，以及企业的信息。促销组合必须和完整的市场营销组合（4P：产品、价格、渠道、促销）协调一致才能产生最佳的传播影响。

10.1.3 整合的体育营销传播

美国市场营销协会将整合营销传播（integrated marketing communications，IMC）定义为："一种用来确保产品、服务、组织的顾客或潜在顾客所接受的所有品牌接触都与此人相关，并且随着时间的推移保持一致的计划过程。"

整合的体育营销传播（integrated sport marketing communications，ISMC）或体育整合营销传播（sport integrated marketing communications，SIMC），是指体育组织与体育市场的沟通过程，在这一沟通过程中，体育组织慎重地整合和协调其传播渠道，将体育产品/服务的关键信息清晰、一致、令人信服地传递到体育目标市场。

网络、移动和社交媒体的新时代在为营销者带来巨大的机会的同时，也带来了严峻的挑战。企业常常不能有效地整合各种沟通渠道，来自不同渠道的不同传播信息使顾客面临信息的大杂烩，导致顾客品牌感知的模糊化。产生这个问题的原因在于没有进行整合营销传播。广告信息由广告部或代理商策划和执行，人员销售由销售管理部门开展，促销、公共关系、网络营销等营销传播由各种不同的部门负责。整合营销传播要找出顾客可能接触到的企业和品牌的所有接触点，企业希望在与顾客的每次接触中都传递一致且正面的信息，再将所有的信息和形象融为一体，使企业的各种广告、人员推销、公共关系活动、网站、社交媒体等都传达相同的信息、形象和感受。企业需要将这些不同的沟通渠道在吸引、告知和说服顾客上产生的作用与整体的营销传播计划协调一致。

没有一个固定的营销传播模式可以保证成功。通常一个体育组织会根据自己和竞争对手的营销传播实践，结合当下环境和自身的变化，考虑各种因素（如整合营销的预算、目标、时间要求，各传播渠道的费用、市场和消费者的规模和成熟情况，自身产品/服务的生命周期阶段等），来综合制定符合自身现阶段的促销活动，并创建积极的消费感知，随时注意对过程的监控和计划的调整。

10.1.4 消费者反应模型

消费者反应模型假设购买者要按照某种顺序经历认知、情感和行为这 3 个阶段。经典的反应层级模型（response hierarchy model）有 AIDA 模型、效果层级模型、创新-采用模型、传播模型等。

消费者反应模型可用于指导体育组织和体育目标市场进行沟通。我们以 AIDA 模型为例进行说明。促销工作可以遵循 AIDA 方法，引导消费者从认知、情感到行为，最终为体育组织带来体育消费，包括以下步骤。

- A：提高知名度（awareness），如通过体育明星代言引发体育消费者对产品/服务的注意。
- I：引起兴趣（interest），如让体育消费者对体育产品/服务的用途产生兴趣。
- D：唤起欲望（desire），如通过让体育消费者识别产品/服务的差异化优势产生购买欲望。
- A：采取行动（action），如通过一系列促销活动促使体育消费者产生购买行为。

10.2 体育营销广告策略

体育广告是体育信息传播最常见的形式。与所有促销的形式一样,广告的核心是有效沟通,即广告是沟通交流的过程,并且会在其他沟通交流过程中遇到相同的问题。虽然广告产生的干扰可能会妨碍体育消费者接收清楚的、持续的信息,但广告可以对即将到来的体育赛事或对体育产品/服务的消费产生可预期的巨大助力。广告通常采用大众媒介的形式,现在越来越多地在电视、互联网和移动媒体上立体交互呈现。

10.2.1 广告的含义

1. 广告的历史和现状

广告(advertising)的历史可以追溯到人类历史刚有记载的时期,考古学家在地中海附近的国家挖掘出了表明不同时间和所售产品的标志物。罗马人在墙上绘画,预告角斗士的战斗。腓尼基人在路边的大石头上画图宣传他们的陶器。世界上最早的广告是通过声音进行的,称口头广告,又称叫卖广告,这是最原始、最简单的广告形式。早在奴隶社会初期的古希腊,人们通过叫卖贩卖奴隶、牲畜,公开宣传并吆喝出有节奏的广告。古罗马大街上充满了商贩的叫卖声。古代商业高度发达的迦太基——广大地中海地区的贸易区,就曾以全城无数的叫卖声而闻名。

中国是世界上最早拥有广告的国家之一。早在西周时期,便出现了音响广告。《诗经》的《周颂·有瞽》一章里就有"箫管备举"的诗句,据汉代郑玄注说:"箫,编小竹管,如今卖饧者吹也。"唐代孔颖达也说:"其时卖饧之人,吹箫以自表也。"可见西周时期,卖糖食的小贩就已经懂得以吹箫管之声招徕生意。

我国毕昇最先发明了活字印刷术,最早的工商业印刷是北宋时期(公元 960—1127年)济南刘家针铺的广告铜版,现存于上海博物馆。这是至今发现的世界最早的印刷广告物。印刷术从中国传到西方后,使西方广告进入了新的阶段。

1473 年,英国第一个出版人威廉·坎克斯印刷了许多宣传宗教内容的印刷广告,张贴在伦敦街头,这是西方最早的印刷广告,比中国北宋刘家针铺印刷广告晚三四百年。1622 年,英国尼古拉斯·布朗和托玛斯·珂切尔创办了第一份英文报纸《每周新闻》(*Weekly News*)在伦敦出版,其中有一则书籍广告。

美国独立前,于 1704 年 4 月 24 日创办的第一家报纸《波士顿新闻通讯》(*Boston News Letter*)就刊登了一则向广告商推荐的报纸为宣传媒介的广告。被认为是美国广告业之父的本杰明·富兰克林,于 1729 年创办的《宾夕法尼亚日报》,把广告栏放在创刊号第一版社论之前,首次刊登的是一则推销肥皂的广告。在整个殖民地时期美国的报纸中,《宾夕法尼亚日报》的发行量和广告量都居首位,经常可以看到有推销船舶、羽毛制品、书籍、茶等商品的广告。

现代广告比这些早期广告更活跃、更丰富和更激烈。本章在后面介绍传统体育媒体和新体育媒体时会展开讲述。

扩展阅读 10.1　新媒体时代对广告的重新定义

2. 广告的定义

美国广告主协会对广告的定义是：广告是付费的大众传播，其最终目的是传递信息，改变人们对广告商品或事项的态度，诱发其行动而使广告主获得利益。英国广告协会对广告的定义：广告是由发送者付费的信息，旨在通知或影响接收者。

不同的学者对广告有不同的表述定义。随着科技的飞速发展，在数字化、网络化、智能化的媒体时代，广告被不断地重新定义。广告不论在形式上、内容上、传播上都越来越契合时代、贴近受众。对于体育广告来说，了解体育消费者的偏好越来越重要。

10.2.2　广告沟通的过程

图 10-1 为广告沟通系统的 Batra、Myers 和 Aaker 模型。广告沟通始终涉及感知过程和模型中显示的 4 个元素——信息源、消息、渠道和接收者（接收者也可以通过与朋友交谈而成为信息源，通常被称为口碑传播）。

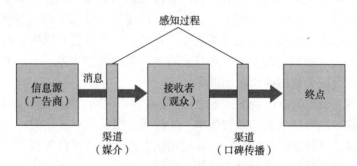

图 10-1　广告沟通系统的 Batra、Myers 和 Aaker 模型

- 信息源——可以定义为消息的发起者。在广告环境中，尤其是在体育运动中有几种常见的信息源。例如，球队的宣传语。
- 消息——可以定义为消息的内容和执行。实际上，消息是消息接收者所感知到的事实。
- 渠道——指一种或多种媒体（例如，网站、社交媒体、广播、电视、报纸、杂志、固定或一定的广告牌）、显示屏、Logo 位置（在记分板上、仪表板、冰场、赛车、制服和服装、帽子、赠品、比赛程序等）、虚拟显示屏和特殊活动。
- 接收者——通常指消息的目标市场，即目标受众。与其他目标市场一样，接受者（或听众）通常具有特定人口、心理或行为特征。在体育营销的背景下，这些特征可能包括所购买的门票类型、过去的购买历史、家庭中的孩子、校友身份、人口统计细分及社交媒体历史等。
- 终点——在许多情况下，接收者不是消息传播的终点，因为接收者可能会通过口口相传或人际接触继续传播消息，从而成为信息来源。这个过程在体育运动中尤为普遍，由于它在社会上的重要性和地位，体育运动比其他话题引发更多的兴趣和报道（媒体）。麦肯锡公司（McKinsey&Co.）调查显示，口碑是 20%～50%的购买决策的主要因素，并且其影响力可能会增加；数字革命已经放大并加速了口碑营销的发展。如今，在线发布的产品评论及意见通过社交网络进行传播，已经非常普遍并逐年增长。

广告中的主要问题是感知失真，当消息的接收者对消息的理解与发送者的意图不同时，就会发生感知失真。这种现象可能会引起对广告消息的误解，从而可能阻止营销人员达到其广告目标。因此，就广告和其他促销活动而言，体育营销人员必须在感知即现实的原则下运作，即体育营销人员必须确保该消息具有针对性、明确且具体，以便接收者理解。如果没有达到预期效果，那么体育营销人员将不得不努力解决并纠正误解，因为对于消费者而言，一旦误解成为营销现实，他们就会很难进行消费。

多功能运动和健身俱乐部已经认识到与目标市场沟通的重要性，目标市场是指对相同的东西感兴趣（例如，更好的外形、社交互动、塑形训练、健康和娱乐），但需要不同的强度、投入、健身方式和时间。因此，广告信息不应仅限于汗涔涔的健美人士，因为这样的信息表明健身非常痛苦而且目的单一。健身行业一直在努力进行各种广告战，以展示集健身、社交互动、成就感、娱乐性、归属感以及外观和健康于一体的行业形象。虽然感知失真无法消除，但是通过注重信息构建，营销人员可以努力减少失真程度。

10.2.3　广告方案的制定

在制定广告方案时，营销管理人员要做出 4 个重要决策：设定广告目标、确定广告预算、制定广告策略（信息决策和媒体决策）和评估广告效果，如图 10-2 所示。

图 10-2　广告中的重要决策

1. 设定广告目标（advertising objective）

设定体育广告目标应该基于之前的目标市场、定位和营销组合策略，通过传播顾客价值帮助建立顾客关系，提供容易理解、容易记住且可信的体育沟通信息。广告的目标是能直接或间接地增加体育产品/服务消费。有的广告是为了推动消费者立即购买，如奥会冠军代言的各类消费品广告。有的广告是专注于建立或强化长期顾客关系，如在耐克的电视广告中，知名运动员身着耐克装备进行运动或挑战，但从不直接请求购买。这些广告的目的是改变或强化消费者对品牌的认识和感知。

2. 确定广告预算（advertising budget）

通常情况，营销人员根据企业制定的促销预算确定广告预算。影响促销预算的因素很复杂，通常企业很难确定。例如，产品/服务的生命周期阶段、产品/服务的特性、与竞争对手的差别、企业的经营盈利状况、促销对销量的支持和回报等。

确定促销预算的 4 种常用方法：量入为出法、销售百分比法、竞争对等法和目标任务法。

量入为出法（affordable method），根据管理层认为的企业支付能力确定促销预算。小企业常常运用这种方法，从总收益中减去运营费用和资本费用，然后将剩下的资金按照某种比例投入广告。但这种方法忽视促销对销售业绩的影响，也可能会造成广告花费超支或不足。

销售百分比法（percentage-of-sales method），根据目前或预期销售额的某个百分比来确定促销预算。或者根据单位售价的一定比例来做预算。这种方法易于操作，有助于管理者思考促销成本、销售价格及单位利润之间的关系。但它错误地将销售额作为促销的原因而非结果，可能会否定为扭转下降的销售额所需要增加的广告支出，同时由于每年销售额不同、百分比没有依据，企业很难制定长期计划。

竞争对等法（competitive-parity method），根据竞争对手的费用来确定自己的促销预算。企业监视竞争对手的广告投入，或者从公共出版物或商业行会等获得行业的促销成本估算，然后根据行业平均水平制定自己的预算。然而企业与企业之间有很大的不同，没有证据表明这种对等预算会阻止促销战或者更适合本企业。

目标任务法（objective-and-task method），企业根据自己的促销目标和打算完成的任务来制定促销预算，这种预算方法需要：确定具体的促销目标、决定为实现这些目标需要完成的促销任务，以及估算完成这些任务的成本。这些成本的总和即为促销预算。这种方法的优点是促使管理层理清促销费用和促销结果之间的关系，但这种方法最难操作，因为企业很难分辨出哪些具体的任务会达成哪些具体的目标。

影响广告效果的因素非常多，有些因素可控有些不可控，所以衡量广告费用的效果仍然是一个颇有争议的问题。在很多情况下，确定广告预算必须在进行更多定量分析的同时，依赖营销人员大量的经验判断。

3. 制定广告策略（advertising strategy）

广告策略包括两个主要方面：信息决策和媒体决策。

广告的核心是广告创意即广告信息的创造，越来越多的广告主致力于努力实现精心策划的广告创意和表达该创意的媒体之间的珠联璧合，通过品牌与消费者之间、消费者与消费者之间的互动来共同创造品牌内容和信息。

创造广告信息包括以下几方面的内容：

- 确定体育产品/服务能给消费者带来的利益，如功能、时尚、社交、娱乐等；
- 设计广告诉求，如健康、情感、悲伤、兴奋、幸福等；
- 确定广告展示方式，如肯定、肯定和否定、与竞争对手进行比较、反映生活方式、个性标志、表现技术优势或明星推荐等。

在新型数字媒体和社交媒体快速发展的当下，暴涨的媒体成本和更加聚焦的市场营销策略都提升了媒体决策的重要性。

体育营销人员可以通过以下步骤选择广告媒体：
- 决定触及面、频率和影响力。触及面指在一定时期内，广告活动在目标市场上能够触及的人员比例，如在1个月内触及60%的目标市场人群。频率指在一定时期内，目标市场上平均每人见到广告信息的次数，如人均曝光次数3次。影响力很难被真正测评，虽然可以得到现有的媒体测评指标包括收视率、读者数、听众数、用户数、点击量、互联网用户黏性等数据，但真正的吸引力和激发顾客参与的影响因素永远发生在顾客心中。
- 选择媒体类型。每种媒介都有其优势和限制，电视、互联网、报纸、杂志、广播、户外广告等媒体类型各有优缺点，广告商需要考虑媒体的影响力、信息有效性和成本，选择一个媒体组合，形成一个完整的整合营销传播活动。同时企业需要定期重新评估媒体组合。我们将在本节第4部分讨论体育营销常用的广告媒体或形式。
- 选择具体的媒介载体。在确定媒体类型的组合后，就要选择具体的载体，如某个网站、某本杂志、某个广播频道、某个电视节目等。广告商需要综合考虑某一特定载体触及每千人的成本、为不同媒体设计广告的制作成本，以及该媒体的受众质量和效度因素。
- 决定媒体时间安排。广告商可以根据季节性、节日性、特殊事件性、淡旺季性等广告策略，选择媒体投放的时间和频率。如今快速响应也是对企业营销人员提出的新的挑战。例如，用体育明星代言的体育产品/服务，在该体育明星夺得奥运冠军时应快速响应、发布广告及开展一系列促销手段。

4. 评估广告效果和广告投资回报（return on advertising investment）

企业应定期评估广告的传播效果和销售盈利效果，即判断广告和媒体是否很好地沟通了广告的信息，以及因为广告对销售和利润的影响。后者通常较难以衡量。"从广告投入中我们获得了多少回报？"是个很难回答的问题。正如逐年增长的体育赛事期间投放的广告，很难精确地计算其广告投资回报。管理者在评价广告绩效时除了定量分析，还得依靠大量的个人经验和判断。

10.2.4 体育广告媒体

本节我们讨论体育中常用的几种广告媒体。每种媒体形式都有其独特的优缺点。

1. 广告牌

广告牌包括以下几种可识别赞助商的电子或印刷的广告信息或标识的形式：横幅、固定或可移动的广告牌、记分牌、冰场计分板、带有LED显示屏的电子留言板和海报等。广告牌还包括令人印象的深刻的信息，如冰上和场内消息、场边滚动信息、场上标识及虚拟显示屏上的信息（叠加在空白的体育场墙壁和运动场上，但在电视上可见）。

简单来说，LED显示屏是在体育场或体育馆里可以连续显示移动、变化、动态的图形图像，从而为观众提供普通和特定的广告或视觉娱乐。LED显示屏是提高市场知名度和召集赞助商的强大工具。LED显示屏具有许多优势：有声音、有动画、更动感，更高的分辨率和清晰度，尺寸和形状可以灵活多样，广告可实时变更也不会有信息延迟，通过简单的编程进行更新而不需要很高的生产成本，也不需要物理的存储空间进行物料的存放。更重要的是，LED显示屏广告更具有拓展性和曝光性，场馆、组织或球队可以根据时间而非空间来销售广告，同时每个购买者的信息都有一个重要位置，可以根据购买者的期望尽可能多地曝光。

2. 代言

明星运动员代言人是利用自己的名声帮助公司销售或提高公司、产品或品牌形象的运动员。

明星运动员可以采用一种或多种产品代言形式：

- 显式模式（我为产品代言）；
- 隐式模式（我使用此产品）；
- 命令模式（你应该使用此产品）；
- 共同演示模式（运动员和产品仅在某些场合共同出现）。

篮球、足球、排球、棒球、橄榄球、高尔夫球、网球、冰上运动、赛车运动等体育项目的日渐普及，同时也产生了大量体育名人。品牌识别已成为广告商将其产品与体育紧密联系的主要原因之一。在某些情况下，体育迷似乎认为赞助商或广告商与这项运动本身的联系密切。

代言人的选择应始终基于产品或服务及其目标市场。同时企业应最大程度地避免或减少用体育名人作为代言人的风险，如某些体育明星的兴奋剂丑闻等。

3. 传统体育媒体

传统体育媒体包括电视、广播、纸质（报纸和杂志）等形式。这些形式受新体育媒体的冲击很大，但其在体育受众的订阅和广告的收入方面占据重要地位，仍然是体育广告的强大媒介。

由于纸质媒体的传播大不如前，因此一些老牌媒体在改变中寻求新的商业模式，如改变出版频率、深度专业聚焦、在网上增加订阅电子版等。电视仍然是最主要的传统媒体，另外由于技术的发展，如5K等超高清、沉浸式体验技术的应用，也增加了电视传播的魅力。未来的VR电视也令人期待，并且会有更多我们意想不到的新技术的出现，通过这些科技，消费者将获得更佳的体育消费体验，这也是体育组织选择这些媒介进行传播的主要原因。

4. 新体育媒体

新体育媒体是指基于网络和移动通信等技术和载体，能够通过实时发送和接收数字内容的设备（如电脑、手机等终端设备），向体育消费者提供创新的、个性化的、部分可交互的体育沟通信息。新体育媒体具有的可移动性、可定制性、可交互性特征，使消费者获得更好的体验式、靶向消费，如扩展阅读10.2 全球广告预测中显示，全球在新媒体广告方面的支出，正快速增长并正超过传统媒体的广告支出。

扩展阅读 10.2 全球广告预测

新体育媒体的全球发展趋势是体育权力持有者获得海外收入的重要机会，如赛事的实况直播和转播权收入。新体育媒体使任何规模的体育组织都能够直接接触他们的目标市场，突破物理的空间距离，和消费者产生即时的、可双向的信息沟通。相较于传统媒体的"一对多"形式，社交媒体的"多对多"的网络沟通受到更多新一代消费者的欢迎。

10.3 人员销售和销售促进策略

人员销售（personal selling）是营销沟通的人际方式，企业的销售队伍或销售人员为了销售产品或建立顾客关系而进行的商品介绍和展示、与顾客和潜在顾客的互动。销售促进（sales promotion）是短期的激励活动，运用短期刺激以激励消费者购买产品或服务，获得经销商的支持和销售队伍的努力。

10.3.1 体育销售

销售是任何体育组织的命脉。不论销售的对象是门票、VIP 座席、媒体权利、合作伙伴关系、数字资产、广告还是其他任何产品和服务的组合，销售都占体育组织收入的绝大部分。

体育销售与其他行业的销售在许多方面都有所不同，其中重要的一点是关于情感。在进行体育销售过程中可能会涉及情感因素。这种情感因素可能是动力也可能是阻力，通常取决于当时公众对体育产品及其相关周边的看法，如对运动员、球员、球队的喜好，比赛场地和当地旅游的吸引力，比赛当地居民的传统习俗也能够吸引观众到现场观赛、购买比赛周边产品。最具有体育销售代表性的例子是在不同国家和地区举办的奥运会。

在进行体育销售时，还要充分理解体育组织、媒体、赞助商和粉丝之间的关系。图 10-3 描绘了媒体（指所有形式的媒体，包括传统的印刷和电子媒体、社交媒体、互联网媒体等）、赞助商和粉丝之间的重要关系。这三个要素之间相互依存相互补充，共同创造了吸引更多粉丝的条件。

图 10-3　体育组织媒体、赞助商和粉丝之间的关系

各种形式的媒体根据粉丝对体育的兴趣进行报道并发表评论。媒体会受到上座率、收视率、网络和移动设备等的访问率和关注度、互动媒体的内容和粉丝的喜好、互动程

度等的影响。媒体还受到这项体育运动或体育组织及其赞助商的信誉的影响，如有多少赞助商、赞助商是谁、赞助的金额和其他投入等。粉丝越多，赞助商、产品、媒体和粉丝（目标市场）之间的互动机会就越多。粉丝及其对组织的支持是吸引赞助商的主要原因，而粉丝的支持、兴趣和支出水平会影响媒体的兴趣、报道范围及最终的版权费用合同。

10.3.2 人员销售

1. 人员销售过程

销售过程（selling process）包括一系列步骤，主要目的是开发新顾客并从他们那里获得订单。当然，大多数销售人员会把大多数时间用在维持老顾客和建立持久顾客关系上。

人员销售过程包括7个步骤：

- 发掘（prospecting）潜在顾客并确定其资格

找出合适的潜在顾客对于成功推销至关重要。这一步是交易导向型的，销售旨在达成与顾客的某次销售。销售人员需要接触大量的潜在顾客，并需要知道如何确定顾客的资格（qualifying），识别出那些最可能欣赏和响应公司价值主张的人，以及那些公司能够服务好并获得盈利的人。

- 销售准备（preapproach）

在拜访潜在顾客之前，销售人员应做好调研和准备，尽可能多地了解潜在客户的需求、购买决策流程和关键决策点、购买风格、行业标准和网络资源等，然后根据研究结果制定销售策略。

- 接触顾客（approach）

销售人员应知道如何约见、问候顾客，使双方的关系有一个良好的开端。接触顾客的过程可能发生在线上或线下，以见面或网络会议、社交媒体的形式实现。在接触顾客的过程中，了解顾客的需求、倾听顾客的想法非常重要。

- 介绍和演示（presentation）

在推销过程中的介绍和演示阶段，销售人员向顾客讲解产品的"价值故事"，说明和展示公司的产品和服务，如何解决顾客的问题、怎样满足顾客的需求。这一过程可能需要借助一定的技术辅助工具（如先进的演示技术软件、互动白板、多媒体演示等）和适当的抽样调查结果（如消费者问卷调查结果、成功案例等）来支持。

- 处理疑义（handing objections）

在倾听销售人员介绍产品或在购买决策的过程中，大部分顾客都会有问题和疑义。这些问题可能是逻辑上的，也可能是心理上的，而且顾客经常不会把心中所想直接表达出来。销售人员应该采取积极的态度，寻找隐含的疑义，使顾客清楚地表达他们的疑义，并把这些疑义看作更多信息的机会，最终把这些疑义转化为顾客购买的理由。

- 达成交易（closing）

处理完顾客的疑义后，销售人员要尽力达成交易。销售人员应该知道如何从顾客那里识别可以达成交易的信号，包括顾客的动作、评论或者提出的问题。销售人员应该熟练掌握多种达成交易的技巧，如提醒顾客购买、帮忙填写订单、询问顾客选择什么款式或价位的产品、向顾客提供特殊的交易理由（与销售促进相结合，如特价、免费升级或免费赠品等）。

- 跟进和维持（follow-up）

销售人员应该持续跟进交易的完成、产品和服务的交付和使用、顾客的体验和满意度，以维持顾客关系，达成顾客的重复购买和顾客的口碑营销的目标。

2. 体育销售影响因素

销售可以解释为顾客表现：顾客购买产品就是其消费行为的表现。在体育领域中，以下因素可能会影响顾客表现。

- 质量

产品或服务的表现如何？如某运动员或球队的水平和可能获胜的概率。

- 数量

产品或服务售出的数量是多少？如早鸟优惠票价的计划销售数量，VIP座席或特殊权益的数量等。

- 时间

消费者有时间进行消费吗？如顾客的每周工作生活安排是否能抽出一定频率的时间进行体育运动，顾客是否有其他可替代的休闲娱乐兴趣爱好等。

- 成本

消费者衡量体育消费成本时，通常在考虑购买该产品和服务的直接成本时，还会考虑付款方式、付款计划和购买的价值，如健身俱乐部会员卡的年付款计划、每天锻炼对健康的价值等。

- 社会观念

从事某项运动、消费某产品或服务是大众流行的或是酷的行为吗？周围的朋友或同事怎么看？这会让他们对我的看法有不同吗？消费体育产品和服务作为一种生活方式的主张，越来越被消费者在购买决策中被重视和考虑。

10.3.3 销售促进

销售促进是直接诱导体育消费者产生立即购买行动的过程，是基于价格因素（优惠券、折扣等）和非价格因素（比赛、赠品、互动等）的短期体育促销活动。除了能够提高销售额，销售促进还可以鼓励潜在顾客试用、刺激老顾客重复购买、使分销更加有效。

在设计促销方案时，公司需要确定促销目标，然后通过具体的销售促进策略和促销手段工具来实现这些目标。需要注意的是，销售促进是短期的，不能让消费者对促销产生依赖性，或者因为促销对体育产品和服务形象产生怀疑或否定。同时还需注意，无论是基于价格因素或非价格因素的促销，都会导致成本的增加，包括人力和物力的增加，在设计促销方案时需要考虑这部分的影响。一些成本也可由赞助商或相关合作方（如设备供应商、饮料供应商等）来承担。

促销常常和广告、人员销售、直接营销和数字营销、其他促销组合工具一起使用。常见的体育销售促进工具或方式如下。

（1）优惠券。较为常见的体育产品优惠券是对基本票价进行操作（如两人同行一人免单、第二张半价、儿童免费等），或者将基本的产品和餐饮优惠组合提供价格优惠。票价优惠还有提供团体特惠票价，以增加上座率和相关产品的次级消费（如周边文化产品，球队 T 恤、帽子等）。优惠券可以结合基本产品的淡旺季进行方案设计，如优惠券使用日期可以设置成每周的"淡季"日使用（如星期一至星期四）。

（2）折扣。折扣通常指在有限时间内或为大批量购买者提供较低的价格（如早鸟折扣票价、团体票价等）。根据渠道的不同，这部分折扣有的直接提供给体育消费者，有的提供给大批量购买的第三方中介或渠道（如体育设备商、体育服装商、酒店供应商、团体旅游公司等）。

（3）赠品。赠品是一种非价格激励。赠品必须是有价值的东西，可以是各种各样的（如免费的毛巾、运动水壶、杯子、T 恤、帽子、钥匙环、日历、购物袋等）。赠品的目的是吸引新的体育消费者及提高现有消费者的消费频率。赠品还可以用来奖励忠诚的体育消费者（如集齐几张门票可以换取纪念品）或结合主题活动使用（如周年庆典赠品）。设计赠品的促销方案时，需要考虑赠品的成本价格、获得赠品的条件、提供赠品的总数量等。

（4）免费样品。免费样品是指某产品一定量的试用品。赠送样品是介绍新产品或为已有产品创造新兴奋点的有效方法。一个免费的网球、一次免费体验的瑜伽课程等可以增加体育市场扩张或体育市场渗透的可能性。体育组织通过忠诚奖励计划让粉丝或重复购买的消费者升级 VIP 等高级座席，以鼓励其对消费进行升级。

（5）比赛。比赛也是一种非价格激励，经常被用作半场娱乐，还有中场抽奖、幸运观众等方式，既可以为消费者提供获得一些奖项的机会，如门票、旅游或某种商品，又可以创造媒体和消费者的关注度，提高消费者的参与和互动。

10.4　体育公共关系策略

公共关系（public relations）是一种重要的、多功能的营销和沟通工具，可以在组织和公众之间建立互利关系的战略沟通。体育公共关系是整合体育营销的重要部分，通过建立并保持与关键人群（员工、股东、体育消费者、赞助商、媒体等）的长期互利关系，加深公众对体育组织的理解、提高体育组织在公众心目中的形象和声誉、增强体育沟通信息传播的可信度。

10.4.1　公共关系的定义

美国公共关系协会对公共关系的定义是：在组织与公众之间建立互利关系的战略沟通过程。伯纳德·J. 马林（Bernard J. Mullin）等人认为对于体育营销而言，体育公共关系是一种交互式营销传播策略,旨在创建各种媒介,将组织的理念、目标和目的传达给特定的公众群体,以建立一种基于理解、兴趣和支持的关系。

杂糅积极的体育公共关系对于提升组织、机构、品牌、运动员或体育名人的形象和杂糅至关重要。在当今即时交互信息社会中,积极的体育公共关系可以创造营销机会、提高收视率曝光率、销售门票和纪念品、打造运动员的身份和认同、树立品牌知名度、促进组织的商业计划目标的达成等。

公共关系的工作是双向的过程,包含多种活动对话公众。

- 媒体关系:创造并在新闻媒体上发布有新闻价值的信息,吸引大众对某些人物、产品或服务的注意和兴趣。
- 产品宣传:宣传某些特定的产品。
- 公共事务:建立并维持与全国和当地社区的关系。
- 政府关系:建立并维持与政府和监管部门的关系。
- 投资关系:维持与股东和其他金融界人士的关系。
- 开拓渠道:与赞助者或非营利组织合作,以获得资金或志愿者支持。

10.4.2 公共关系的职能

美国社会科学家雷克斯·哈洛等人在美国公关研究和教育基金会的资助下,与65位权威人士共同研究了472条定义之后,归纳出:公共关系是一种独特的管理职能。它帮助一个组织与其公众之间建立交流、理解、认可和合作关系;它参与问题和纠纷的处理;将公众的意见传递给管理部门并做出反应,明确与加强为公众利益服务的管理责任;它还作为监视预警系统,帮助管理部门预先做好应变准备,与社会动向保持一致并有效地加以利用;它以调查研究和正确的、合乎道德的传播技术和研究方法作为主要工具。

体育公共关系在组织运行过程中承担很多功能,如信息沟通和信息收集、咨询建议、宣传推广、协调关系、提供服务、处理危机等。主要包括以下几点。

- 通知和沟通

体育公关负责保持公众与体育组织的联系,包括与消费者、股东、供应商、政府机构、媒体、公众等进行沟通。例如,在校际的体育活动中,大学的公共关系人员通常以知名校友参与体育活动或知名体育校友的成长奋斗故事向媒体发布。

- 塑造和提升形象

形象的塑造和提升是一个复杂的职能,体育组织试图向公众表明自己的体育产品/服务是高品质的、在体育产业或行业中占据重要位置及自己是一个负责任的组织公民等。例如,体育组织积极参加慈善活动等。

形象的塑造和提升与营销密切相关,甚至需要组织的全员参与。在这一过程中,公共关系人员和营销人员共同配合完成一系列的节目、主题、活动、销售方法和促销方案等。组织赞助奥运会就是一个很好的例子,赞助奥运会使组织和品牌能够与知名的奥林匹克运动员建立合作伙伴关系,能够使公众通过奥运会对赞助组织产生积极正向的品牌联想，能够有助于组织在世界范围内推广其产品、品牌和理念。

- 促进员工关系

由于广泛的公众兴趣和体育参与，体育组织的员工更需要了解关于组织和管理层的立场等信息。管理层和员工之间的信息开放式流动，有助于鼓舞员工士气、使员工更忠诚且有利于员工进行组织内外部的积极良好的互动。例如，入职培训、球队信息的公开等。

- 获得政治或大众支持

使公众能够更多理解体育组织的特色和需求，能够在不同背景下获得更多的理解力和支持力。

- 招聘和发展业务

公共关系的职能涉及形象的构建、重建和完善，在招募、推广和发展业务方面，让潜在的员工认识到体育组织能够提供更多机会，让潜在的消费者为体育组织带来更多的商业和娱乐活动的参与和消费贡献。

- 推出新产品或创新

开展有效的公共关系活动，展示新的体育产品/服务或产品创新，引起目标市场潜在消费者的兴趣并促使他们完成购买决策，赢得市场份额。

- 引发和收集反馈

公共关系人员需要收集与组织相关的公众态度、经济指标、消费者偏好和行为、政治环境社会事件的相关数据等，并分析其对体育组织的影响。

- 应对危机

公共关系人员与组织中团队，如高管、法务、市场团队等建立紧密合作，制定战略对策，协调媒体策略和公众反应，最大限度地缓解危机，并尽可能地减少持久损失。应对处理危机事件、负面新闻等会影响组织的形象声誉，甚至危及组织生存的恶性突发事件，是公共关系的一项很重要的职能。

10.4.3 公共关系的工具

体育公共关系作为一种营销传播策略，可以采用举办活动和被动式、主动式、双向式沟通等形式，可能涉及运动员、团队管理人员、教练组、吉祥物、周边产品、赞助商，以及组织内部外部等关键的组成部分。在考虑何时以及如何使用营销公共关系时，管理层必须建立营销目标，制定战略性的体育公关计划，选择公共关系信息和载体，执行计划，并评估结果。表 10-1 介绍了营销公共关系的主要工具。

表 10-1 营销公关关系的主要工具

出版物：组织依靠出版材料达到和影响目标市场，包括年报、宣传册、文章、公司新闻简报、杂志、广告、视频视听资料等	
事件：组织通过新闻发布会、研讨会、户外活动、粉丝见面会、展览、竞赛、周年庆等能够达到目标公众的特殊事件，吸引人们对新产品/服务或组织的其他活动的关注	
赞助：通过赞助和宣传体育文化事件、公益活动等来宣传自己的品牌、名称、产品等	

续表

新闻：	发现和创造关于组织、产品及人员等的正面新闻，并通过媒体宣传发布
演讲：	组织高管在公开和特殊场合回答媒体提问或演讲，帮助建立组织形象
公共服务活动：	通过将资金和时间贡献给一项好的公益活动来建立商誉
身份媒介：	组织需要有一个公众能够立刻识别的可视化身份。可视化身份的媒介可以是商标、口号、宣传册、吉祥物、符号、名片、建筑物、制服着装等

本章小结

促销组合是体育组织用来与顾客和其他利益相关者传播价值和沟通的工具组合。促销的核心是沟通，体育组织需要使用恰当的沟通渠道、通过各种媒介将要传递的信息触达到其受众。促销是吸引新消费者并增加现有消费者参与、购买、出席频率的重要策略，包括付费媒体广告、人员推销、公共关系、价格导向和非价格导向的销售促进等要素的某种组合。成功的促销策略应该在整合营销的概念下，提升消费者的消费频率和忠诚度，并力求使消费者终身价值最大化。

课后思考题

1. 列举并简要描述五种主要的促销组合工具。
2. 请思考体育销售的影响因素有哪些，举例说明。

案例讨论

2022世界杯中国的体育营销大军

根据 Global Data 公布的数据，2022卡塔尔世界杯中国企业赞助了13.95亿美元，总赞助额位列全球第一。本届世界杯的16个官方赞助商中，中国品牌占据6席。

中国品牌持续加深与世界杯的营销捆绑，如蒙牛、海信、万达等品牌，在本届世界杯继续成为官方赞助商。在这些赞助商中，乳企品牌一向在中国品牌世界杯营销中承担着重头戏，也是最早在中国发起世界杯营销的品牌类型之一。早在2018年，蒙牛就已经成为了俄罗斯世界杯全球官方赞助商，这也是世界杯赛场上第一次出现乳业品类的赞助商，蒙牛成为世界杯的"第一杯奶"。

本届世界杯，蒙牛、伊利等乳企品牌热情依旧。蒙牛再次重金延续了世界杯官方赞助商的身份，续签了球王梅西，并新签下了法国球星姆巴佩，这两支球队也是今年争夺冠军的球队，再次验证了蒙牛独到的商业眼光。在品牌营销上，蒙牛围绕"天生要强"推出的主题宣传片与世界杯系列产品与世界杯精神高度契合，为上亿球迷提供了张力极强的情感共鸣与消费场景。今年伊利也官宣签约阿根廷、葡萄牙、西班牙和德国国家队，同时签下了C罗、贝克汉姆、本泽马和内马尔等一众国际球星。

事实上，走出国门，打造国际化、全球化的品牌，一直都是蒙牛、伊利等本土品牌的目标之一。蒙牛总裁卢敏放此前就曾公开表示，蒙牛想要通过全球顶级体育赛事，打造更具全球影响力的中国品牌。蒙牛希望在海外不断开拓出更大的市场，实现在价值链上的不断提升。

伊利于世界杯开幕式当天以一则广告短片《为热爱上场》实现了品牌主张与营销主题的完美契合。短片开头伴随贝克汉姆的铿锵一踢抛出"热爱是什么？"的问题，随之跟随球的足迹到世界各地寻找热爱的答案。伊利一贯秉持"品质源于热爱"的品牌主张，在此次营销事件中"热爱"成为勾连球迷与非球迷的一种共识，足球属于圈层爱好，如何将这种圈层性的精神进行大众化传达成为体育营销成败的关键。短片中集结了C罗、内马尔和本泽马三大球星，针对球迷，明星球员背后"热爱的故事"唤醒释放球迷的热情，而对于泛球迷，叫作"热爱"的这种体育精神利用共情心理天然成为了用户和品牌沟通的纽带。伊利广告短片在一片热闹的氛围中书写热爱的故事，感应到的大众必将以"热爱"回应。

资料来源：体育营销异军突起，中国成2022世界杯"隐形冠军"[OL]. 新华社客户端，[2023-01-04]. https://baijiahao.baidu.com/s?id=1754069367410826988&wfr=spider&for=pc.

2022卡塔尔世界杯品牌营销案例[OL]. 腾讯网，[2022-12-16]. https://new.qq.com/rain/a/20221216A053WE00.

分析本案例，并结合本章的引导案例"2022足球世界杯中国品牌的体育营销"中美团的营销促销策略，讨论：

1. 体育组织、媒体、赞助商和粉丝之间的关系。
2. 体育广告沟通过程的元素。

即测即练题

参考文献

[1] 菲利普·科特勒，加里·阿姆斯特朗. 市场营销[M]. 16版. 楼尊，译. 北京：中国人民大学出版社，2015.

[2] 菲利普·科特勒，凯文·莱恩·凯勒. 营销管理[M]. 15版. 何佳讯，于洪彦，牛永革，等译. 北京：格致出版社，2016.

[3] 斯蒂芬·罗宾斯，玛丽·库尔特. 管理学[M]. 13版. 刘刚，程熙镕，梁晗，等译. 北京：中国人民大学出版社，2017.

[4] 加里·阿姆斯特朗，菲利普·科特勒. 市场营销学[M]. 12版. 赵占波，王紫薇，译. 北京：机械工业出版社，2018.

[5] Peter Honebein. Strategies for Effective Customer Education[M]. McGraw-Hill, 1997.

[6] A Modern Definition for the New Era of Public Relations[OL]. Public Relations Society of America website,[2012-04-11].http://prdefinition.prsa.org/.

[7] 张贵敏. 体育市场营销学[M]. 2版. 上海：复旦大学出版社，2017.

[8] 吴盼，保罗·布莱基. 体育市场营销[M]. 北京：清华大学出版社，2018.

[9] 广告[OL]. MBA智库百科，https://wiki.mbalib.com/wiki/%E5%B9%BF%E5%91%8A.

[10] Dentsu：2022年全球广告预测报告[OL]. 新浪科技，[2022-02-17]. http://finance.sina.com.cn/tech/2022-02-17/doc-ikyamrna1178153.shtml.

[11] 外媒：中国在电视节目花费支出上全球第二，仅次美国[OL]. 新浪科技，[2018-08-21]. https://tech.sina.com.cn/i/2018-08-21/doc-ihhxaafz6516389.shtml.

[12] WARC全球电竞报告：观众近10亿，广告投放8.44亿美金[OL]. 网易网，[2020-07-31]. https://www.163.com/dy/article/FIRBM7B70526GKPV.html.

[13] Dentsu global ad spend forecasts[R/OL]. Dentsu Aegis Network,[2022-07-13]. https://www.dentsu.com/news-releases/dentsu-ad-spend-forecast-july-2022-release.

[14] 2022—2027年中国广告行业深度发展研究与"十四五"企业投资战略规划报告[R]. 中研普华，[2021-12-01]. https://www.chinairn.com/report/20211201/103301846.html.

[15] Definitions of Advertising[OL]. Devika N, https://www.economicsdiscussion.net/advertising/definitions-of-advertising/31793.

[16] 伯纳德·J. 马林，斯蒂芬·哈迪，威廉·A. 萨顿. Sport Marketing[M]. 4版. Human Kinetics, 2014.

[17] 伯纳德·J. 马林，斯蒂芬·哈迪，威廉·A. 萨顿. 体育营销学[M]. 4版. 湛莉，韩华，译. 北京：北京体育大学出版社，2022.

[18] Glen Broom, Bey-Ling Sha. Cutlip & Center's Effective Public Relations[M]. 11版. Pearson, 2013.

[19] 周安华. 公共关系：理论、实务与技巧[M]. 5版. 北京：中国人民大学出版社，2016.

[20] 体育营销异军突起，中国成2022世界杯"隐形冠军"[OL]. 新华社客户端，[2023-01-04]. https://baijiahao.baidu.com/s?id=1754069367410826988&wfr=spider&for=pc.

[21] 2022卡塔尔世界杯品牌营销案例[OL]. 腾讯网，[2022-12-16]. https://new.qq.com/rain/a/20221216A053WE00.

第 11 章

体育品牌与授权管理

本章学习目标

1. 了解什么是体育品牌，对体育品牌的内涵、特征有清晰的认识；
2. 了解体育品牌的构成和体育品牌的开发策略；
3. 熟悉和掌握体育品牌的授权形式及策略；
4. 树立品牌意识。

引导案例

体育比赛冠名行为商标权纠纷案

中国平安保险（集团）股份有限公司（以下简称"平安公司"）曾作为深圳足球俱乐部股东，1999 年授权深圳足球俱乐部名义在第 41 类组织体育活动竞赛、俱乐部服务上注册了第 1302444 号"平安"商标、第 1302445 号"A 图形＋平安"商标，后平安公司于 2002 年出让了深圳足球俱乐部全部股权，但出让股权时未将该商标转到其名下。原告深圳市引领平安文化传媒有限公司（以下简称"引领公司"）于 2005 年取得深圳市健力宝足球俱乐部（原深圳足球俱乐部）90%股份，后原告于 2009 年出让足球俱乐部股份时将"平安"商标转到自己名下。

2014 年，平安公司斥资 6 亿元取得中超联赛 2014 年至 2017 年的独家冠名权，中超联赛正式命名为"中国平安中国足球协会超级联赛"。2015 年 3 月 9 日引领公司认为平安公司冠名的"中国平安中国足球协会超级联赛"侵犯其商标权，将平安公司及中超联赛有限责任公司起诉至法院，要求停止侵害其商标权、停止冠名中超足球联赛并登报道歉。经过深圳市福田区人民法院及深圳市中级人民法院对该案的审理，均认定冠名体育赛事行为是一种特殊的广告形式，在体育赛事中冠名使用"平安"文字及标志并非商标性的使用，"中国平安中国足球协会超级联赛"及赛场相关文字、标志不会造成相关公众混淆，不构成商标侵权行为，驳回了原告全部诉讼请求。

11.1 体育品牌概述

11.1.1 体育品牌的内涵与特征

1. 体育品牌的内涵

品牌（brand）一词来源于古挪威语"brandr"，意思是"打上烙印"，即在牛马上烙上记号，主要用于表明牲畜所有者对牲畜的所有权，泛指生产者燃烧印章烙印到产品。

关于品牌的定义，可谓众说纷纭，至今尚未达成共识。由于所处的环境不同，人们对品牌的理解或解释也不尽相同。纵览国内外品牌界对品牌概念的不同理解，将其延伸至体育领域，可以把体育品牌的概念归纳为以下几类。

1）符号说

"品牌是区分标志，用以识别不同的产品供应厂商。"体育品牌最原始的含义是从品牌的功能角度来界定的。早在 1960 年，美国市场营销协会（American Marketing Association，AMA）就对品牌下过定义，认为品牌是一个"名称、专有名词、标记、符号或设计，或是上述元素的组合，用于识别一个销售商或销售商群体的商品与服务，并且使它们与其他竞争者的商品与服务区分开来"。该定义普遍被营销学界接受。营销大师菲利普·科特勒（Philip Kotler）认为"品牌是一个名字、名词、符号或设计，或是它们的总和，其目的是要使自己的产品或服务有别于其他竞争者"。美国学者林恩·厄普肖（Lynn B. Upshaw）认为"品牌是名称、标识和其他可展示的标记，使某种产品或服务区别于其他产品或服务"。

从符号学的角度理解体育品牌是基于品牌最原始、最直观的含义，它以朴素而现实的视角将体育品牌看作是标榜个性、区别于其他的特殊符号。作为符号的体育品牌肩负着识别和区分体育产品及服务的主要功能。将体育品牌视为识别和区分的符号，是体育品牌应该具备的基本且必要的条件，但并不是充分和全部的条件，因此不能揭示体育品牌的全部内涵。

2）资产说

"品牌是自身形象的象征，用以积累无形资产。"美国品牌学家亚历山大·比尔（Alexander L. Biel）认为："品牌资产是一种超越生产、商品及所有有形资产以外的价值……品牌带来的好处是可以预期未来的收益远超过推出具有竞争力的其他品牌所需的扩充成本。"法国品牌专家让–诺埃尔·卡普费雷（Jean-NoelKapferer）认为，企业最有价值的财富是品牌。体育品牌对于体育公司而言代表了一份价值连城的合法的财产。这份财产能够影响消费者的行为，并且在它被购买和出售的过程中，确保它的主人以后会有源源不断的收入（Charles Bymer）。美国著名的广告代理商 BMP 执行董事费尔德·维克（P. Field Wick）也对品牌做过这样的解释："品牌是由一种保证性徽章创造的无形资产。"

将体育品牌视为一种资产，着眼于品牌的价值功能，其侧重点在于体育品牌在市场运营中的作用，它主要是站在经济学、会计学的立场，从体育品牌的外延，如体育品牌资产方面进行阐述，突出体育品牌作为一种无形财产能给体育企业带来多大的财富和利润及能给社会带来什么样的文化和时尚等价值。这种主张认为体育品牌是一种价值，在一定程度上是脱离体育产品或服务而存在的，它可以买卖，体现一种获利能力，更强调体育品牌对企业的增值功能。

3）综合说

"品牌是生产、营销与时空的结合。"世界著名广告大师大卫·奥格威（David Ogilvy）认为："品牌是一种错综复杂的象征。它是品牌属性、名称、包装、价格、历史、声誉、广告风格的无形组合，品牌同时也因消费者对其使用的印象及自身的经验而有所界定。"林恩·厄普肖（Iynn B. Upshaw）从可视而不是隐藏于可视背后的角度谈及品牌特征时说，品牌是消费者眼中的产品或服务的全部，即人们看到的各种要素集合起来所形成的产品表现，包括销售策略、人性化的产品个性及两者的结合等，或是全部有形或无形要素的自然参与，如品牌名称、标识、图案等。大卫·阿克尔（David A. Aaker）认为："品牌像人一样具有个性和情感，而且具有资产价值；品牌是产品、企业、人和社会文化象征的综合。"菲利普·科特勒（Philip Kotler）认为，一个品牌往往是一个更为复杂的符号标志，能表达出六个层面的含义，包括属性、利益、价值、文化、个性和使用者。

"综合说"定义将体育品牌置于一种更广阔的社会环境中，而且加入时间维度和空间因素，指出与体育品牌密不可分的环节，如历史、声誉、法律、经济、社会文化、人文心理等。正如大卫·阿克尔（David A. Aaker）的观点，除了体育品牌就是体育产品外，体育品牌认同的基础概念还必须包括体育品牌就是体育企业、体育品牌就是人、体育品牌就是符号等概念，体育品牌并非单一的，实际上是由其自身通过整合诸多信息而成的。

4）关系说

"品牌是与消费者建立的长久关系。"波士顿咨询公司（Boston Consulting Group，BCG）对于品牌的理解是"品牌是联系企业的主观努力与消费者客观认知的桥梁"。奥美广告公司（Ogilvy& Mather）认为，"品牌是一个商品透过消费者生活中的认知、体验、信任及感情，争到一席之地后所建立的关系"。联合利华董事长迈克尔·佩里（Michael Perry）认为，品牌是消费者对一个产品的感受，它代表消费者在其生活中对产品或服务的感受而产生的信任、相关性与意义的总和，它是一个以消费者为中心的概念，它的价值体现在与消费者的关系中。正如大卫·阿诺德（David Arnold）所说，品牌是一种类似成见的偏见。凯文·凯勒（Kevin L. Keller）认为，品牌源于消费者反应的差异，如果没有差异发生，那么具有品牌名称的产品本质上仍然是一般类别意义上的产品，而反应中的差别是消费者对品牌理解的结果，虽然企业通过其营销计划和其他行为为品牌提供了支持，但最终品牌是留存在消费者头脑中的东西，品牌是一个可感知的存在，植根于现实之中，映射着个人的习性。

将体育品牌视为关系，强调体育品牌是消费者或某些权威机构认定的一种价值取向，是社会评论的结果，而不是自我加冕的。该观点的一个重要贡献就是将消费者引入体育品牌概念中来，它体现了体育企业与消费者、体育产品与消费者及体育服务与体育消费者之间的沟通,强调体育品牌的最后实现是由消费者来决定的。事实上,"真正的品牌存在于关系利益人的想法和内心当中"(Tom Duncan & Sandra Moriarty)。

5)互动说

产品形成于生产环节,而品牌形成于流通环节,企业塑造品牌的性格,而消费者决定品牌的命运,品牌属于生产者,但真正的拥有者是消费者。由产品品牌的这一形成机制可知,完整的体育品牌形成过程涵盖了生产领域、流通领域和消费领域。大卫·阿克尔(David A. Aaker)认为:"品牌是产品、名称、人、企业与消费者之间的联结和沟通,即品牌是一个全方位的概念,牵涉消费者与品牌沟通的方方面面,并且品牌更多地被视为一种体验,一种消费者能亲身参与的更深层次的关系,一种与消费者进行理性和感性互动的综合体验。"亚马逊(Amazon)创始人及首席执行官杰夫·贝佐斯(Jeff Bezos)也说:"品牌就是指你与客户之间的关系,说到底,起作用的不是你在广告或其他的宣传中许诺了什么,而是它们反馈了什么及你又如何对此做出反应。"我国学者李光斗在《品牌竞争力》一书中说"品牌既是消费者对一个企业、产品所有期望的综合,同时又是企业向目标市场传递企业形象、企业文化、产品理念等要素的载体,而且还是企业产品品质的契约担保和履行职责的承诺"。

将体育品牌视为互动这一概念是从企业和消费者两个角度来诠释体育品牌的。实际上,体育品牌作为一个动态的信息载体,涵盖了两个层面的信息:第一,体育品牌凝聚了体育企业及其产品的信息,反映了体育企业的研发、生产、市场推广能力及企业文化形象等状况;第二,体育品牌涵盖了消费者的心理感知,该感知是构成体育品牌形象的重要来源,即体育品牌是企业与消费者之间互动的整体概念。

6)承诺说

"品牌是承诺、保证和契约。"菲利普·科特勒(Philip Kotler)指出,品牌是对消费者购买一组属性的承诺,这种承诺超出了产品的有形部分。宝马集团董事长 Helmut Panke 曾说:"品牌是一种承诺。这种承诺必须在任何时间、任何地点、任何产品上兑现。因此,我们的产品的性能、特点,无论在哪里购买,都是一样的。"赫尔穆特·潘克(Helmut Panke)说,对于消费者来说,品牌标识了产品的来源,从而成为消费者与产品生产者之间的一种纽带、契约和承诺,是生产者对产品品质的保证。大卫·阿克尔(David A. Aaker)也说,品牌首先向公众承诺的是保持并不断改善产品的品质。波士顿咨询公司(BCG)认为,客户通过品牌理解企业的产品或服务,品牌代表了企业的产品或服务所作出的承诺、表现的价值、提供的好处及客户对这些承诺、价值和好处的主观评估。

体育品牌对于消费者而言,可以视为一种合同或协议,消费者对体育品牌的信任和忠诚来源于体育品牌所包含的关于体育产品或体育服务的质量、属性、价格、个性等方面的承诺,以及消费者根据检验所获得的对该承诺真实性的认可。

因此我们认为,体育品牌是能够使某个体育组织的产品或服务与其同类区别开来,并能在有形和无形方面为消费者带来意义的一切标识,其中包含体育赛事品牌、体育运动员品牌、体育用品品牌、体育器材品牌等,它使体育产品或服务区别于其他体育产品或服务,是品质的保证和一系列的承诺,能给消费者带来情感利益。

体育品牌和体育产品/服务之间密不可分,消费者每天在消费各种产品/服务的同时,

扩展阅读 11.1 鸿星尔克的品牌兴衰①

也在消费各种品牌，消费者每天都处在各种体育品牌之中（如李宁、安踏、贵人鸟等），因此体育消费者常用品牌来对体育产品/服务进行识别。

2. 体育品牌的特征

体育品牌特征就是体育品牌的特点、气质和内涵，是体育品牌深层次的表现。每个品牌都有其特征，这种特征表现为它与其他同类品牌之间的区别，也就是它所代表的特定消费群体的需求及它本身所具有的与众不同的内涵（这种内涵包括物质状态和意识形态两方面）。从更广的意义上来说，体育品牌特征是由词语、形象、思想和相关事物组成的框架，这个框架由消费者对体育品牌的总体感觉组成。体育品牌是消费者眼中体育产品或服务的全部，也就是人们所看到的各种要素集合起来所形成的产品表现，包括销售策略、人性化的产品个性、销售策略和产品个性的结合等，或者是全部有形或无形要素的自然参与，如体育品牌名称、体育品牌标识、图案等。从这个意义上来说，体育品牌特征是一种不同于功能的产品个性，它从视觉感知层面标识了体育产品的独特个性。

1）体育品牌的共性特征

体育品牌作为品牌的其中一种类型，具有品牌的共性特征。

（1）品牌以顾客为中心。品牌的价值体现在品牌与顾客的关系之中，它之所以具有一定的知名度和美誉度，是因为它能够给顾客带来利益、创造价值，更是评判品牌优劣的权威。

（2）品牌是企业的无形资产。品牌是有价值的，且这种价值是无形的，它不能像有形资产一样反映在资产负债表上。无论是过去、现在还是未来，都有许多跨国公司凭借其品牌的经济效应源源不断地获取利润，这一事实证明了品牌是企业最重要的无形资产。但需指出的是，正因为品牌是无形资产，品牌的收益具有不确定性，企业必须依据市场变化持续监控品牌价值，通过持续投资确保品牌增值。

（3）品牌具有排他专有性。所谓品牌的排他专有性，是指产品一经进行企业注册或专利申请，其他企业就不得再用。

（4）品牌是企业竞争的重要工具。品牌可以有效地向顾客传递相关信息，提供价值并使顾客与产品（服务）或企业产生某种联系。在当今信息爆炸式增长的时代，顾客越来越需要借助品牌来增强其产品鉴别力，并丰富自己在购物中的情感体验。目前，越来越多的企业开始重视品牌经营，并通过多样化的品牌策略占领市场。

2）体育品牌的行业特征②

（1）与体育运动紧密相连。体育品牌通过一系列的物质载体来表现自己，这些载体包括体育组织及各项运动产品或服务所提供的图形、符号、文字、价格、质量、服务、市场占有率、知名度、美誉度等。这些都围绕体育运动而展开。体育运动项目本身的可观赏性及普及程度、消费者掌握的体育运动项目知识等对体育品牌的发展起到重要影响

---

① [财经]鸿星尔克是怎么出名的？公司发展历史及创业故事 2021 简介（2）-南方财富网（southmoney.com）.
② 谌莉. 中国体育品牌战略管理研究[D]. 北京：北京体育大学, 2013.

作用。

（2）传播途径多样化。体育品牌可以利用一切可利用的方式进行传播。比如，广告活动、促销、公关、口碑等活动，但体育产品或服务本身就是很好的传播载体。体育有很高的媒体关注度，体育消费者对体育用品、体育赛事、体育组织等的接触度高，二次传播概率大，是体育品牌打开自身知名度的关键。但是，负面消息也容易迅速传播，易造成品牌的贬值。因此体育品牌比一般品牌难以维护。

（3）教育性和公益性。消费者在消费某一类的体育产品或服务过程中，可以学会体育运动技能，增强体质；可以培养和增强人的勇敢顽强的性格、超越自我的品质、迎接挑战的勇气和承担风险的能力，以及团队合作精神、竞争意识、协作精神和公平观念等。高水平体育竞技赛事往往能够展现我国体育健儿在奥运会和世界性大赛中的拼搏精神，有效激发国民的爱国热情和民族自豪感，具有鼓舞我国人民战胜困难，奋发向上的精神。此外，体育本身具有公益性，体育赛事产品及服务在不断提升竞赛品质和商业价值的同时，积极承担品牌的社会责任，将公益内容融于产品和服务之中，赋予了体育品牌更深的意义。

3）体育品牌的个性特征

（1）体育品牌属性的复杂性。体育作为我国社会文化的重要组成部分，具有社会公益性质，因此体育品牌在进行商业开发时应既重视商业性又强调其公益性，如促进该项体育运动发展、配合奥运争光计划实施、满足体育强国建设需要、提升人民在社会文化等方面的精神需求、扩大国际影响力等。

（2）体育品牌沟通双重性。体育品牌在沟通方面既要与现实或潜在终端消费者进行品牌沟通，又要与政府、赞助商、广告商、品牌被授权商、被特许经营者进行品牌沟通。前者目的在于获得消费者的关注度、引发购买行为和形成品牌忠诚度；后者希望展现媒体关注度、提升人气、扩大品牌综合实力及提供服务来传播体育品牌价值，以期获得政府支持、企业赞助或广告、品牌授权收益等。

（3）体育品牌收益来源的多样性。拥有体育品牌的体育组织或个人获取收益的来源一方面包括通过竞赛表演、娱乐市场获得的盈利，如通过消费者购买门票、纪念品等行为而产生的收益。另一方面还包括通过品牌经营开发获得的丰厚收益，如通过赞助、广告、转播权、品牌特许经营权或品牌授权等方式产生的收益。此外还包括政府拨款等。

（4）体育品牌资源的稀缺性。体育市场是有限的市场，由于体育运动的专业性强，体育市场的进入壁垒较高，因此体育品牌的发展往往受到资源的限制。比如，拥有的高水平运动员、各类体育运动教练的数量和水平、体育赛事的级别和数量等。

（5）体育品牌价值的相对不稳定性。体育品牌的价值与运动员的表现、运动队的表现，甚至整个赛事的表现或媒体的传播密切相关，外部经济环境对其影响也很大。当某职业体育俱乐部成绩低迷，业绩下滑时，体育消费者的消费热情则会转向其他成绩较好的队伍。当运动队比赛成绩好时，媒体关注度提高、赞助商蜂拥而至、体育品牌价值也相应有所提升。

11.1.2 体育品牌的构成

体育品牌包含品牌名称、品牌标志和商标三个部分，它们共同使产品或服务从大量的同类产品中"脱颖而出"。

1. 体育品牌名称

体育品牌名称是体育品牌构成中可以用文字表达并用语言进行传播与交流的部分。正所谓"名不正，则言不顺"，好的体育品牌名称往往能够强化定位，赋予体育产品以美好形象，增强体育品牌的传播力度，帮助体育品牌更好地参与竞争。体育品牌命名是指为某一体育产品/服务取名，是体育品牌竞争的开始。命名的过程就是一个将市场、定位、形象、情感和价值等转化为营销力量的过程。

1）体育品牌名称的分类

依据体育品牌名称内容的不同，可以把体育品牌名称划分为4种类型。

（1）企业名称，即借用企业的名称作为体育产品的品牌名称，而企业名称又可分为两种类型：全称式和缩写式。安踏（安踏体育用品有限公司）、探路者（北京探路者户外用品股份有限公司）、鸿星尔克（鸿星尔克实业有限公司）都是全称式体育企业名称的例子。缩写式体育企业名称的例子包括 NB［New Balance，新百伦贸易（中国）有限公司］等。

（2）人物名称，即直接以人物的名字作为体育品牌的名称。在实践中，这些人可能是体育明星、创业者、设计者，如李宁、乔丹、斐乐等。

（3）动物名称，即以动物的名字作为体育品牌的名称，如彪马、猛犸象、骆驼、贵人鸟、双鱼等。

（4）地名名称，即以产品的出产地或所在地、山川或湖泊的名字作为体育品牌的名称，如奥索卡、哥伦比亚等。

2）体育品牌名称的命名原则

在设计体育品牌名称时，应以创造顾客感知价值为前提，使体育品牌名称具有以下特点。

（1）能够展示一些体育产品的质量。例如，强力（QiangLi）、亿健（YIJIAN）等。

（2）应该易读、好认和好记。例如，特步、安踏。

（3）品牌名称应该与众不同。例如，361°、卡帕（Kappa）。

（4）具有延伸空间。例如，万达集团从房地产行业拓展至体育领域，形成万达体育有限公司，其名称丝毫不受影响。

（5）名称应该易于翻译成外语。

（6）名称能够注册并受到法律保护。

2. 体育品牌标志

品牌标志是指品牌中可以被认出、易于记忆但无法用语言读出的部分，包括符号、图案或明显的色彩或字体。体育品牌标志应该富有创造性，容易被消费者识别。体育营销人员在设计体育标志的时候需要做大量的研究，因为它的独特性是一个体育品牌成功与否的关键。

1）体育品牌标志的设计原则

体育品牌标志的设计一般遵循以下原则：

（1）营销原则，即从营销的视角出发，以体育产品特质为基础，准确地传递产品信息，尽可能地彰显品牌的利益，并充分体现品牌价值和理念，传递品牌形象，便于消费者进行识别。例如，鸿星尔克的商标像一只鸿鹄在翱翔，寓意像鸿鹄一样志存高远，无惧挑战，不断拼搏，成为杰出的典范。

（2）创意原则，即立足于创意，确保品牌标志的设计足够简洁、新颖、独特且一目了然，能够给消费者强烈的视觉冲击。同时，独具匠心的品牌标志还可以使其富有特色，彰显个性，从而在竞争中脱颖而出。例如，匹克三角形标志代表着山峰，传递着不断进取的坚定信念，象征着匹克不断攀越高峰的自我挑战和创造未来的决心，以"更快、更高、更强"的奥林匹克精神，塑造出体育运动品牌崇高的形象。

（3）艺术原则，即从艺术设计的视角出发，确保品牌标志的设计在线条与色彩搭配上遵循布局合理、对比鲜明、平衡对称、清晰与简化、隐喻象征恰当等原则。例如，安踏品牌标志设计来源于中国排球在扣球时的姿势，"Anta"是中文"安踏"的英文名，在希腊语中的意思是"大地之母"。标志的识别图形由字母"A"抽象变形出升腾而起的飞行姿态，以简约、概括的手法展现了力量、速度与美在运动中的优美组合，从广义上寓意安踏追求卓越、超越自我的理念。

（4）认知原则，即从利于消费者认知与识别的角度出发，确保品牌标志在图形与色彩的运用上具有简洁明了、通俗易懂、鲜明醒目、容易记忆等特征，并符合消费者的风俗习惯和审美价值观。例如，361°品牌标志用一个象征全面、圆满的三百六十度，多一度的热爱正是361°的品牌口号，有超越完美的寓意。

（5）情感原则，即品牌标志要能强化消费者的感知价值，引起消费共鸣。例如，耐克商标象征着希腊胜利女神翅膀的羽毛，代表着速度，同时也代表着动感和轻柔，商标图案是个小钩子，造型简洁有力，急如闪电，容易让人想到使用耐克体育用品后所产生的速度和爆发力。

2）体育品牌标志的色彩设计

优秀的品牌标志视觉冲击力强，能够在第一时间吸引受众消费者的关注，使受众接受品牌标志传递的信息，从而对受众产生深刻的影响力。因此在品牌标志的设计中要注重对比效果和视觉形象的独特性，要求标志在任何环境下都能保持自身的视觉冲击力，因此品牌标志色彩的重要性越来越突出。许多企业用色彩来代表自身产品的性质与特征，许多著名品牌在设计色彩时都注重研究色彩的心理效应。

体育品牌标志除了造型要美观、协调，与产品的性质、包装的特点相协调，使产品的名称得到最大化的传播外，其标志的通用性还要求标志适用于除彩色印刷、广告媒介以外的其他的材料工艺印刷，如金属（金属材料的雕、刻、塑等复杂工艺）、木头、皮革、布料、玻璃等材料，也需适用于特殊情况下黑背景或单色的印刷。体育品牌的色彩设计往往要遵循以下的基本原则：

（1）突出企业风格和品牌的含义；

（2）与公司的企业识别系统和谐一致；

（3）与竞争对手有差别，显示品牌的独特个性；
（4）契合消费者的心理，利于体育产品的销售促进；
（5）符合国际潮流。

3. 体育商标

品牌是企业通过消费者的认同获得消费者的注册，而商标是企业通过法律程序获得行政注册。国家的行政注册是消费者注册的法律基础和前提。商标可以被简单地定义为经过法律注册的体育品牌，防止其他人抄袭、仿冒其产品/服务或侵犯其合法权益。随着体育产业的竞争越来越激烈，体育商标的注册在如今的体育市场变得越来越有必要。

1）商标是体育品牌竞争力提升的基石

商标作为区别体育产品/服务的具体标记或标志，愈是具有明显识别性愈是能给消费者留下深刻的印象。消费者很容易通过这种具有深刻印象的标记与产品的品牌和生产该品牌企业建立联想，并最终形成品牌注册与品牌忠诚。因此，商标是消费者区分体育商品/服务生产者和经营者的有效手段。例如，在琳琅满目、丰富多彩的体育产品/服务品牌世界中，有的消费者一眼就能认出哪些是耐克、哪些是李宁；此外，在各类体育比赛的赛场上，参赛运动员穿哪家企业生产的运动服，通过运动服上的标志便能一目了然。这就是商标给予体育商品/服务企业所带来的最大效益。

2）商标权的专有性是体育品牌竞争的法律保障

商标一经依法行政注册就享有商标的专有权，这是法律赋予体育产品/服务企业的一定时期内的垄断性资源。未经权利人许可，其他企业使用该注册商标就构成侵权，轻者停止侵权，赔偿损失，重者还可能承担惩罚性赔偿的法律后果。例如，李宁作为国际知名品牌，其商标专用权不容挑战。

3）驰名商标的跨地区和跨类保护强化了体育品牌竞争力

驰名商标不同于普通商标，是国家知识产权局商标局或者人民法院根据需要认定的一种商标类型，在国内广为知晓并享有较高声誉。驰名商标享有法律扩大保护的优势、跨类别保护的优势。体育用品企业的商标一旦被依法认定为驰名商标，驰名商标所有人有权禁止他人在其他所有商品类别上使用和注册与驰名商标相同或相类似的商标。这大幅提升了商标和品牌的突出个性和独特性。这就是为什么全世界只有一个李宁，一个安踏的法律制度根源。

从消费者角度看，这种跨类保护的优势，节省了消费者的选择成本；提高消费者的知晓度，也提升该驰名商标在市场上的美誉度。跨地域优势方面，保护驰名商标是《保护工业产权巴黎公约》和《与贸易有关的知识产权协议》等知识产权国际保护公约所明确规定的，而目前这两个公约的成员国已经分别达到160多个，几乎全世界主要国家均被囊括其中，这就意味着全世界绝大多数国家和地区都承认并保护驰名商标，所以，体育产品/服务企业的商标一旦在其成员方被认定为驰名商标，并在相关地区和相关大众具有较高知名度，就可以在该相关地域范围内获得广泛、扩大、强势的保护。

4）商标使用许可增强体育用品品牌竞争优势

所谓商标的使用许可，是指商标注册人通过法定程序许可他人使用其注册商标的行为。商标使用许可是商标权中的一项非常重要的权利。商标的使用许可通常是通过签订使用许可合同的方式实现的。实践中,商标许可使用的方式主要有三种,即普通许可、独占许可和排他性许可。以李宁为例,2007 年李宁有门店 6 245 家,其中直营店仅有 310 家,特许经营的店的比例为 95%;2017 年,李宁有 6 262 家门店,直营店 1 541 家,特许经营的店的比例为 75%,占总营收近 70%;2019 年,李宁在全国有 7 000 多家店,特许经销商是最重要的渠道,占总营收的 48.6%,直接经营销售占总收入的比例从前年的 30%多下降到 28.1%,电商渠道占到 21.1%。截至 2021 年 6 月 30 日,李宁牌(包含李宁核心品牌及李宁 YOUNG)常规店、旗舰店、中国李宁时尚店、工厂店、多品牌集合店的销售点数量为 6 745 个。经销商 63 家(包括中国李宁时尚店渠道)。

扩展阅读 11.2 "乔丹"的八年商标之争①

通过体育产品/服务商标的使用许可,商标所有者既可以通过使用许可费获取一笔受法律保障的额外利润,又可以通过商标的使用许可提高商标的知名度和美誉度,扩大市场影响力,从而给消费者留下深刻的印象。

11.2 体育品牌开发策略

11.2.1 体育品牌化过程

品牌化,是指对产品或服务设计品牌名、标识、符号、包装等可视要素,以及声音、触觉、嗅觉等感官刺激,以推动产品(或服务)具备市场标的和商业价值的整个过程。品牌化,是创建和培育品牌的起点,也是品牌管理者的常规性工作。品牌化的根本是创造差别使自己与众不同。

体育品牌化的目的是激励消费者对体育营销活动产生行为反应,有效帮助体育组织在市场上确立其体育品牌的地位。而体育品牌确立的目的,是将自己的体育产品/服务和市场上的同类产品/服务区分开来,这一过程可以分为以下几个阶段。

1. 树立品牌意识

树立消费者对本企业品牌的意识是体育品牌化发展的第一阶段。体育目标市场上的消费者必须首先意识到该品牌的存在,然后才会了解它,记住它。如果消费者没有对该品牌形成意识,体育品牌形象就无从谈起。因此体育组织应从内部树立品牌意识,保持品牌建设的长期性,进而通过展示体育产品/服务的特征、价格、促销和分销渠道等,从外部让消费者了解该体育产品/服务的"个性"。

2. 打造体育品牌形象

体育品牌形象是作为整体感觉存在于体育消费者脑海中的,他们直接影响了消费者对体育产品/服务的态度。作为体育消费者,由于过去的经历各不相同,所以即使对同一

---

① 乔丹商标之争的启示—知识产权—人民网(people.com.cn)。

体育品牌也会有不同的忠诚度。通过不同方式打造品牌形象所产生的效果也会有所不同。例如，通过对游艇、马术、游泳和田径等不同活动的赞助，会对不同目标市场上体育消费者强化不同的品牌权威和品牌魅力。建立并保持消费者心中的体育品牌形象是体育营销人员的重要任务，因此现代体育市场上消费者的流动性是相当大的。

3. 开发体育品牌资产

品牌资产也称品牌权益，是指品牌产生的市场效益，或产品在有品牌时与无品牌时的市场效益之差。体育品牌资产受体育组织内部和外部环境的影响，如媒体覆盖率、体育市场的竞争情况、体育产品/服务的包装和运输，体育组织的声誉等。因此，开发体育品牌资产往往需要建立一个被人们喜爱、具有纪念意义、一致的品牌形象。通过强化品牌资产，可以对体育品牌产生积极的影响，如增加门票和商业活动的收入、提高溢价的可能性，最重要的是能够在形成体育品牌化过程中提高消费者的品牌忠诚度。

4. 培育品牌忠诚度

品牌忠诚度是顾客对特定品牌的依恋程度。品牌忠诚度的表现是，在同类产品中优先选择并持续性重复购买某个品牌的产品/服务。从销售的角度看，建立品牌忠诚已经成为获取高额盈利的关键途径。为获取新顾客所付出的高昂成本使得许多顾客关系在早期的交易中无利可图。只有在后期交易中，随着服务忠诚顾客的成本降低，这种顾客管理才会产生更高的利润。

科特勒等（2009）指出了4种品牌忠诚模式：

（1）"一心一意"型忠诚者——只忠诚于一个品牌的消费者；

（2）"三心二意"型忠诚者——忠诚于两个或三个品牌的消费者；

（3）"喜新厌旧"型忠诚者——从忠诚于一个品牌转向忠诚于另一个品牌的消费者；

（4）"逢场作戏"型忠诚者——没有忠诚品牌的消费者。

按照帕累托法则（或二八定律）的解释，80%的体育品牌购买行为是由20%的体育消费者所引起的，因此，如果将体育迷按照忠诚度划分成"大""中""小"三类，那么营销人员的目标是找到"大"的这一类消费者。体育组织可以通过会员计划、支持者俱乐部的创建和管理，以及通过积极呈现这些东西能给消费者带来的益处，驱动消费者对体育品牌的情感依附。

11.2.2 体育品牌开发

体育品牌开发有4种途径：产品线延伸、品牌延伸、多品牌或新品牌（见图11-1）。

图11-1 体育产品开发战略图

1. 产品线延伸

产品线延伸是指体育产品/服务企业将品牌名称延伸到已有产品品类的新款式、颜色、尺码、面料、材质等。比如，李宁运动鞋根据款式、材质、科技等分为超轻系列、韦德、幻影&魅影、飞甲、虎鲨、羽甲等系列。

体育产品/服务企业产品线延伸不但可以作为一种低成本、低风险引进新产品的方式，而且可以作为企业满足顾客对产品多样性需求的途径，还可以作为为零售商提供更多货架空间的方法。但是产品线延伸有一些风险。延伸过度的体育品牌会让顾客感到困惑，导致品牌失去意义。

2. 品牌延伸

品牌延伸是把现有品牌名称延伸到新品类中的新产品或者改进产品上。品牌延伸是体育领域中应用广泛的品牌经营手段之一。利用品牌延伸，可以达到以下战略目的：一是能够利用消费者对原有品牌的认知，助推消费者接受新产品，并接受该品牌定位传达的不同信息；二是可以为消费者提供更多的多样化的选择，适应消费者的需求变化；三是能够阻止或抑制竞争者，主动推出细分市场的产品，不给竞争对手留下市场空间；四是通过延伸产品或品牌的生命，给品牌旗帜下的产品及时更新换代，可以给品牌注入新鲜血液，使品牌形象不断更新，更好地满足顾客需求，促进整个品牌系统的投资收益。此外，利用品牌延伸来增强原品牌的影响力也是一种较为常见的方式。

品牌延伸会让新产品更快得到认可，它能够节省打造新品牌名称所需要的高额广告费用。但品牌延伸也存在一定的风险。延伸可能会混淆主品牌形象，过多的品牌延伸，可能会降低原有品牌的价值，削弱原有品牌的忠诚消费群体的品牌认同，造成难以弥补的品牌伤害。因此，在将体育品牌名称转移到新产品之前，营销人员必须重点研究产品与品牌之间的关联度。

3. 多品牌

多品牌策略常指组织的产品或服务基于自己的某种目的或消费者的不同需求而使用多个品牌的策略。体育企业通常对特定产品品类的许多品牌进行营销。多品牌战略可最大限度占领体育市场。体育企业用多品牌实现公司战略转移，可以实现国际化跨越，可以避免品牌过于集中的风险，同时又能够适应不同的需求层次、不同的群体和不同文化对品牌的认同。

多品牌策略通过搭载各种特征来吸引细分顾客市场，锁定更多零售商的货架空间并获取更多的市场份额。例如，安踏通过收购 Descente、Sprandi 及 Kolon Sport，覆盖路跑、滑雪、登山、攀岩、越野等领域，全方位布局户外运动市场，为公司带来新的收入增长点。

多品牌的一个主要缺点是每个品牌可能只取得少量的市场份额，没有一个品牌能获利特别多。公司可能不再将资源广泛分散到众多品牌中，而是选择把一些品牌打造成高盈利的品牌。这些公司应该减少特定品类的品牌数量并且设定更严格的品牌筛选程序。

4. 新品牌

新品牌策略是指为新产品设计新品牌的策略。企业也许认为现有品牌名称的影响力

扩展阅读 11.3 安踏上半年收益达 228.1 亿元，多品牌战略显成效[①]

会不断衰减，因此需要一个全新的品牌名称。当体育企业在新产品类别中推出一个产品时，它可能发现原有的品牌名称不适合于它，或是对新产品来说有更好更合适的品牌名称，因此企业需要设计新品牌。

与多品牌一样，如果企业提供太多新品牌，就会稀释企业的资源。此时企业往往需要淘汰发展缓慢和相对疲软的品牌，把营销预算用于那些在其品类中市场份额占有绝对优势的产品。

11.3 体育品牌授权

11.3.1 体育品牌授权的概念和形式

1. 体育品牌授权的概念

授权是指通过合同约束，有偿使用第三方所拥有或控制的受法律保护材料的权力。广义的授权通常意味着：一项知识产权的所有者授予他人使用该知识产权的权力，以换取对方履行某种形式的承诺（即对价）或者支付某种费用。如果没有获得这样的授权，对知识产权的使用将被视为侵权行为。因此，授权是对侵权行为的一种防卫措施。

品牌授权又称品牌许可，是指品牌的拥有者在一些商定的条款（如使用品牌的商品类别、商品销售的地理地区和使用的时间段等）的基础上，通过有关协议，允许被授权商使用授权商的品牌，生产、销售某种产品或提供某种服务，并向品牌授权商支付商定数额的权利金的经营方式。这种做法是借他人的品牌帮助自己的产品创建品牌资产的一条捷径，被越来越多的企业家所重视，并认为是经济增长的一种重要工具。

体育品牌授权是指体育品牌的法律载体即体育商标拥有者，允许被授权者使用品牌的法律载体即商标，在一定的时间和地理范围内，生产销售某类体育产品或提供某种体育服务，并向商标拥有者支付授权费用的经营方式。

体育品牌拥有者实施品牌授权的目的在于持续创造品牌价值和影响力，通过加强品牌沟通，持续提升品牌形象和品牌知名度，保持授权品牌与品牌形象的内在关联与一致性，并不断以创新的品牌授权方式，增强品牌授权拓展能力，对品牌授权体系实施有效的管理。因此，品牌授权商和品牌被授权商实施错位经营，一般不建立品牌商品的生产制造实体，不建立特许经营整套的经营管理体系，不发展品牌零售终端体系。此外，品牌授权业务拓展的重点是品牌拓展。通过授权进行商品种类的开发以拓展品牌的知名度和影响的区域。由于全世界对体育运动的热爱，体育品牌授权一直是最受欢迎的授权。体育品牌授权是全球性业务，除了少数项目外，都吸引着广泛的潜在消费者。

---

① 安踏上半年收益达 228.1 亿元，多品牌战略显成效|界面新闻·体育（jiemian.com）。

2. 体育品牌授权的形式[①]

归纳起来体育品牌授权的形式一般有商品授权、促销授权、主题授权、渠道授权，被授权商可根据自身的实际情况与授权商采用不同的合作方式获取品牌授权。

1) 商品授权

被授权商可以运用授权品牌的商标（logo）、人物（character）及造型图案（design）在商品的设计开发上，并取得销售权。例如，水立方授权以"水立方"命名的泳衣、泳帽等。特步获得迪士尼的独家授权，在中国区生产和经营迪士尼SPORTS。

2) 促销授权

促销赠品授权：被授权商可以运用授权品牌的商标（logo）、人物（character）及造型图案（design），与自己的促销活动结合，规划赠品，促进公司产品销售。

图案形象授权：被授权商可以运用授权品牌的商标（logo）、人物（character）及造型图案（design），与促销活动结合，规划主题广告、创意主题活动，达到促销目的。例如，奥运五环标志的图案形象授权，常见于各种媒体的宣传和企业的终端促销上。

3) 主题授权

被授权商可运用所授权品牌之所属商标、人物及造型图案为主题，策划并经营主题项目。例如，主题餐厅，特色酒吧或者主题公园、游戏厅等。

4) 通路授权

被授权商可加入成为授权品牌的连锁专卖店和连锁专卖专柜，统一销售授权品牌的商品。例如，锐力体育，是国内最早的耐克、阿迪达斯、锐步等国际著名运动品牌正式授权的连锁零售商。

特许经营授权是体育品牌授权的主要方式，通常是指拥有注册商标、企业标志、专利、专有技术等经营资源的企业（以下称特许人），以合同形式将其拥有的经营资源许可其他经营者（以下称被特许人）使用，被特许人按照合同约定在统一的经营模式下开展经营，并向特许人支付特许经营费用的经营活动。

体育品牌特许经营中最具代表性的是奥林匹克特许经营，主要涉及使用奥林匹克标志、徽记、吉祥物等知识产权。其中奥运会各类纪念品，不但成为奥组委重要的集资手段，同时也成为极具收藏价值的艺术品。

3. 体育品牌授权的法律保护

体育品牌凝聚着品牌拥有者的智力成果，是体育知识产权的重要组成部分，蕴含了体育组织、体育工作者、体育经营者和赞助者依法享有体育智力劳动成果和经营标志、信誉的权利。现代体育知识产权的成果，最终需要由智慧转化成体育商品，而体育商品的销售又必然需要商标的辅助，因此体育品牌所拥有的权利首先包括商标权。商标权是指商标主管机关按照法律程序授予商标所有人的一种权利，这项权利受国家法律保护，即"商标专用权"。商标的注册人拥有多项权利，以防止自己的注册商标受到侵害，如排他处分权、收益权、使用权和续展权等。

体育品牌授权所涉及的商标产权，需要商标法的相关法律保护。美国1946年的联邦

---

① 谌莉. 中国体育品牌战略管理研究[D]. 北京：北京体育大学，2013.

商标法，也就是通常所说的兰汉姆商标法是关于商标、商标注册和商标侵权赔偿的法案。1989 年正式生效的《中华人民共和国商标法》修正法案是自 1946 年以来美国国会对兰汉姆商标法做出的第一次全面修订。我国现行《商标法》于 1983 年 3 月 1 日实施，遵循保护商标专用权的原则，任何商品和服务的提供者都可以自愿提出商标注册申请。我国的商标法中规定的基本内容有：商标注册的原则和条件；商标注册的申请、审查和核准；注册商标的续展、转让和使用许可；商标的异议与争议的处理；商标使用的管理；商标权的保护；商标侵权的认定、法律责任等。商标法不仅是商品生产者和销售者使用商标时应当遵守的法律，也是维护消费者利益的法律，同时也是行政管理机关、司法机关管理商标、保护商标专用权的依据，同时对品牌授权起到重要的法律保护作用。

11.3.2 体育品牌授权价值

体育品牌授权价值主要在于授权体育组织及产品/服务的品牌知名度和品牌形象。被授权方可以在产品中迅速植入体育品牌的基因和个性品牌形象，让消费者产生清晰的品牌识别和群体认同，唤起消费者的品牌联想，进而促进消费者对其产品的需求。

授权商实施体育品牌授权的价值在于：
- 降低产品开发成本（由被授权方承担）；
- 为授权商的潜在产品或服务提供额外曝光机会；
- 让授权商更好利用其广告支出；
- 为授权商的基础业务的波动提供保值措施；
- 允许授权商以低投资获得高回报；
- 允许授权商拓展新的市场，测试不同的新产品领域；
- 允许授权商推广那些政府对广告有限制的特种商品；
- 通过扩大商标使用的产品和服务的广度来强化授权商相关的商标权。

被授权商采取体育品牌授权的价值在于：
- 通过使用众所周知、广受信赖的品牌，马上为自己树立商业信誉；
- 为进入市场找到一条捷径，节省从零开始创建一个品牌的时间和成本；
- 允许制造商开发出一条产品线，能够马上吸引零售买家和消费者的关注；
- 赋予制造商同更大、更成熟的公司竞争的能力；
- 为自己的产品线提供拓展分销渠道的机会；
- 给自己的商业品牌创造更高的认可度。

扩展阅读 11.4 品牌授权术语表

11.3.3 体育品牌授权策略

体育品牌授权强调连接授权方和被授权方的纽带是体育品牌，因此体育品牌授权推广的重点在于不断开发、培育体育品牌形象，提醒消费者这些体育品牌的存在。不断拓展体育品牌的知名度和品牌影响的区域，凭借消费者对该体育品牌形象的喜爱而产生对其代表的产品的购买欲望，驱使授权制造商使用该体育品牌开发系列商品。

第一，注重产品质量。体育产品的质量是体育品牌建设的根基，也是品牌价值释放的基础，决定着体育企业经营的成败。尤其在激烈的市场竞争中，授权方应当始终严格把关被授权方体育产品的质量，避免授权方品牌形象受到损害。

第二，重点考察品类黏合度与品牌信用度。品类黏合度和品牌信用度是授权过程中的考察重点。品类黏合度是对授权双方利益点匹配程度的考察，若授权双方利益点不相符，甚至背离，不仅被授权方无法享受授权带来的收益，而且授权方的品牌信用度也会受到影响。从被授权方的品牌信用度可以看出被授权方的品牌责任感，这也是授权方需要重点考察的指标。

第三，保障品牌授权体系的有效管理。品牌授权存在一定的法律风险，因此需要建立被授权企业信用风险防范机制，完善对授权商品经营种类、区域范围和授权时间的管理与控制，避免出现渠道冲突、恶性价格竞争。通过完善体育品牌授权方的组织、制度和流程建设，从保障品牌授权体系的有效管理。

本章小结

体育品牌是体育营销意义上的以差别化为代表的体育商品个性和独特卖点的标志，是消费者心目中的一种消费情结，是一个名称、术语、符号、标记，或是这些因素的组合。提供差异化的体育产品或服务、体现自身特色是在激烈的体育市场竞争中制胜的关键，因此，体育品牌化尤为重要。本章主要从体育品牌概述、体育品牌开发策略、体育品牌授权三个方面进行阐述，帮助体育营销人员从理论上对体育品牌的内涵、特征建立清晰的认识，同时以理论指导实践，探索体育品牌的开发策略及授权形式，有助于体育品牌形象的树立，以及体育品牌意识的强化。

课后思考题

1. 说出两个体育品牌，对每个体育品牌加以分析：
（1）指出可以用语言表达和无法用语言表达的部分；
（2）思考体育消费者会对这些品牌产生怎样的感觉，哪一些体育消费者会被它们所吸引，为什么？
2. 找出一个熟悉的体育品牌，说说其品牌的开发策略有哪些，并举例。
3. 列举体育领域品牌授权的案例，并谈一谈体育品牌授权为什么受到欢迎。

案例讨论

从小作坊到世界第三大体育品牌，安踏靠什么实现逆袭

在体育用品行业，谈及知名国产品牌，或许大多数人会想到近年来主打"国潮"路线的李宁，但在11月胡润研究院发布的《2020年中国民营企业500强榜单》中，安踏

体育以2 000亿元市值，与快手科技、京东数科等互联网企业并列该榜第46位，安踏也成为前50强民营企业中唯一一家体育用品企业。安踏，已成为国内运动鞋服行业中名副其实的无冕之王。

安踏品牌进化史

1. 企业萌芽期：安心创业，踏实做人

1991年，安踏鞋业有限公司在福建省晋江市成立。由于当时国内原料成本、劳动成本价格低廉，因此晋江各大鞋厂获得了国外丰富的订单。安踏创始人丁世忠由此完成了资本的原始积累。当时广阔的体育用品市场给国内企业发展提供了良好的机遇，丁世忠不满足于传统的制造业代生产加工模式。由此，安踏开始了自有品牌的建设。

1997年，我国制造业受到东南亚金融危机影响，晋江制鞋企业海外订单数量锐减。早已开始进行品牌建设的安踏依靠其未雨绸缪的战略决策，成功渡过难关。至此，安踏开始"建设品牌VI系统、规范商标识别、扩大销售网络"模式。

1999年，安踏斥巨资邀请孔令辉代言其品牌，并在中央电视台投放品牌TVC广告，推出品牌口号"我选择，我喜欢"。

2. 企业转型期：KEEP MOVING

2001年，安踏正式进军运动服饰领域，标志着安踏从单一运动鞋品类向综合运动用品的转型。同年，安踏在北京开设品牌专卖店，标志着安踏开启建设品牌专卖体系，自此，安踏实行品牌专卖与批发代理并举的销售渠道模式。

3. 战略升级期：布局高端消费市场

2007年，安踏在香港联交所挂牌上市，同年，安踏全国门店数接近5 000家。2008年，北京奥运会的成功举办助力了安踏飞速发展。中国体育用品行业迎来了黄金期，安踏在之后的几年内迅速扩张其门店，2011年，安踏全国专卖店接近8 000家。2009年，安踏收购了意大利著名运动品牌斐乐（FILA），开始步入高端运动品牌消费市场。

2010年，安踏开始开展其电商业务，与天猫、京东、唯品会等国内知名电商达成合作，正式布局线上销售渠道。然而，在体育行业发展高潮褪去后，一系列的潜在危机开始逐步凸显。品牌批发模式所带来的高库存问题让众多体育用品厂商叫苦不迭，国内体育用品行业就此滑下低谷。

4. 高速发展期：并购成就辉煌

在国内体育用品行业遭受危机之际，安踏开始进行其品牌运营的转型与升级。2014年，安踏提出了以消费者体验为核心，"单聚焦+多品牌+全渠道"的企业战略。同年，安踏成为NBA官方市场合作伙伴及NBA授权商。2016年，安踏斥资1.5亿元与东京上市公司迪桑特日本的子公司成立合资公司，引入日本知名功能运动服装品牌迪桑特（Descente），主打滑雪用品。

2017年，安踏成立合资集团，在大陆地区内独家销售及分销韩国可隆体育（Kolon Sport）产品；同年8月，安踏以6 000万港币收购香港中高端童装品牌小笑牛。2018年，安踏体育携手方源资本、Anamered Investments 及腾讯等组成的财团，以 366.7 亿元的价格正式收购芬兰体育用品集团亚玛芬（Amer Sports）。这也成为中国服装行业历史上最大一笔并购案。

合理的品牌战略助推安踏走向成功

1. 单聚焦：专注于体育用品行业

安踏集团的单聚焦指的是安踏始终将体育用品行业作为主攻方向，将体育鞋服产品确定为公司长期核心战略方向。安踏自 2005 年创立了国内首个体育用品研发实验室以来，始终认为企业的核心竞争力在于企业科技实力的创新，因此安踏从产品的研发设计端着手，不断缩小与国际品牌的差距，进而在全球体育市场博得一席之地。

2. 多品牌：打造多维度品牌矩阵

自 2009 年收购斐乐之后，安踏开始将目光放至全球运动品牌，基于并购多样化品牌的企业战略，其品牌体系的覆盖面迅速扩大：从儿童到成人、从大众到高端、从专业到时尚。安踏在各类细分市场皆有涉足，实现了体育品类的全覆盖。目前，安踏集团旗下共拥有 23 个子品牌，其中包括高端品牌斐乐、必确、peak performance 等，中高端品牌小笑牛、斐乐儿童等，大众品牌安踏、安踏儿童等。覆盖了滑雪、棒球、高尔夫、潜水、跑步、综训等多项体育项目，形成了梯度化、多元化、差异化的品牌体系，满足了消费者多样化的运动需求。

3. 全渠道：构建线上线下销售网络

安踏早期以品牌批发模式为主，在经过转型后，安踏打通了线上与线下的销售渠道，实现了全渠道的销售网络布局。在线下，安踏门店覆盖了百货商场、专卖店、购物中心等。根据中国产业研究院的报告显示，截至 2018 年年底，安踏体育拥有超过 12 000 家品牌门店，其中包括 10 057 家安踏主品牌门店，1 652 家斐乐门店，117 家迪桑特门店，181 家可隆体育门店，104 家斯潘迪门店。在线上，安踏 2010 年与各大电商平台展开合作，预计今年线上销售收入占全公司营收比重的 20%。

另外，在非安踏品牌的销售管理上，安踏集团采用线下业务与线上业务双驱动模式，实现营销的一体化，即走直营的道路。直营能够统一进行补货、配货与调拨，以便供应链的及时反应，进而实现门店的高效率与低库存。以斐乐为例，至今斐乐 O2O 销售比重已超过 30%，安踏也耗费巨资回购了斐乐近 3 600 家加盟店，其目的在于将加盟店转变为直营店，扩大门店利润。

轻资产运营模式创造企业价值

1. 利润收入高，拥有高额现金储备

安踏轻资产运营模式决定了其在生产制造环节上的投入较少，而重于产业链上游研发与下游销售这两大利润最高的部分。毛利率是企业盈利能力的基本指标，毛利率越高，代表着企业盈利能力越强，其品牌就越具有市场竞争力。目前，我国体育用品行业正蓬勃发展，以李宁、特步、361°等国内一线体育用品企业为参照，可看出安踏的经营收入现状位于首位。

根据多家体育用品上市公司近三年的财报数据显示，安踏的毛利率已经连续三年位于行业领先地位。2020年中期财报显示,安踏年利率高达57%。尽管截至2020年12月,安踏只公布了2020年度中期财报,但是也可看出其毛利率已连续三年呈增长态势,而其他三家企业的毛利率均出现下滑势头。安踏体育的毛利率不仅在国内表现优异,放眼全球,其毛利率也处于体育用品行业第一梯队。此前,耐克公布的2020年第二季度财报显示,其产品毛利率为44%,而阿迪达斯2019年度的产品毛利率为52%。

除了毛利率以外,现金流也是衡量企业经营的重要指标之一。充足的现金流能够给予企业生命力与活力。安踏经过数十年的转型与升级,已成功走出传统的品牌批发模式,而变为品牌零售模式,如今,安踏正将直营模式在全集团加速铺开,有效地提升了货物周转速度与反应速度。

安踏将其生产业务进行外包,减少了厂房、设备等重资产的投入,因此其固定资产较少,现金流相对充裕。安踏、李宁、特步、361°四家上市公司的财报显示,2019年安踏经营性净现金流高达74.85亿元,同比上涨68.6%。而李宁、特步、361° 2019年的经营性净现金流均未突破40亿元,与安踏相距甚远。另外,安踏2019年应收账款周转同比下降了1天到34天,应付贸易账款周转同比提升5天至57天。这些指标都说明安踏经营能力正进一步加强,其抗风险能力也在迅速提高。

2. 研发能力强,提高企业竞争力

安踏在我国体育用品行业中,具有较强的科研实力与创新水平。安踏集团将"创新超越"作为公司的主要价值观,并不断地加大研发投入。截至2018年年底,安踏集团创新研发的投入占销售成本的5.2%,在美国洛杉矶、日本东京、韩国首尔、意大利米兰、中国内地和中国香港等地建立了全球设计研发中心,吸纳了近200名来自20个不同国家和地区的设计研发专家。目前安踏累计申请国家创新专利超1 200项。

安踏、李宁、361°等多家体育上市公司2019年的财报数据显示,安踏体育2019年研发投入达到7.89亿元,位列科研投入榜榜首,李宁和361°的研发投入分别为3.62亿元与2.14亿元。特步国际2019年在其科技上研发投入1.95亿元,春风动力紧随其后,为1.8亿元,而贵人鸟的科技研发投入不到1亿元。

目前,安踏已拥有多项核心技术,包括:Super Flexi(易弯折功能)、A-Form(吸收地面对足弓的冲击力)、A-Hardcourt RB(室外耐磨橡胶)、A-core(芯技术,减震技术)、PRS(旋转设计)、A-Cool(全方位透气清爽)、A-Spring(弹力足弓)等。除此以外,安踏还在美国、日本、韩国成立了其设计中心,2017年安踏获得了美国著名化工企业科慕公司的Teflon EcoEfite™持久防泼水剂技术,并趁势推出了羽翼科技服装产品,成为我国目前唯一一家可以使用Teflon EcoElite™来推广其产品的体育用品企业。

3. 企业转型期:营销投入大,扩大品牌影响力

对于安踏这种轻资产模式企业来说,其大量资源被分配到技术研发与品牌塑造等无形资产当中。安踏自1991年开始进行自有品牌建设,1997年打造品牌VI系统,安踏通过奥运营销、明星代言、公益营销等方式,成功地打响了品牌知名度。在今年10月发布的2020年BrandZ™最具价值中国品牌100强排行榜中,安踏排名第80位,也是服饰类品牌第一位,而李宁则位于第99位,其他体育用品品牌均未上榜。

安踏在1999年重金聘请乒乓球运动员孔令辉担任其品牌代言人,并斥资在央视频道进行广告播放。自此，安踏开创了"体育明星+央视投放"的先河，数据显示，从2001年到2006年，安踏销售收入由1亿元增长到12.5亿元。之后，安踏沿袭了其明星代言的营销策略，在2006年，安踏推出全新品牌广告语"KEEP MOVING"，并先后邀请了网球运动员郑洁及游泳冠军刘诗雯为其品牌代言。与此同时，安踏还签约了多名NBA球星代言人，如凯文·加内特、路易斯·斯科拉、克莱·汤普森等。明星代言使安踏知名度不断提高，其品牌影响力也在逐步扩大。

作为民族体育运动的领先品牌，安踏最早发现了体育用品市场的巨大潜力，也是最早采用体育营销打造品牌的企业。自2000年安踏赞助悉尼奥运会开始，其品牌名就已走入国际视野。2004年，安踏花费6000万元拿下CBA职业联赛3年的赞助权，打破了国际品牌垄断国内顶级赛事的格局，这预示着以安踏为代表的民族体育品牌在与国际品牌的竞争中取得了先机，吹响了体育品牌争夺国内市场的号角。在2009年至2024年期间，安踏将连续16年成为中国奥委会的官方合作伙伴。2017年，安踏集团成为中国奥委会和北京2022冬奥会官方合作伙伴。通过赞助国内外体育赛事，提高了消费者对安踏品牌的信任度与忠诚度，展示了安踏作为国内首位体育品牌的不俗实力。

轻资产模式下的潜在危机

轻资产运营模式有利于提高企业的利润，扩大品牌的影响力，但该模式的潜在危机也不容忽视。

一是轻资产模式使安踏将精力过多投入在品牌建设中，因此安踏大行并购之举，打造了繁重的品牌矩阵，但此类国际品牌资源的整合及其管理为安踏未来的发展带来了挑战。二是生产外包使企业减少了厂房、设备等固定资产的投入，而固定资产是金融机构普遍认定的融资抵押资产，轻资产模式无疑会给安踏带来一定的融资风险。三是安踏将生产环节交付给其他公司运营，从而降低自身企业的自产率，这在一方面减少了固定设备的投入，但另一方面会导致企业对生产环节的掌控较低，进而对外包企业产生依赖，可能产生质量管控风险与产品供应风险。

在安踏大行并购之举之后，企业如何管理和控制品牌资产？安踏集团的非安踏品牌，如斐乐、迪桑特现已占据公司总利润的近44%，而安踏主品牌如何在国际品牌的竞争下博得一席之地？随着中美贸易摩擦的加剧以及全球经济形势的动荡，海外并购的宏观环境正在发生剧烈的变化。亚玛芬的企业规模相比斐乐要大很多，而且是真正全球化运营的企业，安踏如何实现对亚玛芬旗下品牌的整合？这些都是安踏乃至于轻资产企业亟须思考的问题。

轻资产运营模式有利于企业的科研创新及营销管理。安踏将生产环节进行外包，从而能使更多的资金及资源投入价值链的上游及下游环节，即研发与销售。安踏以科技创新作为品牌支撑点，以多种营销方式整合品牌形象，提高品牌影响力，以品牌零售与直营的结合，提高了市场反应效率。这种轻资产模式有效地实现了企业价值的创造。

资料来源：【一点资讯】从小作坊到世界第三大体育品牌，安踏靠什么实现逆袭？| 案例精选 www.yidianzixun.com。

案例思考题：

1. 试分析安踏采用了哪些品牌开发战略？
2. 结合安踏品牌的进化史，谈谈安踏成为世界第三大体育品牌的原因。

教学指南

即测即练题

参考文献

[1] 菲利普·科特勒，加里·阿姆斯特朗. 市场营销原理与实践[M]. 北京：中国人民大学出版社，2015.

[2] 凯文·莱恩·凯勒. 战略品牌管理[M]. 北京：中国人民大学出版社，2014.

[3] 加里·阿姆斯特朗，菲利普·科特勒. 市场营销学[M]. 北京：中国人民大学出版社，2017.

[4] 王永贵. 市场营销[M]. 北京：中国人民大学出版社，2019.

[5] 吴盼，保罗·布莱基. 体育市场营销[M]. 北京：清华大学出版社，2018.

[6] 龚韬. 中国体育知识产权法律保护[M]. 北京：知识产权出版社，2019.

[7] 赛丹杰，格里高利·巴特斯比. 品牌授权原理[M]. 北京：清华大学出版社，2016.

[8] 张平. 知识产权法[M]. 北京：北京大学出版社，2015.

[9] 谌莉. 中国体育品牌战略管理研究[D]. 北京：北京体育大学，2013.

[10] 袁文华. 循环经济的品牌授权机制研究[D]. 济南：山东大学，2014.

第12章

体育赞助与激活

本章学习目标

1. 了解什么是体育赞助；
2. 掌握体育赞助的特征与目标；
3. 熟悉体育赞助平台类型；
4. 理解体育赞助的过程；
5. 熟悉体育赞助激活。

引导案例

海信的体育赞助之路

海信早在十几年前就确定了"大头在海外"的品牌国际化战略，并试图通过体育市场营销开始自己的破圈之路。最近几年，海信不断加大对国际体育赛事的投入，使其迅速融入海外市场中，同时也大力提升自身的品牌影响力及市场份额。

2016年，海信成为法国欧洲杯全球顶级合作伙伴，也是欧洲杯56年历史上的首家中国赞助商。在此之前，海信已成功赞助澳洲Arena体育馆、澳网公开赛、赞助世界一级方程式锦标赛F1红牛车队、赞助美国第二大体育赛事NASCAR、成为德甲顶级足球俱乐部沙尔克04的合作伙伴……赞助欧洲杯给海信品牌全球化带来了许多优势，之后海信又成为2018年俄罗斯世界杯的官方赞助商。通过赞助世界杯，海信电视在国内的认知度提升了12个百分点，在海外的认知度提升了6个百分点。

接着，海信又继续赞助了2020年欧洲杯。海信在营销策略上以"Hi冠军"为2020欧洲杯全球营销主题，结合欧洲杯赛事的观赛特点，从赛事期间球迷关注的核心内容出发，发起全球范围的海信家电主场营销活动，营销活动覆盖广告、社交话题、媒体、电商与终端渠道，最终形成立体化整合营销传播。

通过2020欧洲杯的体育市场营销活动，海信在品牌收益方面，知名度在国内提高了2个百分点、在欧洲六国提高了4个百分点；赞助商品牌认知国内第一、欧洲六国排名第三；赞助商国内用户心智占有率排名第一。在产品认知方面，海信电视国内品牌认知度提升3个百分点，容声冰箱国内品牌认知度提升2个百分点；激光电视，作为海信的战略产品，国内认知度提升 2 个百分点、欧洲认知度提升 1 个百分点。据第三方机构数字品牌榜统计，欧洲杯营销期间，海信在所有赞助商品牌中获得的用户心智占有率高达 25.27%，名列第一，占有率几乎是第二名的两倍；全网用户好感度 91.6%，名列第一，且全程保持领先。欧洲杯营销期间，海信在国内全品类收入同比增长显著；西欧五国营销收入同比均有提升。以声量拉动销量，海信集团通过 2020 欧洲杯整合营销激活，实现了品销双丰收。

2020 年，海信又与欧洲足坛豪门——巴黎圣日尔曼达成合作，成为其全球赞助商。在合作内容上，海信为该俱乐部提供多款创新产品，为巴黎球迷提供更好的居家观赛体验，以及向现场观众和世界各地球迷展示品牌和优质产品。通过这项赞助，海信不仅扩大了法国市场，而且受益于俱乐部球星效应，进一步促进了其南美市场的销售增长。此外，海信还赞助了澳洲国家橄榄球联赛，成为 NRL TV 的首个官方正式合作伙伴。

进入 2022 年，海信又在北京冬奥会上大显身手，为冬奥赛事直播提供技术支持。海信视像的基准级广播监视器，打破了这一领域被国际品牌所垄断的局面。与冬奥会的合作也彰显出海信品牌与体育赛事的深度契合。随着 2022 卡塔尔世界杯的脚步日益临近，海信也连续 4 次赞助国际足球赛事，体育市场营销也在不断地为海信征战全球"品牌高地"。

资料来源：《海信 2020 欧洲杯营销案例》，《海信启动第二年全球合作》。

在体育产业中，体育赞助具有重要地位。各类体育组织、体育赛事、体育场馆或知名运动员和教练员等均可为赞助商提供赞助机会，而赞助商通过激活活动可以增加媒体曝光度，增强与目标受众的沟通和互动，提升品牌价值，最终实现营销目标。从上述海信的案例可以看出，赞助国际大型体育赛事并成功激活可以给企业带来丰厚的收益。通常，体育赞助活动包含各种营销组合要素，相比其他促销活动而言更具有综合性，因此，体育赞助在全球范围内是体育市场营销活动的主要形式之一。

12.1 体育赞助的概念与实践

1. 什么是体育赞助

赞助一词来源于西方，有着悠久的历史，由资助这一概念发展而来。赞助在汉语中被解释为"帮助、支持"。历史上，赞助通常与慈善活动和利他主义相关。赞助的对象非常广泛，涉及文艺、体育、商贸等多个领域，包括对活动的赞助，或者是对某人或者某物的赞助等，这也使得赞助的定义变得多元化。

米纳汉（1983）提出，"赞助可以被看作是商业组织出于实现商业目标而对一项活动给予的资金或类似的资助。"国内学者蔡俊五将赞助定义为："赞助是指企业（赞助者）和公益事业单位（被赞助者）之间以支持（金钱、实物、技术或劳务等）和回报（冠名、广告、专利和促销等权利）的等价交换为中心，平等合作，共同得益的商业行为。"永华及刘念宁认为："赞助，旨在增进社会福利及提供公共利益，通过提供金钱或劳务，对他人表达善念或对社会作出贡献。"

在体育领域中，很早就出现了赞助行为。大家熟知的赞助行为如成为奥运战略合作伙伴、冠名体育场馆等，赞助方借此获得与产品、个人、体育组织、运动队、体育联盟或体育赛事之间的紧密联系或直接关联的权力，从而获取相关利益。

什么是体育赞助呢？不同组织和学者有不同的看法。Hagstedt（1983）认为，体育赞助可看作产业和体育双方共同事业的简要术语，具有商业或其他社会动机，不包括理想化工作和做善事，是体育与企业之间的一种交换方式。广告是其中一个重要部分。我国学者鲍明晓认为，体育赞助是指以体育为题材、以支持和回报为内容、以利益交换为形式、以达成各自组织目标为目的的一种特殊的商业行为。这种特殊的商业行为常常表现为与企业建立合作伙伴关系。

从体育组织方来说，体育赞助是指体育赛事、体育联盟、运动员/教练员、体育组织、运动队、体育场馆或体育活动等通过有偿转让其无形资产的使用权以换取资金、资源或服务等利益的商业行为。通过体育赞助，可以更好地开发自身拥有的体育无形资产。从赞助企业方来说，体育赞助是现代企业营销的一种方式，企业通过获取体育无形资产的各种使用权从而与之建立关联以获得利益，实现其营销目标。企业通过体育赞助进行一系列的市场营销活动，可以创造对企业有利的生存和发展环境。因此，体育赞助是体育组织方与赞助企业方之间关于体育无形资产使用权所进行的互惠互利的商业行为，它包括一系列与沟通过程相关的活动。

2. 体育赞助的特征

1）商业性

体育赞助具有商业性。体育赞助方与被赞助方之间就资金、实物、技术或服务与冠名权、广告、促销和资源等权利进行等价交换，交换的过程具有商业的性质。体育被赞助方所拥有的体育迷群体、运动体验、体育精神及运动本身带来的利益等对体育赞助方而言，具有很大的吸引力。当体育赞助方获得诸如"战略合作伙伴""独家赞助商""合作供应商"等权益后，会根据不同的赞助权益进行一系列市场推广活动。例如，企业可以使用被赞助方的标识、标志、图形和图像等进行宣传，参与被赞助方举办的各种活动，与被赞助方的目标受众之间进行良好互动和沟通，以更好地实现其体育市场营销目标。寻求市场回报和商业利润是体育赞助方的基本诉求。

2）隐含性

体育赞助的商业目的具有隐含性。由于体育赞助通常与慈善活动和利他主义相关，赞助商业目的往往隐含于赞助行为中。企业往往不是直接地广而告之，而是将企业的商业目标和社会责任目标结合起来，通过体育赞助平台颂扬体育精神，组织公益活动，推动体育的发展，向社会传递企业承担社会责任的信息，从而间接地传播品牌形象。361°作为杭州2022年亚运会的官方合作伙伴，不仅为杭州亚运会提供各类体育服饰装备，还与杭州亚组委共同推进更多体育公益项目的实施，包括"寻找2022个亚运梦想"公益行动、"亚运足球梦想"公益项目等。通过亚运会赞助平台，361°有效地向公众呈现了企业的社会责任行为，充分将正面的品牌形象传递给公众。

3）整合性

体育赞助具有整合性。企业在进行赞助营销时，为了最大限度地获取赞助效益，通常会围绕体育赞助对象,对广告、人员推销、销售促进、宣传、定位等多种营销要素进行整合,与目标受众之间进行更广泛的沟通。另外,体育赞助活动涉及了赞助方、被赞助方、传媒、中介等多个利益相关者,各方在赞助过程中需要明确自身的需求与权益。

4)风险性

体育赞助具有风险性。在实施体育赞助的过程中,可能会出现各种不确定情况从而影响体育赞助的实际效果,如天气的变化会影响赛事日程安排和场地布置;赞助球队因比赛失误而没有进入决赛会影响赞助效果;代言运动员的负面新闻会影响品牌形象等。体育赞助应由体育赞助方和被赞助方共同执行,双方的沟通和合作程度也会直接影响整个体育赞助的效果。如果被赞助方认为只需要提供体育无形资产使用权而不需要为体育赞助方提供服务,那么双方将难以达成赞助目标。体育赞助不仅要求体育赞助方前期投入大量的人力、物力资源,还需要有效整合各种营销活动,通过激活才能获得更好的赞助效果。

3. 体育赞助的目标

在数字化时代,媒体的数量越来越多,企业目标消费者越来越难以触达。作为有效的营销手段,体育赞助可以通过多种方式帮助企业更好地与消费者进行沟通。海信集团通过赞助欧洲杯,提高了品牌国际知名度并顺利拓展欧洲市场,奥运会的热点使得大家更多地关注相关新闻和奥运营销活动。越来越多的体育组织和赞助商重视体育赞助带来的收益,因此了解体育赞助的目标非常重要。

企业选择体育赞助的目标各有不同。按照米纳汉的观点,从承担社会责任的目标到与广告相关的商业目标,赞助目标的范围很广。每个目标都可以通过多种方式实现,但多数情况下,公司形象、品牌形象及其与目标市场的契合度是制订赞助计划的重要标准。体育赞助的常见目标如下。

1)提高品牌知名度

体育赞助通常是为了提高品牌知名度或建立与体育资产之间的品牌关联度。优质体育资产具有一定的吸引力,拥有较多的曝光度。赞助商可以通过该平台运用各类营销组合,将相关信息传递给目标受众,增加受众对赞助商产品或品牌的认知和好感,利用体育资产的权益,快速提升品牌知名度和品牌联想,从而实现营销目的。体育品牌资产的目标受众特征比较鲜明,因此企业能够有效进行精准营销,提高传播的效率和效果。众所周知,三星电子在赞助汉城奥运会之前,其品牌知名度和技术水平等各方面都算不上国际一流品牌;但在赞助汉城奥运会之后其品牌迅速崛起,至今仍享有极高的品牌知名度和美誉度。

2)树立品牌形象,建立品牌联想

企业进行体育赞助的目的之一是增强体育资产和企业品牌之间的关联度。研究表明,被赞助对象的形象特点可以转移到赞助商身上,顾客也可能会因参与赞助活动的体验而与赞助商品牌之间形成某种关联。体育总是表现为积极向上、阳光、勇敢、努力等正能量的内容与精神,企业可以通过挖掘与被赞助方的品牌调性相一致的内容,有效传递其品牌精神,让目标受众对赞助企业产生积极的品牌联想,提升企业核心竞争力。企业可以通过某些体育赛事特有的激情与活力以增强品牌时尚感,吸引大胆时尚的年轻消费群体。赞助商也可以通过赞助顶级赛事构建高科技的专业形象，让潜在消费者有更强烈的品牌认知。例如，在过去十余年中，安踏集团持续与中国奥委会合作，为中国国家队打造奥运装备。在2020年东京奥运会中，安踏集团的多款富含科技感的产品集中亮相，将专业的产品提供给专业的运动员使用，将专业运动品牌的形象传递给大众。

3）提高品牌美誉度

通过体育赞助平台，体育资产的声誉和品牌形象可以转移至赞助商品牌，赞助商为激活权益而开展一系列营销活动，可以建立良好声誉，提高其品牌美誉度。对体育事业的支持往往会塑造企业支持公益事业、富有责任感的形象。以2008年北京奥运会的赞助商伊利为例，伊利在奥运前夕就开始开展如"奥运健康中国行""5·25健康中国公益日""阳光社区公益梦想""500福娃迎奥运"等奥运主题活动，并承诺中国运动员在奥运赛场上每夺得一枚金牌，伊利集团就向"健康中国"计划捐赠20万元。上述系列营销活动为伊利品牌树立了良好的社会形象，极大程度地增加了伊利品牌的美誉度。

4）展示独特的技术优势或产品功能

很多公司在进行体育赞助时会选择能够呈现其产品或技术优势的机会。例如，阿里集团在北京冬奥会赞助中展示其数字技术的创新，康比特公司在健美大赛中体现其产品的卓越性能等。随着时代的发展，这一目标在未来营销活动中会越来越普遍。

5）实现销售目标

营销的最终目标是增加销量和市场份额，进而增强其获利能力。围绕体育赞助，企业可以精心设计各种营销活动，通过线上线下与消费者产生良好的互动，提供各种渠道的宣传、促销或销售链接，让消费者直接产生购买行为。企业也可以借助体育赞助获得更多的媒体宣传，增加对外曝光度，增进与社会各界的信息交流，获取更好的销售业绩。伊利在2008年成为北京奥运会唯一乳制品赞助商之后，借着体育比赛带来的巨大商机，销售量大增。在2008年公布的"中国500最具价值品牌"评选结果中，品牌价值由2007年的167.29亿元飙升至201.35亿元。可口可乐公司在1996年赞助了亚特兰大奥运会之后，当年第三季度的利润增加了21%，而它的竞争对手百事可乐的利润却下降了77%。互联网新技术使得通过促销带来直接销售变得更加方便快捷，因此企业更加重视销售目标的实现。

6）开发独家赞助商

在体育赞助中，体育赞助方往往希望获得某类别的独家赞助商，从而保证其赞助效果，尤其是赞助费用较高或合同期限较长的情况下。独家赞助商在赞助协议中规定了赞助范围和赞助级别，保证了冠名权协议的排他性。独家赞助可以提供促进销量大幅增长的机会，同时又阻止了竞争对手与潜在消费者之间的互动，提高了赞助商促销和传播活动的效果。排他性可以建立强烈的品牌联想，赞助商的产品或品牌被定位为支持该体育资产的产品或品牌，这会鼓励体育迷们积极响应并购买赞助商的产品。

7）获得款待和娱乐机会

款待可以被定义为体育资产向赞助商提供专用座位区的门票、住宿、交通、现场特殊活动以及与该活动或赛事相关的特殊活动和游览服务。款待是一项结合了人员推销、定位和促销的赞助活动。款待机会是赞助权益的一种形式，通常出现在顶级赛事如奥运会、世界杯中。赞助商可以利用款待权益招待客户，回馈那些长期支持公司的客户，或吸引新的潜在客户。赞助商可以通过面对面的交流来开展活动，还可以进行广告和促销活动，最终达到拓宽业务渠道、维护客户联系、巩固合作关系的目的，提升赞助商的公信度、影响力和品牌形象。

8) 获得冠名权

冠名权在许多体育赛事或体育场馆中备受关注。通常在冠名权的协议中会考虑：新闻报道或曝光次数，媒体报道的范围（国内、国际、区域等）、税收考虑、品牌排他性和品牌建设、公共关系、款待及相关设施、激活平台等因素。

12.2 体育赞助平台

1. 体育赞助平台类型

企业开展体育赞助活动需要平台。体育赞助平台通常涵盖体育赛事、体育组织、运动队和体育明星等领域，而体育场馆在某些情况下，也能够成为体育赞助平台并发挥其独特价值。赞助商通过了解自身赞助需求及赞助相关信息，通过一定指标筛选恰当的体育赞助平台。不同的赞助平台涉及不同的赞助预算，赞助效果也会有所不同。

1) 体育赛事

体育赛事是赞助商进行体育赞助的主要平台。体育赞助商在确定赞助目标和明确需求后，寻找匹配的体育赛事，制定合适的体育赞助计划，通过良好的执行最终实现赞助目标；而体育赛事组织方则通过赞助得到赞助经费，为赛事申办、筹备和举行提供资金支持。当前，在注意力碎片化时代，全球体育赛事赞助呈现出良好的发展势头，由于体育赛事赞助能够带来更多的回报，体育赛事赞助的领域已由原来高级别的体育赛事扩展到丰富的各级各类体育赛事。

体育赛事种类繁多，分类的维度各不相同，一般可以按照赛事级别、赛事规模、参赛人群性质、比赛项目包含的数量、比赛的目的及任务等进行划分。赞助商在挑选体育赛事平台时会综合考虑各个维度，毕竟不同类型的体育赛事赞助效果各不相同，而优质赛事的数量远远低于潜在赞助商的数量。顶级赛事具有较高的人气和关注度，但对企业实力有一定要求。普通赛事赞助效果可能不明显，但可行性高。纵观我国企业近些年来的体育赞助，大多企业青睐奥运会、亚运会、全运会等综合性体育赛事、高级别的国际性单项体育赛事以及国内的职业赛事或商业赛事。例如，阿里巴巴作为杭州第19届亚运会官方合作伙伴，和杭州亚组委通过蚂蚁金服区块链可信存证技术签约，为大型综合国际赛事首创。蚂蚁区块链技术还全程深度应用于杭州亚运会，包括交通出行、签约协议、文化版权、票务及纪念品销售等。杭州亚运会的赛事管理、赛事成绩、赛事支持等核心系统均采用云智能技术。北京2022冬奥会，许多国内知名企业，如中国银行、中国国际航空公司、伊利、安踏和中国联通等企业都与之建立了战略合作关系。

企业在进行体育赞助时，需要结合企业资源和能力，综合考虑公司战略、市场定位、目标受众、品牌形象、营销目标、赞助预计效果，与体育赛事的匹配度等多个要素，并能够高效执行，方能通过体育赛事平台展现企业的实力与价值，实现企业赞助目标。

案例12-1

中网与企业实现共赢 携手打造顶级赛事

中国网球公开赛（简称中网）创建于2004年，最初由WTA（国际女子职业网球协会）和ATP（国际男子职业网球协会）的第二级别巡回赛组成，经过十余年的发展，现已成为亚洲范围内规模最大、参赛人数最多且为男女合赛（WTA1000和ATP500同时举办）的综合性顶级职业网球赛事。

中网的合作伙伴群体包括主赞助商群体、独家合作媒体、独家合作伙伴和供应商等。其中，主赞助商群体又依据赞助层级的不同划分为三个级别，以2024年为例，主赞助商群体呈现"1+3+8"架构模式，即1个首席赞助商、3个钻石赞助商和8个白金赞助商。与此同时，中网还拥有2个独家合作媒体、11个独家合作伙伴和8个供应商。企业的赞助为中网带来了可观的收入，也为赛事的顺利举办提供了资金、实物和服务上的重要支撑。

与此同时，作为赛事方，中网也一直在积极兑现赞助权益，为赞助商实现赞助效果提供服务。品牌曝光、VIP招待服务、媒体宣传等权益是赞助商的主要权益。在品牌曝光方面，中网充分利用了赛场内外的物理空间和与赛事进程紧密结合的时间，通过硬植入和软植入方式，最大化地为赞助商提供了曝光度。例如，消费者能够在购买赛事门票的过程中选择赞助商的银行卡进行支付以获得折扣，同时，到现场观赛的观众在赛事门票票面、赛事现场展板、赛事现场嘉年华欢享区的赞助商展位、赛场内氛围营造、比赛间隙活动等各种场景中关注到赞助商的商标，并在参与具有吸引力的赞助商互动活动中（如球员前往赞助商展位进行签名）加深对赞助商的品牌认知。线上的关注者则可以在浏览赛事官网、观看赛事直播、关注赛事新媒体信息发布的过程中了解到赛事的赞助商信息。

由于中网每年仅举办一次，赛期为两周左右，赞助商获得的曝光时长有限，因此，中网还为赞助商提供了其他选择。除了赛事本身外，直接触及目标人群且极具网球特色的延伸活动也为赞助商持续扩大品牌影响力提供了机会。例如，中网钻石赞助商中国人寿长期冠名中网球童成长计划，与中网公开赛球童选拔一道覆盖了国内众多城市，并选拔优秀球童走上法国网球公开赛赛场。该项计划曾在2019年度某商业机构的年度评选中被评为最佳体育市场营销案例。另一家钻石赞助商中信银行则作为冠名赞助商长期支持中网青少年巡回赛，与热爱网球的青少年及其家庭建立了良好的关系，树立了优质的品牌形象。

中网的赞助商结构一直较为稳定，随着赛事影响力的不断扩大，中网吸引到了自身品牌价值更高的赞助商。在双方建立的稳定合作关系中，中网也借助对方的品牌价值提升了赛事的品牌形象，双方在合作中各取所需，共同发展。

资料来源：中网票房收入超8000万，郑钦文功劳有多大？[EB/OL].(2024-10-09)[2025-01-10]. https://www.thepaper.cn/newsDetail_forward_28965942.

2）体育组织和运动队

无论是世界体育单项联合会，还是区域体育组织及各大职业体育联盟，都非常重视体育赞助，因为体育赞助是体育组织收益的重要来源。各大高校运动队、专业运动队及职业运动队同样也是体育赞助的平台，也可以通过各种形式与赞助商合作。众所周知，国际奥委会在体育组织无形资产开发方面做得非常好，虽然国际奥委会 TOP 赞助商的门槛很高，但 TOP 赞助商可以获得巨大回报。2019 年，中国国家队发布了全新的品牌标识——TEAM CHINA，并以此为核心开展中国国家队合作计划，旨在为中国国家队和代表团备战参赛征集社会支持。中国国家队/TEAM CHINA 的首家合作伙伴是国内纯净水的先行者——怡宝。通过加入中国国家队合作计划，怡宝成为 TEAM CHINA 70 余支国家队和各类代表团的合作伙伴，为体育健儿们提供备战资金、饮用水、运动饮料及所有非酒精类饮料的补给支持，充分体现了自身作为行业领头羊的地位。联想集团于 2019 年正式宣布成为中国国家女子排球队主赞助商、官方合作伙伴。2020 年春节期间，联想携手中国女排拍摄了一部励志大片，宣扬"快，更快；强，更强"的中国力量。通过与中国女排的合作，联想向大众传递自身不屈不挠的品牌形象，获得了良好的市场反馈。

3）体育明星

专业运动员和教练员等代表着竞技体育的最高水平，天生具有拼搏向上的积极形象，因此有着较高的社会价值和商业价值。将体育明星的个人特质与企业的产品或服务相匹配，将体育明星粉丝群体与品牌商的目标受众相结合，可以使企业从中获得收益。

由于体育明星的品牌价值与其在竞赛场上的成绩息息相关，因此表现出一定的不稳定性，对此，体育明星可以通过比赛中的表现建立品牌联想，也可以通过赛场外的行为建立品牌联想，从而吸引赞助商的兴趣。赞助商通过体育明星影响其粉丝，将其转化为赞助商的用户，带动企业知名度的提升和市场销量的提高。2021 年，凯迪拉克签约自由式滑雪运动员谷爱凌成为品牌代言人。作为豪华车的代表凯迪拉克，期望通过该代言触及谷爱凌现有粉丝群体中的目标客户。谷爱凌的斯坦福学霸身份，自由滑雪"双冠王"，中国籍等多重元素的叠加，也给予凯迪拉克更多的营销素材。苏炳添于 2020 东京奥运会后成为小米品牌代言人，其自身拼搏、不服输、追求极致的精神与小米品牌想传达的品牌态度相，使消费者对于小米品牌产生了新的品牌认知。

案例12-2

冬奥冠军谷爱凌 狂揽多个代言收入过亿

谷爱凌，北京 2022 冬奥会备受瞩目的超级新星，在自己首届冬奥之旅就展现了非凡的项目统治力，以 2 金 1 银的耀眼成绩成为雪场上的"金"喜担当。如此傲人的成绩，自然也受到众多赞助商的青睐。截至北京冬奥会期间，年仅 18 岁的谷爱凌，已拥有 27 个品牌代言，包含了运动、时尚、汽车、饮料、家装、零售等众多领域。据媒体预测，2022 年度谷爱凌的代言收入已超过 2 亿元人民币。

作为"偶像"级运动员，谷爱凌在赛场内有出色的竞技成绩，8 岁参加专业滑雪队的她，第二年就拿到了全美少年组的滑雪冠军，15 岁已经收获 50 多枚金牌，其中还包括世界冠军的荣誉，可谓是一个不折不扣的天才少女。同时在赛场外，出众的公众形象不仅令大家对这位学霸肃然起敬，更对她的时尚品位赞叹不已。凭借这两大优势，为品牌寻找形象气质、人气口碑契合的运动员，并通过其号召力扩大品牌知名度的诉求迎刃而解，甚至通过谷爱凌的代言，能利用运动员的私域流量对代言产品进行消费转化，可谓一举多得。

资料来源："青蛙公主"谷爱凌：天才少女的背后是99%的努力[EB/OL]. (2021-11-04)[2022-11-14]. https://zhuanlan.zhihu.com/p/429483548.

2. 体育赞助的内容

在体育赞助协议中，常见的赞助内容如下：

（1）标志、名称、商标和图形的使用权，该权利可以用于广告、促销、宣传或其他交流活动；

（2）产品或服务类别中的排他性关联权；

（3）体育赛事或体育活动的冠名权；

（4）体育场地或设施的冠名权；

（5）与体育资产相关联的各种名称或短语的使用权，如官方赞助商、战略合作伙伴、独家赞助等；

（6）提供服务的权利，如产品独家使用权、人力资源提供商等；

（7）与体育赞助协议相配套的某些促销活动的权利，如竞赛、广告活动、款待等；

（8）体育组织的媒体资产权利，包括转播权和网络权，以及将社交媒体平台与体育资产关联的权利。

体育赞助包括实物赞助和货币赞助。实物赞助是指赞助商向各类体育资源相关的人或组织提供其所需要的装备、物资或者其他物品。货币赞助则是赞助商向各类体育资源的所有者提供资金支持。企业可以根据自身宣传需求选择适合的赞助方式。例如，里约奥运会赞助商提供总共30亿雷亚尔（约合7.69亿美元）给里约奥组委，但超过60%的赞助商投入是以产品和服务的形式支付的，这是奥运历史上首次出现现金赞助不足50%的情况。由于巴西经济状况不佳，赞助商普遍对里约的市场信心不足。

12.3 体育赞助的过程

随着营销渠道和资源的多样化，体育市场营销策略中包含的要素也越来越多，这对体育市场营销人员提出更高要求。企业只有将体育赞助的决策过程科学化和程序化，才能更好地利用体育赞助实现既定的目标。体育赞助的过程主要包括明确体育赞助目标、确定体育赞助预算、实施体育赞助、评估体育赞助效果等4个方面。除此之外，体育赞助双方还需要预防和控制埋伏营销的行为。

企业意欲进行体育赞助时，首先需要分析实施体育赞助是否有助于公司市场营销整体战略目标的实现。其次，在制定赞助计划时，要将体育赞助的目标与赞助预算结合起来考虑。再次，深入调查和了解所选体育赞助对象的特征及内在精神，寻求赞助双方匹配的切入点，制定并实施符合企业品牌调性和营销诉求的赞助合作方案。赞助商必须与体育资产所有者签订缜密的赞助方案以保障自己的权益并有效防范竞争对手的埋伏营销。最后，赞助商必须对体育赞助的营销绩效展开系统评估，并为将来的体育赞助积累经验。

1. 明确体育赞助目标

并非每家公司都具有全球的资源和影响力。因此，当企业采用体育赞助或其他促销许可活动时，我们很难用统一或明确的标准对企业的赞助目标进行分类。赞助方经常会在制定赞助目标时提出许多相互交织的目标。总体上，体育赞助的直接目标是对消费者的购买行为产生影响，而间接目标是对消费者的消费意愿和产品销量都产生影响。一般而言，体育赞助的短期目标往往以销售增长为诉求，长期目标则离不开市场目标、传播目标和提升品牌价值的目标。

体育赞助带来的效果已得到广泛的认可。体育赞助目标受众的特点比较明晰，在需求偏好上都有一定的相似性，如果企业目标客户和赞助的目标受众之间关联度高，那么通过体育赞助企业可以精准地触达其目标市场。实物赞助还可提供让消费者亲身体验的机会，能够为赞助商推广新产品和新技术。体育赞助对于赞助商而言还有利于构建良好的关系，如通过赛事门票或款待可以回馈客户，与之建立良好的顾客关系；通过赞助活动可以树立具有高度社会责任感的形象，增强员工信心，建立较好的劳资关系。企业决定进行体育赞助的目标各有不同，如 LG 公司在进行体育赛事赞助时，非常看重体育赞助在品牌和业务方面的作用，而可口可乐公司则更看重赞助对于提高企业品牌知名度的帮助，因此赞助商应该根据自身情况设定恰当的赞助目标。

2. 确定体育赞助预算

明确体育赞助目标之后，企业应确定体育赞助所需的预算。

在制定赞助预算的时候，除了计算要付给赞助对象的费用之外，还应留有一定比例的配套费用作为体育赞助激活所需的资金，用于市场调查、促销、宣传和款待等，比如体育赛事赞助中的宣传推广、在现场与体育迷互动体验活动，体育明星赞助中用于签约新闻发布会以及线下的体育迷互动和企业促销活动等。一般而言，建议企业对体育赞助的预算至少按照 1∶1 的比例配套；对于那些在企业战略中处于核心地位的重要体育赞助对象，建议按照 2～4 倍的比例进行配套；而对于那些在企业全球战略中发挥重要作用的顶级体育赞助对象，如奥运会和世界杯，体育赞助预算的配套比例会更高。

3. 实施体育赞助流程

好的赞助方案需要完美的落地执行。从具体操作来看，实施体育赞助的流程大体包括总体策划、个案分析、组织和实施、监督评估 4 个阶段。

1）总体策划

在做总体策划时，赞助者和被赞助者应对体育赞助市场进行深入的调查研究，并对体育赞助相关要素进行系统分析，就体育赞助工作进行全局性、系统性、长期性的战略规划，并制定切实可行的策略。

2）个案分析

在形成整体框架后，寻找合适的体育赞助对象并制定具体的赞助计划。企业需要对体育赞助对象进行赞助分析，如体育赞助对象的具体情况及赞助合作条件等。在完成相关资料的收集与分析后，分析赞助对象的形象与企业品牌形象是否吻合。二者形象匹配度越高,企业声誉、品牌形象和主营产品等就越容易通过赞助活动被消费者所接受,赞助效果就越好。奥地利红牛公司根据自身产品的特点,专注于极限运动的赛事赞助,如作为主赞助商为国际顶级单板滑雪赛事提供支持;同时在赞助相关赛事基础上也在不同国家自行举办高级别的赛事,如2020年11月举办世界魔方大赛,12月在美国举办滑板比赛等。目前,红牛参与赞助或者举办的赛事多达五十种,遍布全球各地,获得了较好的赞助效果。

3)组织与实施

赞助谈判的双方就赞助方案的内容、权益及价格达成一致意见后,需要签订赞助合同(协议),对双方的权益、责任及关系进行具有法律效力的管理。赞助协议中以核心赞助权益为主,但也需要重视附加权益的内容。赞助协议一般包括三种形式:确认函、协议书和正式合同,但前两种不具备法律效力。就赞助合同而言,合同的主要内容包括权利义务人(组织机构)的名称、头衔、赞助方式、赞助权力、赞助义务、违约责任、签约栏、日期及附注。

落实、执行赞助活动。在进行赞助活动中,赞助商需要保证自己的权益被落实。体育组织应明确赞助商权益,包括广告权、宣传权和招待礼遇权、排他权等。体育赞助应保证企业标志的出现与曝光,媒体宣传时赞助标志的露出,满足企业的客户招待和礼遇需求以及赞助赛事所享有的行业排他权。体育组织应重视履约,使双方互利,逐项落实赞助合同中的各项规定,以完满、顺利地实施整个赞助计划,其中尤为重要的是完整地履行各方的责任和权利。

4)监督评估

企业对赞助的监督包括两个方面,一是在实施过程中要对实施的每个环节和步骤进行检查和监督,以确保其质量和日程符合策划和计划的需要,避免出现问题;二是通过实践来检验制定的目标、措施、计划等是否适合,以便及时根据情况和需要进行修改和补充,确保整个赞助工作保持动态平衡,并处于最佳状态。

4. 评估体育赞助效果

体育赞助效果的评估是针对整个赞助过程,运用一定的手段和方法对赞助商的投资效果进行调查和分析,最后做出综合评价。赞助商和体育组织一般会从体育赞助的事前、事中和事后3个阶段对体育赞助效果进行评估、总结和改进。

赞助商和体育组织可以从多维度对体育赞助的效果进行评估。早期的体育赞助评估重点关注赞助带来的媒体曝光率和价值方面,随着企业自身发展的需要以及对体育赞助的深入认识,体育赞助评估的要素越来越全面。当前,赞助商在衡量赞助价值或投资回报率(return on investment,ROI)时,通常考虑的因素包括品牌知名度、产品或服务知名度、品牌态度、销售额、媒体曝光度、品牌搜索数据、消费者对赞助相关促销或广告的反应等。

赞助商和体育组织可采用多种方法对体育赞助的效果进行评估。常见的评估方法:①媒体曝光度评估方法,通过统计某一段时间内比赛现场相关信息在电视、报纸、杂志、广播、广告牌和网络等媒体以及自媒体出现的时间和次数,测算出等效的广告付费来计算媒体价值;②消费者认知评估方法,指在体育比赛的前后时段,对消费者开展有关企业品牌认知度、品牌形象以及企业产品购买意向等方面的调查研究工作，并比较这些调查数值的变化程度。消费者认知也可以通过网络访问情况进行衡量，如赞助商网站的访问数量、相关账号关注数以及参与社交媒体相关话题的讨论数量等；③商品销售影响评估方法，主要是衡量通过体育赞助活动对相关商品销售产生的影响，如可以通过体育赞助前后一段时间销售额的变化程度、访问商店的人数、使用与赞助商相关优惠券的数量等进行对比。

总体来看，在管理体育赞助活动的过程中，确定投资回报率是最为棘手的难题之一。在赞助计划里，一部分回报的量化相对较为简单，诸如免费门票的数量、媒体曝光的频次或者品牌搜索数据的变化等，这些指标较易获取与核算。然而，大部分赞助回报却难以进行精准的评估，举例来说，即便有成千上万的观众在体育赛事现场目睹了某公司的品牌标识，但我们却无法判定该公司必然能够收获理想的赞助价值，因为其中涉及众多复杂且难以衡量的因素，诸如观众对品牌的记忆程度、品牌态度的转变以及后续是否产生消费意愿等。鉴于此，体育赞助活动的管理者需要清晰地认识到，全面且客观地评估体育赞助所产生的实际效果绝非易事，需要综合考量多方面的因素。

5. 防止埋伏营销

体育资产开发的赞助权益收入是其最大的收入来源之一。赞助商往往投入大量资金以获取官方赞助商称号，并在某一品类中具有排他权。赞助商在其各类促销活动中拥有与该体育资产良好的声誉产生关联的权益。但是，对于体育资产而言，也会面临埋伏营销的挑战。

埋伏营销是指公司通过各种广告和促销策略暗示公众该公司与某项体育资产存在某种官方联系，从而利用该体育资产的声誉获得部分相当于指定赞助商的利益，以达到其营销目的。公司采用埋伏营销可以削弱赞助商与体育资产之间建立的关联性。

公司进行埋伏营销可能出于多种原因。第一，公司可能认为官方赞助权过于昂贵而无力承担。第二，由于体育组织对赞助商数量、特定产品或服务的类别有限制，该公司可能无法成为正式赞助商。第三，由于赞助的排他性权益，使得该公司无法成为正式赞助商。

现实中埋伏营销有多种策略，常见如下。

第一，使用通用短语。埋伏营销人员通常创建引用该活动的通用短语，与比赛建立隐含的关联。比如，伦敦奥运会期间，赞助商阿迪达斯的对手耐克发起了以"活出你的伟大"为主题的活动，宣传片中展现了全球各地拥有"伦敦"字样的地点，并提出"伟大不限时间，不限地点"。该活动成功地与伦敦奥运会建立了关联。

第二，购买赛事转播中的广告时间或赞助转播媒体。在转播比赛期间打广告是埋伏营销中很受欢迎的策略之一。企业还可以通过对报道体育的各类媒体进行赞助以达到埋伏营销的目的。东京奥运会期间，CCTV、快手、腾讯和中国移动咪咕等纷纷制作上线了一大批奥运主题节目，从前线报道到实时转播，再到赛后采访。这些节目都有企业赞助，如飞鹤奶粉《赛事抢鲜看》、金嗓子《响亮播报》、光明乳业《冠军时刻》。

第三，赞助参赛运动队或运动员。对优秀的运动队或运动员进行赞助，制定完整的营销策略来对抗赛事赋予官方赞助商的权益，这也是埋伏营销经常采取的手段之一。

第四，与官方赞助商合作。没有获得赞助权的厂商可以和跟自己没有竞争关系的赞助商合作，在活动的宣传中充分利用赞助商的权益，从而达到与体育赛事或体育明星建立关联的目的。

第五，举办以体育赛事为主题的相关营销活动。通常在比赛场地周围举行各类相关促销活动，战略性地放置广告牌，配上指向该体育赛事的词语等，通过建立隐含关联来吸引消费者。

第六，发布祝贺消息。公司经常制作广告，通过各种传播渠道向获胜运动队或运动员表示祝贺。伦敦奥运会期间，耐克紧随中国运动员的赛场表现及时发布各类祝贺或鼓励的广告，与消费者之间产生了强烈的共鸣。

1984年柯达与富士胶卷之间的故事成为体育市场营销史上典型的埋伏营销案例，清晰地呈现了埋伏营销运作的基本方式。众所周知，富士胶卷于1984年获得了洛杉矶奥运会赞助权，由于赞助排他性，柯达痛失机会。面对在家门口举办的奥运会，柯达战略性展开了一系列传播活动以削弱奥运赞助带给富士的积极影响。柯达先后成为ABC公司赛事转播的荣誉赞助商、美国棒球队的"指定胶卷"，并且获得了奥运会中一些公司摄影器材的正式赞助权，用以抵消和混淆富士作为奥运会官方赞助商在消费者心中形成的巨大品牌效应。到了1988年，埋伏营销已经成为体育赞助市场博弈的术语。当柯达获得了1988年奥运会赞助权时，富士开始反击柯达。富士在强大的促销攻势中将自己与美国游泳队联系在一起，并分别针对几个重要的运动员展开赞助促销。

埋伏营销表现形式多样化，很多公司会同时使用上述几种手段。1998年的世界杯足球赛，耐克不是指定赞助商，但是它与夺标热门巴西队有赞助合同。耐克在比赛期间打出广告横幅，在靠近巴黎的地方建立了足球村，巴西队成为这里最吸引人的热点，同时还有满大街的张贴广告画。结果耐克获得了比阿迪达斯（赛事官方赞助商）更高的关注度。2008年北京奥运会的主火炬由著名体操运动员李宁点燃，这使得李宁公司的知名度一度超过了主赞助商阿迪达斯。

体育赛事越流行，越全球化，埋伏营销就越频繁。由于埋伏营销战略对公司非常有效，导致许多企业对此进行专门研究，制定埋伏营销的具体策略。但埋伏营销对指定赞助的公司极具威胁，侵犯了赞助商的合法权益，给赞助商的赞助行为带来了高风险。对于赞助商而言，支付了高额赞助费，就应该根据赞助合同享受应有的权利，从而获得更大的商业利益。而那些非官方赞助商通过埋伏营销，不付代价或付出较小的代价就能使自己与体育赛事产生关联，不仅严重损害了体育资产所有者和官方赞助商的利益，甚至还有可能对举办地的利益和信誉带来不良影响。

因此，尽管埋伏营销很难杜绝，但体育资产可以通过多种方式去限制其发展。赞助商签订赞助合同时，会要求制定相应的反埋伏营销条款，以保护赞助商权益。体育资产在赛事转播权售卖协议中会添加相关条款进行限制，同时监视非赞助商潜在的侵权行为，必要时可以利用法律的手段维护权益。应对埋伏营销的策略需要政府、体育资产及体育赞助商三方的共同努力来实现。例如，为保护2000年悉尼夏季奥运会的赞助商和组委会的利益，澳大利亚制定了反对埋伏营销的立法。悉尼奥委会为对付埋伏营销者投入了200

万美元的广告战,拍摄的广告中含有 6 个奥运选手的形象,并高度称赞官方赞助商对比赛的贡献,同时为赛事赞助商创造了知名度。

12.4 体育赞助激活

1. 体育赞助激活的概念

体育赞助激活是指赞助商通过体育赞助活动在目标市场和品牌或促销产品之间建立互动平台,并通过该平台采用多种方式使品牌与目标市场进行互动,发挥杠杆效应,促使品牌焕发活力。体育赞助激活是成功达成赞助的关键要素之一。赞助商在获得赞助权益后,应通过一系列营销活动宣传赞助商与赛事之间的关系以达成赞助目标。公司寻找并利用独特的、有创意的营销方式,在公司与体育赛事或体育组织之间建立关联。IEG 首席洞察官勒萨·乌克曼(Lesa Ukman)表示:"赞助可以建立品牌资产,提升销售和股东价值,但主要是通过激活赞助活动来实现的。"赞助权益激活应针对目标市场需求,整合体育赞助商所能覆盖的各个因素,构成一体化营销组合方案,最终实现有效激活。

2. 体育赞助激活的原因

体育赞助与广告、公关、促销等营销方式的最大不同之处在于:企业要实现体育赞助的营销功能,必须经过一个将体育赞助资源转化为企业竞争力的过程,即赞助资源激活的过程。如果说广告传递的信息是直接的和明显的,那么赞助则是利用体育目标受众与体育之间的密切关系,间接地影响企业与体育目标受众之间的关系。因此对于将体育赞助作为营销手段的企业来说,实现赞助资源的有效激活,比"获得赞助资源"更为重要。企业需要充分激活赞助资源,以加强企业核心竞争力,帮助企业赢得可持续的竞争优势。赞助资源的有效激活需要企业意识到激活的重要性,并能够调动丰富的营销资源做好落地执行。艾瑞咨询发布的《2018 中国足球营销行业报告》表明,营销过程中的品牌激活和品牌赞助同等重要,并且品牌激活所需的费用往往更高,这是国内企业需要重视和加强的部分。

3. 如何进行体育赞助激活

进行体育赞助激活,需要多种宣传与沟通的平台。企业可以通过比赛现场、线上平台、社交媒体、传统媒体、门票、公共关系、移动端及 VIP 入口等各类平台进行传播,其中社交媒体和线上平台因其覆盖面广、适用性强和成本较低等优势,其重要性和所需投入都在增加。在决定进行体育赞助后,企业必须首先明确本次赞助激活的目标,并根据目标制订详细有效的计划,以确保赞助为企业市场营销带来最好的效果。企业在着手前要明确赞助权益边界、赞助时长及赞助权益范围,寻找适合的平台与营销工具,设计有针对性的激活活动,达到体育赞助激活效果。

Wasserman 传媒集团赞助副总裁马特·威尔克斯特罗姆(Matt Wilkstrom)说:"如今,许多品牌在激活赞助上的支出是赞助费的两到三倍。与所有广告一样,赞助企业需要对赞助资金的投资回报进行严格审查。你不仅需要发挥创造力来建立合作伙伴关系,还需要发挥真正的创造力去激活它们。"激活策略的最大风险来自实施阶段。因此,如何进行赞助激活需要认真思考。

1) 社交媒体激活

当今社会,社交媒体变得越来越普遍,成为人们生活中不可缺少的一部分。消费者往往会在数字设备上花费大量时间,因此体育赞助使用社交媒体平台进行激活显得至关重要。作为体育赞助激活的主要平台,社交媒体具有以下优点:

- 受众清晰,体育市场营销者、体育赞助商、被赞助方均可进行传播渗透和推广;
- 社交媒体的实时速度符合体育消费者和粉丝获取信息的需求;
- 利用社交圈层,引爆话题讨论,形成广泛传播,还可以促进线上线下融合;
- 体育消费者可以在任何时间和地点观看/阅读并转发/评论;
- 可以根据体育赞助商的诉求和被赞助方的特点,设计各种主题和各种形式的内容,引起自发性的传播;
- 可以直接从社交平台将用户导向电商平台,实现粉丝变客户的过程。

由于互联网的普及,那些无法去现场观看体育比赛的消费者也可以随时了解比赛的实时情况,如可以登录提供最新精彩赛事内容的视频网站,观看幕后采访球员的视频,参与社交媒体讨论等。赞助方可以利用消费者对体育赛事的关注度,利用各类社交媒体平台,使体育迷们有更多机会接触到他们所关注的联赛、运动队和运动员并能够与之互动,同时创造机会,让体育迷们彼此有更多的交流和分享。例如,喜力啤酒在2022年欧洲冠军联赛期间的赞助激活颇为成功。喜力啤酒选择著名球王蒂埃里·亨利作为全球足球大使,并联合抖音平台在比赛期间开启了欧洲冠军联赛系列挑战赛,邀请球迷与球王亨利、知名评论员黄健翔和詹俊、足球运动员赵丽娜等足球知名人士用踢瓶盖接力的方式隔屏互动,联动多圈层KOL参与"欧力盖"贴纸挑战活动,进一步营造社交传播话题,激发全民踢球热情。

2) 广告激活

企业可以通过广告直接将体育赞助与品牌的市场营销活动进行关联,即广告激活。广告激活通常会采用多种多样的创新方式,如电视广告、户外广告、新媒体广告、包装广告等。2022年北京冬奥会举办期间,冬奥赞助商们纷纷推出与奥运主题相关的广告内容,并在线上线下进行广泛传播。怡宝赞助太原马拉松赛事时,将产品瓶身作为广告平台,推出了特色瓶身"至美山西"系列,以水墨风瓶身展现了包括碛口古镇、鹳雀楼、悬空寺、洪洞大槐树、晋祠、太行山大峡谷、平遥古城、五台山在内的山西八大景区。这次赞助有清晰的目标市场,特色瓶身成为跑友与山西文化的情感联系,有力地促进了跑友对怡宝品牌更强的认同感。

3) 场景激活

体育赛事所在的场馆是激活赞助的理想环境,消费者会在线下对赞助商品牌进行直接接触。场馆内部多个展示空间都是产品销售和展示商品的理想地点(独家特许销售权、试用、交互展示厅等)。在空间较大的场馆内,赞助商可以使用赞助权益宣传自己的产品,也可以将赞助赛事或赞助明星融入企业实体资产的设计和展示中,如办公室、零售店铺、陈列室、产品和车身上。也可以将赞助的关键理念融入企业活动中,将赞助所获得的收益用于企业内部激励项目。任何与客户的交流，尤其是直接邮件交流，应该提及赞助合作的价值。

4）公关激活

公关是营销策略中非常重要的组成要素之一，企业通过积极主动的公关活动，报道体育赞助合作达成的信息，向大众展示企业体育市场营销活动的创造性，扩大体育赞助的影响力，并具有更高的可信度。好的赞助公关一般有两个关键要素：完美执行以及令人激动的故事内容。另外，重大体育赛事的款待也是公关的绝佳方法。

5）体育明星激活

有时候企业获得的赞助权益包含体育资产中体育明星的商业活动使用权。企业可以让体育明星最大化地与品牌产生互动，扩大体育明星代言效益。设计一些体育明星感兴趣的活动，寻找不同的员工及消费者接触的方式，吸引媒体报道，扩大影响力。同时企业可以进行相关广告进行投放，利用体育明星的形象与影响力达到赞助激活的效果。

6）员工激活

任何赞助激活都应该让员工一同参与。一般选择这样做的公司会倾向于运用社区类激活项目，可以让员工直接参与。赞助还可以帮助员工提升工作表现。所以品牌可以在赞助中多争取一些能够作为员工学习和发展活动的赞助权益。

由于体育资产与体育赞助商在有效激活方面达成了共识，双方之间的合作更加积极。越来越多的体育组织开始设立专注于战略合作伙伴关系的职位，专门为体育赞助商服务，积极搭建有效的营销和促销激活的机会。售卖权益的职位专注于创造新的商机，而赞助激活的职位专注于兑现承诺并建立合作关系。通过为赞助商提供更好的服务，体育组织不仅维系了更多的赞助商，增加了现有合作伙伴的投入，而且可以吸引新的业务增长。

本章小结

体育赞助是体育组织方与赞助企业方之间关于体育无形资产使用权所进行的互惠互利的商业行为，它包括一系列与沟通过程相关的活动。体育赞助具有商业性、隐含性、整合性与风险性等特征。从实践角度看，体育赞助常见的目标为提高品牌知名度、树立品牌形象、建立品牌联想、提高品牌美誉度、展示独特的技术优势或产品功能、实现销售目标、开发独家赞助商、获得款待和娱乐机会以及冠名权等。体育赞助平台常见的有体育赛事平台、体育组织和运动队以及体育明星等，不同平台进行体育赞助的内容有所不同。体育赞助时企业需要明确体育赞助目标，确定体育赞助预算，实施体育赞助流程，评估体育赞助效果，同时还需要防止埋伏营销。体育赞助激活是成功达成赞助的关键要素之一。企业需制定赞助激活目标，明确赞助权益边界、赞助时长及赞助权益范围，寻找适合的平台与营销工具，设计有针对性的激活活动以达到赞助激活效果。

课后思考题

1. 什么是体育赞助？常见的体育赞助目标有哪些？
2. 如何进行体育赞助激活？

案例讨论

安踏乘风逆袭 借力冬奥实现"名利双收"

安踏品牌始创于1991年，主要从事设计、开发、制造和营销品牌体育用品，是目前国内最大的体育用品集团。自2009年起，安踏开启多品牌战略，先后收购斐乐（中国）、斯潘迪、小笑牛等国际知名品牌，并于2019年收购Amor Sport，包括该公司旗下的众多知名品牌，如始祖鸟、威尔逊等。2007年，安踏体育用品有限公司在香港上市，其市值在2019年8月超过了1 700亿港币，位列全球体育用品行业第三位。2017年9月，安踏正式成为北京2022年冬奥会和冬残奥会官方体育服装合作伙伴，为技术官员、工作人员、志愿者及火炬手提供制服装备，同时也为中国国家队提供比赛装备、包揽了冠亚季军的运动装备，这让安踏在赛场内外均获得了大量的关注。当然，持续上涨的品牌声誉不仅仅来自这场大型赛事赞助活动本身，更离不开安踏为借助北京冬奥会和冬残奥会加强品牌宣传、焕发品牌活力而开展的一系列赞助激活活动。

2021年安踏联合北京冬奥组委发布"冬奥有我"主题公益行动，旨在以公益之心推广冬奥文化，普及冬季运动，助力"三亿参与冰雪运动"，并将奥林匹克的精神文化传播到全国各地。该行动由安踏集团全资捐赠，涵盖筑梦冬奥运动梦想课、冬奥运动营、冬奥校园运动场三大项目：①将北京2022年冬奥会和冬残奥会教育材料融入筑梦冬奥运动梦想课；②招募家庭困境、热爱运动、品学兼优的青少年加入冬奥运动营；③通过器材捐赠、运动场建设及改造等设立冬奥校园运动场，切实改善和提升欠发达地区学校青少年运动条件和质量。安踏集团于该项目的总投入在2022年预计超过现金1 000万元。"茁壮成长公益计划"也在北京、张家口、上海、江西等地开展了多项冰雪运动相关的公益实践活动，大大提高了青少年参与冰雪运动的热情。这些公益计划的开展一方面很好地体现了安踏作为国内第一大体育用品公司的社会责任感，另一方面也为安踏和北京冬奥会和冬残奥会、奥林匹克运动之间搭建了良好的平台，建立了品牌黏性，让更多消费者关注到安踏和冰雪运动。

为探索中国科技与体育盛事的新交互形态，安踏冬奥携手天猫超品日采用html5技术共同构建了全民互动的虚拟数字空间——"安踏冰雪灵境"，打造出首套中国冰雪国家队数字藏品。该作品详细介绍了中国12个冰雪项目队伍，展示了冠军们在人生高光时刻身着的安踏战服，用户还可以了解活动详情，增加个人热度和解锁数字藏品等，参与多方位互动。进入该页面，消费者可以看见一个巨大的展览馆缓缓降临在冰雪天地间，单击上方触点可查看热度累积方法和互动抽奖规则，单击左右触点可在馆内环绕参观；展馆内有12个立体旋转冰雪雕像，对应12支冰雪战队，用户可单击战队下的触点来了解此项目和本届冬奥会上中国代表团在该项目所取得的成绩。在雕像之间穿插着两个魔法之门和一个冰冻盲盒，一个门是陈列冠军服装的安踏数字博物馆，另一个门是助威2022年北京冬奥会的冰雪天宫；当界面上方的用户热度值累计10 000分以上时，可解锁盲盒。

在春节前，安踏推出了限定款明星红包封面，用户单击微博链接或在安踏的微信公众号里输入关键词即可获取谷爱凌、武大靖、韩聪、隋文静和王一博等运动员和娱乐明星的红包封面。该活动一上线，红包便在几分钟内被迅速抢光，不少用户仍意犹未尽、不断要求活动返场。2月8日谷爱凌夺冠当天,安踏更是推出了谷爱凌红包封面加量返场活动,也同样在几分钟内被一抢而空。另外,面对"一墩难求"的局面,安踏更是联合招商银行共同发起了微博抽奖活动,用户关注官方账号并按要求转发对应微博即有机会获得冰墩墩联名卫衣和520元红包。这些线上活动很好地匹配了当下年轻群体的喜好、获得了年轻人的好感,都是针对目标群体而开展的有效激活活动。

冬奥会开幕式当天,随着各国代表团入场,运动员身上的羽绒服成为了观众热烈讨论的话题,安踏提供的中国代表团服装更是引发了广泛讨论:当天"爱运动中国有安踏"微博话题实现阅读量1.6亿次,较前6天平均值增长1 209%,安踏的百度搜索指数达到428 217万次,安踏国旗款、冠军系列产品受到了消费者的青睐;安踏旗下的始祖鸟、斐乐、迪桑特等品牌的搜索指数也位居前10行列。自2021年7月上线至今,"爱运动中国有安踏"话题已累计获得23.8亿次的阅读量,讨论次数353.2万。据生意参谋数据,2月4日至2月5日,京东安踏官方旗舰店羽绒服成交额同比增长203%,迪桑特羽绒服成交额同比增长196%;天猫安踏官方旗舰店排名前10的产品中,具有国旗标、奥运标的冠军系列及国旗款产品成交额高增长。2月8日,谷爱凌夺冠当日,安踏微信指数达到惊人的2.05亿元。在资本市场上,冬奥期间安踏体育股票也"水涨船高",总市值站稳3 500亿港元。

资料来源:中国日报中文网. 北京冬奥会 中国品牌安踏与奥运健儿齐飞[EB/OL]. (2022-02-18) [2022-11-14]. https://fj.chinadaily.com.cn/a/202202/18/WS620f3541a3107be497a06d16.html.

课后案例思考题:
(1)安踏为冬奥赞助激活开展了哪些活动?
(2)安踏赞助效果如何?

教学指南

即测即练题

参考文献

[1] Meenaghan, T. Commercial Sponsorship[J]. European Journal of Marketing,1983, 17(7), 5-73.

[2] 蔡俊五. 体育赞助的起源、地位和魅力[J].北京体育师范学院学报, 1999(4): 13-20.

[3] 杨晓生，程绍同. 体育赞助导论[M]. 北京：高等教育出版社, 2004: 4.
[4] 俞成士. 对体育赞助的定义和结构的理论研究[J].南京体育学院学报(社会科学版)，2002(3): 7-9. DOI:10.15877/j.cnki.nsic.2002.03.003.
[5] 鲍明晓. 体育产业[M]. 北京：人民体育出版社, 2000.
[6] 腾讯新闻. 361°入列杭州 2022 年亚运会赞助商俱乐部[EB/OL]. (2020-10-20)[2022-11-14]. https://new.qq.com/rain/a/20201020A0GIAU00.
[7] Hello 科技. 海信营销策略凸显优势，赞助欧洲杯成效明显，轻松晋级全球化企业[EB/OL]. (2021-06-21)[2022-11-14]. https://baijiahao.baidu.com/s?id=1703182228131119657&wfr=spider&for=pc.
[8] 经济参考报. 奥运成就三星[EB/OL].(2008-05-14)[2022-11-14]. http://www.jjckb.cn/wzpd/2008-05/14/content_97050.htm.
[9] 市值观察. 从逐步取代到超越外资，安踏科技助力中国冬奥创历史[EB/OL]. (2022-02-15)[2022-11-14]. https://baijiahao.baidu.com/s?id=1725739064277436936&wfr=spider&for=pc.
[10] 36 氪. 伊利与奥运：一段长达十七年的故事[EB/OL].(2022-02-16)[2022-11-14]. https://3g.163.com/dy/article/GVI7IH9K05118DFD.html.
[11] 经济参考报. 充分展示自主品牌的魅力[EB/OL]. (2008-07-30)[2022-11-14]. http://www.jjckb.cn/wzpd/2008-07/30/content_110552.htm.
[12] 寻空的营销启示录. 卡塔尔世界杯进入倒计时，一文看懂快消品体育市场营销简史[EB/OL]. (2022-09-01)[2022-11-14]. https://business.sohu.com/a/581673042_116132.
[13] 36 氪. 阿里巴巴成为 2022 年杭州亚运会官方合作伙伴[EB/OL]. (2019-12-26) [2022-11-14]. https://baijiahao.baidu.com/s?id=1653978338002151821&wfr=spider&for=pc.
[14] 新华社客户端.2022 杭州亚运会，一场高科技的智能体育盛宴[EB/OL].(2019-12-12)[2022-11-14]. https://baijiahao.baidu.com/s?id=1652665719508772546&wfr=spider&for=pc.
[15] 中国网球公开赛. 赞助商[EB/OL].（2022）[2022-11-14]. http://www.chinaopen.com/sponsors.shtml
[16] 人民网–体育频道. "TEAM CHINA"全新亮相 中国国家队合作计划正式启动[EB/OL]. (2019-11-28)[2022-11-14]. http://sports.people.com.cn/n1/2019/1128/c202403-31479925.html.
[17] 联想集团. 联想成为中国女排主赞助商、官方合作伙伴[EB/OL].(2019-11-15)[2022-11-14]. https://baijiahao.baidu.com/s?id=1650262610318193057&wfr=spider&for=pc.
[18] 早安打工人. 商业宠儿！谷爱凌 18 岁生日连签两品牌 成为凯迪拉克、瑞幸代言人[EB/OL]. (2022-09-19)[2022-11-14]. https://www.sohu.com/a/586193724_120957407.
[19] 人民资讯.追求极致"领跑"中国：苏炳添成小米首位品牌代言人[EB/OL].(2021-08-12)[2022-11-14]. https://baijiahao.baidu.com/s?id=1707877055290293950&wfr=spider&for=pc.
[20] 新华网. 里约奥运会赞助商以实物赞助为主[EB/OL].(2015-10-06)[2022-11-14]. http://sports.people.com.cn/n/2015/1006/c22176-27666593.html.
[21] 凤凰网商业. 红牛引领赞助"沸雪"开启冰雪季顶级赛事[EB/OL].(2015-11-11)[2022-11-14]. http://biz.ifeng.com/business/news/detail_2015_11/11/4545362_0.shtml.
[22] Red Bull.Red Bull Events[EB/OL].(2022)[2022-11-14].https://www.redbull.com/cn-zh/events.
[23] 网易汽车综合. Nike: 活出伟大 一场"伟大"的奥运营销擦边球[EB/OL].(2012-08-07)[2022-11-14]. https://auto.163.com/12/0807/10/88A4B6L100084TV5.html.
[24] 卢长宝. 埋伏营销本质及发展趋势研究[J]. 北京工商大学学报(社会科学版)，2005(2): 79-83. DOI:10.16299/j.1009-6116.2005.02.016.
[25] CCTV. com. 埋伏营销三十六计[EB/OL].(2006-06-01)[2022-11-14]. https://www.cctv.com/program/tongying/20060601/100557.shtml.
[26] 梁先说. 再次崛起的中国品牌：曾超过阿迪达斯，承载了几代人的记忆和情怀[EB/OL]. (2019-

01-18)[2022-11-14].https://baijiahao.baidu.com/s?id=1622980043712461753&wfr=spider&for=pc.

[27] 徐超. 论奥运会埋伏营销的法律规制问题——兼谈 2008 年北京奥运会知识产权保护对策[J]. 体育与科学，2007(6): 27-31.

[28] www.sponsorship.com/About-IEG/Sponsorship-Blogs/Lesa-Ikman/july-2011/Sponsorship-Success-Depends-on-Activation.aspx

[29] 艾瑞. 中国足球营销行业报告[EB/OL].(2018-09-26)[2022-11-14]. https://baijiahao.baidu.com/s?id=1612631721429867604&wfr=spider&for=pc.

[30] S. Feil, "The Social Side of Sponsorship: Sports Marketers Take Aim at Activating Fan Engagement," www.adweek.com/sa-article/social-side-sponsorship-137844.

[31] 丁明锐等. 数字体育市场营销[M]. 北京：清华大学出版社，2019.

[32] 球进了！喜力啤酒×欧冠如何发力体育市场营销？[EB/OL].(2022-06-06)[2022-11-22] https://www.sohu.com/a/554549685_426303.

[33] 品牌报. 被称为行业第二的怡宝，凭什么能卖得这么好？[EB/OL].(2019-11-18)[2022-11-14]. https://page.om.qq.com/page/OT5HrBljzH9Qg2JPvG_yoplA0.

[34] 搜狐时尚快讯.公益助力北京冬奥，安踏联合北京冬奥组委发布"冬奥有我"公益行动[EB/OL].(2021-10-20)[2022-11-14].https://www.sohu.com/a/496193979_116152.

[35] 案例精选. 安踏冬奥×天猫超品日：打造冰雪数字灵境，首创国家队 NFT 数字藏品[EB/OL].(2022-02-08)[2022-11-14]. https://www.cmovip.com/mobile/detail/17940.html.

[36] 智通财经网.安踏(02020):"赢"下冬奥，冲刺3亿人的冰雪市场[EB/OL].(2022-02-21)[2022-11-14]. https://baijiahao.baidu.com/s?id=1725346805916041530&wfr=spidcr&for=pc.

[37] 腾讯新闻. 揭秘!安踏冬奥营销为什么大获成功？[EB/OL].(2022-02-19)[2022-11-14]. https://new.qq.com/rain/a/20220219A09BND00.

[38] (美)布伦达·G. 匹兹(Branda G. Pitts)，戴维·K. 斯托特勒（David K. Stotlar）. 体育市场营销原理与实务[M]. 裘理瑾，译. 沈阳：辽宁科学技术出版社，2005.

[39] (美)马克·普里查德, (美)杰弗里·斯廷森. 商业体育的品牌打造[M]. 谌莉，译. 北京：清华大学出版社，2017.07.

[40] 张贵敏. 体育市场营销学[M]. 2 版. 上海：复旦大学出版社，2007.

[41] (丹)乌尔里克·瓦格纳, 拉斯穆斯·K. 斯托姆, 克劳斯·尼尔森.当体育遇上商业[M]. 胡晓红，张悦，译. 北京：中国友谊出版公司，2018.

[42] (美)穆勒等. 体育市场营销学[M]. 谌莉，韩华，译. 4 版. 北京：北京体育大学出版社，2022.

[43] (美)肯·卡瑟(Ken Kaser)，多蒂·博·奥尔克斯(Dotty Boen Oelkers). 高远洋译. 体育与娱乐营销[M]. 高远洋译. 北京：电子工业出版社，2002.

[44] (美)斯特德曼·格雷厄姆. 体育市场营销指南[M]. 钟秉枢，译. 北京：中信出版社，2003.

第 13 章

体育场馆服务体验管理

本章学习目标

1. 了解什么是服务体验管理,对服务体验管理有一个全面、清晰的认知;
2. 了解体育场馆服务体验管理的含义、特点;
3. 熟悉和掌握体育场馆服务体验管理的营销策略。

引导案例

江苏无锡博威体育场馆的服务体验

江苏无锡博威体育目前运营的场馆拥有一流的健身设施和硬件场馆条件,在拥有如此优秀硬件条件的同时,体育场馆的服务也具有针对性。博威体育经营的体育场馆根据运营标准提升服务,推出一系列金牌服务标准。

1. 标准化服务

博威公司按星级酒店的服务标准,规范服务人员言行举止,树立主动、用心及标准化的服务理念。各馆服务人员统一着装,使工作人员有更高的辨识度,在一定程度上也对员工工作起到监督作用;定期举办评选服务明星等活动,给予服务岗位人员奖励与荣誉,增强其工作责任感,激发主人翁意识,发挥其积极性和创造性。

2. 个性化服务

以网球馆为例。国外网球爱好者倾向于在户外场地打网球,而国内爱好者则倾向于在室内进行。因此网球馆根据国内的情况,对原有场地进行升级改造,将户外球场加设顶棚,避免日晒,同时也减少因天气因素影响网球会员运动的体验感。除了室外场地的升级外,网球馆还对会员休息室等硬件环境进行升级,挖掘咖啡吧、健身房等增值服务,让会员进一步体验高端服务。

3. 品牌赛事服务

博威体育各经营场馆均有各自的品牌赛事,通过多年培养,在行业内都有较高知名度和认可度。以游泳跳水馆的品牌赛事为例,自 2009 年开始至今持续成功举办"海娜斯顿杯"少儿赛(2020 年受疫情影响暂停),该赛事原是无锡市滨湖区在游泳跳水馆举办的区域性幼儿游泳赛事，后经博威体育精心运作，自 2012 年起该项赛事成功升级为全国少儿游泳邀请赛，2015 年又升级为全国少儿游泳"海豚之星"锦标赛。而今，全国少儿游泳"海豚之星"锦标赛已经成为全国知名赛事，参赛人数逐年递增，辐射地域越来越广，赛事规模、家长参与热情逐年递增。每位成绩达标的运动员都会获得组委会颁发的海顿等级证书，该证书全国认可，是游泳能力的真实体现，深受家长和孩子的欢迎。

此外体育馆拥有自有品牌赛事"我的大咖梦"系列羽毛球赛、网球馆拥有自有品牌赛事"无锡市业余网球积分赛"等体育比赛。博威体育通过多年培养赛事，促进各个体育项目发展，不仅加强了健身客户的凝聚力和体验感，提高了社会影响力，也通过赛事冠名等方式，带来了经济效益。

资料来源：博威体育官方网站. 公司简介-无锡市博威体育产业投资发展有限公司-无锡市博威体育产业投资发展有限公司[EB/OL]. [2025-01-09]. https://www.bowei-sports.com/?pages_13/.

13.1 体育场馆服务体验管理的内涵

13.1.1 体育场馆服务体验管理的基础

1. 体育场馆服务转型

体育场馆不仅是体育活动的重要物质基础，也是体育产业发展的重要依托。提起大型体育场馆，很多人脑海中第一个闪过的念头就是国家级甚至国际级的大型赛事，普通群众难有"登堂入室"一显身手的机会。与此同时，大型体育场馆的运营管理一直是个世界难题，不少国内大型场馆在大型运动会结束之后陷入门可罗雀、举步维艰的困境。

当前，全社会高度关注体育场馆运营管理改革，体育场馆高效、科学的运营，有利于盘活体育产业资本，提高体育场馆服务水平，创造良好的经济效益与社会效益，同时增加体育场馆的服务内容，满足更多老百姓的健身活动需求，不断提升老百姓的幸福感和幸福指数。作为居民运动、健身、比赛的场所——体育场馆的重要性不言而喻，因此促进体育场馆服务转型升级，提升体育场馆服务体验成为当前迫切需要解决的问题。

2. 体育场馆服务与体验经济

社会在发展，时代在变迁，人们的个性化消费欲望难以得到彻底的满足，今天我们处在服务经济的时代，体验经济流行。体验经济是从生活与情境出发，塑造感官体验及思维认同，以此抓住消费者的注意力，改变消费行为，并为商品找到新的生存价值和空间。体验经济是以服务作为舞台，以商品作为道具来使消费者融入其中的社会演进阶段。体验经济不仅追求顾客感受性满足的程度，还重视消费过程中的自我体验。体育场馆作为健身运动、竞赛的重要场所，人们以体育场馆为舞台，并身处其中，然而，人们不再单纯地满足于强身健体的需求，而是更加注重运动休闲的参与过程，这对体育场馆经营与管理提出了新要求。加强体育场馆服务体验管理，加快促进体育场馆转型升级，从而提升社会大众对体育场馆服务的满意度。

我国体育场馆的观赛体验与经营业态正在遭遇发展瓶颈，相当数量的场馆经营创收乏力，处于严重亏损状态，依靠政府的财政拨款和上级补助勉强维持运营，亟须进行功能重构、经营管理创新、服务再造和形象重塑。我国已进入消费需求持续增长、消费结构加快升级、消费拉动经济作用明显增强的重要阶段，而顺应新一代信息技术发展趋势增强消费者体验，推动科技成果转化发展智慧体育场馆是各级体育行政部门和场馆运营机构应有的共识和责任担当。我国体育场馆有必要借鉴体验经济理论改善消费者体验，运用多种途径探索智慧体育场馆建设，通过增设智能设备、软件系统升级、业态跨界融合等方式提供更多的信息和体验。例如，通过场馆 App 提供各类智能服务，包括室内导航寻找座位和车位；收看赛事即时数据和精彩回放；开发移动商务和支付解决方案用于食品和饮料的订购、交付和场内零售；允许球迷扫描手机进行入场的移动票务，创建"虚拟票根"记录球迷入场历史的数字日志；整合社交媒体，使球迷们能够在赛场或在家与朋友及时分享赛况；与明星和球队互动，引入竞猜游戏等衍生产品等。这些场馆体验是传统场地服务难以企及的，体验经济下智慧体育场馆强调结合新一代信息技术满足用户追求，充分发挥和共享 5G、大数据、人工智能、高新视频等技术优势，在智慧体育场馆建设领域开展多层次、多形式的应用场景创新，驱动体育场馆服务和管理创新，发挥场馆的服务职能和产业效应，对于体育强国建设和助力健康中国建设均具有重要的意义。

13.1.2 体育场馆服务体验管理的内涵

1. 体育场馆服务体验

体育场馆服务体验，即大众在体育场馆进行运动、健身、休闲、娱乐等活动全过程的一种亲身经历，以及对这种亲身经历的评价和主观感觉。

体育场馆服务体验既是一个行为过程，也是一个心理过程。场馆服务体验的行为过程指大众在体育场馆进行体育活动的整个过程，包括运动前的准备行为，在体育场馆运动行为，运动后对场馆服务评价的行为，以及与他人分享运动感受和评价的行为。体育场馆服务体验的心理过程指大众在体育场馆中参与体育运动全过程中，心理上形成的主观感受、情绪上出现的反应、思维中作出的主观评估和判断，包括运动前对场馆的期望或设想，运动时场馆设施、条件、环境对大众在感官和心理上刺激的内在反应，运动后大众对整个过程的回忆和评价的思维过程，即与他人分享的评价和感受又对大众心理产生刺激的全过程。

体育场馆服务体验是一种感受。整个运动过程对大众的刺激会内化成为大众的内心感受，这也是场馆服务体验，它在场馆服务体验过程的各个环节均有体现。大众在运动前通过对场馆服务的期望和设想会形成一种感受，在参与运动的过程中也会有实时感受，在运动结束后通过对运动过程的回忆同样会有感受，在与他人分享这种感受时内心同样伴随着一种感受，这些在场馆中运动的全过程中大众的所有感受就是场馆服务体验。

体育场馆服务体验的出发点是满足大众需求。当人们的生活水平达到一定程度后，人们不再满足于吃饱穿暖，"花钱买健康"的观念深入人心，人们更关注运动锻炼与自我关系的密切程度，而体育服务能够与人们的自我概念相吻合，满足强身、健体、娱乐、休闲等需求，人们通过参与运动将其融入其中，顾客需求结构逐渐发生变化，心理需求导向明显。体育场馆服务体验是大众经历的一种内心感受，这种内心感受用来满足人类的心理需求，所以体育场馆服务体验的出发点是大众需求。

体育场馆服务体验中的服务种类丰富。体育场馆不仅具有竞赛功能，还有健身运动功能。当今，许多场馆进行服务转型，拓宽服务渠道，如合理规划新能源汽车、电瓶车充电设备；设置第三卫生间、母婴室无障碍通道、特殊人群观赛区等特殊群体服务设施；设立自助休闲区和共享站点，提供自助售卖机、自助寄存柜、共享充电设备、共享雨具等服务。满足大众多种需求。

体育场馆服务体验以大众亲身参与为基础。体育场馆服务体验是在大众亲身参与运动的全过程中产生的，大众的亲身参与是产生体育场馆服务体验的前提条件，只有通过大众的亲身参与，使体育场馆服务体验全过程对大众进行刺激，大众对这些刺激在大脑中形成反应，才能形成场馆服务体验。

2. 体育场馆服务体验管理

体育场馆服务体验管理将体验要素纳入体育场馆服务管理，是指体育场馆通过一系列的管理和运营措施，对大众体育运动经历进行管理，对大众体育运动整个过程的内心感受实施影响，以达到大众对整个运动体验的感受过程。体育场馆服务体验管理的对象是大众的运动体验经历和感受，其更加注重大众心理和精神需求的满足，这就对体育场馆的环境、设施等方面提出了更高的要求，因而在体育场馆管理上也需要与之配合。

有效的体育场馆服务体验管理能够带给体育场馆和大众双赢的效果，对于体育场馆来说能够增加商业价值，培养和保持体育场馆的竞争优势，盘活体育资源；对于大众而言，大众的多种需求可以在最大程度上被满足。有效的体育场馆服务体验管理还可以使场馆避免"同质化""传统化"所带来的消极影响，应对白热化的竞争，敏锐地察觉大众的需求变化、帮助体育场馆更好地维持供需平衡、维系场馆和大众之间的情感，保证消费者数量，提升大众对场馆的美誉度和忠诚度。

体育场馆服务体验管理能够满足大众需求，提升自我价值。体育场馆服务体验的出发点是大众需求。当人们的生活水平达到一定程度后，进行体育运动不仅是出于生活的必需，更是注重身心发展的需要，对于体育场馆服务体验更是大众经历的一种内心感受，这种内心感受正是用来满足人类的精神需求，所以体育场馆服务体验的出发点是大众需求，为城市活力增添色彩，用体育点亮美好生活，是体育场馆可持续发展的应有之举。

13.1.3　体育场馆服务体验管理的特点

1. 可控性

由于体育场馆服务体验包含着较多环节，各环节共同构成一个完整的过程，消费者从进入体育场馆开始，直至运动体验结束，都与体育场馆服务体验管理密切相关，所以对体育场馆服务体验的管理可以从各个环节着手，寻找与消费者的接触点，影响这些接触点，进而达到体育场馆服务体验管理的目标。

2. 目的性

体育场馆服务体验最终会产生一种评价和感受，大众参加运动和体验的目的是满足其个人需求，在达到健身、休闲需求的同时，也亲身参与到运动中，体验运动的乐趣，所以管理的目标就是为消费者带来满意的、难忘的运动体验经历。

3．不稳定性

体育场馆服务体验的结果与体育场馆和消费者密切相关，它是在消费者参加运动体验的过程中产生的，体育场馆的各种情况给消费者体验带来不同的影响，同时与消费者当时的状态也有密切的关系。

4．个性化

体验是一种个性化的行为，受年龄、教育程度、社会阶层、经历、情绪等多种因素的影响，不同的消费者对于某一相同运动的体验有所不同，体验效果也因人而异，所以体育场馆服务体验具有个性化的特点。

13.2 体育场馆服务体验管理的机理

13.2.1 体育场馆服务接触论

体育场馆不仅是开展体育活动的重要物质基础，也是体育产业发展的重要组成部分，当下，人们不仅注重身体运动，同时，也更加注重参加运动的全过程，这对体育场馆服务体验管理提出了新要求，体育场馆软硬件的完善情况、场馆服务质量高低、教练或指导员的业务能力等直接影响着一家体育场馆的发展。面对人们日益增长的体育需求以及国家政策的不断完善，如何提高体育场馆的服务质量成为体育场馆在当今社会更好发展的关键因素之一。服务接触理论更好地阐释了场馆服务体验的本质，作为体育场馆服务体验接触的3个构成要素，从场馆、顾客及相关工作人员出发，可以更有针对性地提升场馆的服务质量。因此，加强对体育场馆服务接触系统的控制，注重场馆教练员、体育指导员及其他工作人员的人本、专业管理，关注顾客互动影响以及顾客需求，改善服务接触质量，成为提升体育场馆服务质量的重要环节。这对改善服务质量，优化体育场馆服务体验管理，促进体育场馆升级发展有着积极的推动作用。

从狭义角度看，体育场馆服务接触只包括体育场馆与顾客。而从广义的角度看，体育场馆服务接触是人体、物体、脑刺激及信息处理四个过程的统一。服务要素不仅包括相关工作人员、顾客、运动过程，还包括其他有形要素的参与。例如，体育场馆的器材设施、体育场馆的环境、体育场馆的技术设备等。顾客与场馆之间的服务体验既有与体育场馆教练员、社会体育指导员以及其他工作人员的接触，也包括与体育场馆环境和器材设施的接触。

13.2.2 体育场馆服务体验管理的理论

1．剧场理论

根据服务剧场理论，有学者把服务体验描述为戏剧表演，那么体育场馆服务体验在戏剧中的要素分别是：演员即体育场馆的教练员、指导员及其他工作人员；观众即顾客；

舞台设计即场馆的服务环境和场馆的软硬件设施等。场馆工作人员、顾客和场馆场景之间的互动构成了服务体验。服务剧场模型对体育场馆营销和管理的贡献在于为体育场馆服务体验管理的设计和评估提供了一个多维视角，提出不同类型的服务体验强调的要素存在差异，不同服务体验的设计、制定与执行强调的关键因素不同。例如，高接触的服务体验应强调"演员"即体育场馆的教练员、指导员和其他工作人员的重要性，来提高"观众"即顾客对服务体验的感知。服务剧场理论形象地传递出服务体验过程中创造体验价值的交互性、动态性和复杂性，戏剧表演虽有剧本的约束，但现场演员和观众的情绪、演员的现场发挥等都会随时影响观众的感知。服务剧场模型很好地体现了服务体验的基本特征，涵盖了体验场馆服务体验中互动的主要因素。服务剧场理论有利于更好地理解体育场馆服务体验的本质。

2. 角色理论

角色理论起源于社会心理学，角色理论可以用于解释体育场馆服务体验。角色理论的核心概念是源于戏剧的"角色"一词，原指规定演员行为的脚本。角色理论强调人在社会和市场中被赋予特定的社会角色，要遵照特定的行为方式，体育场馆中的教练员、指导员和顾客都是如此，在每个顾客进行运动的环境中都有特定的角色脚本。体育场馆服务体验具有目的性和任务导向的本质特征，顾客通过运动体验达到自己多种需求，当参与互动的双方即场馆相关人员和顾客进入运动体验场景，就开始遵循一套相对固定的行为即脚本，来扮演各自的角色，即角色表演。角色理论包含角色期望和角色扮演，指出顾客和场馆相关人员在服务接触过程中实际上扮演不同的角色，体育场馆教练员、指导员及其他工作人员的角色扮演是否符合顾客对其角色的期望是顾客感知和判断服务体验质量的依据。例如，顾客对体育场馆的教练员期望是热情、友好、专业能力较强，对于运动技术的教学能力较强，对体育场馆的器材设施、场地布局期望是满意。如果体育场馆的相关人员的角色与顾客制定的角色期望一致，加之体育场馆的配套设施和服务与顾客期望一致，那么顾客就会满意。

3. 案例分析：一兆伟德：用精细化服务赢得用户

一兆韦德是中国最大的健身企业，在中国健身市场中处于行业的领先地位，其在市场上的成功源于其为会员提供的优质服务。

一兆韦德的私教会为会员提供专业化及个性化的训练处方，在督促会员做好健身训练之外，也会时刻提醒会员保持良好的饮食生活习惯。一兆韦德的私人教练课程以"快速、安全、有效地达到长期的健身目标"为宗旨，只为给健身爱好者提供更好的健身塑形效果。除此之外，一兆韦德的私教还会通过每年在参加国际、国家、大品牌组织的健身大会上所学到的新的健身理念带给学员，让学员能够及时获得更好的健身体验。

同时，一兆伟德会籍顾问、销售人员会依据市场需求为不同层次的会员提供优惠的价格服务。从而使社会精英和成功人士等社会不同层次的人群都可以享受一兆韦德提供尽善尽美的康体休闲娱乐服务。一兆韦德分单店卡和通用卡，其中又分学生卡、次卡、年卡、董事卡，所以价格为 200~20 000 元不等。一兆韦德健身卡根据消费水平不同，其定价存在着地区差异。在消费模式上，一兆韦德改变了这个行业的"预支消费"模式，从"预支消费"到"次年逐月扣款"消费模式的改变保障了会员权益，使会员在享受尽善尽美服务的同时，消费得更舒心，更安心。

一兆伟德各部门人员各司其职，较符合顾客制定的角色期望，大幅提升了顾客满意度。

13.2.3 体育场馆服务体验的三元模型

通过分析体育场馆服务体验的内涵与类型，不难发现体育场馆服务体验接触的主要构成要素是顾客、场馆工作人员和场馆组织。场馆组织这一要素体现在体育场馆的有形环境以及体育场馆内部为提升服务体验质量提供有效的服务体验、控制和服务质量管理的系统支持。如图13-1所示的体育场馆服务体验三元模型，较好地呈现了三个要素之间的关系。

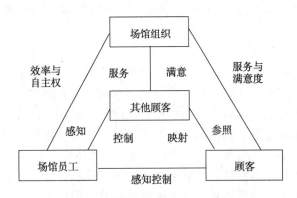

图 13-1 体育场馆服务体验三元模型

1. 场馆组织

场馆组织是保证一切体育活动顺利进行的前提。体育场馆为满足顾客多种需求提供了各种资源，并建立和完善了体育场馆服务质量管理与控制体系。一般来说，顾客在到达体育场馆进行运动之前，会先感受到体育场馆的整体形象。例如，顾客在到达某一体育馆前会主动或被动地得到许多关于该体育馆的信息，这些信息可能来自网络、亲朋好友的评价等；到达体育馆后则会从各种感官方面来评价体育馆。整个服务体验的过程和地点都由场馆提供，顾客与场馆教练员及其他工作人员之间的接触必须依赖于体育馆的环境而存在。

2. 场馆人员

场馆人员通常指的是包括教练员、指导员及其他工作人员在内的一线人员，即能够与顾客面对面接触、提供服务的员工。场馆员工是大部分顾客获取信息的来源，他们拥有许多与顾客打交道的机会，而他们的表现更是顾客评价体育馆服务质量的关键。一名优秀的教练员不仅能够专业地指导顾客，最大可能地满足其需求，而且还能了解和总结顾客的喜好。在顾客眼中，他们是体育场馆的形象代表，是提供体育运动服务质量的最终体现。优秀的教练员、指导员能够在顾客运动的过程中传递给顾客专业、积极的印象，连续的服务体验成功就能够带来顾客忠诚。因此，无论是对体育场馆还是对顾客而言，体育馆的所有工作人员都具有决定性的作用。因此，吸收和培养一批高质量的教练员以及其他员工对任何一个体育场馆来说都显得尤为重要。

3. 顾客

体育场馆的服务对象是顾客，因此保证顾客满意、满足顾客各种运动需求、提升顾客满意度是体育场馆生存和发展的前提。顾客总是带着期望而来，根据消费者个体不同，他们的期望带有强烈的主观性和情感性。顾客的接触程度越高，服务失误的机会越多，服务效率也越不易控制。在服务体验中，其他顾客的出现是不可避免的，因此，参与服务体验过程的不仅仅包括提供服务的场馆工作人员以及接受服务的顾客，还包括极具参与感的其他客人。

13.3　体育场馆服务体验管理的营销策略

中国已经进入了以服务经济为主的发展阶段，信息技术创新可形成独特体验，为服务对象带来更好的感知价值，体验经济已然成为满足公众高质量生活需求的全新经济形态，越来越多的消费者推崇体验项目，使越来越多的企业开发体验性较强的产品以适应社会需求。体育场馆作为现代城市更新的地标性建筑，是城市现代化进程中不可或缺的体育景观和城市面貌的缩影，如美国亚特兰大梅赛德斯奔驰体育场代表着美国城市建设和场馆发展的最高水平，国内凯迪拉克中心（原五棵松体育馆）、黄龙体育中心等场馆利用资源优势和技术优势，创新移动互联网时代的观赛体验、演出体验和消费体验，深度开发场馆智能化业务和多渠道市场，最大限度地提升体育场馆体验质量、公共体育服务能力以及体育场馆的商业价值。

智慧体育场馆的服务活动适用于体验经济理论范畴，体验是体育场馆本身具备的天然属性，在智能技术等核心技术群的支撑下，智慧体育场馆作为观赛观演和全民健身的聚合空间，势必会颠覆传统场馆服务和方式，带给用户更开放、更高效、更自在、更精准的现场体验，使场馆致力于数字化变革，将科技与场馆建设相结合，打造信息化、智能化、数据化的高端智慧场馆新标杆，构建便捷、高效的"数字体育生态服务圈"。进而凝聚用户注意力并潜移默化引导顾客消费行为，让体育场馆真正变身成为智能体验场所，满足人们求新求异的心理需求，突出了体验双方参与交互和个性化服务的重要性，引发用户的感官体验、情感共鸣和价值认同，促进体育场馆服务业的创造性与多样性，提升体育场馆服务体验的质量。

13.3.1　体育场馆"体验诊断""体验监测"构建体验管理之基

NBA 萨克拉门托国王队的主场被称为最具数字化的赛事舞台，展示了如何将体育场的气氛通过数字化来呈现给球迷。从入口到出口球迷都能体验到实时数据交互，涵盖从数字议程，球场动态，订购茶点等所有内容。使用覆盖在实际球场上的 AR 软件，观众可以在半场时间与朋友举办自己的迷你比赛，这些游戏元素可以极大地提高球场整体体验的满意度。为了使这些沉浸式体验在现场活动期间顺利运行，5G 连接必须成为基础设施的一部分，以确保体育场馆能够应对数百万名想体验该服务的观众。2018 年 FIFA 世界杯展示了AR体育通过与Snapchat和脸书合作建立粉丝社区的合作程度。一系列临时自拍过滤器、背景分段和玩家预测创造了一系列粉丝互动新方式。

浙江黄龙体育中心利用智慧运营平台为场馆赋能，提升场馆服务体验质量。来场馆前，用户可通过手机端直接查看场馆的忙闲状态、当前时段实时运动人次、固定时段预估运动人次等，享受场馆在线查询、导航、预约支付等功能。通过大数据用户属性、运动行为等分析，体育场馆还可以为用户推送个性化活动信息、天气状态等信息，做到精准营销、定制服务；来场馆时，通过摄像头自动识别车牌号或人像信息，判定用户身份，个性化推送信息。通过传感器判定用户的身体状况，提供科学运动健身指导建议；来场馆后，用户一进场即自动亮灯，通过人脸识别、自助服务设备等硬件接入，用户可自主租买运动器材、商品等。通过软硬件的深度联结，打造场馆的智能化、服务化、数据化运营体系，提供安全、舒适、节能、畅通的运动健身新体验。

传统体育场馆服务模式以场地对外开放为主，用户通过电话预订和上门咨询，被动获得场馆信息与体验，而用户进入场馆是由工作人员面对面、一对多进行服务的，服务是以场馆为中心而不关注用户体验，用户所接受的都是被动服务，场馆工作人员也是影响群众对场馆公共服务满意程度的重要因素之一，其工作素养的高低将影响用户所接受的服务质量。公众在选择场馆进行消费之前，需要了解场馆各种相关的信息，包括地理位置、交通信息、场地预订、票务价格及其他配套服务信息等。在消费者到达场馆之后，场馆运营机构通过对消费者特征与消费偏好的统计，运用大数据进行特定群体活动开发，有利于实现场馆高效运营。

为了提升体育场馆服务体验质量，适应未来智慧型社会的发展，体育场馆要坚持"以人为本"的智慧服务理念，积极吸纳新技术，探索新型服务模式，注重用户体验感受的收集和体验满意度的提升，不断完善自身的智慧服务体系进而满足用户的体验需求。线上服务可以开发移动端360°场馆全景展示、场馆活动推送、场地在线预订、周边餐饮与娱乐推送，场内智能设施增添前台智能信息展示大屏、移动端支付、入场智能识别闸机、智能储物柜、智能灯控等一系列设备，减少大众烦琐的入场流程，用户可以自行进行自助式活动体验。

案例学习

北京五棵松体育中心打造冬奥智慧体育场馆

1 332平方米巨型投影屏幕打造"最美的冰"；最先进的二氧化碳跨临界直冷制冰技术，碳排放趋近于零；"6小时冰篮转换"技术……北京2022年冬奥会及冬残奥会开幕在即，一些北京2008年奥运会时的场馆又全新亮相，以更智能、更环保低碳的样式服务冬奥。

1. 多维度观赛体验效果

五棵松体育中心竞赛馆的内环廊有60个相机呈180°吊装在馆内环形屏下方，座席中间还有三个球形摄像头，其中60个吊装相机采用"5G+8K"技术，VR相机则采用11K分享技术，将赛场的赛事活动进行全面拍摄，现场观众只需扫描二维码，下载其App，就可以体验180°自由视角观赛和沉浸式直播，实时观看到这些精彩瞬间，享受体育赛事带来的视觉盛宴。该项目首次通过三维重建和渲染技术,实现了用户交互式、连续自由视点视频生成与传输,让观众不仅看得更清晰,还能看得更真实。

2. 多项"黑科技"助力疫情防控

在场馆门口,工作人员只需对着多验合一智能终端设备扫一张二维码即防疫卡片后,本人的健康信息、疫苗接种及行程码等个人信息就会显示在设备终端上,最多 2 秒即可实现快速通行。赛场外围布设智慧感知设备,场馆、酒店入口及接驳车辆安装多验合一数字哨点,通过"防疫卡"仅需 3 秒即可完成"扫码打卡",每一次出入都将得到健康提醒;智能测温贴还可实现 24 小时体温管理。

场馆内,身高 140 厘米的雾化消毒机器人一分钟消毒面积可达 36 平方米。和雾化消毒机器人一同亮相的还有紫外线消毒机器人,它们都是科技部国家重点研发计划科技冬奥重点专项资助的项目成果。雾化消毒机器人是在开放式空间消毒,紫外线消毒机器人针对封闭密闭的区域、小范围的消毒效果会更好。此外,气溶胶新冠病毒监测系统可有效显示场馆、酒店空气中是否含有新冠病毒。

同时,测试活动期间,五棵松体育中心分为闭环内和闭环外两个区域。闭环内人员获取物资、文件等均通过物流机器人、智能配送柜等无接触方式完成。

3. 体育场馆"感知数据""状态数据"创造体验管理之源

浙江黄龙体育中心加速推进"大数据+公共体育服务",以公众体育需求为供给方向,体育中心采集用户基本信息,形成健康消费的大数据云平台,通过大数据分析,获得用户身体的各项健康指标,并由专业健康管理师根据健康指标提供专业个性化的运动、膳食评估和其他生活方式建议,为体育爱好者科学地管理自身健康提供帮助。

浙江阿里体育中心将一系列"黑科技"应用到具体的运动场景:篮球馆先享后付,羽毛球馆无人值守,游泳馆防溺水系统……阿里体育中心的 eROCK 智慧运动场地系统可以用于多种运动场景的智能化运动数据采集分析系统,利用实时定位技术,自动捕捉采集场地中所有用户的运动数据和生理数据进行分析,并通过 AI 机器学习算法对事件和战术加以识别,实现自动数据统计、分析比赛战术、评判训练效果,从而给出专业化的指导和建议。阿里体育中心融合智慧化、公益性、便捷性、趣味性,通过更多的科技手段助力大众运动健身,为更多运动爱好者提供智能化的运动数据服务,为前来运动健身的市民提供更为优质的服务,提升运营能力和用户黏性。

加强体育场馆服务体验管理需要体育场馆建成覆盖广泛的基础设施信息网络,设施网络具备全面互联的信息系统,架构协同一致的信息交换共享平台,开拓场馆信息和用户信息的通达应用,实现场馆对用户需求的智能处理。国内众多体育场馆已经形成了全方位全产业链的生态系统,重新构建体育场馆的功能结构与业态定位,并集中向市场投放,实现更多的跨界融合效应,形成多维的内容平台更具优势。突破单项服务领域的单一数据,加强数据整合,智能分析、跨界共享和协同处理,从用户视角对所有服务环节进行整合,建立网络化、智能化、服务化、协同化的场馆产业生态体系和治理模式成为未来发展趋势,是优化体育场馆服务体验管理的关键因素。推进体育场馆新服务、新产品、新运营,结合体育新零售、运动"黑科技"等元素,探索创新大型体育场馆"一体化智慧运营"新模式，进一步提升体育场馆服务体验管理质量。

4. 体育场馆"流程机制""方法赋能"提升体验管理之价

体育场馆服务体验管理的营销应该在充分调研消费者体验需求的基础之上，建立用户体验反馈机制，从而避免低效投入，提高场馆服务体验品质。在场馆硬件设施和软件系统上线之前，进行小范围会员初次模拟体验、上线后一周内跟踪体验、上线后一个月后消费者体验3个关键环节，以"边体验、边反馈整改"的形式缩短服务体验管理营销的优化调整周期，最大化提升消费者的满意度。而且在营销内容得到用户充分验证认可后，场馆可以借助消费者体验反馈机制，再次搜集汇总用户对于场馆服务体验营销的意见与建议，及时进行相应的调整，提升体育场馆服务管理的质量。

为提升体育场馆服务体验管理质量，适应体育赛事转播、观赛效果和提升全民健身服务体验，目前已有不少城市对场馆的建筑主体硬件、场内照明、网络等环节进行智能化模块的集成改造，多数体育场馆将物联网、云计算、大数据等新信息技术应用于场馆服务与运营之中。随着高新技术逐步成熟与快速更新，综合应用这些技术将使用户的体验和运营机构管理工作变得更为便捷高效，可以进一步延伸和完善体育场馆的产业链和受众人群，上下游业态发展亦会同频共振。在基于"赛事运营＋内容平台＋智能化＋增值服务"的全产业链体育生态环境中，智慧体育场馆在整个生态链中的影响范围远大于普通体育场馆，这种范围的扩展不仅限于实际空间，更多地存在于网络虚拟空间，即对场馆互联网与用户大数据相互渗透后所形成的体育场馆的新形态，形态的升级与信息化的高度统一使得体育场馆的资源利用更加集约化，从而推动场馆服务业与相关产业深度融合。

促进体育场馆智能设施设备的升级和改造，将智能化高科技融入体育场馆的建设中，打造"智能化＋建筑"的客流监控、场馆能耗监控系统；"物联网＋设施"的体育场馆前台智能信息展示大屏、触屏智能自助一体机、人脸闸机、自主体验系统等；"互联网＋服务"的场馆信息发布、微信小程序或 App 订场、会员定制服务，在服务端实现场馆数据统计与信息集成，全面提升场馆服务体验质量。而实现体育场馆的数字化管理，也是普及全民运动，提升全民的幸福感和获得感，实现体育强国梦的重要途径。

资料来源：人民网. 科技感十足！五棵松体育中心打造冬奥智慧场馆—文旅·体育—人民网[EB/OL]. [2021-11-09]. http://ent.people.com.cn/n1/2021/1109/c1012-32277487.html.

本章小结

体育场馆服务体验管理是指体育场馆通过一系列的管理和运营措施，对大众体育运动经历进行管理，对大众体育运动整个过程的内心感受实施影响，以达到大众对整个运动体验的感受过程。体育场馆服务体验管理具有可控性、目的性、不稳定性和个性化等特点；其服务体验的行为过程包括运动前的准备行为、在体育场馆运动行为、运动后对场馆服务评价的行为和与他人分享运动感受和评价的行为等方面。目前中国已经进入了以服务经济为主的发展阶段，体验经济已然成为满足公众高质量生活需求的全新经济形态，充分运用体育场馆服务体验管理的营销策略，可以最大限度地提升体育场馆体验质量、公共体育服务能力以及体育场馆的商业价值。

课后思考题

1. 体育场馆服务体验管理的含义、特点。
2. 体育场馆服务体验管理的机理。
3. 体育场馆服务体验的三元模型的构成。
4. 服务经济的发展趋势对智慧体育场馆服务管理有哪些影响。

案例讨论

江苏扬州南部体育公园的数据化体育场馆服务体验

扬州南部体育公园是江苏苏体实业发展有限公司旗下首个公共私营合作制（public private partnership，PPP）运营项目，是一座以体育为主题，集比赛、训练、健身、休闲于一体的综合性场馆。

公园地处扬州经济技术开发区，位于扬子江南路西侧。公园总占地面积约 62 000 平方米，总建筑面积约 34 689 平方米。

公园自 2018 年投入运营以来，凭借自身在全民健身企业战略规划、场馆建设、大型场馆运营管理方面的丰富经验，为扬州南部体育公园量身制定了企业十年战略规划，并建立了自身特色的运营管理体系，设计了契合当地全民健身市场的企业盈利模式，其体育场馆的服务营销管理则是更具特色。

扬州南部体育公园的服务营销管理，主要是采用数据化管理系统，会员可通过下载软件进行消费充值、场地预约、价格查询、余额管理等操作。公园端可通过管理软件，可以对客户信息、场地、营销、赛事、商品进行系统数据管理。

1. 智慧化系统管理

利用智慧化数据管理系统对潜在客户进行数据统计，其中包括饮食习惯、运动分析、职业、健康状况等数据，然后进行客户分类，再到制定营销策略和销售计划。

对现有有效会员，实施运动监测和能力评估，通过体适能检测设备，获取会员的运动能力数据，制定出匹配的运动训练计划和膳食营养计划，挖掘客户需求。

对会员的来场数据、运动项目数据进行分析，制定匹配的客服方案，针对不同类型的客户进行售前，售中和售后服务，以确保客户满意度的同时，提高客户保有率。

2. 客户服务管理

扬州南部体育公园的客户服务管理，分为接待服务、场地服务、课程服务、检测服务、客诉服务。

从顾客踏入公园开始，就进行智慧系统登记录入，并引领客户了解健身诉求后参观场地，进行全面讲解。

在课程服务方面，工作人员会向会员详细讲解不同课程和场地的功能与课程安排，并向客户做出针对性推荐。项目推介也有着标准统一的工作流程，体现出专业、人性化、细致的服务标准。

客诉服务由客服经理直接负责对接，严格遵循第一时间汇报请示解决问题，或解决跟进，及时在智慧系统中录入过程及执行结果，月底进行数据分析与报备。

3. 体育场馆数据化系统管理

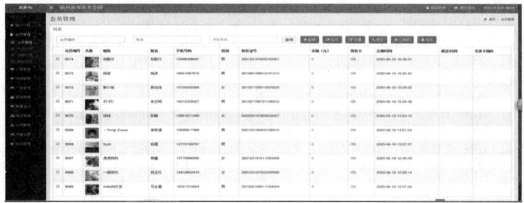

资料来源：扬州南部体育公园官网. 场馆新闻[EB/OL]. [2025-01-09]. http://www.yznbty.com/news.aspx.

案例分析思路

1. 案例主要实事

通观全文，找出扬州南部体育公园在体育场馆服务营销所采取的方式。

2. 基本理论分析

分析这些营销方式和策略，根据所学的体育场馆服务体验管理的理论，对其进行分析，了解体育场馆采用了哪些服务体验理论，或是采用了哪些服务营销策略和方法。

3. 主要经验启示

（1）体育场馆如何面对客户的需求，提供有效的运动服务产品；

（2）体育场馆如何利用数据管理，提升体育场馆服务体验的质量。

教学指南

即测即练题

自学自测　扫描此码

参考文献

[1] 柴仲学. "互联网+"时代我国体育场馆服务转型升级的发展路径研究[J]. 南京体育学院学报(社会科学版)，2017, 31(2): 88-92. DOI:10.15877/j.cnki.nsic.2017.02.016.

[2] 钟杨. "互联网+"时代体育场馆服务转型升级的发展路径研究[J]. 体育风尚，2021(5): 289-290.

[3] 余明阳，胡毅伟. 2018: 新时代背景下市场发展大趋势[J]. 企业研究，2018(1): 10-17.

[4] 凌亚君，体验经济时代的旅游景区管理模式探析[J]. 旅游与摄影，2020(9): 31-32.

[5] 何倩茵，杨丽明. 顾客服务体验管理[J]. 企业经济，2005(10): 46-48.

[6] 刘沧. 基于服务接触理论的酒店服务质量提升对策[J]. 长春金融高等专科学校学报，2017(2): 86-91.

[7] 肖轶楠. 服务接触研究综述[J]. 吉首大学学报(社会科学版)，2017, 38(S1): 50-54.

[8] 刘宝瑞，沈苏阳. 用户体验视阈下的智慧图书馆研究[J]. 图书馆学研究，2017(6): 43-47. DOI:10.15941/j.cnki.issn1001-0424.2017.06.007.

[9] 寇垠，任嘉浩. 基于体验经济理论的图书馆创客空间服务提升路径研究[J]. 图书馆学研究，2018(19): 71-78. DOI:10.15941/j.cnki.issn1001-0424.2018.19.011.

[10] 任波，黄海燕. 数字经济驱动体育产业高质量发展的理论逻辑、现实困境与实施路径[J]. 上海体育学院学报，2021, 45(7): 22-34, 66. DOI:10.16099/j.sus.2021.07.003.

第 14 章

体育营销管理与评价

本章学习目标

1. 了解什么是体育营销管理,对体育营销管理有一个全面、清晰的认知;
2. 了解体育营销管理的含义、类型;
3. 熟悉和掌握体育营销管理、体育营销评价的过程。

引导案例

超级猩猩用零售的方式来卖健身产品

随着国内经济及互联网的发展,健身从曾经是门槛很高的一项活动,转变为现在平民化的、日常化的运动方式,甚至是娱乐项目之一。

当前,传统健身房重销售轻运营,同质化严重,收入模式单一的痛点已经让其举步维艰。这种靠人海战术售卡维持业绩,用关键销售绩效(Key Performance Indicator, KPI)把教练压得紧紧的传统健身房盈利模式,可以说已经走到了末路。

超级猩猩创立于2014年,起初是尝试以24小时自助健身舱的模式打开健身的新市场,没有销售和前台,完全依靠智能设备管理系统运营,亦不用办年卡,采取按次收费的模式,针对偏高阶的健身用户,目的是给这部分用户一个可以随时随地健身的场地。超级猩猩精准定位用户的需求和痛点,充分利用社群效应和数据技术,以人为本,科技赋能等方面,成功打造了自己的品牌,赢得了用户的肯定。

1. 付费习惯

用户按次付费,确保每一次消费都是经过深思熟虑的,浪费的概率很低,并且对于消费的专注度会更深入,由此带来的是更强烈的反馈,用户体验很好。

2. 零售制

超级猩猩把大的"健身套餐"打散,不再通过批发制,转而使用零售制,用户基于兴趣任意挑选,在这个平台上你可以选择一节 HIT 课程,也可以选择一节瑜伽课程,甚至什么课程都不

扩展阅读 14.1 超级猩猩的营销秘诀

选，单纯预约 1 个小时的基础训练。虽然相比起传统健身房更贵，但是体验感更好，用户也会愿意为之付费；随之平台的客单价也会好很多。另外，课程收入与教练收入直接挂钩，教练也有足够的运营动力。

3. 多样优质课程

超级猩猩的团课种类很多，一共约有 100 种团体课，目前一半的团操课来自于购买新西兰的 Les Mills 莱美版权课程，另一半是靠自主研发。可满足用户不同的健身需求，且课程的类型和套路还在不断迭代更新。

4. 教练的魅力

超级猩猩持续的竞争力来源于他们的教练。尽管他们不是销售，但是却像一个又一个的"销售节点"，帮助平台维护用户；教练之间又会彼此竞争，以确保平台保持足够的活力。

5. 社群运营

团体课就是打造社群的很好切入点。团课能利用自带的社交属性将用户集中并连接在一起，每位用户能在不同的课程里接触到不同的用户，进而产生社交。课后还有教练组织的大合照，而每位猩猩教练都有自己的学员群，如果用户加入学员群，就能够在群里认识更多的用户，进而后续一起约课训练，成为朋友。教练还会不定期将品牌课或品牌活动的信息发到自己的学员群里，而品牌活动就变得更大型，这样就能让更大量的用户集中到一起，进一步产生连接，这样一个个紧扣的环节下来，超级猩猩的社群自然而然越发壮大，完成用户裂变。从用户分享健身结束后拍大合照的积极程度来看，超级猩猩无疑是成功的。

资料来源：缦缦MBA，【商业案例】超级猩猩：用零售的方式来卖健身产品：[EB/OL][2021-06-08] https://zhuanlan.zhihu.com/p/378816886.

14.1 体育营销管理

14.1.1 体育营销管理的定义

体育营销管理是指为了实现体育企业或组织目标，为了建立和保持与目标市场之间的互利交换关系，而对项目营销进行的分析、规划、实施和控制。体育营销管理的实质，是需求管理，即对需求的水平、时机和性质进行有效地调解。

在体育营销管理实践中，体育企业通常需要预先设定一个预期的市场需求水平，然而，实际的市场需求水平可能与预期的市场需求水平并不一致。这就需要体育企业营销管理者针对不同的需求情况，采取不同的体育营销管理对策，进而有效地满足市场需求，确保企业目标的实现。

但是体育营销管理到底是管什么，还是要回到市场营销的本质上来。每个人、每个企业在社会上生存和发展，都有需要，并愿意付出一定的报酬来满足部分需要，于是这部分需要就形成了需求。需求可以通过很多方式来满足，有自行生产、有乞讨、有抢夺、有交换等。体育市场营销的出发点是通过交换满足需求。也就是说，体育市场营销是体育企业通过交换，满足自身需求的过程。体育企业存在的价值，在于体育企业提供的产品能满足别人的需求，双方愿意交换。所以需求是营销的基础，交换是满足需求的手段，两者缺一不可，体育营销管理就是需求管理。

14.1.2　体育营销管理的五种需求

体育营销管理要管什么需求呢？这个问题涉及体育企业的很多方面，企业强调团队合作，强调供应链，因此各个环节的需求都要考虑到，这样的营销政策才是好政策。但在体育营销中，企业制定营销政策，要充分考虑营销政策推行的各个方面，尤其是企业、消费者、经销商、终端、销售队伍5个方面。体育营销管理要满足企业的需求、满足消费者的需求、满足经销商的需求、满足终端的需求、满足销售队伍的需求，在不断满足各个需求的过程中企业得以发展。

1. 满足体育企业的需求

体育企业的需求有哪些呢？体育企业追求可持续发展，即体育企业在短期不赢利，去扩张，去追求发展，但最终目的是获利。所有的人员、资金、管理等都是为体育企业实现可以持续赚钱的手段。按照营销理论，体育企业要坚持"4C"原则，坚持以消费者为中心。但实际上"以消费者为中心"是体育企业思考问题的方式，体育企业要按照自己的利益来行动。体育企业发展的不同阶段，市场发展的不同阶段，企业有不同的需求。

1）市场孕育期

在市场孕育期，体育企业主要集中在开发、创新产品。企业主要面临两个问题，一是要迅速完成资金的原始积累；二是要迅速打开市场。此时体育企业的营销需求是扩张和销量，因此可能采取的营销策略是高提成、高返利、做大户等。

2）市场成长期

在市场成长期，企业正在飞速发展，可能出现了类似的竞争对手。因此，企业的营销需求是要用比对手快的速度，扩大市场份额，占领市场制高点。可能采取的营销措施是开发多品种、完善渠道规划、激励经销商等。

3）市场成熟期

在市场成熟期，企业需要延续产品的生命周期。企业要追求稳定的现金流量，同时还要开发其他产品。可能采取的营销措施是不断推出花样翻新的促销政策。

4）市场衰退期

在市场衰退期，企业需要尽快回收投资，变现。

从上面简单的生命周期描述中，我们看到，不同时期的企业有不同的需求，满足企业需求是第一位的。体育营销管理是对企业需求的管理，以满足企业的需求为根本。所以作为营销决策者首先要考虑企业需求，然后在具体落实企业需求的过程中，考虑以下几方面的需求。

2. 满足消费者的需求

消费者对好的产品质量有需求，消费者对合理的价格有需求，消费者对良好的售后服务有需求。消费者的需求对企业来说是最重要、最长久的。企业可以满足自身短期利益，忽略消费者需求，但消费者是用"脚"投票的，他们会选择离开。所以对体育企业来说，满足消费者的需求是企业存在的价值，是企业最长久的保障。在满足需求的基础上，企业还要发掘需求，引领消费潮流。

3. 满足经销商的需求

虽然经销商的需求是经常变动的，但归根结底是三个方面。第一，经销商需要销量；第二，经销商需要较高的利润率；第三，经销商需要稳定的下家。所以体育企业在制定营销政策时要知道经销商的需求是什么。经销商是要长远发展，还是要短期赢利。体育企业制定营销策略的时候，要考虑到经销商的发展，而不是仅仅从企业自己出发，也不是仅仅从消费者的角度出发。体育领域的经销商也有发展阶段，在创业阶段需要体育企业的产品支持；当经销网络已经形成，管理基本规范时，经销商最需要的就是利润。不同发展阶段，经销商的需求是不同的。因此，体育企业要针对经销商实际需要不断制定出符合经销商经营需求的策略。

4. 满足终端的需求

很多企业强调"终端为王"，然而，终端也确实成了王。很多体育企业都有终端策略，制定出区别于经销商的终端政策，更好地满足终端的需求。终端的需求越来越多，尤其是体育类连锁商家，因此终端的需求在体育类连锁商家中更加重要。

5. 满足销售队伍的需求

任何营销政策，最终都要靠销售队伍来贯彻，销售代表执行力度的大小，可能比政策本身的好坏更重要。营销竞争是靠团队的，所有的经销商、终端、消费者的需求，都要通过销售队伍来满足。体育销售队伍对合理的待遇有需求，对培训机会有需求，对发展空间有需求。因此体育企业要在不同阶段，发掘销售队伍的需求，尽量来满足他们。

企业需求是根本，是营销管理的出发点。其中消费者的需求、营销商的需求、终端的需求是串联的，一个环节没满足，就会使营销政策的执行出现偏差。作为体育营销管理者，要从这5个方面出发来考虑营销问题。如果营销管理出了问题，就一定是这5个方面出了问题。优秀的体育营销管理者，要善于分析这5个方面，善于平衡这5个方面的资源投入，以取得营销的最佳效果。

14.1.3　体育营销管理的流程

1. 分析市场机会

市场机会，指的是市场上存在的尚未满足或尚未完全满足的显性或隐性的需求。体育市场机会存在于社会生活的各个方面，是多种多样的。但对某一个体育企业来说，众多的市场机会中仅有很少一部分才具有实际意义。企业应如何寻找和发现市场机会？企业寻找和发现市场机会的根本措施，是建立完善的市场营销信息系统，开展经常性的调查研究工作。

1）企业通过调查研究、寻找和发现市场机会的具体方法

第一，体育企业的市场营销人员，可以通过阅读网络资料、市场现场观察、召开各

种类型的调查会议、征集有关方面的意见和建议、分析竞者的产品等形式，寻找和发现市场机会。第二，体育企业的市场营销人员，也可以以产品或业务的战略规划中所使用的分析评价方法作为工具，或以发展新业务的战略方法为思路，结合实际寻找和发现产品或业务增长与发展的机会。第三，体育企业的市场营销人员，还可以利用市场细分的方法，寻找和发现未满足的需要与有利的市场机会。

通过上述方法，体育企业往往可以寻找到许多市场机会。但是，并非每一种市场机会都能够成为被企业利用且有利可图的机会，因此，必须在对发现的市场机会进行认真分析与评价的基础上进行取舍。这项工作相当重要，正确地分析、评价、选择和利用市场机会，可以使一个企业走向繁荣，反之则使企业错失良机，甚至导致企业营销的失败。

2）企业在分析、评价与选择市场机会的过程中应主要考虑的问题

（1）分析和评价是否与企业的任务、目标及发展战略相一致。当市场机会与企业的任务、目标及发展战略相一致的时候可以初步决定利用，不一致的时候可以决定放弃，但如果这一市场机会的潜在吸引力很大也可以考虑利用，不过这会涉及企业战略计划及有关方面的适当调整问题。

（2）分析和评价差别利益。某种市场机会能否成为一个企业的企业机会，还要看企业是否具备利用这一机会、经营这项事业的条件，以及是否在利用这一机会、经营这项事业上比潜在的竞争者具有更大的优势，从而享有较大的差别利益。企业应选择那些与自己的资源能力相一致的，具有利用这一机会、经营这项事业的条件，比潜在竞争者具有更大优势，享有较大差别利益的市场机会作为自己的企业机会。

（3）分析和评价销售潜力。经过上述分析、评价后，体育企业的市场营销人员还要对拟加以利用的市场机会进行销售潜力方面的分析和评价。分析和评价销售潜力，首先要深入了解谁购买这种产品、他们愿意花多少钱购买、他们买多少、顾客分布在什么地方、需要什么样的分销渠道、有哪些竞争者等方面的情况；其次分析每一种市场机会的市场规模、市场容量及销售增长率；最后还要对本企业产品可能的销售量、市场占有率等作出预测。一般来说，企业只能选择那些有销售潜力的市场机会作为自己的企业机会。

（4）进行财务可行性分析。经过上述分析评价的市场机会，企业的营销、制造、财务等部门还要对其进行财务可行性分析，即估算成本、利润等，以便对其作出最后的评价和选择。

总之，企业寻找、发现、分析和评价市场机会的过程，就是通过调查研究、收集信息、分析预测等工作，结合自身条件从环境机会中选择能够与本企业的战略计划相衔接并能有效地促使其实现的企业机会的过程。

情景故事

体育市场的数字机会

受疫情影响，基于非直播场景的原创成为市场中逐渐升温的领域，那些专注于此的平台则体会到了社交红利。美国数字媒体公司 Playmaker 总裁布兰登·哈里斯（Brandon Harris）分析道："由于我们的内容战略从未依赖于体育直播或突发新闻的新镜头，因此

我们得以深入研究并专注于细分市场，同时更多地与市场中的影响者进行接触。"他们并没有受到疫情的影响，除了社交媒体上的成功，其内容点击量也在逐渐增加。此外，由于程序化的广告费用下降，Playmaker 也将注意力转移到利用他们的商品上。公司销售与合作伙伴关系副总裁布雷特·维斯布罗特（Brett Weisbrot）表示："在这段特殊的历史时期，我们抓住了机会，在 Playmaker 网络下引导并利用我们的受众发展新的计划。我们很高兴通过平台上提供的各种新的和改进的参与服务，为当前和潜在的客户关系增加附加值。"

此外，Playmaker 能够与现役运动员、已经退役的运动员建立牢固的双向关系和合作伙伴关系，以提升他们为品牌创造的内容，扩展他们的受众群众，增长服务并帮助品牌销售产品。这已经非常接近社交媒体的做法，他们不断扩展自己的运动员团队，并为之匹配内容、活动。更深层次的关系可以缩短周转时间，同时创造出参与度高并且有吸引力的内容。

（资料来源：禹唐体育，体育市场的数字机会[EB/OL][2020-07-15] http://www.ytsports.cn/news-21328.html.）

2. 选择目标市场

著名的市场营销学者麦卡锡提出了应当把消费者看作一个特定的群体，称为目标市场。通过市场细分，有利于明确目标市场；通过市场营销策略的应用，有利于满足目标市场的需要。即目标市场就是通过市场细分后，企业准备以相应的产品和服务满足其需要的一个或几个子市场。

1）市场需求衡量与预测

市场需求是一个产品（服务）在一定的地理区域和一定时期内，一定的营销环境和一定的营销方案下，由特定的客户群体情愿购买的数量。市场需求不是一个固定的数字，而是一组条件下的函数。因此，市场需求的衡量是在特定条件下对这组函数的估算，而市场预测则是与预期条件相适应的市场需求。

2）市场细分

市场细分是指企业按照某种标准将市场上的顾客划分成若干个顾客群，每一个顾客群构成一个子市场，不同子市场之间的需求存在着明显的差别。市场细分是选择目标市场的基础工作。

3）选择目标市场

选择目标市场是指估计每个细分市场的吸引力程度，并选择进入一个或多个细分市场。企业选择的目标市场应是企业能在其中创造最大顾客价值并能保持一段时间的细分市场。资源有限的企业或许决定只服务于一个或几个特殊的细分市场。

4）市场定位

市场定位是指为使产品在目标消费者心目中相对于竞争产品而言占据清晰、特别和理想的位置而进行的安排。因此，营销人员设计的位置必须使他们的产品有别于其他竞争品牌，并在目标市场中取得最大战略优势。

3. 拟定市场营销组合

1）产品

产品代表企业提供给目标市场的货物或服务的组合，包括产品的品牌、品质、服务及产品组合等内容。例如，体育赛事的品牌、体育健身服务等。

2）价格

价格代表消费者为获得该产品所付出的金额，如体育赛事门票价格包括单日票价、多日票价等。

3）分销

分销代表企业为使产品送达目标顾客手中所采取的各种活动，包括官方渠道、分销渠道等。

4）促销

促销代表企业为宣传其产品优点及说服目标顾客购买所采取的各种活动，包括广告、人员推销、营业推广及公共关系等。

4. 组织、执行和控制市场营销

市场营销的组织、执行和控制是市场营销管理的重要步骤。市场营销计划需要借助一定的组织系统来实施，需要执行部门将企业资源投入到市场营销活动中，需要控制系统考察计划执行情况，诊断产生问题的原因，进而采取改正措施。

案例讨论

新赛季，CBA 探索联赛营销新"玩法"

CBA2021—2022 赛季已鸣锣开战，在全新的赛季，联赛在营销方面也探索了诸多新"玩法"，一套全新的品牌营销体系随着新赛季的开启全面上线。新冠疫情对全世界的体育竞赛表演行业都产生了巨大的影响，CBA 也不例外。在这种特殊的外部环境下，每个赛季 CBA 都针对性地确立了不同主题。2020 年复赛后，联赛提出了"全力以'复'"的口号，2020—2021 赛季的主题是"不负所爱"，再到本赛季的"忠于所爱"，每一次的变化都包含着联赛主题情感内涵上的变化和升级。在推出"忠于所爱"主题的同时，一套全新的 CBA 视觉体系也全面上线。红蓝相间的配色加上星形图案，构成了 2021—2022 赛季 CBA 联赛的主视觉，并被同步应用在联赛自身、各俱乐部和合作伙伴们的整体包装中。

在具体的营销内容方面，2021—2022 赛季，CBA 开始打造"超级周末"的概念，包括常规赛的"周六夜赛"、全明星周末，季后赛"黄金周末"等，试图通过这种模式，在 CBA 联赛内部打造更多自己的专属 IP，并以优质的比赛内容和这些涵盖赛场内外的定制化观赛体验，引导球迷对特定比赛日形成关注习惯，为提升比赛质量和产品体验，CBA 本赛季将另一个市场营销的重点放在了加强与球迷的联结上面。为了帮助球迷与球队、球员之间建立更深厚的情感联结，在赛季揭幕战当天，CBA 通过社交媒体推出了"CBA 忠粉计划"，通过"我的主队，我的 CBA"等一系列活动，主动拥抱球迷，帮助球迷找到更多与自己支持的球队产生联结及并肩作战的机会，推动球迷与球队，球迷与球员之间进一步了解，并产生更多交流与互动，帮助球迷形成更深厚的主队意识，提升联赛粉丝的忠诚度和对球迷的长期影响力。

（资料来源：禹唐体育，http://www.ytsports.cn/news-23352.html.）

14.1.4 体育营销管理类型

1. 结果管理

在营销管理当中,对于营销结果的管理主要指业绩评价。由财务业绩定量评价和管理业绩定性评价两部分组成。

第一,财务业绩定量评价,是指对企业一定期间的盈利能力、资产质量、债务风险和经营增长4个方面进行定量对比分析和评判。

(1)企业盈利能力分析与评判主要通过资本及资产报酬水平、成本费用控制水平和经营现金流量状况等方面的财务指标,综合反映企业的投入产出水平以及盈利质量和现金保障状况。

(2)企业资产质量分析与评判主要通过资产周转速度、资产运行状态、资产结构以及资产有效性等方面的财务指标,综合反映企业所占用经济资源的利用效率、资产管理水平和资产的安全性。

(3)企业债务风险分析与评判主要通过债务负担水平、资产负债结构、或有负债情况、现金偿债能力等方面的财务指标,综合反映企业的债务水平、偿债能力及其面临的债务风险。

(4)企业经营增长分析与评判主要通过销售增长、资本积累、效益变化及技术投入等方面的财务指标,综合反映企业的经营增长水平及发展后劲。

第二,管理业绩定性评价。管理业绩定性评价,是指在企业财务业绩定量评价的基础上,通过采取专家评议的方式,对企业一定期间的经营管理水平进行定性分析和综合评判。

2. 销售计划管理

销售计划管理是指按照客户订单、市场预测情况和企业生产情况,对某一段时期内企业的销售品种、各品种的销售量与销售价格作出计划安排。

计划是体育营销管理的重要职能。因此,对于体育企业的销售工作来讲,没有销售计划就谈不上科学的销售管理,销售计划是销售管理的基石,销售管理的过程就是销售计划制订、实施和评价的过程。销售计划为销售管理提供了目标,但只有科学的销售计划管理才能使目标管理具有意义,才能有效配置企业资源,提高管理效率。因此,企业进行销售计划管理,是企业能够顺利展开销售工作、占领市场、获取利润的重要环节。

销售计划管理主要包括确定目标市场、制定销售预测、制定销售配额、制定销售预算及制订实施计划5个方面的内容。

销售计划管理的核心内容是销售目标在各个具有重要意义方面的合理分解。这些方面包括品种、区域、客户、业务员、结算方式、销售方式和时间进度。分解过程既是落实过程也是说服过程,同时通过分解也可以检验目标的合理性与挑战性,发现问题可以及时调整。合理的、实事求是的销售计划,在实施过程中,既能够反映市场危机,也能够反映市场机会,同时也是严格管理,确保销售工作效率、工作力度的关键。

3. 客户管理

客户管理是指体育经营者在现代信息技术的基础上，收集和分析客户信息，把握客户需求特征和行为偏好，积累和共享客户知识，有针对性地为客户提供产品或服务，发展和管理与客户之间的关系，从而培养客户长期的忠诚度，以实现客户价值最大化和企业收益最大化之间的平衡的管理方式。

客户管理主要包括3个层面的内容：

第一，服务渠道管理，即进行市场营销的综合性和互动性的服务渠道管理；

第二，关系营造，即建立在优质、高效、便捷服务基础上的真正的客户关系；

第三，对企业的一体化管理，即前台操作与后台操作的一体化。

对于一般的体育企业而言，实施客户管理的过程就是企业在树立"以客户为中心"的经营理念的基础上，开展的包括判断、选择、争取、发展和保持客户的全部商业过程；是企业"以客户为中心"，通过再造企业组织体系和优化业务流程，展开系统的客户研究，提高客户满意度和忠诚度，提高效率和利润收益的工作实践。事实上，企业在市场营销中实施客户管理，一方面可以通过向客户提供更快速、周到的优质服务吸引与保持更多客户，另一方面可以通过对业务流程的再造降低营运成本。

随着社会经济的发展，体育产品种类日益丰富，市场也由卖方市场过渡到买方市场，企业必须对市场变化迅速做出反应。市场的变化源于客户行为的变化，企业必须把注意力集中在客户需求上，最大限度地满足其需求欲望，实现长远利益。随着市场竞争的加剧，现代企业的竞争优势早已不仅仅局限于产品本身了，决定企业命运的关键是客户——持久、忠诚的客户。

从管理学的角度上看，客户管理工作的重点应在于管理和尽量延长整体客户特别是优质客户的生命周期，通过有效地满足现有客户的需要来扩大客户基础。因此，如何赢得客户和维持客户成为关系到企业生死存亡的大事。企业只有加强客户管理，不断地提高管理客户的能力，把一次性客户转化为长期客户，把长期客户转化为终身忠诚的客户，才能增强企业的核心竞争能力。

14.2 体育营销评价

案例14-1

新品牌扎堆体育营销，看中了私域流量价值

即便新冠疫情已经在全球范围内肆虐了接近两年，但仍然无法阻止产业前进的脚步。具体到体育领域，2021年和2022年这两个连续的体育大年对产业恢复升级起到了至关重要的拉动作用。当我们深入窥探体育产业的各个组织结构时，不难发现，从思想基础到架构主体再到经营模式，都在凸显一个"新"字。

具体来说，上到体育IP层，下到赞助商、广告商，包括位于中间层的媒体和分销商，

乃至广大消费者群体，都表现出了突破传统体育产业形态的一面。考虑到产业对于经济指标的追求将到达一个空前的高度，企业品牌和体育受众人群注定会在产业叙事中扮演更为重要的角色。有研究数据表明，线上营销和数字化营销已经成为品牌的主流选择。在另外一个层面，新消费品牌集中爆发，同领域传统与初创公司之间的竞争格外突出，私域流量的运营成为决定品牌能否脱颖而出的关键环节。

　　以前体育赞助的主导企业都是可口可乐、百威、百事、喜力这样的大品牌，如今，情况正在发生改变。英超阿斯顿维拉和埃弗顿就上演了一场"赞助商德比"，因为它们的主赞助商都是在线二手车平台 Cazoo。这是一家在英国本土发展迅速的初创企业，从一个创意到 70 亿美元市值，它只用了三年。这是这个时代才可能出现的创业神话，手上拥有大量投资的 Cazoo 气势汹汹地涌进体育赞助领域，除了足球领域外，它的营销足迹还遍布板球、斯诺克、赛马等领域。

　　体育赞助代理机构 Sponsoo 首席执行官兼创始人安德烈斯·基辛（Andreas Kitzing）表示："电视广告只是告诉人们一家初创企业的存在，而赞助足球俱乐部则能让人们与该品牌产生即时的情感联系。"这在一定程度上可以代入到公域营销与私域营销的逻辑转换中，因为体育资产的外延是社交平台、社区和粉丝群，由此天然形成的圈层就是品牌可以制造商机的私域空间，这远比普通广告来得更高效。

　　（资料来源：禹唐体育，http://www.ytsports.cn/news-23361.html.）

14.2.1　体育营销绩效

1. 定义

体育营销绩效是指在一段时间内，体育企业的经营效益和经营者的业绩，而经营者的绩效主要体现在经营者在这段时间内完成的销售额，和对企业的贡献等方面。

2. 体育营销绩效的影响

体育企业的营销绩效的好坏对该企业的运营状况起着重要的影响，企业效益好，资金就充足，企业人员的工作所得也有保障，在心理层面上，对企业员工的素质和忠诚度也起着保障作用。在一个各方面都运行良好的企业里，员工们的所有精力都集中在怎样提高自己的销售额，为自己也为企业赚取更多的利润，但如果是在一个经营效益差的企业里，不仅对企业的绩效产生不可估量的损失，同时，也对企业的营销道德产生了负面的影响，这就是一个恶性循环，不利于企业的长期发展。因此，企业的营销道德与绩效二者是相互依存，相辅相成的关系。企业良好的营销道德有利于提高企业的经营效益，而企业的营销绩效也是企业营销活动中的良好道德素质的保证。

3. 营销绩效与企业绩效

根据研究对象的不同，有学者将绩效分为企业绩效、部门绩效和个人绩效，企业绩效是在一定时期内企业整体完成既定目标的行为和完成目标的效率及效果，这是一个综合的概念；而部门绩效、个人绩效则是指部门、个体在某一时期内的工作行为和工作结果的总和。根据这一分类标准，企业绩效和营销绩效分别属于组织和部门两个不同的层面，显然这两种绩效分别由不同的主体承载，且需要采用不同的体系和方法进行测量和评价。

企业绩效与营销绩效的联系则主要表现在：营销绩效直接影响着企业绩效，是企业绩效的基础；而企业绩效所涵盖的企业总体的系统结构及运行机制又会促进或阻碍营销绩效的形成。

从以上两种绩效的联系与区别来看，对于不同层面的问题可以使用不同的概念，二者的应用有各自的层次匹配，当涉及企业整体层面的绩效问题或研究影响企业整体绩效表现的管理变量时，使用企业绩效的概念；当涉及营销管理职能层面的绩效问题或研究影响营销绩效表现的管理变量时，使用营销绩效的概念。

14.2.2 体育营销绩效评估

1. 定义

体育营销绩效评估，就是探索体育营销活动对企业绩效的影响及对营销生产力进行测量，以了解营销活动对企业造成何种影响及这些影响的大小，最终目的是要探索营销活动是否会影响企业的财务绩效和企业价值。

2. 体育营销评价的主要内容

1）对营销价值链的研究

营销价值链（亦称营销活动链或营销生产力）（Rust et al., 2004），即营销活动、消费者行为、市场资产、股东价值的影响链。例如，营销活动影响了顾客行为（顾客思想、顾客情感、顾客的知识和行为等），顾客行为进而影响企业的财务绩效，最后影响企业的股东价值。营销价值链的主要目的，是把营销活动与股东价值联系起来（Dekimpe and Hanssens, 1995），同时区别各个具体的营销活动的影响程度（Bonoma and Clark, 1988）。

2）对营销度量的研究

营销度量是对营销的影响进行测量（Lehmann, 2004）。度量在英文里是度量体制的意思，即一套用于测量某个过程的参数和方法，并且通过纵向对比和横向对比来解释现在的测量。根据美国国家广告协会（ANA）的解释，度量（metric）不同于测量（measurement），测量是关于某个数量的事情，如 1 公里；而度量则是测量的组合，用来分析和得出结论，如 1 公里/小时，即如果行使 3 小时，则可以得出 3 公里的结论。由于度量以测量为基础，因此本书也把测量归入度量，统称为度量。由于营销价值链涉及很多复杂因素，营销度量也可以从多个视角来分析。从营销价值链的视角来看，可以分为输入度量（input metrics）、中介度量（intermediate metrics）和结果/输出度量（output metrics）。输入度量一般是营销活动的度量指标，如每 100 个受众花费的广告费用为 1 万元等。中介度量则是介于输入度量和输出度量之间的度量指标，表现出一定结果，但不是最终结果。在营销价值链中，中介度量为营销活动造成的市场结果，如品牌认知率、顾客满意、顾客忠诚及市场占有率等。输出度量则是最终结果，如投资回报率（ROI）、资产收益率、股东价值等。

观察度量（observable）也叫作行为度量（behavioural metrics）；不可观察度量

（unobservable）也叫作感知度量（perceptual metrics）。根据是否具备可直接观测性，可以分为观察度量和不可观察度量（Gupta & Zeitham, 2006）。观察度量一般是与顾客购买或消费的行为相关的度量，如购买时间跨度、频率、顾客获取率、顾客留存率等。不可观察度量则是顾客感知、态度和行为意图等方面的度量，如服务质量、顾客满意等。同时，度量也可以根据其蕴含的时间跨度长短分为短期度量（short-term）和长期度量（long-term）。此外，在营销度量研究中，有时也把度量指标分为会计度量(也叫作财务度量) 和非财务度量（Rust et al., 2004）。最后，由于度量是指标的比较，而指标可以从时间和空间两方面比较，从时间上来讲，是跟自己过去进行比较；从空间上来讲，是跟竞争对手或行业水平等进行比较，因此，度量也可以分为内部度量（internal metrics）和外部度量（external metrics）。

3）对营销度量指标之间关系的研究

在确定了营销度量指标之后，接下来最关键的问题就是营销度量指标之间的关系，包括各度量指标之间的影响关系或因果关系等。对营销绩效测量的研究主要有两大方向：一是总指标之间的关系；二是具体指标之间的关系。在总指标度量研究中，主要有三大指标，即营销战略（或活动）、营销资产（包括顾客资产和品牌资产）及企业价值（一般用股东价值来衡量）。具体指标是总指标之下的分指标，如营销战略或策略又可以分为广告、新产品、促销等。在营销绩效测度研究文献中，具体指标之间的关系研究是最多的，几乎占了营销研究的大半部分。

3. 体育营销评价的标准

2019年10月10日，中国广告协会发布了《体育营销价值评估标准》（T/CAAAD 003—2019）的行业标准，该标准规定了线上线下媒体或者广告代理商对其营销价值的衡量指标及报告要求。以下为具体的标准内容。

1）一级指标——赛事本身价值，本指标主要考量指定赛事本身情况，从背景渊源、规模级别、影响范围等维度综合评估赛事自身影响力水平。具体分别从赛事历史时长、赛事级别覆盖、赛事举办频率、赛事单次周期、赛事交易价格 5 个二级指标进行衡量。"赛事本身价值"指标中所有细分指标得分范围为[0, 10]。

（1）二级指标——赛事历史时长，根据指标 Year 得分，时间越久得分越高。

赛事历史时长 = Year/10（注：当 Year>100 时，赛事历史时长 = 10）。

（2）二级指标——赛事级别覆盖，指有资格参加本赛事的队伍所覆盖的地域范围。赛事级别覆盖对应得分标准如表 14-1 所示。

（3）二级指标——赛事举办频率，本制度规定参考周期为 12 个月。

根据指标 TN 和 Year 得分。赛事举办频率 = TN/Year × 10（注：当 TN/Year >1 时，赛事举办频率 = 10）。

（4）二级指标——赛事单次周期，本制度规定参考周期为 12 个月。根据指标 Cycle 计算得分。赛事单次周期 = Cycle/12 × 10（注：当 Cycle >12 时，赛事单次周期 = 10）。

（5）二级指标——赛事交易价格，本指标考核周期为 5 年。Price.n（$n = 1, 2, 3, 4, 5$）=（101 − "+TOP."）/10 赛事交易价格 = Price1 × 0.3+Price2 × 0.25 + Price3 × 0.2 + Price4 ×

$0.15 + \text{Price}_5 \times 0.1$。

表 14-1　赛事级别覆盖对应得分标准

赛事级别	N1.2 对应得分
世界级	10
多洲际级	8
洲际级	6
多国家级	5
国家级	3
省级（或与省相似行政单位的区域）	2
市级（或与市相似行政单位的区域）	1

2）一级指标——运动员/队伍本身指标

本指标主要考量指定运动员/参赛队伍/俱乐部情况。从个人/队伍成就、公众形象、社会声量等维度综合评估个人/队伍自身影响力水平。具体分别从荣誉水平、知名程度、喜好程度、公众形象、网络讨论、社交媒体6个二级指标衡量。

（1）二级指标——荣誉水平。本指标即指定运动员/队伍/俱乐部在最近的固定时间内通过比赛获得的各种荣誉奖励的综合情况。本衡量指标考核周期为最近36个月内。通过两个细分指标衡量：AR（award rank）和 AL（award level）。由于目前国际上不同运动类型的参赛频率和奖励数量设置分布差异较大，因此针对本指标评价有两种制度：联赛体系（LM）、单赛体系（SM）。

荣誉水平$(LM) = LM_1 + LM_2 + LM_3 + \cdots LM_n$ [注：n 为该运动员/队伍/俱乐部最近36个月内获得的荣誉奖励数量，$LM_1 + LM_2 + LM_3 + \cdots LM_n > 10$ 时荣誉水平$(LM) = 10$]，$LM_n = 0.1 \times AR \times AL_n = (0, +\infty)$

荣誉水平$(SM) = SM_1 + SM_2 + SM_3 + \cdots SM_n$ [注：n 为该运动员/队伍/俱乐部最近36个月内获得的荣誉奖励数量，$SM_1 + SM_2 + SM_3 + \cdots SM_n > 10$ 时荣誉水平$(SM) = 10$] $SM_n = 0.025 \times AR \times AL_n = (0, +\infty)$

（2）二级指标——社会知名度

目前社会对指定运动员/队伍/俱乐部的认知/认知程度。

社会知名度 $=$ （NO.Knower/NO.Total）$\times 10$

（3）二级指标——社会喜好度

目前社会对指定运动员/队伍/俱乐部的喜好程度。本指标得分根据 DOP 水平计算。

社会喜好度 $=$ Mean（DOP）

（4）二级指标——公众形象

指定运动员/队伍/俱乐部在社会大众心目中综合形象评价。

公众形象 $= (PE - NE)/10$（注：当 PE<NE 时，公众形象 $= 0$）

（5）二级指标——综合网络声量

综合网络声量 $= (NV - \text{Mean})/\text{Mean} \times 10$（注：NV< Mean(Base.NV)时，综合网络声

量 = 0。当综合网络声量大于 10 时，按 10 计算）。

（6）二级指标——社交/新闻媒体平台表现

本指标从社交媒体平台（XX）的相关话题提及量、相关话题反馈（转载、评论、点赞）、账号粉丝量、账号活跃度来反映社交媒体平台表现。本指标同时也可以包括新闻媒体平台相关报道的提及量、点击/阅读、反馈（转载、评论、点赞）量。

（1）话题提及量指标：

话题提及量指标 = (M.XX − Mean<Base(M.XX)>)/ Mean<Base(M.XX)>*10

（2）话题转载量指标：

话题转载量指标 = (R.XX − Mean<Base(R.XX)>)/ Mean<Base(R.XX)>*10

（3）话题评论量指标：

话题评论量指标 = (C.XX − Mean<Base(C.XX)>)/ Mean<Base(C.XX)>*10

（4）话题点赞量指标：

话题点赞量指标 = (T.XX − Mean<Base(T.XX)>)/ Mean<Base(T.XX)>*10

（5）账号粉丝数量指标：

账号粉丝数量指 = (Fan.XX − Mean<Base(Fan.XX)>)/Mean<Base(Fan.XX)>*10

（6）账号活跃度指标：

账号活跃度指标 = (A.XX − Mean<Base(A.XX)>)/ Mean<Base(A.XX)>*10

3）媒体价值衡量

（1）媒体价值构成。体育赛事营销价值主要由以下三部分构成。

①赛场内权益营销价值：赛场的广告权益曝光，对于现场观众所产生的营销价值；

②观赛媒体平台营销价值：赛场的广告权益与线上广告权益，对线上观赛用户所产生的营销价值；

③新闻社交平台营销价值：新闻社交平台与赛事及品牌相关的曝光，对于新闻/社交用户所产生的营销价值。

（2）媒体价值评估体系。从可操作性与适用性角度出发，该评估体系应针对赛场内权益营销价值、观赛媒体平台营销价值以及新闻社交平台营销价值分别进行评估，同时应该针对赛事用户分组进行调研，观察品牌认知/美誉度的变化情况，以作为价值评估的补充和佐证。

总价值 = 赛场内权益营销价值 + 观赛媒体平台营销价值 + 新闻社交平台营销价值

其中，赛场内权益营销价值 = F（现场观看人数、比赛总时长、人均观看时长、千人费率、权益位置、权益面积、权益形式）。

计算逻辑：赛场内权益营销价值 = 千人费率 × 比赛观众/1 000 × $\sum_{k=1}^{n} Tk$（k 品牌累计展示时间 × QIk（k 品牌标准曝光系数）

Tk（k 品牌累计展示时间）× QIk（k 品牌标准曝光系数）

其中，Tk 为 k 品牌在该场比赛累计全部展示时间。

QIk 为 k 品牌在该场比赛标准曝光折算系数，其影响因素由权益位置、权益面积、权益形式三个因素构成。

观赛媒体平台营销价值 = F（直播观看人数、点播观看人数、比赛总时长、人均观看时长、cpm 价格、广告权益展示时间、点击、转化）

计算逻辑：观赛媒体平台营销价值 = 每秒千人费率 ×（直播观看人数 + 点播观看人数）/ $1\,000 \times \sum_{k=1}^{n} Tk$（$k$ 品牌累计展示时间 × QIk（k 品牌标准曝光系数）

Tk（k 品牌累计展示时间）× QIk（k 品牌标准曝光系数）

其中，每秒千人费率由该场同量级比赛过往一个赛季在播放平台的 cpm 平均价格；

Tk 为 k 品牌在该场比赛累计全部展示时间。QIk 为 k 品牌在该场比赛标准曝光折算系数，其影响因素由权益图表大小、位置、持续时间、出现次数、展示形式这 5 个因素构成。新闻社交平台营销价值 = F（传播平台/媒体、阅读/浏览数、转发数、赞美数、评论数、评论情绪指数）

计算逻辑：新闻社交平台营销价值 = 新闻社交媒体千人费率 ×

$1\,000 \times \sum_{\substack{0 \leq i \leq m \\ 0 < j < n}} R(i, j)$（$Ri, j$ 为 i 品牌在 j 平台品有效出大的人群数量）/ $1\,000$

其中，新闻社交媒体千人费率由社交平台单用户价值加权而来；平台包含微博、微信、新闻资讯客户端、网络媒体等。有效触达指浏览、转发、评论、点赞行为。

4）受众价值衡量

（1）活动总体认知度。活动总体认知度指某一活动总体时间内，推广营销活动触达后，对受众认知度的改变值，反映的是活动是否触达及触达主要媒介。

（2）搜索指数。赛事/活动期间，品牌/产品、赛事分别及共同提及量的改变值。反映的是赛事/活动对于搜索关注的影响效果。

搜索指数 = (Mean.Search—Mean)/Mean × 100%

搜索数据 = 赛前/活动前三天搜索数据 + 赛中/活动中搜索数据 + 赛后/活动后五天搜索数据

（3）社交媒体活跃度（声望指数）。受众在赛事/活动期间，主动在社交媒体发生的交互行为。主动交互行为媒体数据采集核心为：社交媒体平台表现。反映的是广告活动对受众在社交媒体中相关官方信息、名人信息等的相关影响效果。

声望指数 = (Mean.Mention—Mean)/Mean × 100%（注：Mention = 赛前/活动前三天 < M.XX + R.XX + C.XX + T.XX + Fan.XX + A.XX > + 赛中/活动中 < M.XX + R.XX + C.XX + T.XX + Fan.XX + A.XX > + 赛后/活动后五天 < M.XX + R.XX + C.XX + T.XX + Fan.XX + A.XX >）

（4）活动总体评价。在活动同等可见情况下，对受众认知、情感、行为的影响力高低的平均值，包括以下 6 种要素。

①活动喜好度：受众对于活动的喜爱程度进行评分。
②活动赛事匹配度：受众对品牌/产品与赛事、队伍、运动员的匹配度进行评分。
③活动参与度：受众对活动喜爱参与的程度进行评分，视具体活动类型而定。
④活动宣传/推介的意愿：受众对于参与活动后愿意推介或宣传的程度进行评分。

⑤品牌好感度：受众通过活动参与，对品牌的好感程度进行评分。

⑥品牌购买意愿：受众通过活动参与，对购买行为产生的意愿程度进行评。调研方法：问卷调研法。

（5）受众匹配度。符合预期受众指标的人数占活动总触达人数比重，反映的是活动影响的受众与目标受众的匹配程度。

①年龄：根据品牌/产品的定位，定义预期受众年龄段。

②学历：根据品牌/产品的定位，定义预期学历水平。

③收入水平：根据品牌/产品的定位，定义预期收入水平。

④职业类型：根据品牌/产品的定位，定义预期职业类型标签。

⑤其他兴趣爱好：根据品牌/产品的定位，定义预期其他兴趣爱好标签。

⑥家庭阶段：根据品牌/产品的定位，定义预期家庭属性标签。

⑦孩子情况：根据品牌/产品的定位，定义预期孩子情况标签。

⑧固定资产——房产：根据品牌/产品的定位，定义固定资产——房产类标签。

⑨固定资产——车辆：根据品牌/产品的定位，定义固定资产——车辆类型。

本章小结

体育营销管理的实质是需求管理，即对需求的水平、时机和性质进行有效的调节。体育营销评价则是对体育营销管理效果最直接的反映。通过对体育营销管理与评价的学习，希望读者能够建立起正确、科学的体育营销管理理念，并能通过客观的体育营销评价方式对营销效果进行准确判断。

案例讨论

客户本位主导体育营销，新的路径和机会在哪里？

近年来，从媒体创新到球迷参与和赞助，体育的发展受数字化驱动显著。这也就意味着市场的主体参与者对于任何包含数据、互联网电视（over the top，OTT）及内容等流行词汇的事物都会感到上瘾。这会直接反映到很多商业指标上来，数字视频成为当下最有前景的增长模式之一，而数字广告市场的体量也在稳步攀升。

虽然疫情的影响仍然广泛存在，但不可否认的是，2021年这个体育大年还是留给体育市场及体育迷们很多美好的回忆。在全球范围内，欧洲杯和东京奥运会成为品牌提高知名度的最佳途径，并且有效地将品牌可见度转化为现实结果。广告公司 Seedtag 发布的一份报告显示，50%的人会因体育而购买多种服装，35%的人会因体育而购买家庭娱乐产品，76%的人会在体育赛事期间订购食物。

在当今的数字产业世界中，传统电视广告的影响力正在减弱，消费者更习惯于由具体事件或内容引发的营销行为，而体育赛事及其相关内容就是最好的答案之一。之所以不断有新行业和新品类加入到体育营销的游戏框架中，是因为品牌发现，他们能够利用体育赛事和内容传递有影响力的活动，提高品牌的好感度，同时提升消费者信息召回和购买意图。

这时粉丝们与媒体的互动比以往任何时候都多，而且这里的媒体是多样化的，包括短视频、互动视频、音频、OTT 平台等，体育迷们越来越容易接受个性化的参与，这是一个充满机遇的时代。这就要求品牌的体育营销必须要适应当下的体育消费氛围，尽可能将营销投资目标化、精细化。数据显示，定向广告的平均效果是非定向广告的两倍。

数字分析让我们能够更好地了解什么能让粉丝们兴奋，让赞助商们能够深入了解什么类型的广告和参与模式适合个人用户。数字工具还可以为赞助商提供更多关于球迷的信息，这样他们就可以调整时间、内容和信息传递，以提高营销的有效性。

在一个大数据占主导地位的世界里，体育组织可以挖掘球迷的数据，以更好地了解他们的习惯、偏好和人口统计数据，最终通过以创新的方式来接触球迷，来解锁新的收入来源。他们还可以利用数据改善核心业务运营，建立和巩固合作伙伴关系，甚至开发全新的业务模式。

现在，头部体育联盟、俱乐部正在挖掘由数字、科技带来的新财富密码，其核心理念就是更好地接触粉丝、服务粉丝。不久前，英超曼城与体验管理品类领导者和创建者 Qualtrics 建立新的合作伙伴关系，旨在为球迷提供尽可能最好的比赛日体验，并在每场比赛后听取球迷的反馈。

事实确实如此，如今针对体育粉丝的体验不仅局限于比赛场，数字化和家庭体验同样重要。在任何场景下都能为粉丝提供个性化体验，这已经成为体育 IP 经营者的一条固定准则。对于商业合作伙伴而言，这些工作的重要性会不断体现出来，因为今天的消费者一直处于连接状态，作为回应方，企业必须想办法利用这种连通性来提供无缝的品牌体验。例如，随着消费者越来越多地选择在线参与，数字营销作为所有营销的背景，具有极大的优势，而数字企业利用其丰富的数据流来绘制消费者在购买路径的每一步上的位置，了解什么吸引他们，并最终在整个客户旅程中设计营销接触点。

久而久之，在数字能力和新技术的加持下，品牌能够在体育营销领域发现更多新的玩法，这完全是脱离传统方式的，而且需要强调的是，这种需求只会越来越旺盛，因为企业对体育资产赞助和内容广告投放的即时反馈和效果要求都会达到一个历史从未触及的高度。

（案例来源：禹唐体育，http://www.ytsports.cn/news-23331.html.）

案例思考题

1. 为什么数字化能给体育带来显著驱动？
2. 客户本位主导体育营销的新路径和机会主要体现在哪些方面？
3. 你认为未来还有哪些新的体育营销可能？

即测即练题

参考文献

[1] 黄延春. 体育市场营销学[M]. 重庆：重庆大学出版社，2017.
[2] 常青，李广，吴自强. 营销管理[M]. 成都：电子科技大学出版社，2019.
[3] 王艳. 市场营销管理：理论与应用（慕课版）[M]. 武汉：华中科技大学出版社，2020.
[4] 中国广告协会. 体育营销价值评估标准[S]. 北京：[出版者不详]，2019.

第 15 章

数字时代体育营销的新发展

◆ 本章学习目标

1. 了解数字时代体育营销发展的新趋势、新特点；
2. 了解数字时代的新技术手段及其在体育营销中的应用；
3. 熟练掌握并有效应用数字时代的新营销策略；
4. 了解世界发展大势，树立与时俱进的思想；了解中国管理实践的开创性，坚定"四个自信"；树立正确的价值导向，自觉维护良好的网络生态。

◆ 引导案例

体育+消费场景，PP 体育携手青岛啤酒精准营销

赛事转播权一直是各体育媒体争夺的焦点，近年来赛事版权费用节节攀升。例如，ESPN 于 2014 年以 14 亿美元/年的价格与 NBA 进行版权续约，这一价格比之前合同高出 190%；天空电视台 2015 年以 41.76 亿英镑续约了 2016—2019 年的英超版权，比上一份合同高出 70%。而 2017 年苏宁旗下 PP 体育以高出之前 12 倍的 5.46 亿英镑的价格拿下英超联赛 2019—2022 年三个赛季的独家转播权。此后，PP 体育在 2019 年先后拿下英格兰足总杯 2018—2024 年的独家新媒体版权以及阿联酋亚洲杯独家新媒体版权。面对版权支出带来巨大成本压力，PP 体育依托苏宁的电商基因，打通赛事与消费情景的平台隔阂，在体育赛事转播中链接球迷观赛的多重消费场景。

2018 年双十一时期，PP 体育在重点比赛进球后安排了红包雨活动，用户可以抢红包和优惠券去苏宁易购消费。PP 体育还在双十一当天的中超收官战中举办了"中超拼购日"活动，联动苏宁拼购，推出中超 16 支球队所在城市的地方特色美食，不仅打通了地域文化、足球文化和美食文化，还打造了以赛事为核心的营销玩法。

2019 年，苏宁打通了 PP 体育与苏宁易购的用户体系，利用苏宁易购庞大的用户数据建立更加立体的用户画像。当年 418 期间，PP 体育联合苏宁大数据推出了《中超球迷观赛消费数据报告》，《报告》指出在各品类的消费中，冲调酒水是中超球迷消费占比最高的品类，其中占比最大的当属啤酒，同比增长了 56.7%；在地域上，山东球迷成为消费最多的群体。这份数据报告让 PP 体育可以进行更为精准的大数据营销，将 418 爆款单品锁定在啤酒品类，并与国内最知名的啤酒企业青岛啤酒合作，进行了"中超+啤酒"的418联合营销。在第五、六轮中超比赛中采用红包雨的方式，共送出了16万张青岛啤酒无门槛购物券。此外，PP体育还采用了更多的互动玩法，不仅有秒杀爆品，还有神灯抽奖和加购等众多福利，让球迷看球的同时，可以享受到边看边买的乐趣。

资料来源：北国网，中超比赛日联动418大促，PP体育用大数据精准营销，和讯网[EB/OL]，2019-04-23[2022-09-09]，https://m.hexun.com/tech/2019-04-23/196925281.html.

15.1 数字体育营销理念

15.1.1 数字时代体育营销环境

企业与消费者无时不处于环境之中。环境给企业带来机会或威胁改变着企业的经营活动，影响消费者心智和购买力，从而改变着消费者的购买行为，同时，技术等环境因素也改变着企业触达消费者的路径。而数字时代的到来对以上三者产生的影响比以往任何时代都更加强烈。

1. 企业：数字化转型

现代信息技术的发展使大量的企业开始步入数字化转型的进程，"上云""工业互联网""物联网"等概念逐渐成为企业管理的热点话题。数字化转型是指通过现代技术和通信手段，改变企业为用户创造价值的方式。IBM认为企业数字化可以分为3个阶段：数字化（digitization）是最初级的阶段，这一阶段企业对个别能力或特定流程进行数字化，从而提高效率，如电子合同管理、客户关系管理（CRM）、自动化生产、物流管理、库存管理等；数字化转型（digital transtormation）阶段，开始将企业数字化的各个环节协调和整合起来，以满足客户的个性化需求和期望；部分数字化程度较高的企业则进入数字化重塑（digital reinvention）阶段，即在企业内部用数字技术改造企业从顶层战略设计到运营和技术支持的各个方面，同时在企业外部利用数字技术连接上下游建立生态，输入用户数据，产出客户最佳个性化体验。相对于传统的企业，数字化转型程度较高的企业更加以客户为中心，更加敏捷地快速响应需求，更加重视数据的共享和挖掘；这些特征既改变了企业的商业模式，又使企业往往也能在业绩上超越数字化程度较低的企业。

2. 媒介：数字技术丰富了营销载体

数字媒介的出现改变了传统线性的传播方式，形成了基于平台的信息传播方式——以平台作为中心节点与多个信息端点建立双向连接，对信息端点传来的信息进行分析、重组和定向传送。这种传播方式，提供了更加快速、及时的反馈机制，从而提高了信息传播的效率，因而成为企业新的营销渠道。基于此种传播方式，越来越多体育营销的载体被开发出来，除了传统的体育赛事、职业体育联盟或俱乐部、体育场馆等体育产品外，进行内容开发的体育内容平台成为体育营销的重要载体；同时体育内容平台也是呈现传统体育产品的重要渠道，重要性日益显著。

随着移动互联技术的发展以及社交平台的开放和完善，每个用户都可以成为信息主体，发挥与其他多端点多向沟通的功能，从而使传播出现去中心化的现象。受众不再仅是信息的靶子和被动接收者，也可以成为信息的创造者和发布者。研究表明，除体育明星外，品牌的经理人，甚至客户都可以对消费者产生影响。

3. 消费者

目前，我国体育消费市场规模已达万亿元，人均体育消费水平在过去几年也快速增长，消费者的消费习惯逐渐得到培养，消费行为随之转变。中国体育消费者的消费行为在数字时代呈现以下特征。

（1）自主性。技术赋予消费者甄别信息和发声的机会。消费者不仅可以接收信息，还可以反馈和分享信息；不仅可以接收来自企业的信息，也可以接收来自企业竞争者、其他消费者、关键意见领袖等多方的信息，综合做出判断。

（2）碎片化。体育消费者的需求既包括实物类消费，也包括参与类和观赏类消费。而可穿戴设备、纳米技术、大数据、北斗定位等技术的发展极大地丰富了体育产品，消费者的选择更加分散，高成本的小众项目和冷门运动，如专业装备骑行、露营等户外运动、皮划艇等逐渐形成可观的规模，消费的需求更加个性化。而大数据等技术的发展使每一个行为都可以被数据微粒化，消费者成为由数据构成的"微粒人"，也即"消费者比特"，从而使每一个消费者的独特需求都可以被感知、被量化、被匹配。①

（3）互动化。通过自主发声和实时信息反馈，消费者可以基于兴趣、需求等再次进行聚合，形成运动社交圈，相约运动、分享运动体验、装备测评、观赛感想等。"F因素"，包括朋友（friend）、家人（family）、粉丝（fans）和关注者（follower）成为营销消费决策的重要因素。

（4）场景化。诸如VR等技术手段可以模拟使用产品或参与服务时的真实场景，从而使消费者形成对使用场景的期待或使用经历的回忆，引发用户的共鸣，激发消费行为。

综上所述，数字时代，构成体育营销环境的三大因素已经发生了重大转变，传统体育营销面临着严峻考验。例如，传统体育营销的激活策略中首屈一指的当属传播广告，包括运动组织所提供的广告位和一般媒体广告，如平面媒体、电视、网络、广播电台等。企业无法通过这些大众媒体精准触达个性化的消费者，传播效率大大降低。

15.1.2 数字时代体育营销概念与特征

1. 数字时代体育营销的概念

美国数字营销协会（2007）将数字营销定义为：利用数字技术开展的一种整合、定向和可衡量的传播，以获取和留住用户，同时与他们建立更深层次的关系。而将数字营销应用于体育产业，借助于互联网、移动互联网及数字交互式媒体，以体育内容为载体来开拓市场，洞悉体育用户需求以实现体育营销目标的营销方式，称为数字体育营销。

2. 数字时代体育营销的特征

步入数字时代，借助新的技术手段，体育营销具有互动深度化、目标精准化、平台

---

① 消费者比特是指将消费者行为状态转化为数字信息，是真实的人作用于虚拟空间从而形成的数字镜像。

多样化、渠道场景化等 4 个特征。

（1）互动深度化。互动性是数字营销的本质特征。得益于数字技术，互联网 2.0 时代后的数字媒体都带有互动功能，消费者拥有双向或多向交互信息的能力。2020 年 12 月 8 日，中央广播电视总台与中国移动通信集团有限公司举行内容版权战略签约仪式，中国移动咪咕公司宣布成为中央广播电视总台的东京奥运会、北京冬奥会的赛事转播顶级合作伙伴。在咪咕平台的东京奥运会转播中，不同于央视的电视转播，观众可以在评论区发起评论，或者发弹幕与其他观众、解说员交流。在虎牙、中国体育等直播平台上，观众可以给主播送礼物，而主播也可以向观众推介相关产品。

（2）目标精准化。目标精准化是由消费者需求碎片化、个性化"推动"产生的。通过数据挖掘，用户画像可以更加准确，市场细分的颗粒度进一步降低，从而更好地打造产品定位、调整营销策略，促成交易，提高忠诚度。营销精准化的同时，大数据刻画的需求更加清晰，促使企业有针对性地推出定制化的产品和服务以满足消费者个性化的需求。

（3）平台多样化。除了平面媒体、门户网站外，传播方式的变化使 SNS 社区、短视频平台等均成为可为体育营销利用的平台，丰富企业触达消费者的渠道。

（4）渠道场景化。在数字时代之初，体育品牌通过开设网店或网上商城、上架产品等手段建立线上销售渠道，作为线下实体店面的补充。随着技术发展和体验经济盛行，"场景"取代店面等成为数字经济时代体育营销的重要概念。在体育营销中，场景无处不在，如直播场景、互动场景、社交场景等。相较于传统概念而言，场景拥有诸多优势：体育营销的场景足够丰富，既能够满足用户多样化的需求、又能供广告主和赞助商选择；体育场景可以根据广告主或赞助商的需求个性化调整和搭建，如前文所述咪咕视频便是直播场景、互动场景与社交场景的叠加；体育场景更贴近现实，能够引起用户强烈的感情共鸣，增强用户体验。

15.1.3　数字时代体育营销发展历程

阳翼按照标志性的数字技术应用为节点将数字营销的发展历程分为 4 个阶段；丁明锐、陈宁、谌莉等在其 2020 年出版的《数字体育营销》中则将数字体育营销发展分为 3 个主要阶段。参考两者，本书将体育营销在数字时代的发展划分为 4 个阶段：

1. 单向营销

所谓单向营销，即用户只能以被动的方式接受广告内容。这一阶段，广告表现形式较为单一，主要为展示类的横幅广告，广告理念则是以销售产品为主要目的。这一阶段开始于 1994 年，当年的 10 月 27 日，美国电话电报公司（AT&T）在 HotWired.com 投放了展示类横幅广告，被认为是最早的互联网广告。而在中国体育产业中，2003 年 1 月，搜狐与 NBA 达成协议，成为 NBA 中国官方网站的承建者，相比于其他同类型的网站，NBA 官方网站拥有可以在第一时间收到现场传真照片的优势。搜狐 CEO 张朝阳认为虽然当时中国互联网还没有走到"内容为王"的时代，但"全中国有超过 2 亿人在关注 NBA 的赛事情况，且人群还在不断扩大。注意力如此集中的地方，自然隐藏着巨大的广告价值。这个平台将为那些原来不适合搜狐内容平台的广告主提供新的可能"。毕竟，包括耐克、阿迪达斯、锐步等众多知名品牌的 NBA 赞助商都看好中国网络广告市场，并随着搜狐"NBA 中国官方网站"的建立走进中国。这一阶段，营销方式仍以报纸、电视、门户网站为主要载体。

2. 互动营销

这一时期，数字营销依托 Web 2.0 技术下兴起的社交网络服务（SNS）而形成。与单向营销的信息发布模式不同，社会化媒体具有互动性、社交性、即时性等特点，用户既是内容的浏览者，又是内容的创造者，企业与消费者可以在双向传播中更深入地了解对方，在建立良好的品牌与消费者关系的基础上达到促进销售的目的。在这一阶段，消费者不再满足于购买产品和服务，而是开始放大个性化表达，如分享见解，表达对某种体育产品、某位体育明星的喜欢等。随之而来的，营销方式开始从单一化向多元化发展，微博、微信、抖音等平台也成为营销的"主战场"。2021 年东京奥运会上 10 米气步枪个人赛冠军杨倩[①]为中国夺得首枚金牌，随即其夺冠时所佩戴的小黄鸭发卡及珍珠美甲登上新浪微博热搜榜，冠军同款小黄鸭发卡爆火。淘宝一位店家称这款发卡是店里的老款，此前月销量在 2 000 个左右，而随着杨倩夺冠，这款发卡 3 天时间就卖到了 7 万多件（见图 15-1）。

图 15-1 淘宝网站上卖家上架的杨倩同款发卡截图

3. 精准营销

在传统粗放型的体育营销活动中，很难真正做到准确细分消费者。而随着互联网技术的不断发展，消费者的工作和生活方式日趋数字化，进而形成了大量的数据，大数据

---

① 在 2020 东京奥运会上，杨倩夺得了 10 米气步枪个人赛冠军和 10 米气步枪混合团体赛冠军，其中个人赛冠军是本届奥运会的首枚金牌。

时代随之到来。2013 年被视作大数据元年，大数据时代，企业可以分析出消费者的消费习惯和偏好，可以做到比消费者更了解自己。体育消费者的大数据能够用以分析消费者的体育消费习惯和倾向；能够洞察消费者的现有需求、挖掘潜在需求；能够进行需求预测、顾客细分和个性化推荐；能够实施精准营销，并评估营销效果。2020 年 8 月，大搜车与阿里体育达成战略合作，发布《2020 汽车&体育联合营销洞察》结果显示各体育赛事粉丝对车型偏好有不同，不同的运动爱好者对汽车品牌偏好也不同，如台球运动爱好者更偏爱丰田、瑜伽运动爱好者偏爱奥迪、英超球迷更偏向于本田。两大数据融合获得了"汽车+体育"人群的消费行为特征画像，可以让营销更加精准高效。

4. 智慧营销

2017 年，人工智能的应用元年到来，引发人工智能革命影响着体育营销。与前三个阶段相比，这一阶段的营销拥有类似人类的智慧，除了更加精准以外，还具有智能化、自动化的特征，极大地提升了用户的体验和使用的便利性。例如，阿森纳足球俱乐部与 GameOn 的专家开发了一款名为 Robot Pires 的聊天机器人，它通过 Facebook Messenger、Skype、Slack、Kik 和 Telegram 与球迷互动交流，可以更快速地与球迷互动来增加球迷的忠诚度，可以梳理品牌引领创新的形象，可以完成数据收集工作。

以上 4 个发展阶段并非替代，而是叠加式升级，后者与前者共生、相互补充的关系。

15.1.4　数字时代体育营销的新框架

1. 新 4C 法则

互联网及新媒介的产生正解构着传统营销，社群成为越来越重要的营销场景。适用于社群营销的新 4C 法则应运而生。所谓新 4C 法则即是在合适的场景（context）下，针对特定的社群（community），将有传播力的内容（content），通过社群网络结构进行人与人的连接（connection），从而使这些内容或话题获得有效的传播和扩散，使企业获得价值。

2. 4D 营销模型

进入移动互联时代，有学者提出以消费者需求为基础、以互联网思维为灵魂的 4D 营销模型更符合新经济时代的背景。4D 营销模型涵盖 4 大关键要素。

（1）需求（demand）。这里所指的需求不同于产品本位和消费者本位，而是利用网络环境收集和整理消费者信息，了解、预测和创造消费者需求，并以超出消费者最高期望的方式去实现它。

（2）动态（dynamic）。不同于 4P 理论中企业通过信息载体向目标市场传递信息及 4C 理论中以消费者为中心的沟通，4D 模型强调多对多、立体化的动态沟通，形成线上线下闭环、多渠道整合、重视口碑传播的沟通机制。

（3）传递（deliver）。传递优先考虑将产品的各项价值（产品的功能、特性、品质、品种式样、品牌等）传递给用户，而非其自身的生产、销售的方便程度。

（4）数据（data）。企业可以对维度众多、动态变化的大数据进行深度挖掘，对客户进行精准画像，从而实现个性化营销。

15.2 数字时代技术革新及在体育营销中的应用

不断进步的技术是数字时代体育营销革命的基础,有些技术提供了新的营销手段,有些技术则在根本上改革了营销甚至商业的逻辑。本节选取 3 类对体育营销影响较大的技术进行简要介绍。

15.2.1 大数据技术

闪存及基于其发展出的 SD 卡、U 盘、固态硬盘等产品具有容量大、读写速度快、质量轻、能耗低等优点,随着价格逐步下降,在生产和生活中被广泛应用。此外,CPU 处理能力显著提升,网络带宽不断增加、覆盖范围不断扩大,信息技术的发展为大数据时代的到来奠定了基础。

1. 大数据的概念

大数据是指一种规模大到在获取、存储、管理、分析方面大大超出了传统数据库软件工具能力范围的数据集合。大数据具有以下特征。

(1)海量的数据规模。不同于最初需要人工录入形成数据库,现在在生产和生活中无处不在的互联网、不断发展的物联网使人们的各种行为都将留下"数据足迹",每时每刻都自动产生大量数据。据预测,2020 年底全球拥有的数据量将达到 2010 年的 30 倍。[7]

(2)快速的数据流转。2013 年后,CPU 产品几乎每 18 个月性能就提高一倍。云计算等技术的发展、数据分析应用软件的问世和不断改良,使数据处理和分析的速度大大提升,甚至可以给出实时分析结果指导实践。

(3)多样的数据类型。数据可分为结构化数据和非结构化数据,结构化数据即行数据,存储在数据库里,可以用二维表结构来逻辑表达实现的数据;不方便用数据库二维逻辑表来表现的数据即是非结构化数据。非结构化数据占到数据总量 80%以上,但其不便于存储和使用,需对数据进行深度挖掘。微博、微信、抖音等产生的数据多是非结构化数据。

(4)价值密度低。一方面,大数据时代存在数据冗余,有大量数据没有实际价值;另一方面,要在海量数据中寻找到个别存在价值的数据或获取特定数据,需投入大量成本建设数据平台及数据处理、挖掘能力。

2. 大数据的应用

大数据技术可为体育营销带来全新的视角,陈国胜等认为大数据技术对营销方式的变革在现在及未来将主要通过 3 种模式实现:精准营销、跨界营销、关联营销。

(1)精准营销。相比于传统的精准营销,基于大数据的精准营销具有可量化、保障企业与客户的互动沟通、可调控、简化中间环节的优点,因而可以帮助企业制定更有针对性的营销策略,更高效地捕捉目标客户,降低营销成本,提高营销效率。基于大数据的精准营销主要分为 4 个步骤:确定目标、搜集数据、目标性建模和制定战略。其中,企业一般采用的 4 个精准目标包括顾客保留、顾客增长、顾客激活和顾客获得;而目标性建模作为一种重要的数据分析方法，能够在数据中找到"相似点"，可帮助企业划分顾客的优先次序，判断顾客激活、顾客获得及交叉销售与追加销售的成本等，从而消除营销活动摩擦，用产品组合和营销策略获得较大的利润回报。

（2）跨界营销。陈国胜等将跨界营销定义为依据消费者表现出来的具有联系或者共性的消费特征，通过互联网手段将不同偏好、产业、环境的消费群体联系起来，将之前没有任何联系的要素进行延伸、融合或渗透，从而彰显出独特的品牌主张等。其本质是让拥有相似消费群体和商品特征的不同行业品牌互相融合、渗透，从而建立纵深感和立体感。跨界营销可以帮助企业传递品牌内涵、延伸服务能力、降低传播成本、突破单一渠道的瓶颈、形成联动优势，使传播效果得到杠杆式的放大。跨界营销主要有3种形式。

①品牌跨界：多个品牌进行资源整合，最大化利用自己的资源和互动能力，从而提升整体的传播营销效果。

案例15-1

Keep 联名漫威推出特训课程

在《复仇者联盟4：终局之战》上映之际，Keep与漫威共同推出了"终局战队特训课程"，英雄课程的名称也与漫威主题统一：钢铁手臂塑造、铠甲胸肌雕刻、无敌背部轰炸、终极核心强化、犀利肩部绝杀、正念冥想之旅、超能跃动燃脂。

②产品跨界：一种方式是改变产品的价值属性，即在原有产品的基础上附加或强化产品的其他属性，使产品焕发新生，在不同领域拓展市场；另一种则是不同品牌共同研发新产品，满足复合型需求。

案例15-2

Keep 联合创维推出智能电视

2019年8月29日，Keep联合创维开拓智能家居版图，基于创维Q60智能电视，双方联合首发搭载 Keep 的 AI 大屏互动健身的电视产品，借助创维电视的摄像头功能和Keep在AI互动课程上的技术，实现了用户运动模式的家庭化迁移。

③渠道跨界：产品或品牌在营销过程中突破常规销售渠道的限制，跨越到不同渠道进行市场营销，或双方互相借助对方的优势渠道资源开展营销推广活动。

案例15-3

腾讯汽车联合东风悦达起亚借势科比退役战开展优惠活动

2012年4月14日，NBA巨星科比的退役战，腾讯汽车商城联合东风悦达起亚KX5发起"英雄离场，传奇永存——KX5邀您见证历史"为主题的三项特惠活动。科比每得5分，车价减5 000元，30分封顶，结果科比只出战30分钟即达到3万元优惠上限，15

台特价车 20 秒售罄，同时支付人数超过 200 人；"致敬巅峰科比"优惠 8 100 元的 81 台车 50 分钟抢购一空，总交易额超过 1 750 万元；东风悦达起亚活动页面总计 290 262 人次参与有奖摇一摇活动，累计发出奖品 2 800 份。对于高度依赖线下渠道的汽车企业而言，利用线上渠道"乘体育活动的东风"，无疑是营销的新突破。

（3）关联营销。关联营销即在一个产品页面同时呈现其他同类、同品牌可搭配的有关联的产品，是建立在双方互利互惠基础上的营销。关联营销离不开"购物篮分析"，通过分析用户购买行为，掌握商品的关联特征，从而制定合理的营销策略，提高转化率、客单价，提高商品曝光率等。例如，饿了么发布的数据显示，2021 年欧洲杯小组赛开赛以来，饿了么凌晨外卖订单量增长显著，其中，奶茶、小龙虾和烧烤等热门看球美食订单增长均在一倍及以上。同比去年，欧洲杯以来凌晨奶茶订单量增长两倍，奶茶正在替代传统能量饮料和酒饮，成为更多年轻人熬夜看球的第一伴侣。

15.2.2 虚拟现实、增强现实、混合现实技术（VR、AR、MR）

1. 虚拟现实、增强现实、混合现实技术的概念

（1）虚拟现实（virtual reality，VR）是指用户借助特殊的输入/输出设备，利用计算机科学和行为界面，在虚拟世界中与模拟实体进行自然交互，通过视觉、听觉和触觉等方式获得与真实世界相同的感受，强调用户的深度体验。虚拟现实技术有 3 个突出特征：沉浸性、交互性和想象性，其中沉浸性和交互性是虚拟现实区别于其他图形图像技术的最本质区别。

①沉浸性。沉浸性指用户感受到作为主角存在于虚拟环境中的真实程度。影响用户沉浸性的因素主要包括：调动多感官感知的程度、虚拟环境中用户的自主性、图像的深度信息、画面的视野、交互设备的约束程度等。

②交互性。交互性指用户通过硬件与软件进行人机交互，包括用户对虚拟环境中对象的可操作程度和从虚拟环境中得到反馈的自然程度，现在的虚拟现实技术采用传感器作为输入设备，优化交互体验。

③想象性。用户可以根据所获取的信息，通过多种思维过程，预判系统未来变化并动态调整自己的行为。

（2）增强现实（augmented reality，AR）是借助感知和显示设备将计算机生成的虚拟信息叠加到真实场景上，最终呈现给用户一个感官效果真实的新环境。增强现实技术具有 3 个特点：

①虚拟信息与真实世界的信息叠加；

②具有实时交互性；

③在三维尺度空间中增添定位虚拟物体。

（3）混合现实（mixed reality，MR）则将虚拟世界与现实情景融合起来，直至让用户分不清哪些是虚拟、哪些是现实（图 15-2）。

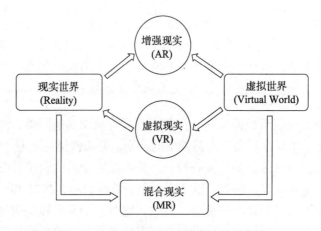

图 15-2　VR、AR、MR 技术关系示意图

资料来源：张翀. AR、VR、MR：一张关系图，弄清三个"R". 人民网，2017-04-28，http://media.people.com.cn/n1/2017/0428/c404465-29244061.html

2. 虚拟现实、增强现实、混合现实技术的应用

AR、VR、MR 这三项技术在体育营销中最重要、最典型的应用就是通过其沉浸媒介，为体验式营销提供了突破口。陈国胜等认为体育领域将极大地受益于三项技术的应用，因为三项技术，尤其是 VR 技术可以让人足不出户参与体育运动。消费者可以与朋友一起在体育馆观看比赛、可以在球队更衣室闲逛，甚至可以站在运动员旁边参与到比赛中。Keep 推出了音乐燃脂跑系列课程，如"绿野仙踪""百老汇"以及剧情燃脂跑课程"极速营救""娘娘快跑"等，通过语音引导词塑造情境，兼顾运动的科学性与趣味性，提高用户黏性和满意度。

扩展阅读 15.1　AR、VR、MR：一张关系图，弄清三个"R"
http://media.people.com.cn/n1/2017/0428/c404465-29244061.html

15.2.3　人工智能技术

1. 人工智能技术的概念

人工智能（artificial intelligence，AI）早在 1956 年便被确立为一门学科，但直至近年才在各领域被广泛应用。发展经年，学者对人工智能有不同角度的多重定义，陈国胜等人认为各个定义都倾向于给人工智能一个更为广义的定义，即人工智能是模仿人类但不局限于人类的一切人工制造的智能形式，包括强人工智能、弱人工智能的形态。强人工智能认为有可能制造出真正能推理和解决问题的有知觉、有自我意识的智能机器；弱人工智能则认为机器不可能达到真正智能。

2. 人工智能技术的应用

在营销领域，人工智能技术除了提供智能客服、智能语音引导等服务外，更主要的是发挥其作为底层核心技术的支撑作用，提高大数据挖掘能力、柔性生产能力等。

案例15-4

尼尔森收购人工智能公司

2017年8月3日尼尔森（Nielsen）宣布收购以色列技术初创公司vBrand，因为这家公司开发了一个可用于评估品牌在体育节目中的曝光度和影响力的支持进行机器学习的平台，可以支持品牌与权利持有者在活动几小时内监控并跟踪，并且在锦标赛和比赛周/赛季内对数字标牌和社交活动进行调整。这一技术可以极大增强尼尔森旗舰体育产品Sport24和Social24的交付速度和销售规模，使其成为体育领域顶尖的赞助评估能力和方法体系。尼尔森体育的旗舰营销解决方案每年对数百万小时的内容进行评估，为1700多家顶尖权利持有者、品牌、代理和广播公司提供分析和意见。

15.3 数字时代体育营销的新载体

数字时代体育营销载体呈现多样化特征，依照不同的标准可以有不同的划分。例如，依据信息传递方向可以分为单向传播的传统媒体营销和互动传播的新媒体营销等。本书无意细数分类及其标准，仅选取了数字时代新产生的四类典型、主流的体育营销载体进行简要介绍。

15.3.1 社会化媒体/新媒体营销

1. 社会化媒体/新媒体营销的概念

社会化媒体是由"social media"翻译而来的。阳翼将其定义为以互动为基础，允许个人或组织生产和交换内容，并能够建立、扩大和巩固关系网络中的一种网络社会组织形态。简单来说，就是用户信息分享和社交活动的平台，或者可以定义为基于用户关系的内容生产与交换平台。尼尔森将中国社会化媒体细分为20种类型，其中微博、博客、即时通信、视频分享、音乐分享、图片分享等为大家所熟知，问答网站、电子商务、相亲网站、社交游戏、百科网站、消费点评等也被包括在内。

在社会化媒体概念之外，许多学者将随着移动互联网技术而生的媒体称为新媒体。对于新媒体与社会化媒体的关系，学者众说纷纭，有人认为新媒体和传统媒体都是社会化媒体的组成部分，也有人认为现在社会化媒体是新媒体的一种，未有定论。陈国胜等人将新媒体定义为：以数字化为传播技术特征，以互联网为传播途径，以智能终端为接收介质的互动性媒介。自媒体、微媒体等均被视作新媒体的子概念。与传统媒体相比，新媒体实现了信息的双向传播、不再局限于固定的时空、传播行为个性化、传播内容多元化和原创化。

通过新媒体平台进行营销的模式就是新媒体运营。新媒体运营具有体验性、沟通性、差异性、创造性和关联性的特征，同时具备精准化、智能化、效果直接、可控性强的优点。

案例15-5

新媒体进入体育赛事转播体系

早在2008年北京奥运会,国际奥委会历史上首次将新媒体正式纳入奥运传播的体系,这使作为2008年奥运会唯一官方新媒体转播机构的央视网有机会让中国网民和广告主感受到中国新媒体的发展力量。利用多终端的网络电视、手机电视、公交移动电视和交互式网络电视等新媒体平台,共有2.31亿中国网民通过互联网收看了奥运会的比赛,占中国网民总数的89.9%,中国网民媒体共发布奥运新媒体330多万条,平均每天20万条。奥运会期间,央视网为28个比赛大项开通了28个直播频道,直播了奥运会所有赛事的每一场比赛,累积时长达到3 800小时,而相比之下,中央电视台共有9个电视频道直播、录播奥运赛事一共1 944场,时长为2 715小时,新媒体直播优势明显。2017年3月10日,美国足球职业大联盟(MLS)宣布通过Univision Deportes利用脸书流媒体转播至少22场常规赛比赛,直播流还将伴随着脸书特别评论区、交互图表和球迷投票。

2. 社会化媒体/新媒体营销的平台

在中国市场,微博、微信、抖音等主流社交媒体平台成为体育营销的重要阵地。

(1)以微博为代表的SNS营销。在中国,SNS为社交网站(social network site)之意,具有用户信息可靠、用户关系亲密、传播内容碎片、用户去中心化和平台开放性的特征,人人网、开心网等都是中国较为典型的SNS社区。对于微博与SNS的关系,学者看法不一,有学者认为微博是SNS在移动互联网时代的进化版;也有学者认为,微博的传播属性高于社交属性,因而不应当算作SNS社区。考虑到微博确实具有SNS社区的特征,本书将微博视作SNS的一种。

微博被视作是一种通过关注机制分享简短实时信息的广播式的社交网络平台,也是到目前为止运用最为广泛且成熟的社会化媒体之一,具有便捷性高、互动性好、开放性强、内容碎片化、核聚变式的传播模式和信息即时性的特征。微博营销能够帮助企业提高知名度、维护和管理客户关系、实时监测传播效果、助力粉丝经济增长等优势。

案例15-6

2017年汤普森中国行的微博营销活动

2017年,NBA球星汤普森中国行被认为是当年最成功的球星中国行。在"要疯"汤普森中国行活动的预热阶段,安踏在微博上制造了话题,吸引球迷和粉丝在社交平台上参与和讨论。在汤普森跳广场舞、骑共享单车事情发生两小时之后,@安踏篮球的官方微博就发出了剪辑好的视频,最终这条视频在微博上立刻被转发了超过3 000次,被观看340余万次。截至2017年7月3日,#要疯#微博话题的阅读量将近1亿次,参与讨论人数近3万人,同时还引发了来自行业KOL、草根球迷、网络红人的广泛关注。而在微博直播平台上，汤普森在整个中国行期间有超过 3 000 万网友进行围观。

（2）以微信为代表的即时通信工具营销。微信是目前中国最为活跃的即时通信工具，2018 年第一季度月活跃用户突破 10 亿。与微博相比，微信有更强的用户黏性和目标定位，社交关系链更为稳固。微信具有熟人网络、小众传播，富媒体内容、便于分享，公众平台，一对多传播以及基于地理位置提供服务等特征。微信营销是一种基于注册用户的"朋友"联系形成的点对点网络营销方式，包括微信公众平台、微信会员卡、微官网、微推送、微支付、微活动等方式。微信营销可以帮助企业立体地展示企业形象、扩大用户社交网络以使企业营销方式多样化、提高企业信息推送的时效性、更精准地定位目标人群、增加与客户沟通的深度等。

案例15-7

高尔夫世锦赛牵手微信

2018 年 9 月，微信成为高尔夫世锦赛-汇丰冠军赛的官方合作伙伴。10 月 25 日，新一季赛事在上海开打，微信首次推出高尔夫赛事小程序，用便捷、丰富的功能为球迷带来更佳的观赛体验。

（3）以 B 站、抖音、快手为代表的 UGC 短视频平台营销。不同于长视频平台内容版权方居于完全强势地位，用户原创内容（user generated content，UGC）短视频平台通过激励和运营内容生产者的方式，形成丰富的短视频内容，以吸引用户持续使用。短视频平台的生态系统由广告主、平台方、内容方和观看者共同组成。在传统剧集视频中，广告只能通过贴片或植入的方式呈现，因其与原有视频形态、内容不同而有违和感因而容易引起观看者反感；而短视频平台则不然，广告可以以原生内容的方式出现，而且用户对内容质量预期要求不高，创作者与用户可以通过交互加强联系，因而无论是信息流短视频广告还是自媒体短视频内容植入，用户都更容易接受。在 Z 世代用户为主的短视频平台哔哩哔哩（Bilibili）上，用户对广告的宽容度极高，甚至发展出了"恰饭文化"[①]，对于视频质量较高的 UP 主（视频上传者）用户更是直接表明"让他恰"（见图 15-3）。

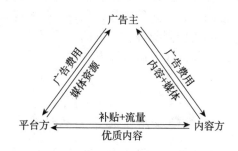

图 15-3　UGC 短视频平台业务模式示意图

---

① "恰饭文化"是指用户对于视频创作者在视频中植入广告以获取报酬、维系生活的行为表示理解和支持的态度。

在体育领域，短视频的作用越来越明显。职业体育领域，NBA 进驻抖音和今日头条，优酷拿下 NFL 短视频权益，利物浦成为英超首家开通 TikTok 账号的俱乐部；大众体育领域，超级猩猩、赛普等头部健身俱乐部，万国体育、动因体育等体育培训机构纷纷开设抖音、快手等短视频平台官方账号，除了宣传品牌之外，还能达到引流和销售的目的。

3. 社会化媒体/新媒体营销的内容

（1）软文营销。软文营销是内容营销的一种，是指通过软文的调研、策划、撰写、投放和传播，最终达成宣传或交易等目标的营销行为。与传统直接将目标定在迅速实现品牌推广或销售目的的硬广告相比，软文营销则是将策划人想要宣传的东西收而不露地藏于阐释性、情感性、宣传性的文章之中，使读者在阅读文章时收获情感共鸣、获得知识和信息的同时形成对品牌或产品的正向印象。软文营销具有瓦解反抗情绪、广告效应强、引导消费习惯、树立企业形象、传递口碑效应、带来群体效应的优点。

（2）短视频营销。短视频是 5G、流媒体等技术发展下新兴的互联网内容传播方式。2018 年，中国短视频营销市场规模达到 140.1 亿元，同比增长 520.7%。一般以 1 分钟以内的视频内容作为呈现方式。短视频制作流程简单、门槛低、参与性强，比直播更易传播。短视频营销可以满足眼球的快感，更立体地展示品牌形象和产品，提高品牌好感；短视频可以由自媒体发布，相对传统广告，费用较低；同时，短视频形式多样，如短纪录片型、网红型、恶搞型、情景短剧型、技能分享型、街头采访型、创意剪辑等，为企业提供了更大的选择空间，企业可以选择更贴近产品特性和品牌形象的形式和发布者，结合大数据对用户偏好的分析，实现精准推送。

15.3.2 移动营销

阳翼将移动营销定义为基于以智能手机为主的智能移动终端，利用移动互联网展开的营销活动。随着智能终端迅速普及、高速网络不断发展、移动生活方式的流行，这一营销方式正在变得越发重要。移动营销主要由以下几种呈现方式。

1. 二维码营销。二维码诞生于 20 世纪 80 年代，是用按一定规律分布于平面的黑白相间的图形记录数据符号信息的在二维方向具有可读性的条形码。二维码可以将图片、声音、文字、签字、指纹等多种信息编译进来，信息容量比普通条形码高几十倍，具有信息容量大、可靠性高、准确度高、防伪性好、保密性强等优点，因而可用作为线下流量入口、移动支付接口、产品防伪溯源等。常见的二维码营销方式包括线下虚拟商店、二维码广告、实体包装、线上预订线下消费等方式。

案例15-8

二维码应用于北京马拉松赛

二维码应用于我国体育赛事推广时间较早。2013 年 10 月，北京国际马拉松比赛首次将其微信公众号二维码置于官网及户外海报上，消费者通过扫码即可识别北京马拉松微信公众平台基本资料，并可以添加"北京马拉松"为好友，获得赛事组委会推送的最新赛事动态及报名事项、赛事路线、比赛成绩等重要信息。

2. LBS 营销。根据全球手机运营商商业协会的定义，LBS（Location Based Service）即基于目标客户的地理位置信息而提供更有附加价值的商务和消费者服务（Location Based Service，LBS）。LBS 营销是伴随着具有定位功能的智能终端的普及而兴起的，并在 VR 等技术以及团购等商业模式的助力下迅速发展。LBS 营销主要有 4 种方式：为特定商圈居民提供生活服务的模式，如外卖；以签到和游戏为主的休闲娱乐模式；以地点交友为主的社交模式，如微信"附近的人"；团购等商业模式。

案例15-9

《精灵宝可梦 GO》的爆款之旅

2016 年，由任天堂，Pokemon 公司及谷歌 Niantic Labs 公司联合开发的"AR+LBS"手游《精灵宝可梦 GO》开始发售，平均下载价格为 5.6 美元/次，迅速成为席卷全球的现象级产品。基于 LBS 服务，扮演训练师的玩家可以通过智能手机在现实世界中发现宝可梦，进行抓捕、战斗及交换。手持智能手机的玩家在现实世界中接近虚拟世界中的宝可梦时，手机就会收到"有宝可梦在附近"的通知，宝可梦在 200 米范围内可见，玩家使用手机掉出的精灵球将小精灵捕获。宝可梦根据自身属性分布在世界各地，如水栖宝可梦水箭龟这种会在大海旁边或者沙滩上、喷火龙这种可能会在靠近赤道的地区出现。截至 2019 年 11 月，这款游戏在全球的总收入已突破 30 亿美元。

3. 移动广告。移动广告即呈现在移动终端上的广告，包括文字、图片、语音、视频、链接等形式。电话推销、短信广告、H5 宣传页等移动广告可以说是屡见不鲜。但对于体育产业而言，有一种独特而具有巨大潜力的移动终端值得企业重视——可穿戴设备。可穿戴设备不仅可以作为传感器将个人身体、运动等数据收集和上传，支持企业运营社区及产品开发；还可以作为"显示屏"，呈现产品和服务信息。

案例15-10

可穿戴设备成为新营销载体

2019 年上市的 Keep B1 智能手环除了具有传统的记录、同步运动信息、监控心率等功能外，还可以作为"教练"，根据心率等数据进行课程匹配、语音指导，甚至对训练内容进行调整。Keep 还推出了只有与手环配合才能进行的专属课程，如心率专属课程、手环拳法课程等，从而实现课程销售、产品销售的相互促进。

4. 小程序及 App 营销。顾名思义，App 营销是通过移动终端上的 App 提供商品或服务，开展营销活动的方式。App 一般由企业自主开发，具有营销成本低、持久性强、便于用户沟通、为每个用户提供单独的定制体验等优点，但开发成本、推广成本相对较高。小程序营销与 App 营销思路相似，只是小程序是建构在微信等平台提供的架构之上，相比 App 具有免下载、使用便利、开发简单、成本较低、推广成本低等优点，但与 App 相比，受限于平台的基础架构、开放接口及规则，创新和自主性有限。2014 年上线的趣运动是通过 App 的方式，帮助使用者发现附近的运动场馆并快速在线预订，并可向附近球馆圈子的人发起约球活动，甚至约人陪练。而许多独立场馆则选了更加低廉的方式，通过大众点评服务或微信小程序、服务号等直接提供线上订场服务。

5. 移动支付。无论是近场支付还是远程支付，作为我国"新四大发明"之一，移动支付深刻改变了既往"消费—支付"的业务逻辑，使促销手段更加多样。比如，体育场馆可以通过给予线上预订折扣、发放虚拟消费券、优惠券的方式刺激消费。移动支付也便于国家体育消费补贴政策落地。

案例15-11

山东省发放体育消费券，落实国家体育消费补贴政策

2021年山东省开展体育惠民消费季活动，消费者可在山东省体育消费券发放平台上领取消费券。活动期间，政府直接补贴500万元，拉动山东体育消费总额达2 881万元，惠及山东省168家体育场馆（见图15-4）。

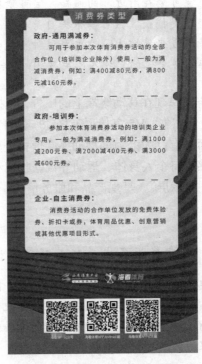

图15-4 第二届山东省体育消费券类别及使用细则

15.3.3 搜索引擎营销

根据阳翼的定义，搜索引擎营销（search engine marketing，SEM）即基于搜索引擎平台的网络营销，利用人们对搜索引擎的依赖和使用习惯，在检索信息时将信息传递给目标用户。搜索引擎营销应用实践较早，耳熟能详的"竞价排名"就是搜索引擎营销的

一种策略。对于搜索引擎平台来说，可以通过提供服务获取广告费；对于广告主而言则希望达到在搜索引擎分类目录中被收录、在搜索结果中获得靠前的排名、通过曝光增加点击率提高访问量、将访问量转化为收益的目标。搜索引擎营销具有精准度高、交互性强、成本低廉、覆盖面广、灵活多变、投资回报率高等优点。

搜索引擎营销包括搜索引擎优化和按点击付费两种形式。前者是通过对网站的标题、结构、内容等要素进行合理的设计，使其网页在自然搜索的结果中即可获得较高排名，无须向平台付费；后者则是指企业通过购买相关的关键词，当用户输入与关键词相关的搜索请求时，页面的付费结果栏会出现企业放置的网页。

早在2009年，耐克便与全球最大中文搜索引擎百度达成合作，在14 583个百度贴吧中体现其倡导的体育精神，并通过贴吧、知道向网民提供多个运动品类和健身信息。

15.3.4 人格化电商

人格化电商一般指一个具备IP属性的个人品牌，拥有庞大的用户信任关系链，借助自身的用户圈层和平台的技术赋能形成人格前置，形成即看即买的商业体系。人格化电商可以代表一个品牌、一个平台，每一个人格化电商都将成为一个极富黏性的流量和交易入口。一旦IP成功树立，便可自带势能，以零成本甚至负成本获得流量和粉丝；而且，人性取代传统交易中的物性，使产品更容易获得信息，从而提高变现效率。

在人格化电商的商业逻辑中，有3个关键构成要素。

1. KOL（key opinion leader）。KOL是人格化电商的主体。人格化电商的交易逻辑基于消费者对KOL的信任，是基于KOL个人影响力的感召而建立的"个人信用契约"。

2. 铁杆用户。由于信任成本的存在，对KOL、品牌认同度较高、复购率较高的铁杆用户会具有"主人翁"特性，不仅能实现交易，更能有助于产品和服务的优化。

3. 内容。内容是KOL通过视频等方式呈现给客户的。通过内容设计，KOL可以树立个人形象和价值，可以介绍或推荐相关商品，获取潜在客户，达到交易的目的。

KOL和内容一起构成了IP的核心。

人格化的IP可以是人，也可以是虚拟的形象。一般爆款IP中主体是人的被称作网红，网红可以利用自身的某种特质放大其在网络传播中的作用。以网红带动的商业模式被称为网红经济，即以网络红人为载体，进行选款和视觉推广，依托粉丝群体进行定向营销，从而将吸引力转化为购买力的经济。

在体育领域，主要用到的人格化电商有两种。

1. 内容付费。近年来知识付费越发被消费者所接受。在体育领域，线上培训成为各知名IP变现的重要方式。例如，羽毛球奥运冠军蔡赟基于其微信公众号"和蔡赟聊羽毛球"，推出培训课程，涵盖发力、网前技术、双打技战术、运动康复等多个专题；以漫画科普羽毛球技战术及知识的"腿腿漫画羽毛球"微信公众号也推出了线上培训课程。

2. 直播电商。直播电商是IP变现的另一个途径，包括3种方式：一种是直播打赏。例如，在"中国体育"直播平台，主播可以进行比赛解说，并获取观众在观看过程中送出的礼物，作为其打赏收入；第二种是广告，即在直播过程中通过品牌露出或者口播广告，甚至仅通过微博等社交平台发布动态，即可获取广告方给予的报酬；第三种是电商化，KOL 作为买手选品并向粉丝推荐，从而促成交易。

本章小结

数字时代，企业的数字化转型，数字媒介下丰富的营销载体以及具有自主性、碎片化、互动化、场景化特征的消费者给传统体育营销环境带来机遇和挑战。数字时代体育营销在单向营销、互动营销、精准营销和智慧营销四个叠加式升级的发展阶段中，呈现出互动深度化、目标精准化、平台多样化和渠道场景化四个特征。不断进步的数字技术，诸如大数据技术、虚拟现实、增强现实和混合现实技术，人工智能技术等更新了营销手段，甚至改变了商业逻辑。与此同时，体育营销载体呈现出多样化的趋势，以微博为代表的 SNS 平台、以微信为代表的即时通信工具、以抖音等为代表的 UGC 短视频平台等构成的社会化媒体/新媒体营销平台层出不穷，催生了软文、短视频等营销新形式。智能终端的广泛推广，二维码营销、LBS 营销、移动广告等移动营销广受欢迎。搜索引擎营销仍然是体育营销的重要手段。而人格化电商方兴未艾形成，即看即买的商业体系也给体育营销打开了全新的思路。新时代的数字技术正深刻地改变着体育营销乃至整个体育产业的逻辑和格局。

课后思考题

1. 数字技术在体育营销中发挥了哪些作用？
2. 在体育营销中，数字技术的应用是不是越多越好？为什么？
3. 体育营销中数字技术的应用有哪些潜在的问题或风险？
4. 你身边有哪些体育企业在营销中应用了数字技术？应用了哪些技术？起到了怎样的效果？
5. 聚焦一个体育企业，思考你能应用怎样的数字技术改善其营销效果。

案例讨论

Keep：力争做线上健身第一股

随着经济社会的发展，居民收入水平、受教育程度的不断提升，在国家全民健身政策的推动下，城乡居民的健康意识和健身意愿空前高涨。与此同时，一方面，传统健身房存在运动场地有限、运动时间不灵活、花费较高、身体要求高等局限不能满足上班族、"运动小白"的需要；另一方面，可穿戴设备、移动互联网、5G 等数字技术的快速发展改变了产业逻辑、商业模式及生活的方方面面。智能健身作为全新的业务模式应运而生，Keep 便是中国市场智能健身行业的佼佼者。

Keep 是一家全球化的运动科技公司，成立于 2015 年，以"帮助中国乃至全球更多的人更好的运动为使命"，以"成为全球最大的只能运动运营商"为愿景。当年 2 月，Keep 推出自有结构化健身课程，至 6 月，MAU（月活跃用户）即超过 100 万。随着功能的逐渐完善，2016 年 6 月，Keep 的 MAU 超过 1 000 万；2017 年 8 月，用户数就达到

1亿。2018年3月，Keep在原有健身课程的基础上，连续发布Keepland、Keep智能硬件和配套健身产品。2019年12月，Keep推出智能运动手环和健康轻食，实现吃穿用练多品类覆盖。

聚焦新思维

"圈粉"思维

Keep的创业点子来自创始人王宁的个人体验。彼时，作为实习"码农"的王宁苦于自己高达90公斤的体重和有限的经济条件，自己通过互联网搜寻、拼凑和整理运动计划，成功瘦身25公斤。在身边人的连连惊叹中，王宁意识到自己所面临的运动不知从何下手、没钱请私教、没时间运动、没有健身房等问题，是许多20～35岁健身减肥者共同的痛点，"是否可以创办一个指导健身小白健身的App呢？"这就是Keep的初衷。

在正式上线前的2015年1月，王宁就通过微博、微信公众号等新媒体，发布高质量的原创内容，吸引了大量的粉丝。微博话题、贴吧、微信群，王宁将新媒体运营团队"埋伏"到社群里，通过创造和分享优质内容逐渐成为社群的KOL，不动声色地推广Keep，并收集用户反馈，在建立用户信任的同时，完善产品。

社群思维

Keep建立了健身社区。在社区中，用户可以通过"打卡"的方式记录自己完成的健身训练；贴出图片、视频，分享自己的健身体验或者经验；通过"勋章墙"等展示自己的训练成就及获得的徽章等。Keep还在业内首创运动路线地图功能，如"跑步线路"功能中，用户可以自己开发跑步线路，上传、共享，截至2020年，已经有了2.3万多条精选线路；也可以采用Keep标定或别人上传的线路。这样，就创造出了老人带新人的模式，有经验跑者可以竞争"线路主任"以获得成就感。跑者可以组建跑步小队，每位成员都可以通过显示的里程数和卡路里消耗对团队成员起到带动作用。

Keep 5.0的版本增加了线上训练营的功能，作为"教练"，Keep每日提供可供跟随训练的内容，班级成员可以自行完成学习，运动情况会通过成员动态向班级成员公开，这样"同学"就可以彼此鼓励、相互监督，完成所有训练的成员会获得Keep颁发的线上毕业证。

IP思维

2020年8月20日，帕梅拉·莱孚（Pamela Rief）官宣入住Keep，这位健身领域的超级IP，在国内外平台上拥有超过1 000万粉丝。2020年9月，双方联合推出了免费版的训练计划，方便用户在训练周期内有选择性的训练。不同于与其平台，在Keep上帕梅拉并不是简单的同步课程内容，而是基于Keep用户的数据和需求，针对Keep提出的内容方向建议去适配课程内容和强度，在Keep平台帕梅拉提供的是陪伴式的、专业化、系统化的训练。目前，帕梅拉15分钟快乐舞蹈操·高效减脂课，在Keep平台累计训练数达千万次。在抢到帕梅拉之后，Keep并没有停止对超级IP资源布局的脚步，为了吸引更多人来到平台体验丰富多元的健身课程，2021年3月10日，小马哥[①]（Caleb Marshall）入驻Keep，其在YouTube上的80条视频内容已经独家授权给Keep上线。

[①] 是美国健身品牌The Fitness Marshall的创始人，由于姓名音译"马少"，所以国人更愿意亲切地叫他小马哥。

早在 2018 年，Keep 就与《环太平洋·雷霆再起》合作，原创剧情音乐跑课程，一经上线就吸引了近万人在线"打怪兽"。而后 Keep 持续扩大"剧情跑"，从外星人穿过虫洞入侵地球的《金币大作战》到拯救公主的勇士《Line Friends》、从化身妲己打团的《王者荣耀·浪出五杀》再到穿越清宫的《娘娘快跑》等剧情跑……只要跟随着语音指导去全力奔跑，一个人的跑途也可以很快乐。"Keep 的娘娘快跑模式让无聊的有氧运趣味加倍，一会儿就跑完了，感觉自己在跑酷！"Keep 页面显示，该系列课程的跟练人数目前已超 80 万人。

打造新玩法

线上挑战活动

作为一款促进全民健身的 App，Keep 的线上挑战在马拉松的基础上做了两个方向的延伸：一是在时间和空间上做了延伸，报名线上挑战赛的用户可以自由选择完赛时间和路线，这样就满足了那些想要参加线下马拉松赛事却在时间和距离上无法匹配的跑者，以及无缘争取到线下名额的运动爱好者；二是在模式上的延伸，在"一次性的、长距离的跑步活动"的传统马拉松之外推出了 5 公里、3 公里等短距离挑战，让用户能够更灵活参与，也鼓励了更多的人加入到运动中来。Keep 线上马拉松活动一经上线，就广受好评，由此也逐步发展出了各种创意主题活动及专属系列奖牌。就 2021 年来看，从年初的 2021 跨年线上马拉松、春节线上跑，到"以爱之名""玉兔奔月"的节日主题，再到"风动蝉鸣""粽行端午"时令线上跑，并与人气 IP 联名，如蜡笔小新、米奇米妮、奇奇蒂蒂、漫威复仇者联盟、名侦探柯南、小王子等，还推出了时令、星座、城市等系列的主题活动。截至 2021 年 12 月初，Keep 的跑步赛事活动已经推出了近 50 起，吸引近 250 万人次报名参与。

直播课程

2020 年新冠疫情来袭，Keep 顺势推出直播课程，以崭新的带练形式、沉浸感和互动 PK 感，迅速收获了用户喜爱和大量用户跟练。在打造拥有独特特色的直播内容生态过程中，Keep 在调动用户积极性上花费了诸多心思：携手去年最热的综艺节目"乐队的夏天"开启智能动感单车直播"破风星派对"，邀请五条人、马赛克等乐队做客 Keep 单车直播间……帕梅拉在中国的首场健身直播，在两天的课程里分别收获了 4 万+的跟练人数，以及 2.5 万人同时在线的盛况。

手环游戏课程

除帮助达人量身打造课程外，Keep 还发挥自身的智能硬件优势，将其与精品 IP 课程和直播课相结合，为用户提供一站式的运动解决方案。例如，为了实现运动游戏化功能，Keep 将游戏手环与 Keep APP 内的帕梅拉课程进行了全面打通，并在此基础上增加了游戏化的激励机制。课程设置了获得 combo 值的游戏互动。手环会去识别用户与课程教练动作的一致性及节奏合拍度，动作越标准、节奏越正确，combo 值就会累积得越高，课程的得分也就更高，充满了挑战性和趣味感。

盈利难题

据灼识咨询报告，2021 年全国的健身人群为 3 亿人，且全国线上健身市场预计将从 2021 年的 3 710 亿元增长至 2026 年的 8 958 亿元，复合年增长率为 19.3%。市场前景看似一片大好，而与之对照鲜明的，则是 Keep 第一次在港股谋求上市的尝试铩羽而归。虽然至 2022 年第二季度，Keep 的平均月活数达到 4 108 万人次，且实现营收连续三年的稳步增长。但是，从 2019 年至 2022 年第一季度短短 3 年内，Keep 的亏损全额高达 61 亿元，虽然按照灼识咨询的统计数据计算，Keep 已经成为中国最大的线上的线上健身平台，但 Keep 始终没有探索出行之有效的盈利模式。

Keep 尝试以多元化来应对竞争，目前 Keep 的收入主要包括自有品牌运动产品、会员订阅及线上付费内容以及广告收入。Keep 的自有品牌产品包括 Keep 智能单车、手环、体重秤、跑步机等。2022 年第一季度，Keep 自有品牌运动产品的收入占比虽有所下降，但仍贡献了 51%的收入。会员订阅及线上付费内容则带来更多营收，收入 1.61 亿元，占比升至 38.6%。Keep 也尝试过线下实体门店，keepland 于 2018 年在北京、上海等城市营业。营业两年后，多城门店关闭，目前只保留北京的直营门店。2022 年 2 月，Keep 宣布将加大对线下场景的投入，通过优选健身馆计划与传统健身房合作运营团课，也就是用健身房的场地，Keep 提供教练和团课运营。在计划中，包括自营店和合作门店，2022 年 Keep 希望能够达到 100 家。

资料来源：新华网，Keep 助推运动达人 IP 打造，帕梅拉新课 Keep 全球首发，新华网[EB/OL]，2021-10-20[2022-09-20]，http://www.xinhuanet.com/sports/2021/10/20/c_1127973362.htm。

案例思考题：

（1）如何看待线上健身行业？
（2）数字时代的消费者有哪些新特征？
（3）人在数字时代能够发挥哪些作用？
（4）Keep 采用了哪些新技术？起到了哪些作用？
（5）如何看待数字技术在企业发展中的作用？

即测即练题

参考文献

[1] 体育产业营销，从 ESPN 裁员看全球体育赛事版权，高价"泡沫"终将戳破？搜狐，2015-05-10[2022-09-09]，https://www.sohu.com/a/139565447_500724.

[2] 懒熊体育，英超与 PPT 体育提前两年解约，体育版权泡沫就此打破？2020-09-04[2022-09-09]，https://baijiahao.baidu.com/s?id=1676883200931400936&wfr=spider&for=pc.

[3] 北国网，中超比赛日联动 418 大促，PP 体育用大数据精准营销，和讯网，2019-04-23[2022-09-09]，https://m.hexun.com/tech/2019-04-23/196925281.html.

[4] 新华网，拥抱数字技术，提升企业核心竞争力，2020-07-24[2021-10-05]，http://www.xinhuanet.com/tech/2020-07/24/c_1126281057.htm.

[5] Aaron von Felbert and Christoph Breuer, International Journal of Sports Marketing and Sponsorship

Vol.22 No.3,2021pp.588-607.

[6] 杨晓生，程绍同，沈佳. 体育赞助[M]. 2版. 北京：高等教育出版社，2017.

[7] 陈国胜，陈凌云. 数字营销[M]. 大连：东北财经大学出版社，2021.

[8] 丁明锐，陈宁，谌莉. 数字体育营销[M]. 北京：清华大学出版社，2019.

[9] 同上。

[10] 阳翼. 数字营销[M]. 北京：中国人民大学出版社，2020.

[11] 丁明锐，陈宁，谌莉. 数字体育营销[M]. 北京：清华大学出版社，2019.

[12] 北京现代商报，搜狐看好体育产业，打造广告平台，新浪，2003-01-20[2022-08-16]，https://tech.sina.com.cn/i/c/2003-01-20/1024162086.shtml?from=wap.

[13] 杨慧芝，大搜车联合阿里体育掀起数字化精准营销巨变，今日广告，2020-08-20[2022-08-16]，http://adtchina.cn/m/view.php?aid=3436.

[14] 陈国胜，陈凌云. 数字营销[M]. 大连：东北财经大学出版社，2021.

[15] 同上。

[16] Nielsen，尼尔森收购以人工智能为发展动力的体育营销初创公司 vBrand，美通社，2017-08-04[2022-08-17]，https://www.prnasia.com/story/archive/2057240_ZH57240_1.

[17] 阳翼. 数字营销[M]. 北京：中国人民大学出版社，2020.

[18] 陈国胜、陈凌云. 数字营销[M]. 大连：东北财经大学出版社，2021.

[19] 网易财经，央视网副总经理：新媒体创造体育营销的契机，2009-07-16[2022-08-18]，https://www.163.com/money/article/5EC4A4B800253H7Q.html.

[20] 环球体育传媒，自媒体时代，微博已成为体育营销新战场，搜狐，2017-09-06[2022-08-18]，https://www.sohu.com/a/169775690_505667.

[21] 陈国胜，陈凌云. 数字营销[M]. 大连：东北财经大学出版社，2021.

[22] 环球体育传媒，每日体育营销早知道: 微信推出高尔夫赛事小程序，搜狐，2018-10-27[2022-08-18]，https://www.sohu.com/a/271609674_505667.

[23] 陈国胜，陈凌云. 数字营销[M]. 大连：东北财经大学出版社，2021.

[24] 阳翼. 数字营销[M]. 北京：中国人民大学出版社，2020.

[25] 陈国胜，陈凌云. 数字营销[M]. 大连：东北财经大学出版社，2021.

[26] 张贺. 手机二维码在体育赛事营销中的应用研究[D]. 北京：北京体育大学.

[27] 阳翼. 数字营销[M]. 北京：中国人民大学出版社，2020.

[28] 新华网，Keep 助推运动达人 IP 打造，帕梅拉新课 Keep 全球首发，2021-10-20[2022-09-20]，http://www.xinhuanet.com/sports/2021-10/20/c_1127973362.htm.

[29] 国际在线，抢夺帕梅拉，再夺"小马哥"，Keep 带起一场超级 IP 领衔的健身好戏，百度百家国际在线官方账号，2021-03-10[2022-09-20]，https://baijiahao.baidu.com/s?id=1693836680889372980&wfr=spider&for=pc.

[30] 新视线，安绪，Keep 跨界联合国民级影视剧 IP 打造独家"剧情跑"课程，解锁跑步新体验，新浪网，2022-07-13[2022-09-20]，https://news.sina.com.cn/sx/2022-07-13/detail-imizirav3161700.shtml.

[31] 中国质量新闻网，Keep 为了让你健身能有多拼，百度百家–中国质量报刊社，2021-12-09 [2022-09-20]，https://baijiahao.baidu.com/s?id=1718659119630555430&wfr=spider&for=pc.

[32] 北青网，Keep 春节档直播健身受欢迎 后疫情时代的健身产业更迭，百度百家–北青网官方账号，2021-02-19[2022-09-20]，https://baijiahao.baidu.com/s?id=1692131730352765168&wfr=spider&for=pc.

[33] 中国日报网，帕梅拉中国直播首秀完美收官 Keep 抢占超级 IP 成最大赢家，百度百家–中国日报网官方账号，2021-01-22[2022-09-20]，https://baijiahao.baidu.com/s?id=1689576646576635337&wfr=spider&for=pc.

附　录

海信国际化品牌建设之路：长线布局
体育营销　两次赞助世界杯

教师服务

感谢您选用清华大学出版社的教材！为了更好地服务教学，我们为授课教师提供本书的教学辅助资源，以及本学科重点教材信息。请您扫码获取。

❯❯ 教辅获取

本书教辅资源，授课教师扫码获取

❯❯ 样书赠送

市场营销类重点教材，教师扫码获取样书

 清华大学出版社

E-mail: tupfuwu@163.com
电话: 010-83470332 / 83470142
地址: 北京市海淀区双清路学研大厦 B 座 509

网址: https://www.tup.com.cn/
传真: 8610-83470107
邮编: 100084

中国高等院校市场学研究会官方推荐教材
新时代营销学系列新形态教材书目

书 名	主 编	书 名	主 编
市场营销学	符国群	促销基础	贺和平　朱翊敏
市场营销学（简明版）	符国群	营销实训：情景嵌入式学习	孔　锐
消费者行为学	彭泗清	营销策划	费鸿萍
市场研究	景奉杰　曾伏娥	营销工程	沈俏蔚
国际市场营销	孙国辉	大数据营销	李　季
服务营销	王永贵	商业数据分析	姚　凯
组织营销	侯丽敏	旅游市场营销	白长虹
网络营销	龚艳萍	金融市场营销	王　毅
战略品牌管理	何佳讯	农产品市场营销	袁胜军　肖　艳
产品创新与管理	黄　静	医药市场营销学	官翠玲
定价策略	柯　丹	体育市场营销学	肖淑红
整合营销沟通	牛全保	电信市场营销学	吕　亮
营销渠道管理	张　闯	新媒体营销	戴　鑫
品牌管理	王海忠	绿色营销	王建明
零售管理	蒋青云	创业营销	金晓彤
销售管理	李先国	珠宝营销管理	郭　锐
客户关系管理	马宝龙		